Padres tóxicos

Biografía

Joseluis Canales nació en la Ciudad de México en 1972, es psicólogo clínico y psicoterapeuta de profesión. Se ha especializado en tanatología, intervención en crisis, trastornos depresivos y de ansiedad, psicotrauma y trastorno de estrés postraumático, así como en suicidio, síndrome de automutilación, adicciones y trastornos de la conducta alimentaria. Cuenta con veintidós años de experiencia como psicoterapeuta. Es autor de *Padres tóxicos: legado disfuncional de una infancia*, *El cristal roto: sobreviviendo al abuso sexual en la infancia*, *Suicidio: prevención y apoyo para casos de emergencia* y *Despídete sanamente de un amor*.

Joseluis Canales
Padres tóxicos:
Legado disfuncional
de una infancia

PAIDÓS

Diseño de portada: José Luis Maldonado
Ilustración de portada: © Latinstock
Diseño de interiores: Mariana Alfaro

© 2014, Joseluis Canales

Derechos reservados

© 2018, Ediciones Culturales Paidós, S.A. de C.V.
Bajo el sello editorial PAIDÓS M.R.
Avenida Presidente Masarik núm. 111, Piso 2
Polanco V Sección, Miguel Hidalgo
C.P. 11560, Ciudad de México
www.planetadelibros.com.mx
www.paidos.com.mx

Primera edición en formato epub: febrero de 2018
ISBN: 978-607-07-4950-6

Primera edición impresa en México: julio de 2014
ISBN: 978-607-9377-50-2

Primera edición impresa en México en Booket: octubre de 2017
Segunda edición impresa en México en Booket: febrero de 2018
Octava reimpresión en México en Booket: mayo de 2024
ISBN: 978-607-07-4796-0

Impreso en los talleres de Corporación de Servicios Gráficos Rojo S.A. de C.V.
Progreso #10, Colonia Ixtapaluca Centro, Ixtapaluca, Estado de México, C.P.
56530.
Impreso y hecho en México - *Printed and made in Mexico*

A Rodrigo, "El Enano", mi hermano y mi ángel de la guarda, por ser el principal testigo de mi infancia.

ÍNDICE

PALABRAS INICIALES
Querido lector:

Hace aproximadamente veinte años, comencé mi primer proceso terapéutico. No sabía qué esperar, sólo sabía que algo no estaba del todo bien dentro de mí y quería sentirme mejor. Al ser estudiante de la carrera de psicología, es recomendable que los alumnos tomen terapia, y yo seguí dicha recomendación. Recuerdo que la terapia en ese momento fue un proceso catártico y liberador; sin embargo, no hubo ningún cambio radical en mi vida.

Cuando estudié la maestría en psicoterapia, era obligatorio comenzar un proceso terapéutico, por lo que estuve en terapia casi tres años. Me comprometí con ese proceso y conocí bastante acerca de mí y de mi entorno. Las experiencias de entonces me ayudaron a entender el origen de mi personalidad ansiosa, exigente y perfeccionista.

Descubrí que provengo de una familia disfuncional, que se desenvolvió dentro de altos niveles de violencia, tanto directa como pasiva. De igual manera, me di cuenta de que había vivido con niveles de ansiedad considerables desde que era pequeño, que tenía una gran necesidad de ser reconocido y que me daba miedo el rechazo, por lo que siempre buscaba agradar a los demás evitando el conflicto. Supe que había aprendido a relacionarme de manera codependiente al amar, es decir, viví el lado oscuro y destructivo del amor.

A lo largo de la maestría conocí a quien después sería mi esposa. Una psicóloga una generación posterior a la mía. Recuerdo bien cuando le pregunté a un amigo en común por su nombre: "Se llama Araceli, compadre". Ninguna mujer me había llamado la atención de esa manera. La observaba a la hora de los recesos. Es una mujer preciosa y, sobre todo, interesante. Finalmente, después de una larga historia, nos hicimos novios y empezamos una relación sentada en bases sólidas, en la que había amor, respeto, responsabilidad y honestidad. Nunca me había sentido más enamorado y comprometido con alguien en mi vida.

Los dos estábamos tomando terapia y teníamos claro los patrones que no queríamos repetir de nuestras familias de origen. Ambos teníamos padres tóxicos por lo que hablamos de la importancia de dejar atrás ese aprendizaje. Teníamos una comunicación profunda y honesta. Éramos un buen equipo.

Cuatro años después, un 2 de diciembre, nos casamos. Yo estaba convencido de que nada sería más fuerte que el amor entre Araceli y yo. Mucho tiempo fuimos felices. Sin embargo, después de siete años de casados y serios problemas de fertilidad, "algo" empezó a no estar tan bien. Nuestros proyectos de vida dejaron de compaginar como antes lo hacían y cada vez era más difícil generar acuerdos que se respetaran. No obstante, en ningún momento hablamos de separarnos. Ambos nos queríamos y estábamos dispuestos a sacar adelante nuestro matrimonio. Estábamos comprometidos el uno con el otro.

Luego de varios años de casados, tuvimos una crisis importante. Yo no quería tener hijos, y además de todo no podíamos tenerlos de manera natural. Todo lo anterior lo habíamos hablado durante nuestro noviazgo. Yo había expuesto mi falta de vocación para la paternidad y Ara me había dejado claro que ella quería experimentar la maternidad. Es más, fuimos a terapia de pareja antes de casarnos para resolver este conflicto con Rafa, quien años después se convirtió en mi terapeuta individual. Algo tan profundo como esta decisión tan importante en pareja se quedó inconclusa y, siete años después, como todos los conflictos latentes y sin enfrentar, nos estalló en las manos, como una granada de guerra.

Te cuento todo esto porque cuando empezó la crisis de la que te hablo, yo veía que ella se comportaba conmigo de la misma manera como yo notaba que sus papás se trataban, es decir, agresivamente; o bien, me ignoraba como su padre solía ignorar a su mamá. Me sentía como cuando vivía en casa de mis padres. Mi madre solía dejarme de hablar y mi padre era muy violento.

En esa época ella empezó a decirme todo el tiempo: "Es que eres igual a tu papá", "Eres igual de egoísta que tu mamá", y yo noté que casi todo el tiempo que pasábamos juntos ella estaba de mal humor; que cada vez se desesperaba más cuando me equivocaba o cometía una imprudencia, y lo que antes le parecía divertido de mi personalidad le generaba tensión y ansiedad.

"No me grites", me pedía todo el tiempo, sin que siquiera yo hubiera alzado la voz. "No me dejes hablando solo", yo le pedía cuando ella se daba la vuelta a media discusión.

Nuestra maravillosa historia de amor se estaba quedando atrás. Ella se sentía ignorada e injustamente tratada y yo me sentía igual. Nada era suficiente. No importaba que tratara de ser atento, cariñoso, detallista o considerado, ella alegaba que yo sólo pensaba en mí y en mis proyectos. Ella sentía que yo no agradecía todo lo que hacía por mí, como poner atención en mi ropa, atender la casa o estar al pendiente de mi mamá o de mis hermanos. Yo, a la vez, sentía que veía por su hermana, por sus papás y por nuestras sobrinas, pero simplemente no era suficiente para ninguno de los dos.

Ambos nos esforzábamos al máximo pero no era suficiente para ninguno de nosotros, éste era el problema de raíz en nuestra historia.

Los últimos dos años de matrimonio fueron difíciles. Estuvimos casados doce años. Nos dieron la noticia de que no podríamos tener hijos de manera natural y que tendríamos que tomar una decisión: o adoptar un bebé o elegir a un donador de esperma, dado que el mío tenía muy mala calidad; tendríamos muchas probabilidades de una malformación genética. Yo me negué al donador y ella se negó a la adopción. Una vez más llegamos a un punto donde ninguno de los dos parecía ceder.

La crisis que enfrentábamos era monumental. En apariencia todo lo que habíamos construido a lo largo de dieciséis años de relación de pareja se estaba derrumbando. La fortaleza que habíamos ido consolidando se caía como si fuera un castillo de naipes.

Empecé a sentirme incómodo a su lado. Estaba profundamente enojado con ella y ella conmigo. Yo creía que teníamos todo para ser felices aunque no tuviéramos hijos y Ara no hacía más que recordarme que si hubiéramos tenido hijos al principio del matrimonio, no hubiéramos llegado a tal punto. Me decía que yo había perdido mi espontaneidad, lo detallista y que ya no era cariñoso como hasta entonces. Además, nuestra vida sexual empezó a espaciarse. Regresamos a terapia de pareja. Todo parecía un caos.

En una discusión en la que me sentía enojado y desdichado, estuve cerca de gritarle y de terminar la relación de manera definitiva. Ya no podía más. No quería vivir con alguien que estaba siempre enojada conmigo, así que en ese momento tomé la decisión de separarnos. No estaba dispuesto a vivir un escalonamiento de agresión como vivieron mis papás y los suyos. Creí que ayudaría poner cierta distancia entre nosotros.

Separarnos fue doloroso. Me salí de la casa con Jaira, la perra que habíamos recogido de la calle y adoptado hacía un año, y algo de mi ropa. Encontré un departamento cerca de mi consultorio. Nos dimos unos meses para que "se enfriaran las cosas". Las únicas dos veces que nos vimos la dinámica era la misma: llegábamos con la mejor disposición, yo me derretía de amor, de abrazos y de besos, pero, a la hora de conciliar o de acordar, algo pasaba y acabábamos enojados, asegurando que ese matrimonio estaba perdido y no había nada que hacer.

Lo único que sabíamos era que nos amábamos profundamente y que haríamos todo lo que estuviera en nuestras manos para salvar nuestra relación. El proyecto de tener un hijo pasó a segundo plano y "regresamos" sin vivir en la misma casa. Todo el 2011 estuvimos juntos de esta manera. Yo dormía en la casa tres o cuatro veces a la semana y pasábamos juntos todos los fines de semana.

Sabía que el amor estaba ahí, lo sentía, pero algo se había roto. Ara no estaba convencida de que yo regresara a la casa y yo no estaba seguro de regresar. Ya no queríamos vivir más sufrimiento. Seguimos yendo a terapia de pareja. Sentía que no estábamos con la terapeuta indicada pero Ara confiaba en ella. Parecía que no podíamos ponernos de acuerdo ni siquiera en eso.

Ara me hacía saber todo lo que había sufrido con nuestra separación y yo le explicaba que en su momento sentí que era la única manera de rescatar el matrimonio antes de que nos hiciéramos daño físicamente o nos faltáramos al respeto de manera irreparable.

El tiempo pasó, pasamos Navidad y Año Nuevo en Barcelona. En el viaje, a pesar del esfuerzo mutuo, encontramos más desencuentros que momentos de unión. A nuestro regreso, ya en terapia ambos estuvimos de acuerdo en orientarnos hacia la separación definitiva. Ninguno de los dos sentíamos que el otro estaba comprometido con el matrimonio. Lo más curioso de todo es que compartíamos el mismo sentimiento: nos sentíamos poco valorados, que nuestro esfuerzo no era tomado en cuenta y con la sensación de no ser "suficientemente buenos" para el otro.

Esto ocurrió en enero de 2012, hace dos años. En ese momento me di cuenta de que todo lo que creí superado —mis miedos, los patrones disfuncionales de relación interpersonal que aprendí en mi familia de origen, la agresión pasiva, la manera patológica de expresar el amor— estaba ahí, enfrente de mí, rompiendo lo que más quería: mi matrimonio.

Finalmente, después de un proceso doloroso para ambos, nos divorciamos en noviembre de 2012. Sin duda, ha sido la pérdida más fuerte que he experimentado y la sensación de fracaso más profundo que he vivido.

Yo había encontrado el amor de mi vida y yo había firmado un divorcio terminando esa relación. Los dos estábamos lastimados y parecía que no había nada que hacer. Había fracasado en el proyecto más importante de mi vida con la mujer que más he amado.

Fue entonces cuando me di cuenta de que mi verdadero proceso terapéutico estaba a punto de empezar. Me sentía roto. Regresaron a mí las mismas sensaciones que me acompañaron en la infancia. Me sentía "estúpido", "insuficientemente bueno para ser feliz", "poco hombre" y una "mala persona".

En terapia, Rafa me ayudó a ver que lo que estaba sintiendo era algo que había experimentado antes y que por eso era tan doloroso, pues me conectaba con heridas profundas que había adquirido en la infancia. A raíz de mi separación con Ara, en este proceso terapéutico, entendí a fondo el abuso que sufrí en mi familia por parte de mis padres y comprendí, de alguna manera, que yo estaba imposibilitado para ofrecer una relación sana, ya que no la viví de niño.

En esa época sentía que no podía respirar. Sentía que el pecho me iba a estallar. Empecé a experimentar crisis de ansiedad y unas ganas incontrolables de llorar. Sólo pensaba en ir al consultorio de Ara a decirle que la adoraba y que quería regresar con ella. "¿Para qué?", me confrontaba Rafa. "¿Qué le vas a decir que no le hayas dicho ya y que pueda cambiar el rumbo de las cosas?", "Necesitas soltarla y dejar que encuentre su felicidad", me repetía tajantemente.

Entonces me derroté y decidí enfrentar el dolor que tenía enfrente. Mi matrimonio estaba perdido y Araceli empezaba a salir con alguien más. Sentí que me moría cuando me enteré. Sentí que no podría con tanto dolor, pero una vez más confirmé que de amor nadie se muere. La vida siguió para mí como sigue para todos los que tienen una pena que superar.

Este libro refleja mi proceso personal de entendimiento con respecto a una infancia tóxica y su legado. Estoy convencido de que sanando un pasado doloroso, alguien puede amar de manera libre y responsable. Tuve que reconocer las heridas que creía superadas por completo para explorarlas, entenderlas y sanarlas de verdad.

Mediante este libro pretendo acompañarte para que entiendas por qué el legado de tus padres tóxicos no es algo de lo que puedas sacudirte con facilidad. Necesitas identificarlo, comprometerte contigo mismo para entenderlo y cambiar los pensamientos negativos que te dejaron y que te llevan a sentir emociones negativas y que te hacen actuar de manera destructiva hacia ti mismo y los demás.

Al igual que en mi caso o el de Ara, ese volcán de sentimientos enterrados desde la infancia, cuando llegan a un momento crítico, saldrán de manera incontrolable y te confrontarán con una vida llena de pérdidas.

Mi historia no es inusual ni especial. A lo largo de mi práctica profesional como terapeuta, he atendido a cientos de pacientes con serios problemas de autoestima y de interrelación personal debido a que fueron golpeados por sus padres, fueron víctimas de burlas o de bromas pesadas por parte de ellos, sufrieron algún tipo de abuso sexual, tuvieron que cargar con una responsabilidad con la que no podían lidiar, o simplemente fueron sobreprotegidos al punto de haber sido castrados emocionalmente.

Pocas personas pueden hacer una conexión entre sus padres y sus problemas actuales. Pocos pueden visualizar la magnitud del impacto entre la relación con sus padres y su vida interpersonal. Es un punto ciego común.

En mi caso, sólo al enfrentar el dolor de mi niño interno pude sanar la herida de mi pasado y el impacto que tuvo en mi vida adulta. Fue hasta mis 41 años de vida que completé el rompecabezas y todo cobró sentido.

Ahora más que nunca creo que por medio de un proceso serio de autoconocimiento, se pueden romper y cambiar los patrones destructivos de comportamiento. Y la terapia es una excelente herramienta para lograrlo. La terapia funciona pues no sólo busca aliviar los síntomas del paciente, sino sanar el origen de éstos.

Un buen proceso de autoconocimiento y de sanación implica dos cosas: cambiar el comportamiento autodestructivo aprendido en la infancia y que el paciente pueda desconectarse de los traumas del pasado.

He tenido que aprender técnicas para el manejo de la ansiedad y el miedo al abandono; he tenido que aprender a manejar la frustración y el dolor emocional de haber tenido padres con una dinámica de relación disfuncional que me lastimó profundamente.

Nuestros padres siembran semillas emocionales y de pensamiento en nosotros. En algunas familias estas semillas son de respeto, amor, independencia. En muchas otras —como en la mía—, las semillas son de miedo, culpa y autocastigo.

Si te identificas con el segundo grupo, si no puedes vivir en plenitud, si no te puedes relajar y no puedes ser auténtico, este libro está escrito para ti. Conforme has entrado a la adultez, estas semillas han crecido como enredaderas que han invadido tu vida y que no te dejan ser feliz. Como a mí, estas enredaderas emocionales de seguro han lastimado tus relaciones interpersonales, tu carrera profesional, tu autoconfianza y autoestima.

El objetivo de este libro es que encuentres tales enredaderas y las arranques de raíz, para que te liberes y puedas vivir en plenitud tus diferentes proyectos de vida.

Éste fue mi propio trabajo personal por casi dieciocho meses, y ahora quiero compartirlo contigo. Vamos de la mano, empecemos el proceso...

Con cariño,

DADO

EL PADRE TÓXICO
y el sistema familiar

Todos crecemos y nos desarrollamos en un grupo de personas que interactuan entre sí al que llamamos "familia". Una familia es un sistema donde las acciones de cada uno de nosotros afectan a los demás miembros de manera directa y de formas más escondidas, más profundas. Una familia es una red compleja de relaciones, vínculos y sentimientos, tales como el amor, la lealtad, el respeto, la ansiedad, la posesión, la identidad, la alegría, la culpa, la unión, la traición, la fidelidad y la solidaridad. Una constante ebullición de emociones y procesos psicológicos profundos, que unidos a los de los demás miembros del sistema, generan un río de dinámicas complejas, donde se establecen actitudes, percepciones y relaciones interpersonales determinadas dentro y fuera del núcleo familiar.

Como en cualquier río, lo que se ve en la superficie es lo obvio, lo evidente, lo que está a la luz, pero en la profundidad es donde se encuentran las verdaderas fuerzas que mueven al río, es decir, los engranes inconscientes y poderosos que mueven toda la complejidad de una interrelación familiar.

Cuando somos niños, nuestro sistema familiar representa toda nuestra realidad y nuestro punto de referencia. Aprendemos a tomar decisiones basados en lo que nuestro sistema familiar nos enseña a entender y percibir del mundo. Comprendemos el mundo a partir de nuestra experiencia y de lo que nos inculcan nuestros padres. Nos guste o no, terminamos por parecernos física y emocionalmente a las personas con las que crecimos. Es imposible no repetir lo que aprendimos, aunque sea doloroso o disfuncional. Al final todos repetimos lo que inconscientemente aprendimos, replicamos la manera de enfrentar nuestros conflictos y saciar nuestras necesidades, tanto físicas como emocionales.

Para la formación de una familia, la naturaleza hace que se atraigan seres de la misma especie; por ejemplo: siempre vamos a encontrar a un conejo con otro conejo, es decir, nunca encontraremos a un conejo que se relacione en pareja con un mapache o con una jirafa. Lo mismo sucede con los seres humanos. Una persona se relaciona en pareja con alguien que tiene, más o menos, su mismo nivel de autoestima, de comunicación, de inteligencia y de salud emocional. "Un conejo está con otro conejo", así que si los "conejos" son medianamente sanos, crearán una familia de "conejos" medianamente sana; pero si los "conejos" son enfermos emocionales, crearán una familia de "conejos" enferma con baja autoestima, sin capacidad de comunicarse emocionalmente, con miedo y con culpa.

Cuando somos niños, nuestros padres representan todo para nosotros. Nuestra estabilidad emocional depende de ellos al cien por ciento. Intuimos que sin ellos nos encontraremos solos, sin ningún tipo de cuidado, sin amor, viviendo un estado constante de miedo, desvalidos. Somos conscientes de que dependemos de ellos, pues son los proveedores de todo lo que necesitamos.

Depender de nuestros padres al comienzo de la vida es algo inevitable. Los que tienen la fortuna de tener padres relativamente sanos podrán ir formando una adecuada autoestima, un autoconcepto de valía y seguridad. Aprenderán a tener claridad en lo que se espera de ellos y, de cierta manera, podrán anticiparse a las reacciones emocionales que tendrán sus acciones en sus padres y en el mundo. Podrán aprender a confiar en sí mismos y en los demás, sobre todo, se sentirán valiosos y dignos de buscar y alcanzar la felicidad.

La realidad es que los padres no son perfectos y muchas veces se equivocan, generando dolor a los hijos. Ser un buen padre nunca implicará ser un padre perfecto. Sin embargo, el rol más importante de un padre es proveer de seguridad, amor y cuidado a un hijo. Un padre sano se equivoca, pero asume su error y sabe pedir perdón; entiende que mostrar su equivocación no es más que un acto de amor y lo resarce de manera natural, así, el hijo aprende que equivocarse es algo cotidiano y aprende a perdonar y a perdonarse. No importa cuán enojado, frustrado o triste se encuentre, un padre necesita dotar a su hijo de seguridad y amor. Ése es el rol que decidió asumir y es lo que necesita hacer: dar seguridad y amor incondicionales, aunque muchas veces implique poner límites firmes y claros. De esta forma, un padre sano se equivoca y a veces comete ciertos abusos —físicos o verbales— sobre su hijo. No obstante, existe en él un patrón de búsqueda de seguridad, amor y bienestar hacia su hijo, aunque esté matizado con fallas. Un padre sano es simplemente un ser humano, falible, que trata de formar en amor y valores a un hijo.

Los seres humanos cometemos fallas porque estamos hechos para eso, para cometer errores y aprender de ellos. Así que también encontramos fallas en nuestros progenitores. Al igual que nosotros, ellos están buscando la armonía, aunque no sepan cómo alcanzarla.

La seguridad hacia los hijos no recae en justificar o negar los errores de los padres, o bien, evitar las consecuencias de los errores de los hijos. La seguridad recae en que el padre muestre lo que está sintiendo, sin negarlo y asumir las consecuencias si es necesario. Es importante que un hijo conozca los sentimientos de sus padres —sea cuales sean— y aprenda que en la vida siempre existen consecuencias. De esta forma aprenderá a expresar los propios sentimientos y asumirá las consecuencias de sus acciones.

El arte de ser un padre funcional empieza mostrando los propios sentimientos de manera abierta, sana y honesta.

Un padre sano no desquita su enojo o su frustración con sus hijos y deja claro que el amor no está condicionado a ningún estado de ánimo ni a ninguna conducta. El amor es incondicional aunque existan errores de los hijos y los estados de ánimo fluctúen en la familia.

Ahora bien, los que no tuvimos la fortuna de crecer en una familia funcional tenemos un doble trabajo para fortalecer la autoestima y sentirnos capaces de ser amados y respetados. Los que pertenecimos a una familia disfuncional —donde alguno o ambos de los padres es tóxico— tenemos mayor probabilidad de tener conductas autodestructivas y de hacernos daño o lastimar a quienes amamos, ya que aprendimos que merecíamos ser constantemente castigados y rechazados. Aprendimos que el amor dependía de nuestro comportamiento y, en muchos casos, no tuvimos claro lo que se esperaba de nosotros. Aprendimos que amar era lastimar y sufrir, ignorar y rescatar, controlar y abusar. Por eso también tenemos mayor probabilidad de establecer dinámicas disfuncionales de relación interpersonal.

Aunque seamos responsables de nuestra vida en la edad adulta, la verdad es que de nuestra familia de origen dependerá nuestra capacidad para mantener relaciones sanas cuando crezcamos. En nuestra familia de origen aprendimos a relacionarnos, a enojarnos, a manipular, a manejar el conflicto, a defendernos; a generar un concepto de unión, lealtad y cohesión; a perdonar, a guardar resentimientos, a ser agresivos pasivos, a ser amorosos...

En la Antigüedad los griegos tenían un problema: desde el Olimpo, los dioses miraron hacia abajo su mundo etéreo para fijarse en lo que hacían los humanos. Entonces, decidieron regular el mundo. Estos dioses tan especiales tenían emociones, pasiones y defectos humanos, pero también tenían poderes sobrehumanos. A partir de ello, empezaron a hacer y deshacer a placer para controlar la vida terrenal. ¡Qué terrible fue para los griegos darse cuenta de que sus vidas dependían del estado de ánimo de los dioses! Si los dioses no estaban satisfechos con algo de lo que sucedía abajo, tenían el poder de castigar. No tenían que ser justos, no tenían que ser compasivos, no tenían que tener la razón; de hecho, podían ser totalmente irracionales, injustos y vengativos y, aun así, tenían el poder de tomar represalias a su antojo.

Los griegos estaban a merced de los berrinches y estados de ánimo de sus dioses. Lo impredecible de las acciones caprichosas de éstos generaba miedo, ansiedad y confusión entre los mortales. De ahí su necesidad de buscar agradarles y brindarles ofrendas, para evitar que su cólera los azotara impunemente.

Narro la situación injusta y preocupante que vivían los griegos, de acuerdo con su mitología, para hacer una analogía con lo que sucede en muchas familias del mundo de hoy. Y es que este mismo tipo de relación se establece cuando existe un padre tóxico en un sistema familiar. Con "padre tóxico" me refiero a un padre impredecible, irracional e inmaduro; que se asemeja a un dios griego ante los ojos de un hijo. Él puede decidir y destruir lo que sea, sin que el hijo pueda protegerse a sí mismo. Al igual que los dioses, un padre tóxico toma decisiones basado en pasiones y berrinches que posiblemente tengan secuelas irreversibles en la vida de sus hijos.

Al igual que los antiguos griegos vivían a merced de sus míticos dioses, los niños están a merced de sus padres. Y ellos, como nadie los juzga, nadie los castiga y nadie los controla, tienen el poder de tomar decisiones sobre sus hijos. Pero éstas no tienen que ser justas, no tienen que ser compasivas, no tienen que ser racionales; a veces son impuestas por los padres, quienes tienen el control y el poder.

Los hijos aprendemos a vivir bajo las reglas de nuestros padres y a recibir su legado, sea cual sea. Como hijos estamos bajo el mando de los padres, aprendemos a creer que ellos son perfectos y que "ven lo que nosotros no vemos". Así, en la medida en que creemos que ellos hacen lo correcto, que toman las decisiones adecuadas y que saben lo que están haciendo (aunque no lo entendamos), nos sentimos protegidos.

No importa lo que hagan o dejen de hacer, lo justos o injustos que sean, lo sano o lo enfermo de su comunicación, la compasión o la rudeza con la que nos hablen, creemos que son perfectos. Y si no fuera así, nos sentiríamos perdidos, sin rumbo. En suma, ellos lo hacen bien y son buenos. En esta ecuación, nuestro papel es asumir, sin cuestionar, las decisiones que toman. Al comienzo de la vida, depender de nuestros padres es algo inevitable.

Hay una realidad: el niño es egocéntrico por naturaleza. Esto no significa que sea egoísta, sino que entiende que todo lo que sucede a su alrededor tiene que ver con él y con sus acciones. Hasta los siete años, ya es capaz de desvincular lo que sucede en el mundo de sus propias acciones.

En esta edad el niño piensa que todo está relacionado con él, vive como responsable de todo lo que pasa cerca de su entorno. Por ejemplo: si el padre llega contento y de buen humor de trabajar, de seguro es porque el hijo "se sacó una estrellita en el kínder"; y si llega de malas o enojado, de seguro es porque el hijo "no se comió el espagueti y lo escondió debajo del sillón". Lo que sucede es que el pensamiento mágico del niño se mezcla con la realidad y no es capaz de entender que los sentimientos de sus padres pueden estar vinculados con algo más que no sea su propio comportamiento. Entonces, ¿qué sucede? Que al igual que los antiguos griegos, el niño busca todas las maneras posibles de tener contentos a sus "dioses", sus padres. Pero como éstos son inconsistentes en sus afectos, impredecibles e irracionales y presentan comportamientos erráticos, infantiles e impulsivos, convierten a su hijo en el blanco de sus agresiones y les dan dobles mensajes en su comunicación. Así, el niño se siente confundido, temeroso, inseguro, culpable y devaluado.

A veces creo que sólo aquéllos que tienen verdadera vocación de padres deberían reproducirse. Los demás deberíamos nacer infértiles o "vasectomizados", pues es increíble cómo un padre tóxico puede marcar negativamente la vida de un ser humano. La salud de una familia depende de la salud de quienes la fundaron, de quienes decidieron formarla.

Cuando un hijo se desarrolla en una familia tóxica va limitando su capacidad de sentirse merecedor de amor y, sobre todo, incapaz de brindarse a sí mismo y a los demás, seguridad y afecto incondicional.

Por eso, en este tipo de familias se desarrollan muestras de cariño disfuncionales, que lastiman y que provocan angustia. Cuando un hijo de padres tóxicos crece y repite los patrones que vivió en su infancia, busca desesperadamente ser amado y brindar amor, pero lo hace de la misma manera en la que fue herido: lastimándose a sí mismo y a los demás. Si tuviste un padre tóxico, tiendes a establecer relaciones tóxicas en la adultez.

Nuestros padres nos enseñan a relacionarnos con el mundo, nos enseñan a sentirnos merecedores y dignos de ser amados, o bien, pueden enseñarnos a sentirnos fracasados y merecedores de rechazo y dolor. Es por eso que la relación de un padre con un hijo puede marcarlo negativa y permanentemente en su edad adulta.

A esto se refería Freud con la frase *infancia es destino*, pues de nuestras primeras relaciones interpersonales dependerá la manera en que nos relacionamos con el mundo. A partir de estas relaciones creamos creencias sobre nosotros mismos y el mundo que nos acompañarán toda la vida.

De niños somos indefensos y estamos bajo el mando de los padres; creemos que son perfectos y "alcanzan a ver lo que nosotros no vemos". Así, en la medida que pensamos que nuestros padres hacen lo correcto, que toman decisiones adecuadas, que saben lo que están haciendo —aunque nosotros no lo entendamos—, nos sentimos protegidos. No importa lo que hagan o dejen de hacer; lo justos o injustos que sean; lo sano o enfermo de su comunicación; la compasión o rudeza con la que nos hablan; creemos que son perfectos y que somos responsables de sus respuestas. Si no fuera así, nos sentiríamos perdidos y sin rumbo. Aprendemos que ellos lo hacen bien, que ellos son buenos y que nuestro papel en la ecuación es asumir, sin cuestionar, las decisiones que toman.

¿Qué sucede cuando un padre es inconsistente en sus afectos? ¿Qué pasa cuándo es impredecible e irracional? ¿Qué ocurre cuándo se comporta de manera infantil e impulsiva? ¿Qué se genera cuándo el blanco de su agresión es su hijo? ¿Qué ocasionan los dobles mensajes en su comunicación? ¿Qué pasa cuando es violento e injusto? El niño se siente confundido, temeroso, inseguro y culpable. Un padre impredecible, irracional e inmaduro genera el mismo pánico que generaba en los antiguos griegos la idea de que el dios de la lluvia mandaría una tormenta para descargar su ira.

Una familia funciona como un sistema abierto, donde existe una interacción constante entre cada uno de sus miembros. Y como es un sistema completo, el comportamiento de los miembros tiene influencia y estímulo en la vida de todos los demás. Así, un cambio en el comportamiento de uno de ellos produce alteraciones en la dinámica de todo el sistema familiar.

No existe la familia perfecta. Ninguna familia está libre de conflictos. Sin embargo, en términos de salud mental, hay familias funcionales y familias disfuncionales. Evidentemente ambas tienen problemas, conflictos y dinámicas tóxicas, pero lo que hace la diferencia entre ellas es la conciencia de enfermedad, el compromiso y la voluntad para modificar lo que no está nutriendo el sistema y la búsqueda del bien común. Gran parte de la estabilidad y la adecuada autoestima de un ser humano tiene su base en la familia donde creció.

Por eso es tan importante que para regenerar y fortalecer el autoconcepto de un ser humano, se tome en cuenta cómo fueron sus primeras relaciones, sus primeras dinámicas emocionales y las creencias sobre sí mismo, es decir, es importante comprender a fondo a quienes lo educaron: sus padres.

Una familia funcional crea una adecuada autoestima y seguridad entre sus miembros. Una familia disfuncional comienza cuando el comportamiento inadecuado o inmaduro de uno de los padres inhibe el crecimiento de la individualidad y la capacidad de relacionarse sanamente entre los miembros de la familia. Así, en una familia funcional, se promueve la sanidad espiritual y emocional de sus miembros. En una disfuncional, se promueve la culpa, el miedo, la irracionalidad y el desamparo de sus componentes.

En toda familia hay reglas. Los miembros —comúnmente los padres— las crean porque son necesarias para una sana convivencia. En una familia funcional—lo que se considera una familia sana—, las reglas son congruentes, racionales y se adaptan a las necesidades reales de la familia. Ya que la familia es un sistema vivo, las reglas dentro de la familia van modificándose y adaptándose a los cambios que los miembros experimentan. En una familia sana, expresan abiertamente las necesidades básicas y los afectos de los miembros. En una familia funcional, las diferencias individuales en las percepciones, como en las necesidades de cada uno de los miembros pueden ser aceptadas. Los conflictos son vividos como diferencia de opiniones entre los miembros y no amenazan la estabilidad familiar. Los conflictos, así como los acuerdos, se expresan abiertamente y con muestras emocionales.

El manejo del conflicto determina la salud o la enfermedad de un sistema familiar. Aceptarlo como parte inherente de la vida y permitir que se dé en la familia de manera natural es parte de la vida saludable de un sistema.

En una familia funcional, los mensajes verbales y no verbales son congruentes. Existen límites claros en los roles y las manifestaciones emocionales dentro de los miembros; se promueve la individualidad y también el respeto entre los integrantes. En una familia funcional, los padres trabajan como un equipo con sus hijos. Esto promueve que los hijos se relacionen en términos de afecto y apoyo mutuo. En una familia funcional existe un nivel balanceado entre el proceso de dar y recibir. Es tan importante recibir del sistema familiar como cuidar de él. La lealtad hacia el sistema es primordial. En una familia sana, cada miembro necesita de su propio espacio (físico y psicológico); esta independencia nutre el sistema familiar. Cuando algún miembro tiene un problema, se pide ayuda al sistema y la familia pide ayuda del exterior.

Creo que si todas las familias fueran medianamente funcionales, los seres humanos viviríamos en armonía y toleraríamos las diferencias de los demás. Por desgracia, muchos fuimos criados por padres tóxicos que no lograron brindar amor incondicional ni seguridad al sistema familiar ni estabilidad en el manejo del conflicto. Padres que, lejos de ser una figura de apoyo, se convirtieron en generadores de ansiedad, abuso y falta de estabilidad para la familia. Para quienes crecimos en familias disfuncionales, nuestro autoconcepto fue lastimado y por ello nuestra relación con el mundo está matizada con esta herida.

Un padre tóxico es el origen de una familia disfuncional, en la cual las reglas se establecen a partir de caprichos irracionales de los padres. Las reglas son rígidas y se evita que sus miembros expresen sus sentimientos. En una familia disfuncional no se permite la individualidad de la personalidad, las reglas rígidas no admiten la expresión afectiva ni la expresión de las propias necesidades. En una familia disfuncional el conflicto se percibe como reto a la autoridad y como riesgo de desestabilización del sistema, por lo que se evita o se reprime.

Los conflictos se niegan y la paz se mantiene a expensas de la individualidad de sus miembros. Es común que un esposo se someta al otro; que se alimente el miedo al abandono y la poca valía del individuo. En tanto que los hijos aprenden a ser tiranos con los derechos de sus padres, o a someterse a los deseos de los demás.

En una familia disfuncional hay incongruencia entre la comunicación verbal y no verbal. Hay contradicciones constantes entre lo que se dice y el comportamiento de los miembros, en particular el de los padres.

En una familia disfuncional los padres no actúan como un equipo, más bien generan alianzas entre sus hijos, utilizándolos para atacarse entre sí. En pocas palabras, promueven relaciones agresivas y de competencia entre los hermanos.

En una familia disfuncional se aprende que no hay un balance en el proceso de dar y recibir dentro del sistema; los miembros aprenden a no sentirse merecedores de afecto y estabilidad del medio, a ser egoístas y centrados en sí mismos. La lealtad al sistema deja de ser un valor.

En una familia disfuncional, la dependencia se vuelve excesiva; la autonomía del niño —como la del padre— se limita, la protección o la disciplina se tornan excesivas y los padres provocan (directa o indirectamente) una disfunción en el desarrollo del niño. En este tipo de familias, los hijos entran al juego de los conflictos parentales y cada padre "trata de jalar" al hijo a su lado, logrando que la alianza con alguno de sus hijos sea permanente, integrando una relación posesiva y de "pareja", en la cual el hijo pierde la individualidad y, en consecuencia, genera grandes sentimientos de resentimiento al otro padre (además de culpa y miedo) y presenta altos niveles de dependencia y bajos niveles de autonomía.

En las familias disfuncionales los hijos se vuelven el blanco de la agresión de sus padres, pues no se permite el espacio físico ni psicológico individual de los miembros. Toda relación de este tipo cae en círculos viciosos donde no hay ayuda del exterior.

En una familia disfuncional, cuando alguno de los miembros tiene un conflicto, se esconde tanto dentro del sistema como fuera de él, y todos los miembros de la familia actúan como "si no pasara nada".

Los padres tóxicos crean familias disfuncionales que se definen por cuatro características:

Amalgamiento de la familia. Amalgamar significa entremezclar, simbiotizar. Esta característica es contraria a la individualidad. Una familia amalgamada es una familia en donde no existe respeto al individuo y los padres pueden meterse en la vida de los hijos, decidiéndolo todo. Es exactamente lo contrario de "confiar y dejar vivir en plenitud". Este patrón de conducta disfuncional impide la formación de una personalidad sana, ya que inhibe el espacio vital físico, psicológico y espiritual de una persona.

El concepto de "estar juntos" no por gusto, sino por obligación, es diferente al concepto de una familia unida, donde existe apoyo y respeto a las necesidades individuales.

El otro extremo, disfuncional también, es la indiferencia, que también es dañina. Suele manifestarse en los polos opuestos: estratos sociales muy bajos o muy altos. No hay contacto emocional, ya sea por el exceso de trabajo y las carencias económicas, o por la gran cantidad de "vida social" y eventos en los que se ve inmersa la familia.

Rigidez. Consiste en el establecimiento de reglas que no admiten posibilidad de cambio y que se establecen de forma arbitraria para todos los miembros de la familia, exceptuando tal vez a quien las impuso.

Algunas de las consecuencias de la rigidez son la rebeldía contra todo y contra todos, la frustración, el resentimiento y la incapacidad de elaborar un criterio elástico de acuerdo con las circunstancias. Debemos pensar que los hijos son como los dedos de una mano, los cuales, a pesar de pertenecer a la misma extremidad, son diferentes entre sí, por lo que sería absurdo pretender que un mismo anillo les quedara a todos. A uno le quedaría bien, a otro no le entraría y a otro más le quedaría flojo.

El extremo contrario, patológico por lo mismo, es la falta de límites, que es destructiva, pues no existe ningún tipo de contención emocional y, por lo tanto, en un hijo genera la sensación de no ser contenido ni protegido.

Sobreprotección. Consiste en generar dependencia y terminar por lisiar emocionalmente a una persona. La sobreprotección es la equívoca actitud de pretender resolver todos los problemas del sistema familiar.

Es terrible rescatar a un hijo de cualquier contratiempo y estar sobre de él todo el tiempo, indicándole lo que debe o no debe hacer, quitándole la oportunidad de aprender a resolver sus problemas por sí mismo por medio de sus experiencias agradables (aciertos) y negativas (errores), y a bastarse con sus propios recursos sin depender de los padres.

Esta actitud brinda al padre o la madre "ganancias secundarias", que consisten en la necesidad de sentirse útiles, necesidad que satisfacen mientras el hijo depende de ellos. Así controlan su vida, aun en la edad adulta.

Este patrón disfuncional impide que el ser humano se desarrolle en su totalidad, limita sus experiencias, el incremento de la capacidad intelectual, de la autoestima; fomenta la inseguridad ante la vida y los problemas; inhibe el instinto de agresión, necesario para saber luchar, defenderse y competir. Todo lo anterior genera miedo y una gran sensación de inadecuación en el mundo. Sentir que no existe la posibilidad de sobrevivir por uno mismo en el mundo.

El polo opuesto es "soltar totalmente" a un hijo, dejarlo sin las herramientas necesarias para defenderse en el mundo.

Evasión del conflicto. Es la más importante, ya que esta característica es la más dañina, al grado que, aun existiendo las otras características, si la familia pudiera hablar de lo que siente, discutir su problemática y tener comunicación emocional sin restricciones verbales, esta familia podría relacionarse de manera sana.

Una familia que evita el conflicto, donde no existen enfrentamientos y no se habla de las situaciones dolorosas ni se ventilan los problemas reales, genera una carga emocional que se convierte en una bomba de tiempo, que termina por explotar en el momento menos esperado.

Es como si hubiera un rinoceronte en la sala, todos viven la tensión de su existencia, pero nadie habla de ello. Se vive con gran tensión, pero todos actúan como si "todo estuviera bien". Se habla de temas intrascendentes, o se vive un gran silencio, pero nadie se atreve a manifestar lo que está amenazando la integridad de la familia. Todos fingen no ver al rinoceronte. No hablar de los problemas profundos, de los secretos, del dolor emocional —porque al acortarse la comunicación se evita la intimidad— es la consecuencia de miembros familiares que son ajenos y extraños entre sí.

Es común que los conflictos se evadan con televisión, con videojuegos, o hablando de la vida de los demás, y no de la problemática que se está viviendo en casa.

En este tipo de familia, cuando un niño pregunta la verdad sobre "el dragón", todos le ocultan la verdad, y con ello aprende a evadir y negar la realidad. Ese niño generara la creencia de: "Mi percepción acerca de la realidad está equivocada". Aprende a ignorar la realidad o a buscar soluciones con bases falsas o irreales.

El extremo de esta característica es el cinismo. Mencionar los temas con crudeza y sin empatía, sin deseo verdadero de buscar una solución o sin tomar en cuenta la edad de los hijos, dándoles información que no pueden manejar.

El proceso de crear nuestra individualidad e ir separándonos de los padres alcanza su pico más alto en la adolescencia, cuando confrontamos los valores, los gustos y la autoridad parental. Se trata de un proceso normal y natural. En una familia estable, los padres permiten que sus hijos elijan paulatinamente su propio camino y toleran la ansiedad de que "no siempre cumplan las propias expectativas". Los padres fomentan que el adolescente vaya "encontrando su camino en el mundo" y propician su autonomía.

Los padres entienden la magnitud de la crisis de la adolescencia, brindan apoyo y estabilidad emocional con límites razonables y congruentes para la edad de sus hijos.

Los padres tóxicos no son tan tolerantes. Ellos perciben el proceso de adquisición de individualidad y autonomía de los hijos como una rebelión y un ataque personal; por lo tanto, responden al proceso de búsqueda de identidad e individualidad de los hijos de manera negativa, refuerzan su dependencia, minimizándolos, humillándolos y sometiéndolos, causando en ellos sentimientos destructivos y dolorosos. Los padres lo hacen creyendo que es lo mejor para sus hijos, justifican que están "forjando un carácter" o "enseñando a lidiar con la realidad de la vida". Sin embargo, esta constante represión es un arsenal de sentimientos negativos, una constante amenaza a la autoestima de sus hijos y un sabotaje permanente al proceso natural y sano de independencia e identidad propia.

No importa cuánta razón crean que tienen este tipo de padres tóxicos, el *yo* de sus hijos se lastima, propiciando en ellos relaciones enfermizas y destructivas.

De este modo, el hijo de padres tóxicos está a merced de su yugo, no puede liberarse del "dios antiguo que todo lo decide" y pierde la esperanza de construir por sí mismo una vida mejor. El hijo de padres tóxicos aprende que cualquier intento de autonomía será interpretado como una falta grave y existirá una reprimenda importante, de manera que acaba sometiéndose a los deseos de sus padres, o bien, rebelándose contra ellos de manera tóxica y autodestructiva.

El miedo constante a la represalia se arraiga en el cuerpo, en el alma del niño. Ante cada situación de conflicto, aun cuando el niño se haya convertido en un adulto, lo paralizará y lo llevará a enfrentarlo de manera patológica. El miedo es el principal legado de un padre tóxico.

Conforme la autoestima del niño disminuye, su dependencia emocional aumenta, y con ella, su creencia de que no puede sobrevivir solo en el mundo.

Por desgracia, como las conductas enfermizas de los padres se mezclan con el amor y la sensación de lealtad que los hijos tenemos hacia ellos, en el fondo —como niños y adolescentes—, necesitamos justificar a nuestros padres y asumimos la responsabilidad de su comportamiento, a pesar de que sus acciones sean destructivas e irracionales.

No importa cuán tóxico sea un padre, el niño *necesita* defenderlo. A pesar de que a cierto nivel, el niño entienda que su padre se está equivocando, lo justificará o actuará "como si no hubiera pasado nada". Los hijos de padres tóxicos crecemos con estas dos doctrinas:

- No valgo, no soy lo suficientemente bueno.
- Soy débil, fracasaré y nunca lograré que mis padres estén orgullosos de mí.

Estas creencias son tan poderosas que se mantienen en el interior, aun cuando la edad adulta haya llegado. Están tan internalizadas que difícilmente el hijo de padres tóxicos podrá vivir con plenitud su edad adulta, su madurez, sin restricciones y sin trabas emocionales.

He conocido varios padres y madres que solicitan "terapia para sus hijos", y no reconocen que son ellos quienes la necesitan. Hoy en día es poco común que acepte a un adolescente en terapia pues, tristemente, cuando son parte de un sistema familiar disfuncional, los padres esperan que el proceso terapéutico oriente la voluntad, la individualidad y el desarrollo de la personalidad de su hijo hacia lo que los padres han planeado para él. No quieren que él sea capaz de tomar sus propias decisiones o que tenga la capacidad de estar en desacuerdo con la voluntad de sus padres.

Muchos padres siguen actuando como adolescentes y creen que pueden educar a otros adolescentes. Actúan de manera egoísta, manipuladora y, generalmente buscan sus intereses y no los de sus hijos. Estos padres responsabilizan a sus hijos de su propia infelicidad y esta carga puede ser insoportable para un hijo.

Un padre tóxico no acepta la individualidad y el libre albedrío de su hijo, aunque haya alcanzado la edad adulta, sino que busca manipularlo y castrarlo emocionalmente para que cumpla con el proyecto de vida que había generado para él.

No es justo que un hijo cargue con la inmadurez, la irresponsabilidad y el egoísmo de un padre; pero que sea injusto no lo hace imposible, y esto es lo que sucede en las familias tóxicas. Los hijos cargan con el legado de culpa, miedo y dolor que les han inculcado sus padres. Cargan con las creencias que no *pueden* ni *merecen* ser felices y que el sometimiento es parte inevitable de la vida.

Es importante aclarar que ningún hijo es responsable de la infelicidad de un padre, no tiene por qué asumir como propios los errores de los demás y no tiene que seguir justificando que sus padres le hayan hecho la vida miserable.

Todos los padres pueden ser deficientes de vez en cuando. No existe el padre perfecto porque ningún ser humano puede acertar en todo lo que hace y decide. Es normal que un padre le grite a su hijo de vez en cuando; es humano y es inevitable, pero lo que vuelve tóxico a un padre es su incapacidad para entender que, en la relación con su hijo, la madurez, los límites en la agresión y el control de la ira deben de recaer en el adulto y no en el niño, es decir, en el padre.

En algún momento, todos los padres se comportan de manera controladora; la mayoría alguna vez ha golpeado a sus hijos. ¿Estos errores los convierten en padres crueles o incapacitados para educar a sus hijos? Definitivamente no. Sólo los convierten en humanos que cometen errores. Los hijos perdonan errores, lo que no perdonan son las mentiras, el abuso, la traición y la castración emocional que no les permite alcanzar sus sueños.

Los padres son humanos y, al igual que todos, tienen muchos problemas que resolver. La gran mayoría de los hijos puede lidiar con momentos ocasionales de violencia y enojo, ya que hay muchas experiencias amorosas y de contención emocional que las compensan. Sin embargo, existen padres cuyos patrones negativos de conducta son consistentes y dominan la vida de sus hijos. Ellos son los padres que generan heridas profundas con cicatrices que acompañarán a sus hijos toda la vida. Un padre que genera miedo, culpa, dolor y desconfianza, va envenenando la vida de su hijo. Es por eso que se convierte en alguien tóxico, en alguien destructivo que aleja a su hijo de la capacidad de ser feliz. Un padre tóxico inflige trauma, abuso, vergüenza y minusvalía sobre sus hijos aunque ellos ya sean adultos.

Lamentablemente, los patrones se repiten y así como nosotros aprendimos a relacionarnos con los demás por medio de nuestros padres, ellos aprendieron lo mismo de los suyos. Por eso la toxicidad en las relaciones humanas es "heredada" de generación en generación. Es común que se hable de que ciertas familias están "malditas" porque es frecuente que haya altos niveles de divorcios, infidelidades, traiciones, peleas por dinero, rompimiento entre hermanos o enfermedades severas. Esto no es más que una repetición de patrones que se enseña de padres a hijos, de una a otra generación.

En esencia, un padre tóxico termina con la estabilidad emocional y con la posibilidad de ser feliz de un hijo: "Ya que no valgo nada y soy débil, merezco sufrir". Esto es lo que puede generar o fomentar el pensamiento de minusvalía y destrucción a un hijo. Muchos de los pacientes suicidas crecieron en una familia donde había un padre tóxico.

Estos pensamientos llegan a ser tan poderosos que los hijos de padres tóxicos se sienten culpables de su abuso, en ocasiones conscientemente, en ocasiones no. Cuando estos niños se convierten en adultos, siguen sintiéndose culpables e inadecuados para la vida y resulta prácticamente imposible que construyan una imagen positiva de sí mismos. Esto deriva en una falta total de confianza en todas las áreas de su vida.

Una vez trabajé con José Luis, un joven de 24 años que acudió a terapia por un episodio depresivo grave con alto riesgo suicida. Él estaba terminando su segunda carrera universitaria con honores, había creado una fundación para niños de la calle, hacía ejercicio, tenía una relación de pareja estable, había empezado su vida laboral y además era exitoso socialmente.

Sin embargo, José Luis tenía el pensamiento obsesivo de "ser un fracasado en la vida". "¿Pero, cómo puedes ser un fracasado, si apenas tienes 24 años y ya tienes dos carreras profesionales?", "¿Quién te ha hecho creer que a los 24 años puedes asegurar el fracaso de toda una vida?", pregunté intrigado. En efecto, José Luis provenía de una familia disfuncional con un padre violento, tóxico y devaluador. Su familia era rígida y amalgamada, no aceptaba las diferencias de opinión y la individualidad de los hijos era vivida como una clara amenaza y muestra de agresión hacia el padre. Al analizar qué tipo de padre tóxico tenía, descubrimos que era un padre inadecuado, un controlador, alcohólico, abusador verbal y físico. ¡Un padre tóxico completo!

A pesar de tener un hijo exitoso, se encargaba de compararlo con él y enfatizaba lo poco capacitado que su hijo estaba para la vida. En un momento crítico, cuando José Luis fue asaltado y perdió su trabajo, su padre, lejos de brindarle apoyo o comprensión, lo humilló haciéndole ver cuán perdido estaba para enfrentar la vida. José Luis cayó en un cuadro depresivo mayor, una crisis importante y estuvo cerca de quitarse la vida.

Durante su tratamiento terapéutico, aprendió a entender que su padre era destructivo, que tenía expectativas irreales de perfección sobre él y su hermano, y que hiciera lo que hiciera nunca iba a obtener su reconocimiento, ni su bendición. "No importa todo lo que me esfuerce y todo lo que logre, jamás seré digno de su cariño", concluyó en una sesión con lágrimas en los ojos.

Al final, José Luis entendió que necesitaba dejar de luchar para alcanzar algo que jamás llegaría: la aprobación y el beneplácito de su padre. Comprendió que buscarlos era un desgaste absurdo, al igual que tratar de estirar los brazos para alcanzar la luna: jamás llegaría a rozarla.

El verdadero reto de José Luis fue aprender y lograr ignorar los juicios que su padre hacía acerca de él. Fue un proceso largo, pero logró quitar de su sistema de creencias el "no sentirse valioso ni merecedor de la felicidad". Después de varios años de terapia terminó su proceso, no obstante, cada cierto tiempo me visita; a pesar de haber hecho un trabajo fabuloso a nivel emocional y de haber logrado ser un diseñador de muebles con éxito profesional y económico, por momentos, se siente culpable por no haber trabajado en el negocio familiar.

No importa cuántas veces se recuerde a sí mismo el derecho a vivir su propia vida, en momentos todavía las creencias negativas de baja capacidad y merecimiento lo invaden. Romper estos patrones de pensamiento y comportamiento no es fácil. Requiere de compasión por la propia historia (empatía con nosotros mismos) y aprender a reconocer que tenemos el derecho de vivir nuestra propia vida como la elijamos, con todos los beneficios y las responsabilidades.

Un padre tóxico envenena esta capacidad. Por lo que dejar ir este veneno para acercarnos hacia la libertad y la felicidad requiere de tiempo.

Si tu familia de origen es disfuncional y puedes reconocer la toxicidad en alguno de tus padres, o tal vez en ambos, recuerda que "los conejos permanecen juntos". Posiblemente hayas aprendido a castigarte, a callar lo que sientes, a sentir que no vales la pena, que no mereces nada bueno en tu vida.

Tal vez aprendiste que merecías algo "tan malo" que sólo se equipararía con la muerte. Tal vez sientas que fallaste a las expectativas de tus padres de tal manera que mereces dejar de existir.

Aunque no aprendiste a ser valorado, amado y respetado, tienes el derecho a vivir y a luchar por tu bienestar. Aunque hayas aprendido lo contrario, necesitas asumir, creer y aceptar que eres sumamente valioso y puedes aprender a ser feliz. No eres culpable por lo que viviste en la infancia, pero puedes hacer algo para cambiar tu adultez. Eres responsable de esta decisión. Sí, somos muchos los que hemos podido sanar las heridas de haber tenido padres tóxicos, así que tú también lo puedes lograr.

Javier, un hombre de 36 años y exitoso financiero, me visitó después de que Ximena, su esposa hacía siete años, le pidió una separación, y ante su negativa, le pidió el divorcio definitivo. Javier llegó a terapia deprimido y enojado. En la primera sesión, él reportó que ella se quejaba de su mal humor, de su impulsividad y su incapacidad para controlar su agresión. La principal razón por la cual Ximena decidió terminar su matrimonio con Javier, fue que le asustaba su mal manejo de la ira y su alta violencia verbal.

Desde el primer momento Javier aceptó que tenía mal carácter y que en momentos "era muy temperamental", sin embargo, estaba impactado ante la decisión de su mujer de abandonar el matrimonio. Él la quería y no se visualizaba sin ella.

En las primeras sesiones, le pedía que me hablara un poco de su familia de origen, de cómo había sido su infancia. Apretó los puños, frunció el ceño y empezó a hablar de su padre.

"Un hombre exitoso, maravilloso, de la vieja escuela, de los banqueros de antaño, si no fuera por él, yo no sería financiero", aseveró.

Noté una incongruencia entre lo que me decía y su lenguaje no verbal. Había algo que no cuadraba. Se mostraba incómodo y tenso.

Luego le pregunté cómo consideraba su relación actual con su padre.

"Siempre ha sido buena, hasta que le dije que estaba considerando poner mi propio restaurante, ¿sabes?", suspiró. "Siempre ha sido mi sueño.

Desde entonces, cada vez que puede me recuerda que no me mandó a una maestría en Finanzas a Harvard para acabar siendo 'cocinero'. El domingo, con unos tragos de más, dijo que sería una vergüenza para la familia después de generaciones dedicadas a la banca, que yo terminara siendo un mediocre restaurantero. Ahí me di cuenta de que poner mi propio negocio no era tan buena idea", me explicó con un gran dejo de melancolía.

Mientras Javier me describía a su padre, el cual no era lo maravilloso que Javier buscaba hacerme creer, los músculos de su cara y sus brazos se iban tensando cada vez más.

"¿Crees que tu papá ha sido exigente contigo?", pregunté con la certeza de que así había sido.

"Bueno, no tanto, sí me gritaba y me golpeaba de niño cuando sacaba malas calificaciones, gritaba mucho y era difícil, pero no diría que fue particularmente exigente."

La frase de Javier—"me golpeaba de niño"— me indicó que había un tema sin resolver, que había dejado huella en Javier. Cuando le pregunté qué tan seguido lo golpeaba de niño, Javier me contestó que, "tal vez, unas dos o tres veces a la semana con un cinturón de cuero".

Era fácil que Javier cometiera una falta que mereciera castigo: una frase desafiante, una boleta con bajas calificaciones, una riña con alguno de sus hermanos, una queja de alguno de sus maestros de clases especiales (tomaba clases de inglés y de tenis), romper una jarra o contestar de manera grosera.

Javier recordaba haber sido golpeado en la espalda, en las piernas, en los glúteos, en los brazos, en las manos. Lo irónico del asunto es que cuando le pregunté a Javier qué tan duro había sido golpeado, él justificó y protegió a su padre diciendo:

"Nunca me mandó al hospital o me rompió la nariz, lo hacía porque era lo que yo necesitaba para estar en orden."

"¿Pero no te morías del miedo cuando lo veías así de agresivo?", pregunté imaginando las escenas.

"Vamos, le tenía pavor, pero supongo que es lo que un papá tiene que hacer con sus hijos, ¿no es así?", reviró la pregunta hacia mí.

"¿Crees que para amar y poner límites es necesario ser violento y llegar hasta los golpes? ¿No crees que es lo mismo que le sucede a Ximena, sentir miedo ante tu enojo?", regresé la pregunta con la intención de que consiguiera una profunda reflexión.

Javier no contestó. Los ojos se le llenaron de lágrimas. Por primera vez llegó a contactar con un dolor emocional profundo, el origen de su poco control de impulsos y de su violencia había sido descubierto, había sido expuesto. Él había contenido durante muchos años un volcán de enojo, de ira hacia su padre, que lo llenaba de furia y culpa, desde la infancia; y éste era desplazado hacia su esposa. Como terapeuta, supe el verdadero trabajo emocional que teníamos que hacer con Javier: acoger y sanar al niño abusado verbal y físicamente que vivía dentro de aquel hombre de casi 1.90 de estatura.

Cuando terminé ese día de trabajo, hice el recuento de las sesiones terapéuticas que tuve aquel miércoles. Me vinieron a la mente varios casos de pacientes que he tratado y que, al igual que Javier, habían sido maltratados en la infancia. Pensé en los cientos de pacientes con los que he trabajado en estos dieciocho años como terapeuta y cuyas vidas como adultos quedaron influenciadas y marcadas por patrones destructivos de padres tóxicos.

Me di cuenta de que allá afuera debe haber millones de adultos con un niño interior lastimado y maltratado que, por desgracia, no sabe cómo amar sin lastimar, cómo comunicarse sin agredir al otro. En ese momento decidí escribir este libro. En esta reflexión comprendí que dentro de mí, a pesar de todos los años de haber estado en terapia, existe un niño lastimado que sigue buscando ser aceptado y querido, que no ha aprendido a relacionarse de manera sana y que sigue esperando el reconocimiento de los demás. Escribir este libro es parte de mi proceso de sanación emocional.

Las historias de Javier o la de José Luis no son poco comunes. He tratado a cientos de pacientes con una problemática similar, es decir, que han sido o golpeados físicamente o agredidos verbalmente, o criticados, o llamados "tontos", "gordos", "feos" o "indeseables" en la infancia y adolescencia. Llenas de dolor, culpa, miedo y enojo, muchas personas no logran relacionar el maltrato que tuvieron en la infancia con la incapacidad que tienen para relacionarse de manera sana y satisfactoria en la edad adulta. Es un punto ciego, es decir, aunque parezca obvio, las personas no relacionamos nuestro patrón de relación adulto con lo que aprendimos en la infancia.

La realidad es que el tipo de relación que tuvimos con nuestros padres marca de manera significativa nuestra manera de vivir, nuestra manera de tratarnos a nosotros mismos y a los demás.

Gracias a su trabajo en terapia, Javier y José Luis aprendieron a reconocer su patrón neurótico de manejo del enojo, la culpa y el sometimiento; aprendieron técnicas de autocontrol y aprendieron a frenar los impulsos violentos y autodestructivos que los llevaban a actuar sin medir las consecuencias de sus actos. Lo más importante fue que reconocieron que merecían ser felices, y para ello, tenían que sanar las heridas de su pasado, las secuelas de los traumas originados por la violencia de su padre y la pasividad de su madre.

Nuestros padres siembran en nosotros semillas emocionales, que germinan conforme vamos creciendo. En algunas familias estas semillas son de respeto, amor, independencia, libertad, autoestima. Pero en otros, estas semillas son de miedo, culpa, sumisión y represión.

Si tú creciste en el segundo grupo familiar, este libro es para ti. En la edad adulta, estas semillas se transformaron en hiedras invisibles que invaden tu esencia y tu capacidad de expresar amor y valía. Estas enredaderas lastiman tus relaciones, tu vida profesional, tu familia, debido a que han lastimado tu confianza y tu autoestima. El objetivo de este libro es identificar dichas enredaderas y sacarlas de tu sistema.

Para eso vale la pena mirar hacia atrás, mirar hacia tu pasado para sanarlo y que aprendas a relacionarte sin el legado tóxico que aprendiste desde niño.

No eres culpable de tu pasado, pero sí eres responsable de transformar tu vida y recuperar tu derecho a ser feliz.

EL CONFLICTO
en la familia

"Homo homini lupus", *el hombre es un lobo para el hombre*. Este triste adagio latino expresa una realidad en la vida del hombre en sociedad. Todo conflicto implica una situación de discrepancia entre dos o más personas; implica una diferencia en la manera en que se percibe y se desea actuar en una situación específica, y esta diferencia altera algún aspecto del equilibrio en el uno o en el otro, e incluso en los dos. Tal alteración provoca por sí misma, de inmediato, una tensión y esta tensión puede desembocar en un acuerdo que la resuelve, o bien, en un desacuerdo que hiere a ambas partes.

Aisenson, en su libro *Resolución de conflictos: un enfoque psicosociológico* (1994), describe lo siguiente:

> *Todo conflicto es fundamentalmente contradicción, discrepancia, incompatibilidad, antagonismo. Se contraponen tendencias subjetivas opuestas pero de intensidad similar, que resulta imposible o muy dificultoso satisfacer simultáneamente; se produce como consecuencia una tensión interior que llega en ocasiones a volverse angustia, y si ésta se prolonga es causa de trastornos psicológicos dentro de la familia. En un conflicto interpersonal siempre se ven involucrados dos o más protagonistas que aprecian y desean disfrutar de bienes, no necesariamente materiales, que por su carácter, o dadas las circunstancias, son o se consideran de esencia excluyente de unos o de otros y por lo tanto surgen pugnas competitivas.*
>
> *Tan es así, que si los objetivos fuesen considerados alcanzables para todos, no se daría nunca el conflicto.*

La familia es la célula primaria de cualquier sociedad, por lo que el conflicto es inseparable a la cotidianeidad familiar; sin embargo, este hecho aunque nos parezca indeseable y anormal, intolerable e inexplicable, es natural e inherente a la vida sana dentro de una familia. La cuestión es cuando el sistema familiar, por su disfuncionalidad, convierte un conflicto en un problema, experimentando con altos niveles de ansiedad hasta llegar a la violencia. Quienes lo perciben como una amenaza y una pugna, en vez de percibirlo sólo como una diferencia de opinión, son quienes viven en una familia disfuncional.

Donde existen padres tóxicos, el conflicto se vive como algo terrible, desgastante, humillante y lleno de violencia intrafamiliar y no como una experiencia inevitable, sana, necesaria y en momentos hasta deseable en cualquier vida en común.

Por alguna razón, los seres humanos vivimos soñando con una unión perfecta del "tú y yo", de una unanimidad absoluta de juicios, intenciones y sentimientos. Una relación en eterna armonía. Pero esto es imposible. Una relación interpersonal sin conflicto es o superficial o deshonesta.

Aunque socialmente sea una idea inculcada, un conflicto interpersonal no es un aspecto patológico de una relación. Un ser humano que se limita a juzgar al mundo y a su familia porque siente ansiedad cuando los demás no están de acuerdo con él, es un hombre sin criterio, sin capacidad de reflexión y sin capacidad de crear. Vive atado al miedo, sufriendo por sentirse rechazado o abandonado. Esto le sucede a un padre tóxico: no tolera que sus hijos difieran de sus puntos de vista y busca imponerlos porque percibe agresión y rebeldía cuando su hijo opina en otro sentido. Esto implica someter la visión del otro a nuestra propia perspectiva.

Al evitar confrontar al otro, le hacemos un daño terrible a la relación y a nosotros mismos, pues al evitar la tensión que se necesita expresar, disminuimos la capacidad de comunicación interpersonal, de reflexión y de autocrítica en ambas partes donde se manifiesta el conflicto, acumulándose resentimientos que se convierten en energía contenida que evitan nuestro fluir espontáneo en el ambiente y con los demás. Un conflicto que no se expresa es un conflicto que se convertirá en un distanciamiento emocional.

Éste es el origen de la rigidez de los hijos de padres tóxicos, "niños-adultos", que poco a poco pierden la espontaneidad, pues tienen que fingir que están de acuerdo con sus padres en todo para evitar una reprimenda importante o la incomodidad de tener que escuchar cómo la vida debería ser percibida y entendida con sermones eternos. Los hijos de padres tóxicos necesitan "fingir estar de acuerdo con todo" para evitar agresión directa o pasiva.

En *Psicología de nuestros conflictos con los demás* (1971), Oración sostiene: "Y no hay peor aislamiento que el de aquel que no se siente digno de ninguna contradicción, de ningún rechazo, pues acaba viviendo en total soledad".

Así, la soledad que experimenta el hijo de padres tóxicos tiene su génesis en una familia donde las emociones se reprimen y se limitan, ya que se viven como algo amenazante y desafiante, donde se aísla a sus miembros y los lleva al "destierro emocional". Sus miembros comparten la misma sangre, pero viven emocionalmente alejados unos de otros. Terminan siendo "extraños que comparten un lugar donde vivir", fingiendo una relación cercana que, en el fondo, no tienen.

No es posible pretender vivir una vida plena y en comunión con los demás sin tener conflictos con ellos. La manera de afrontar un conflicto es lo que lo vuelve destructivo y no el conflicto por sí mismo. La mayor parte de las relaciones humanas se desarrollan por incesantes enfrentamientos, agresiones directas y pasivas, las más de las veces estériles y absurdas, ya que lejos de lograr un acuerdo o una solución, acaban por deshacer parejas, familias, grupos y comunidades. La solución no puede ser la de prevenir el conflicto, sino aprender a aceptarlo como parte necesaria e indispensable de la vida en comunidad.

El conflicto interpersonal no es negativo, al contrario, puede ser la herramienta perfecta para lograr una empatía entre ambas partes y permitir que "la realidad del otro llene mi propio horizonte", como diría Buber (1923).

Lo que hay que transformar no es el conflicto en sí, sino su percepción y su manejo, evitando así el enfrentamiento para llegar a la negociación.

Enfrentamiento implica tratar de imponer sobre el otro nuestro propio punto de vista. La confrontación implica aceptar que el otro tiene derecho a tener un punto de vista diferente al propio y, por lo tanto, entender que para llegar a un acuerdo, es necesario negociar y eso implica ceder.

La única manera en la que el conflicto puede ser sano es aprendiendo a ceder. Un conflicto está hecho para resolverse, no para sufrirse. Un conflicto sano es aquel en el que ambas partes respetan la postura opuesta, aprenden a negociar y finalmente a ceder y conciliar.

Buber en su libro *Yo y tú* (1923) dice que un ser humano tiene la actitud de permitir al otro entrar en su propia vida cuando se encuentra con un hombre y "le dice algo". Puede ser algo del mismo hombre o puede ser algo de él mismo, pero lo importante es que establezca verdadera comunicación con él, para que se logre la percepción que él denomina como "hacerse consciente" de que no es más que dejar de entender a los demás como objetos, como algo capaz de descripción, sino encontrar el corazón y las emociones que se encuentran enfrente y que se tiene la posibilidad de interactuar con ellos, siendo el primer paso el proceso de conocimiento y aceptación de las cualidades en común y de las diferencias entre ambos.

Él basa todo su pensamiento en el diálogo, en la comunicación, empezando por describir que puede existir comunicación en silencio y aún en la ausencia de palabra. Lo que determina que exista comunicación, según Buber, es la apertura con la que aceptamos la individualidad del otro.

La vida de diálogo es una relación de los hombres entre sí, que, aunque puede darse sin palabras y sin tráfico de objetos, tiene una condición indispensable: la "mutualidad" de la vida interior, es decir, hacer que dos palabras enlazadas en el diálogo se vuelvan el uno hacia el otro. El diálogo implica tener la capacidad de mirar la profundidad en la mirada del otro. El diálogo debe darse de corazón a corazón, pero también debe darse de una persona honesta y abierta a otra persona en igualdad de circunstancias, sólo entonces existirá la verdadera comunión.

Buber asegura que rara vez percibimos los signos y la comunicación de los demás, pues todos los hombres tenemos una coraza, un mecanismo de defensa que nos resguarda del bombardeo constante de estímulos que buscan entrar en nuestra intimidad y desnudar nuestro verdadero yo sin que valga la pena.

De vez en cuando algún signo logra penetrar en nosotros, haciéndonos sensibles a la realidad de otro ser humano. Éste es el origen de la empatía, la verdadera capacidad de "ponernos en los zapatos del otro".

Además de la "mutualidad", el diálogo tiene como condición la responsabilidad. Responsabilidad significa la capacidad de responder al compromiso que asumimos, teniendo conciencia de la consecuencia de nuestras acciones. Así, el hombre responsable está atento y necesita enfrentarse al día a día, observando, escuchando y sintiendo los signos en los eventos de la vida cotidiana para poder conocer e interactuar con las realidades de los demás. El ser humano consciente es un ser humano responsable de sus acciones en la vida de los demás.

El diálogo genuino es aquél en el que cada uno de los participantes tiene presentes a los demás en su ser particular y se vuelve hacia ellos con la intención de establecer una relación recíproca, justa y mutua. Este tipo de diálogo es indispensable para la realización personal de todos los hombres; aunque lo que predomina comunmente es el "diálogo inauténtico" o monólogo.

En el diálogo auténtico, nos volvemos hacia el otro, no sólo físicamente sino también con el alma. El monólogo requiere que nos volvamos hacia nosotros mismos, en una simple reflexión. Por eso, según Buber, del conflicto interpersonal (especialmente entre los más cercanos, es decir, los familiares) se puede aprender y crecer mucho a nivel emocional y familiar. Nada más hay que dejar de lado nuestros patrones neuróticos en la comunicación, nuestras barreras y nuestros bloqueos, y permitirnos abrir nuestro corazón para escuchar al otro. Sólo mediante la empatía podemos conseguir un verdadero diálogo con los demás:

Reconocer la personalidad de otro es admitir sus posibilidades de desacuerdo y de oposición ante los otros. Y semejante comprensión de las

relaciones conflictuales —en lo que pueden y deben tener de fecundo—,
nos abre perspectivas de prevención en cuanto al riesgo muy real de los
afrontamientos destructivos. Porque supone ya reconciliarse con otro y con
nosotros mismos el prestar en nuestros conflictos un modo de atención a
lo que nos separa y a lo que nos hace visibles los unos a los otros.

En una familia donde hay padres tóxicos, donde hay falta de comunicación sana, dónde hay neurosis y tendencias competitivas, paranoides (miedo a la crítica) o narcisistas (la creencia que se posee la sabiduría total), no existe una posible solución sana para el conflicto. Este tipo de sistemas sólo da cabida al enfrentamiento y no existe la posibilidad de confrontación, de negociación. Esto nos lleva a una situación precaria, necia y torpe, en la que se torna casi inevitable alguna clase de desgarramiento emocional por parte de alguno de los miembros.

¿Sabes algo? Nacer es entrar en conflicto.

Deseado o no, un niño al nacer aporta una modificación profunda, es decir, una perturbación en la red de relaciones en las que se ve inmerso y que existía antes de su gestación. Un nacimiento conflictúa de alguna manera a todo el sistema familiar donde se da.

Lo que quiero decir es que sea cual sea el significado para quién los rodea, el nacimiento de un nuevo ser humano altera el sistema de relaciones establecido del que no formaba parte. En este sentido, se puede decir que el bebé, en relación con el conjunto existencial que precede a su llegada, es un intruso. Esto se debe a que, se quiera o no, su llegada obliga a cambiar algo y crea de entrada un conflicto: "¿Cómo se llamará? ¡No, yo no quiero que la llamemos como tu mamá!... ¡No, yo no quiero que el padrino sea tu hermano! ¡Yo no quiero otro hermanito que juegue con mis juguetes!"

El nacimiento de un ser humano es la aparición de una nueva conciencia humana en un conjunto interpersonal ya bastante complejo que no podrá seguir siendo el mismo ni comportándose de la misma manera.

Con esto quiero hacer notar que desde el punto de partida de la existencia singular y única de un ser humano, ésta comienza con un conflicto. Desde el punto de vista obstétrico, el parto mismo es una especie de batalla, que es para madre e hijo, un momento angustiante y doloroso.

Desde el punto de vista psicológico, la relación de la mujer con el niño que lleva dentro es ambivalente. Hay en la madre un deseo de poseer, de "guardar por siempre", de "impedir salir", que coexiste con el deseo de expulsar y de conocer finalmente cara a cara a ese ser vivo que sale de su cuerpo y que durante nueve meses ha sido parte de ella.

Por su parte, el niño reacciona a partir del momento en que su sistema nervioso central está suficientemente desarrollado, y esas reacciones son el fundamento de la vida afectiva. Antes y después de su nacimiento, el nuevo ser experimenta lo que en *La interpretación de los sueños* (1819) Freud llamó "representaciones inconscientes", que son reacciones afectivas ambivalentes en relación con el ser que le dio la vida y que lo obligó a dejar la comodidad de la vida uterina. En este libro Freud dice lo siguiente: "La líbido, o deseo de ser, le impulsa a separarse para hacerse progresivamente él mismo, en una autonomía a la vez biológica y psicológica. Por el otro lado, la otra instancia de la personalidad, el instinto de muerte o 'Tanatos', le impulsa a desear una situación anterior, 'deseo de vuelta al seno materno'".

En el marco de la llegada al mundo, se produce un sentimiento de sufrimiento derivado de una lucha entre dos fuerzas antagónicas, porque por primera vez se vive un conflicto: ser un individuo y enfrentarse a la vida o regresar al vientre materno, donde todo era seguridad y certidumbre, y volver a ser una extensión de la madre rechazando ser un individuo. Gracias a este conflicto, desde su nacimiento el niño puede iniciar su vida afectiva y percibe que su propia existencia será única e irrepetible.

La siguiente etapa de su desarrollo representa también un conflicto. El destete significa una serie de emociones ambivalentes y contradictorias. Por una parte, el niño quiere ejercer su autonomía y valerse por él mismo, pero al mismo tiempo no perder el objeto benéfico que constituye el pecho materno, que es el primer objeto con quien mantiene una relación en forma.

Asimismo, la madre quiere promover el desarrollo de su hijo y le enseña a comer por él mismo, lo que la lleva a descubrir que ya no es indispensable. Esto le produce un conflicto interior complicado, pues descubre que el nuevo ser no le pertenece y que es cada vez menos dependiente de ella. Por otro lado, conlleva a la madre a tener un deseo —inconsciente, por supuesto— de amarrar e inutilizar a su hijo. Esto explica el comportamiento de algunas madres que prolongan, indefinidamente y de modo excesivo, el período de lactancia de pecho o de biberón.

En esta segunda fase, se vuelve a vivir un fuerte conflicto de dos autonomías que están en contradicción. Además, como todos sabemos, esta etapa trae consigo dificultades de adaptación, tanto para el niño como para la madre, pues ambos dejan la simbiosis que mantenían desde la concepción, para incorporarse al marco de las relaciones sociales.

En el curso de una fase posterior de desarrollo, el niño adquiere una dimensión fundamental de sí mismo al entrar en conflicto con el otro, es decir, con su madre. Se trata de un momento crítico de la educación: la limpieza.

La madre pide a su hijo que controle su esfínter. Esta petición altera el mundo afectivo del niño, pues parece que del control de esfínteres depende el amor de su madre. El bebé se esfuerza por integrar esta petición y acepta la "molestia" para asegurar así el amor de su madre. Sin embargo, descubre la manera de manipular y ejercer control sobre ella. Si quiere "hacerla enojar", sabe que dejando de controlar los esfínteres y ensuciándose lo logrará. Si, al contrario, desea darle gusto, avisará a tiempo y permitirá que la madre lo lleve al escusado para orinar o defecar.

Con este nuevo conflicto, el niño consigue la alegría de dar y responder a la petición del otro y, al mismo tiempo, descubre el placer en rehusarse. Este período es esencial en el desarrollo del niño porque aprende a manipular y descubre su capacidad para generar sentimientos encontrados en su madre.

Ahora bien, todo niño, cuando llega a cierta conciencia de sí mismo, se halla en conflicto y rivaliza con el padre del mismo sexo. Es una lucha por el poder y el amor sobre el padre del sexo opuesto. Este conflicto desemboca en el "complejo de castración", con el cual el niño encuentra su lugar en el mundo y aprende a asumirse en su identidad sexual, identificándose con el padre de su mismo sexo.

Continuando con el desarrollo del ser humano, todos sabemos y hemos experimentado que la crisis de la adolescencia también es un conflicto. El adolescente se afirma oponiéndose. El conflicto no sólo se produce entre el adolescente y los adultos, sino, de manera profunda, con él mismo.

Como afirma Oración (1971):

Es la edad esencialmente ambivalente: es decir, de una verdadera contradicción interior que el sujeto no logra todavía resolver. Se pueden expresar las cosas de un modo bastante simple: el sujeto, en este período de eclosión de sí mismo, está literalmente dividido entre el deseo de una autonomía completa que le hará ser reconocido como tal por el mundo de los adultos, y una oscura nostalgia del estado anterior en el que se sentía a la vez protegido y amado.

Durante la crisis de la adolescencia, el individuo experimenta la ansiedad al dudar de su capacidad para resolver el conflicto interior de manera positiva, es decir, mediante una percepción de sí mismo que le permita fincarse un proyecto de vida propio. Esta crisis interna del adolescente se ve reflejada en todas las relaciones interpersonales que sustenta.

Su propia perturbación afectiva introduce una perturbación en la red de sus relaciones. Los adultos —y principalmente los padres— son puestos en una tela de juicio, en un eterno tribunal. En esta fase el adolescente cuestiona toda la educación que ha recibido hasta ahora y la cuestiona hasta rechazarla por completo.

Los padres, a su vez, están inmersos en el conflicto entre el deseo de ver a su hijo convertido en un adulto autónomo y la añoranza del período infantil, donde se tenía control total sobre él.

Si continuáramos describiendo paso a paso el desarrollo biopsicosocial del ser humano, encontraríamos que, en cada momento de la vida, el hombre experimenta serios conflictos con los demás y con él mismo, que lo llevan a cuestionarse el sentido de la vida y a proponerse nuevas metas en busca de crecimiento personal.

El hombre experimenta un conflicto al descubrir su propia sexualidad mediante la masturbación, la elección de pareja, la elección de profesión, el nacimiento de sus hijos, el declive de su vida sexual, el abandono de su vida laboral, la ancianidad y la existencia en los últimos años de vida. El ser humano tiene un conflicto con el hecho de envejecer y aceptar la propia muerte.

En suma, el hombre llega y se retira del mundo experimentando el conflicto. Por lo tanto, éste representa algo tan natural como la vida o como la muerte.

Gracias al conflicto, el ser humano es capaz de atravesar por todas las fases de su desarrollo psicológico; el conflicto le otorga la posibilidad de constituirse como un ser íntegro y maduro.

Fadiman y Frager en *Teorías de la personalidad* (1994) aseguran que: "un ser no puede plantearse problemas sobre su existencia y sobre el sentido de su destino sino en función de las relaciones que mantiene. No reflexiona sobre su destino y sobre el sentido de su vida, sino en la soledad. No se puede pensar en sí sino en términos de conflicto".

¿Hay sólo conflictos con los demás? La respuesta es: no. El conflicto que primero experimentamos es con nosotros mismos y éste se conoce como *conflicto intrapersonal.* Cada uno de nosotros se halla siempre más o menos dividido en contra de sí mismo.

La vida cambia con demasiada rapidez. Este constante cambio exige adaptaciones, movimientos y transformaciones de nuestra parte. Es comunmente el momento en que surgen los conflictos, con la aceptación y el rechazo, la adaptación o la resistencia a las leyes de la naturaleza, de la sociedad y de la familia.

La vida entera implica cambios, por lo tanto, en todo momento la vida de un ser humano está *jaloneada*, con necesidad de nuevos aprendizajes para resolver los problemas de la vida cotidiana.

El ser humano vive tomando decisiones con base en los conflictos intrapersonales o intrasubjetivos que experimenta. El conflicto intrasubjetivo estalla en el momento en que interviene un elemento imprevisto en la existencia corriente.

El conflicto sorprende y desarma al individuo porque se da cuenta de que la capacidad de adaptación que había logrado hasta ese momento ya no es suficiente para enfrentar la nueva problemática. Esto le genera ansiedad y lo confronta con el hecho de que la vida tiene un sinfín de cambios y, por consiguiente exige nuevas adaptaciones, por lo que todo lo que hemos construido hasta un momento determinado necesita ser modificado. Lo único certero es el cambio constante.

Así caemos en la cuenta de que lo único que tenemos seguro en la vida es que vamos a morir y que estaremos en constante movimiento y cambio.

Otra realidad significativa, y que nos genera conflicto intrapersonal es que no podemos hacer nada solos, ya que toda actividad se experimenta en relación con los otros.

Cuando algo no marcha bien, se experimenta cierta insatisfacción consciente; tenemos la iniciativa de "hacer algo" al respecto, de intentar mejorar una situación que parece, en apariencia, insatisfactoria.

Esta capacidad para buscar el placer y evitar el dolor —la insatisfacción— constituye el motor central de toda actividad humana. Es el punto de partida de lo que idealmente constituye la búsqueda esencial de la humanidad: el progreso perseguido. Sin embargo, sabemos que necesitamos de los demás pero no controlarlos nos genera una gran sensación de insatisfacción: un conflicto intrapersonal.

El conflicto intrasubjetivo manifiesta una dificultad de adaptación al medio ambiente, necesita expresarse o comprenderse para no generar conflictos con los demás. Al notar que necesitamos adaptarnos otra vez al nuevo medio ambiente y que necesitamos cambiar nuestro comportamiento —pues de lo contrario nuestras relaciones con los demás se afectarán— hacemos consciente nuestra interdependencia con los otros.

No sólo lo que nosotros necesitamos y deseamos es importante, es significativo lo que los otros necesitan y desean también. Así, el otro siempre queda implicado en el conflicto intrasubjetivo, al igual que nosotros en su conflicto intrapersonal. Tal vez porque somos parte de su causa, porque podemos aportar algo para su solución o simplemente porque la relación interpersonal es afectada de alguna manera ante el cambio tan necesitado por ambas partes.

En el caso del conflicto intrasubjetivo, es positivo tener a alguien que nos escuche. La psicoterapia puede ser una excelente herramienta para ello.

Al mantener una conversación, se va dilucidando poco a poco la raíz del conflicto y se puede vislumbrar una posible solución. Explicar a alguien más lo que sentimos y escucharnos a nosotros mismos, nos revela lo que nunca hubiéramos encontrado en una introspección reflexiva unipersonal.

Para estos conflictos intrasubjetivos de los que nadie se escapa, buscar la comprensión del otro es siempre útil. Sin embargo, si encontrar una solución al conflicto intrapersonal requiere de adaptación, conciencia y cambio, el conflicto interpersonal, con los otros es aún más complicado.

Todo encuentro constituye en primer lugar una agresión.

MARTÍN BUBER

Cuando voy por la calle, absorto en mis pensamientos, en mis reflexiones y alguien me detiene y me pregunta: "Señor, ¿sabe usted donde está la librería más cercana?", me veo obligado a dejar mis pensamientos y me sitúo en un nuevo contexto, en el contexto de la realidad.

Mi universo personal es irrumpido bruscamente para situarme en algo distinto de donde mi fantasía se encontraba. Para contestar, necesito enfocarme en la problemática del otro y posponer el diálogo interno que sostenía.

El encuentro con el otro, sobre todo si es inesperado, se presenta de golpe como un enfrentamiento, como un conflicto.

El primer reflejo instintivo del ser humano será defenderse contra esa agresión del otro que perturba su situación presente.

De modo que todo encuentro interhumano, sea cual sea, encierra un conflicto y constituye, al mismo tiempo, una ocasión y una oportunidad para progresar en la capacidad de empatizar y tener conciencia tanto de las necesidades propias como de las ajenas. Ésta es la gran oportunidad y el gran reto que ofrece el conflicto en la vida familiar. Volvernos personas más conscientes y empáticas con las necesidades de los demás.

Esta necesidad de hacer algo, de mejorar una determinada situación, suscita el deseo, una reacción afectiva que procura llenar con una actividad creativa esa sensación de vacío. Ése es el dinamismo fundamental de la vida humana. Actuar para resolver las necesidades emocionales.

Ahora bien, la familia es el espacio ideal para que aprendamos a solucionar tanto el conflicto intrapersonal como el interpersonal. En esta organización, cada miembro del grupo progresivamente encontrará su lugar, es decir, su papel en la relación con los demás, y será reconocido por cada miembro. Si la familia es funcional, todos serán valorados y sus conflictos tomados en cuenta; si no lo es, serán ignorados o extrapolados por la violencia y la dinámica tóxica del sistema.

En una familia funcional, cada uno de los miembros experimenta en su reflexión íntima una seguridad personal y profunda, una valoración propia y de su sistema familiar, pues lo siente suyo; y al sentirse parte fundamental de éste, se siente protegido y perteneciente. En una familia unida, cada miembro se siente contenido, aunque sea un ser independiente, ya que es parte importante del sistema familiar.

Zubieta en su tesis *La filosofía dialógica de Martín Buber* (1979) menciona que: "El hecho de pertenecer a una familia unida nos sitúa en una zona segura en la relación con nosotros mismos, ya que aprendemos a relacionarnos en solidaridad con ésta, en una situación profundamente necesaria de valorización y de seguridad".

Las innumerables interdependencias inherentes a las familias hacen inevitables los conflictos interpersonales. Como ya lo vimos, aunque quizás se crea deseable, es imposible encontrar una familia libre de conflictos interpersonales. Cada miembro familiar tiene una manera diferente de mirar la vida y entenderla.

Como mencioné, una familia sin conflictos tiene una dinámica deshonesta o superficial y, por lo tanto, nunca debe ser un modelo a seguir. La familia "perfecta" es disfuncional, ya que niega el conflicto aparentando bienestar donde no lo hay.

Una familia que crece y se adapta a la problemática diaria como sistema aprende a confrontar los conflictos intrapersonales e interpersonales de sus miembros.

Negar un conflicto sólo lo posterga y lo vuelve más complicado de resolver. Se tiene la falsa creencia de que si alguien expresa ira, resentimiento o envidia hacia otro miembro de la familia, el equilibrio se romperá, las relaciones interpersonales se dañarán y la vida familiar se verá perjudicada. Esto no es cierto. Conforme se van manifestando las emociones, éstas van orientándose hacia donde se deben enfocar los esfuerzos de la familia para conciliar los distintos puntos de vista y las diferencias de opinión.

Desde que somos niños, suelen enseñarnos que debemos avergonzarnos de los sentimientos negativos—ira, envidia, tristeza, miedo, resentimiento— y que debemos evitar manifestarlos. Esto es un error.

Todos los miembros en todas las familias experimentan estos sentimientos, y si no los expresan directamente, de seguro lo harán indirectamente, de manera pasiva, suscitando nuevos conflictos, un ambiente familiar viciado donde los conflictos sean manejados por "abajo del agua" sin poder abrirse y confrontarse de manera sana. Esto representa costos emocionales muy altos para la familia. Ésta es la característica principal de una familia disfuncional.

Otro de los factores que lleva a los miembros de la familia a no confrontar directamente los conflictos es la idea de que es mejor "quedarse con los sentimientos, porque las confrontaciones son desgastantes".

Cuando suprimimos o intentamos reprimir ciertos sentimientos para evitar la confrontación, bloqueamos parte de la energía que debería fluir con libertad en nuestro cuerpo. En apariencia, los conflictos se acaban de un modo indirecto a corto plazo y creemos que el gasto de energía es mínimo. No obstante, los conflictos manejados de manera pasiva, los que no se expresan directamente, son los que duran más tiempo e inevitablemente ocasionan roces y nuevos conflictos que bloquean más cantidad de energía entre los miembros de todo el sistema. Un conflicto que no se confronta se arrastra energéticamente y termina en enfrentamientos dolorosos, llenos de resentimiento y malos entendidos.

Cuando los conflictos no se confrontan, al final, resulta que el ambiente familiar contiene tal cantidad de agresión pasiva que lleva a los miembros a actuar de manera hostil, desconfiada y poco armoniosa. Es entonces cuando la convivencia se vuelve desgastante. Lo que desgasta no es el conflicto sino la negación y, por lo tanto, el manejo agresivo-pasivo de lo que se necesitaba abrir y hablar de manera directa. Esto es el ejemplo clásico de la dinámica de una familia disfuncional.

Cuando el conflicto no se maneja de manera directa y honesta existe el temor de que la confrontación implicará gritos, golpes directos o golpes a objetos y faltas de respeto (abuso físico y verbal). Por esto es importante conocer las maneras creativas de confrontar, con las que lejos de buscar un distanciamiento se busca un acercamiento, una mejor relación y respeto mutuo.

En una familia funcional el conflicto es una diferencia de opinión, se pueden exponer todos los puntos de vista posibles sin agresión, bajo el entendido de que "no hay una verdad absoluta" y que aunque los padres tienen la última palabra, todos tienen derecho a opinar. En una familia disfuncional, el conflicto es una justificación para que exista abuso verbal o físico, sometimiento, que eventualmente provoca que los miembros aprendan a guardar silencio. Es por eso que para la mayoría de las personas el conflicto es amenazante.

El verdadero problema en las familias cuya dinámica de comunicación está viciada es que aunque el sistema familiar haga conciencia de su patología y se proponga comunicarse de manera diferente, los patrones de relación están tan establecidos y tan arraigados, que es *altamente improbable* que lo logren, ya que toda comunicación se convierte en un juego sin fin. Ejemplos claros del "juego sin fin" son la burocracia en los sistemas gubernamentales —papeleos que no tienen ninguna necesidad de ser—, las dinámicas codependientes entre parejas o entre familiares y la relación con un mitómano, que por más que lo prometa, no puede dejar de mentir y todo lo que diga será parte de lo mismo: una gran mentira que buscará ocultar. Del mismo modo, las dinámicas neuróticas que establecemos con nosotros mismos y que sólo nos generan sufrimiento y no nos permiten disfrutar, son parte de este juego.

Paul Watzlawick en *Teoría de la comunicación humana* (1993) describe lo que es un "juego sin fin". Según las reglas del juego —en este caso la vida familiar— todo mensaje forma parte de la dinámica y los patrones neuróticos siguen presentes, de manera que ningún mensaje está exento de ellos y, por lo tanto, no existe verdadera intimidad ni honestidad entre los miembros de la familia.

"Una vez que se establece el acuerdo original con respecto al juego, los jugadores ya no pueden modificarlo, pues para ello tendrían que comunicarse y sus comunicaciones constituyen la sustancia misma del juego".

En este sistema es imposible generar cambios desde adentro. La comunicación está viciada y no existen nuevas herramientas para modificarla. Aunque se busque sanidad en la comunicación, como ya está viciada y lastimada, sólo se encontrará más patología en las dinámicas interpersonales.

❋ ❋ ❋

La adicción es una enfermedad dolorosa que destruye a todos los que están cerca de ella. Trabajar terapéuticamente con la familia de un adicto, normalmente, es entrar al "juego sin fin".

Cuando la familia pide ayuda a un especialista, ya ha pasado por un proceso de desgaste emocional, ya ha utilizado todas las herramientas posibles para que su familiar deje de consumir la sustancia psicoactiva a la que es adicto. Regaños, chantajes, súplicas, acuerdos que se rompen, promesas y amenazas sin cumplir, brindar apoyo económico para después quitarlo, eliminar a sus amistades cercanas, golpes, llantos, retirar el habla, en fin, todo lo que "puede pensar la lógica de una familia promedio". Como es una enfermedad cuyo síntoma cardinal es la compulsión (no poder dejar de consumir), el adicto cae y recae una y otra vez. Es entonces cuando la familia, desesperanzada y desesperada, acude con un tercero para que los guíe.

A estas alturas, el conflicto intrafamiliar es enorme y, en la gran mayoría de los casos, la adicción se ha convertido en el eje central de la vida familiar. El adicto ha prometido no consumir, ha jurado por los ancestros más preciados "portarse bien", se ha indignado cuando ha sido cuestionado y ha gritado cuando ha sido descubierto. Ha llorado, ha suplicado por nuevas oportunidades, ha robado para seguir consumiendo, ha mentido y mentido y vuelto a mentir, pero sigue consumiendo, pues no puede dejar de hacerlo, y su familia sigue girando alrededor de él. Por lo mismo, la familia, a su vez, sigue sufriendo y manteniendo dinámicas codependientes que lejos de resolver la enfermedad, sólo la fomentan y la mantienen.

Cuando la familia acude a la primera cita terapéutica sin el adicto, los miembros exponen su sentir y la postura hacia el enfermo: hay quienes están a favor de "echarlo a la calle", otros a favor de "seguirlo cuidando", unos más a favor de ignorarlo, otros a favor de darle nuevas oportunidades, ya que "prometió dejar de consumir la última vez"; otros no se presentan a la cita con el especialista pues no están dispuestos a seguir invirtiendo su tiempo y dinero en una persona que no tiene remedio. Hay otros miembros que "no saben ni qué opinar".

Ante la desesperación y la impotencia de la familia del adicto, el consejo es el siguiente:

Necesitan ponerle límites, dejar que "toque fondo" y que se enfrente a la autodestrucción en la que está inmerso. Nadie lo puede "ayudar", él decidirá si recupera su vida la echa a perder por completo. Necesitan darle únicamente dos opciones: internarse en una clínica de rehabilitación o irse de la casa, a su suerte. Tiene que tener claro que todos en la casa están sufriendo por su enfermedad y que no están dispuestos a seguir viviendo de esa manera, siendo cómplices de su autodestrucción.

Vemos que sigue vigente el "juego sin fin". Todos los que vivimos en una familia donde hay algún tipo de adicción somos codependientes; la culpa se apodera de nosotros y buscamos sobreproteger al adicto. De esta manera, alguno en la familia buscará seguir rescatando al familiar adicto con "más de lo mismo" (las mismas técnicas que ya han intentado y que no han dado resultado) y saboteará la decisión unánime de que el adicto salga de la casa y toque fondo, ya que a uno de los miembros, o a varios, esta medida les parecerá triste e inhumana. "Yo quiero que se cure, pero no lo voy a echar a la calle."

Ante la sugerencia de pedirle que se interne en una clínica o se vaya en ese momento de la casa, alguno de los miembros de la familia saboteará alguno de estos dos caminos y la familia entera volverá a entrar en caos y en la misma dinámica que no ha dado resultado. La familia volverá a enojarse, a amenazar, a suplicar, a sufrir, a chantajear. El adicto volverá a prometer estar sobrio pero terminará por mentir y consumir.

Por la naturaleza de la enfermedad, el adicto es manipulador, puede irse de la casa pero la codependencia de los miembros no permite que "toque fondo" (es decir, enfrentar que su vida está sin rumbo y que es ingobernable) y buscan que regrese por miedo a que sufra algún accidente o a que se pierda para siempre, entonces, el "juego sin fin" continúa.

Hasta que los miembros de la familia entran en sintonía, hasta que estudian y comprenden la enfermedad y hasta que asumen propiciar que su familiar "toque fondo" —que es un acto de amor y no un rechazo o una agresión—, entonces la recuperación del adicto puede comenzar. El adicto entra a una clínica de rehabilitación o a un grupo de autoayuda y las dinámicas enfermas empiezan a transformarse.

❋ ❋ ❋

¿Conoces a alguien que siempre se está quejando de lo que no tiene? ¿Que parece que no es feliz con nada de lo que ha conseguido? ¿Que se queja de lo que sea sin importar cuán generosa ha sido la vida con él? Alguien con esta personalidad, alguien que siempre está quejándose de algo, mantiene una dinámica del "juego sin fin". En realidad no está insatisfecho con la vida. Se metió en esta dinámica de comunicación en la que "nada es suficiente" y no sabe sentirse pleno con lo que tiene.

El único procedimiento eficaz para detener el "juego sin fin" es recurrir a una tercera persona que defina que *el juego se ha terminado*. Esta persona actúa como mediador y brinda lo que el sistema no es capaz de generar por él mismo: un cambio en sus propias reglas.

El papel básico de un terapeuta es ser el mediador de los "juegos sin fin" que ha establecido una persona en su propia vida.

Un terapeuta es la persona ideal para mediar; su intervención consiste en formar un nuevo sistema más amplio en el que no sólo es posible mirar desde afuera el viejo sistema, sino que también se produce alivio, pues el terapeuta y los miembros del sistema familiar adoptan nuevas reglas, es decir, un nuevo juego, cuyo fin es proporcionar bienestar y crecimiento personal a todo el sistema, propiciar una dinámica sin sobreprotección, sin rigidez, sin negación del conflicto, sin mentiras, sin agresiones directas o pasivas, sin amalgamiento, con límites claros y flexibles que permitan confrontar el conflicto de una manera sana y nutritiva.

En una familia disfuncional, lo importante es reconocer los "juegos sin fin" en los que está inmersa y entender que éstos son los que fomentan y propician el abuso. Un padre tóxico entra en dinámicas neuróticas y destructivas que no modifica y que termina por repetir.

El drama de los hijos de este tipo de padres es que aceptan como normal algo totalmente irracional y disfuncional.

Sólo por medio de un mediador se puede cambiar el patrón neurótico de conducta. Los "juegos sin fin" sirven para sufrir y, sobre todo, para seguir alimentando la creencia de que "no merecemos ser felices" y que "no podemos ser autosuficientes y exitosos". Los "juegos sin fin" alejan de la libertad, de la autonomía y de la capacidad para relacionarnos desde una perspectiva sana.

Es cierto que con un mediador puedes entender el "juego" en el que estás inmerso, pues alguien necesita ponerle un alto a las dinámicas tóxicas del "juego sin fin" en el que has crecido. Por eso pretendo que este libro funja como mediador en tu manera de percibir la vida y las dinámicas tóxicas de relación que aprendiste en tu familia de origen; para que, a través de él, puedas establecer un nuevo marco de referencia sobre lo que es sano, lo que es tóxico y sobre todo asumir tu responsabilidad para luchar por tu libertad y tu felicidad, a pesar de que tu familia de origen te haya enseñado lo contrario.

CUANDO EL PASADO
se convierte en presente

"Tengo una personalidad codependiente; me he dado cuenta de que constante-mente busco la aprobación de los demás, de que me cuesta trabajo encontrar mi propia fuerza y seguridad. Debido al trabajo personal que he tenido a través de la terapia, el miedo y la angustia han disminuido un poco. Sin embargo, aún reconoz-co la poca conciencia de mis papás y la negación total de su alcoholismo, lo que me provoca mucha tensión y enojo. He tenido problemas gástricos y de reflujo, una gran ansiedad y dificultades para relajarme".

BARBIE, PSICÓLOGA CLÍNICA, 25 AÑOS

Los efectos de haber sido abusado de niño son el centro de la problemática que vivimos como adultos. Si tuviste un padre tóxico, seguramente fuiste víc-tima de algún tipo de abuso. Necesitas entenderlo de esta manera. El abuso pudo ser hacia ti mismo o hacia algún otro miembro de la familia, sin embar-go, estuvo ahí.

Las consecuencias de crecer en familias tóxicas se manifiestan en la incapacidad de confiar en nosotros mismos o en los demás, en baja autoes-tima, depresiones crónicas, problemas interpersonales constantes en las relaciones más íntimas, o bien dificultad para comenzarlas, trastornos de alimentación, alcoholismo o drogadicción, insomnio, ansiedad, conductas autodestructivas, sabotaje de nuestros proyectos y renunciar a nuestro dere-cho a ser felices, entre otros síntomas.

Las heridas emocionales que vivimos cuando éramos niños, al ser hijos de padres destructivos —la falta de protección y de congruencia, de guía y de estabilidad, la falta de amor incondicional hacia nosotros, pero sobre todo, la gran volubilidad emocional que se vive en un hogar disfuncional— son tan dolorosos, que no sólo generan temor y creencias erróneas en nuestra percepción, también nos dejan con un vacío profundo, con sentimientos de minusvalía y desolación para el futuro.

Por eso es común que quienes son hijos de padres tóxicos busquen llenar ese vacío con algo del exterior: alcohol, drogas, comida, sexo, o alguien que convertimos en el centro de nuestra vida. Los hijos de padres tóxicos suelen establecer relaciones en las que se ama demasiado, hasta el punto de perderse en el otro. Éste es el origen de las relaciones codependientes.

Como el vacío existencial tiene su origen en el abuso emocional vivido en la infancia, tendemos a buscar sanarlo como lo aprendimos en casa: con conductas autodestructivas. Dado que la persona se siente desesperada al sentir tanto dolor y soledad, pretende llenar el vacío con lo que no le ha funcionado hasta este momento, es decir, con más situaciones dolorosas: sexo peligroso o agresivo, relaciones con personas abusivas, relaciones sin compromiso y sin verdadera intimidad. Estas conductas no resuelven el abuso, sino que distraen el dolor, generando más y consiguiendo anestesiarse temporalmente.

Así se genera ese círculo vicioso donde cada vez hay más dolor y, por lo tanto, una necesidad de mayor anestesia tanto en cantidad como en frecuencia, convirtiéndose en una constante. Esta manera de enfrentar el dolor, repitiendo los patrones destructivos que aprendimos en casa, es el origen de cualquier adicción y enfermedad autodestructiva. Así funciona el alcoholismo, la drogadicción y los trastornos de alimentarios, por ejemplo.

Por eso, el hijo de un padre tóxico es susceptible a generar y mantener relaciones destructivas. Busca anestesiar el dolor emocional generándose, paradójicamente, más sufrimiento en la edad adulta, repitiendo los patrones que tanto daño le causaron en la infancia. Es común que dos personas que fueron abusadas (aunque de diferente manera) se relacionen entre sí porque buscan anestesiar su dolor juntos, generándose sufrimiento mutuo y construyendo una relación conflictiva en la que provocan los mismos sentimientos que vivieron de niños y adolescentes en su familia de origen. En vez de nutrirse, se lastiman. Creyendo que es amor, están juntos para hacerse daño.

Hace algunos años trabajé con Mónica, una mujer de 27 años, editora exitosa de una revista de moda. Ella acudió a terapia por presentar un cuadro depresivo. Mónica llevaba dos años rehabilitada de alcohol y mariguana, sin embargo a pesar de no haber recaído, se sentía perdida y sin rumbo. Ella notó un alto riesgo en recaer en el consumo de alcohol por lo que decidió apoyar su programa de AA con una psicoterapia.

Cuando hablamos de su problema de adicciones, me explicó que comenzó cuando ella era adolescente, "tomaba alcohol y fumaba mariguana para evadir, para atontar lo que sentía", afirmó con un dejo de melancolía. "No podía lidiar con todo lo que pasaba en casa, con toda la violencia que vivía." Una noche, mientras estaba borracha y deprimida, tomó un puño de pastillas para dormir de las que usaba su madre; en el fondo no deseaba morir, sólo quería dormir y "desconectarse de toda la realidad". Cuando no despertó a la mañana siguiente, sus padres la llevaron al hospital. Le hicieron un lavado de estómago y estuvo tres noches ahí, al parecer sufría de daño renal. En el estacionamiento del hospital, su madre le dio "el peor pellizco que había recibido jamás" y nunca más se volvió a tocar el tema. "El camino de regreso fue una pesadilla, no se emitió sonido alguno, sólo mi madre me miraba por el retrovisor con ojos de pistola. Nunca se volvió a hablar de mi intento de suicidio. Simplemente no había sucedido."

Los hermanos de Mónica se enteraron años después de que su hermana había tenido un intento suicida, porque ella decidió contarlo en su tercer aniversario de AA. Sus padres se molestaron porque pensaron que Mónica compartía información que sus hermanos no tenían que conocer. Lejos de festejarla por sus tres años en sobriedad, le retiraron la palabra por imprudente y por exponer un "secreto de familia".

En su casa había violencia física, en especial de su padre. Él golpeaba a sus hermanos cuando llegaban tarde por las noches o cuando traían malas calificaciones. Después de esos eventos nunca se hablaba de ello. Moni recuerda haber pasado varias noches limpiando la sangre de sus hermanos, especialmente del menor porque, como se oponía a su padre y lo llamaba "monstruo infernal", se ganaba unas palizas espantosas, que en dos ocasiones terminaron en ruptura de nariz. En otra golpiza incluso le abrió las cejas con el puño cerrado. Después de cualquier episodio de violencia, la dinámica era siempre la misma: todos bajaban a desayunar y aunque había marcas físicas en las caras de sus hermanos, actuaban como si todo estuviera bien.

Moni no recuerda escuchar a sus padres decir "perdón" jamás. Ella me confesó que siempre se sintió deprimida en casa. Cuando tenía 22 años y después de un arranque de ira de su padre porque Mónica no quiso probar escamoles (le daban asco), éste la golpeó hasta hacerla sangrar por la nariz. En ese momento, ella decidió que no seguiría viviendo así y, sin limpiarse la cara, abrió la puerta de la casa y se fue sin más ajuar que lo puesto. Nunca más regresó. "Ahora sé que después de irme de ahí, me llevé los sentimientos conmigo", afirmó Mónica con tristeza.

De ahí comenzó una etapa dura en la que necesitaba salir adelante sin tener recursos económicos. Dejó sus estudios de licenciatura y empezó a trabajar en dos almacenes de servicio para poder mantenerse. Sus padres nunca la buscaron y ella no estaba dispuesta a "pedirles perdón" por haber propiciado —según ellos— la ruptura familiar. Mónica tenía claro que el maltrato que les habían infligido tanto a ella como a sus hermanos toda su infancia y adolescencia, era responsabilidad sólo de sus padres.

En esa etapa ella empezó a beber y a utilizar mariguana para disminuir su ansiedad. "Por eso me volví adicta, para anestesiar todo lo que sentía; tal vez por eso es que aún me siento tan deprimida", me confesó en nuestra primera sesión. Las siguientes sesiones, aunque tenía claro que para empezar a vivir una vida plena necesitaba sanar las heridas que se habían generado en su infancia, Mónica no sabía cómo desprenderse del dolor tan profundo que había experimentado a causa de tanta violencia. Vivió abuso físico y emocional. No importaba cuánto se esforzara por tratar de evitarlo, el vacío estaba ahí. Antes lo evadía con alcohol y con humo, pero ahora lo sentía hasta el tuétano, no sabía qué hacer con él.

Durante su proceso terapéutico nos enfocamos en sanar a su niña interior, a validar que había sido injustamente tratada y que nunca se había sentido amada ni protegida. Ella entendió que era difícil que hubiera sabido cuidarse y protegerse por sí sola cuando nunca lo había aprendido en su casa. Así fue como aprendió algo maravilloso: sentirse digna de amarse y respetarse a sí misma. Parte de ese compromiso era trabajar todos los días en ella, sólo un día a la vez, para no volver a recaer ni en alcohol ni en drogas.

Poco a poco, su depresión quedó atrás, pudo encontrar estabilidad y satisfacción en su vida. Ahora es directora de una casa editorial, vive con su pareja —es homosexual y se siente tranquila con el tema— y se encuentra plena. Decidió que no quería volver a tener contacto con sus padres ya que la juzgaron y la ofendieron cuando les compartió el tema de su homosexualidad. Unos meses volvió a terapia para resolver la culpa de haber decidido sacarlos para siempre de su vida. Concluyó que primero estaba su estabilidad y su salud emocional, antes que tener que "agachar la cabeza" y pedir perdón por ser homosexual, por ser ella misma.

Moni logró hacer las paces con su historia de vida, al entender que ahora su familia era su pareja Ximena, sus dos perros Frijol y Sandía, sus hermanos y sus sobrinos.

Hace tres meses recibí una llamada de ella. Me compartió que había decidido ser madre. Ximena y ella esperaban su primer bebé. Se sentía segura de poder ser una madre nutritiva y presente para su hijo. Ese día tuve una sonrisa marcada en la cara. Prometió mandarme una foto de Ximena cuando tuviera panza. La espero con alegría.

* * *

El abuso de los padres nos rasga el alma; necesitamos de mucho trabajo emocional y espiritual para sanar esta herida. Para encontrar explicaciones a preguntas como: ¿por qué no está funcionando algo en mi vida?, ¿por qué no puedo establecer relaciones sanas y duraderas?, ¿por qué no puedo sentir tranquilidad?, ¿por qué no soy capaz de amar sin lastimar? Necesitamos regresar a nuestra infancia y entender lo que vivimos, lo que aprendimos y las falsas creencias que generamos y que hemos consolidado a lo largo de nuestra historia, sin transformarlas. Tenemos derecho a la felicidad. Y no lo conseguiremos si seguimos perpetuando nuestro patrón autodestructivo de vida.

Si revisamos nuestra infancia, podemos entender lo que hicimos para sobrevivir y darnos cuenta de que no necesitamos repetir patrones neuróticos de conducta para sanar las modificaciones de personalidad que sostuvimos para adaptarnos a esa familia disfuncional y sin estructura.

En el presente, podemos vivir en plenitud nuestra verdadera personalidad, pues ya no hay quien nos castigue. Podemos comprender los mecanismos de defensa que implementamos para adaptarnos a nuestra familia abusiva y disfuncional, y que ahora ya no necesitamos, pues podemos generarnos una realidad justa, amorosa y sana siendo tal y como somos.

Sólo así entenderemos que el hoy puede ser diferente al ayer y que deseamos y merecemos que lo sea. El hoy insatisfecho se gestó a partir de un pasado lleno de dolor.

Quienes vivieron con padres tóxicos generan pensamientos rígidos y negativos con respecto a sí mismos, a su cuerpo, a sus logros, hacia los demás y hacia el mundo. En ocasiones, la alegría, espontaneidad, inocencia y vitalidad de un niño que ha sido abusado se reprimen para toda una vida. Pero esto puede ser reversible, no tiene que ser eterno. No estamos obligados a repetirlo para siempre. Sólo necesitamos aceptar que fuimos víctimas de abuso y tener compromiso para dejarlo atrás. ¿Cómo? Sanándolo y corrigiendo los aprendizajes erróneos y neuróticos de nuestras familias de origen.

Así como Mónica, podemos sanar nuestro presente a través de nuestro pasado. El abuso está en el ayer, pero tiene manifestaciones claras en nuestro día a día. Este proceso de sanación es gradual e implica reconocer el abuso y validarlo (darle la importancia que tiene). Es todo un proceso de reconstrucción: tener el compromiso de enfrentar el dolor, dejar de evitarlo y justificarlo, y vivir el duelo de una infancia problemática. Esto requiere ir de la mano de un especialista (mediador) para tener una relación nueva y diferente con nosotros mismos y con los demás, y así alcanzar emociones sanas, relaciones interpersonales nutritivas y una espiritualidad llena de confianza y de fe.

Cualquiera que haya vivido abuso en la infancia, tiene el derecho de recuperar la esperanza en su vida y merece una segunda oportunidad de felicidad y plenitud.

La psicoterapia sirve para esto, para transformar la propia existencia con base en la conciencia, la libertad y la responsabilidad hacia algo pleno y satisfactorio.

He trabajado con decenas de pacientes que han logrado transformar su vida y han dejado de lado el legado disfuncional que aprendieron de sus padres.

Definitivamente, gran parte de la recuperación emocional de un hijo de padres tóxicos depende de la capacidad de llenar el vacío emocional de una manera nutritiva. Seguir intentándolo con sustancias psicoactivas o con alguna conducta o relación destructiva, no funcionará. Tampoco funcionará evitar el dolor, negarlo o racionalizarlo. El primer paso implica aceptar que viviste una infancia injusta y dolorosa, y que no merecías ser tratado así.

El proceso de sanación de un niño abusado, aunque ahora sea adulto, necesita ser paulatino y respetuoso. Fueron muchos años llenos de miedo, angustia, humillación y desestructura. Se requiere de compasión, paciencia y valentía para limpiar esas heridas que, aunque fueron infligidas tiempo atrás, siguen doliendo y ardiendo como si hubieran sido generadas ayer.

Para sanar el pasado, es importante aprender a reconocer lo que significa haber vivido abuso.

Según el Comité Nacional para la Prevención del Abuso Infantil en Estados Unidos, el abuso infantil es definido como "un daño o patrón de daño que es intencional hacia un niño". Esto incluye abuso físico y sexual, hasta negligencia y daño psicológico y emocional.

Quiero reiterar que todos los padres sanos emocionalmente se equivocan, no hay padres que nunca dañen a sus hijos. El problema es cuando lo hacen intencionalmente y de manera repetitiva. Todos los padres en momentos pierden el control y pueden tener conductas abusivas con sus hijos, sin embargo, lo que los convierte en tóxicos es el patrón de daño constante, consciente e intencional.

Abuso físico

Conlleva una herida física intencional, incluso las que resulten en moretones, huesos rotos, cicatrices y lesiones físicas internas y externas. Implica amedrentar a un niño golpeando objetos en su entorno, azotando puertas, rompiendo vidrios o arrojando objetos a su alrededor. Estas conductas provienen desde la ira y el abusador no mide las consecuencias de sus actos.

Hace algunos meses me tocó evaluar a Lázaro, un niño de 11 años que tenía problemas académicos. Su escuela lo canalizó a atención psicológica para descubrir qué tipo de problemas emocionales estaba enfrentando y encontrar solución a su conflicto académico.

Al realizarle la evaluación psicométrica, se descubrió que Lázaro mostraba síntomas significativos de abuso físico en casa. Al preguntarle acerca de ello, Lázaro lo negaba con ansiedad, "Todos nos llevamos bien en la casa", repetía a casi cualquier pregunta sobre posible maltrato de sus padres. Esto mostraba, aun con mayor claridad, lo encontrado en las pruebas psicométricas. En una de sus historias proyectivas hablaba de: "Un niño que sufría tanto en su casa que corrió y corrió hasta el otro lado del mundo y cuando llegó, tocó en una casa y cuando la puerta se abrió, preguntó a la señora si podía quedarse a vivir ahí por el resto de su vida".

Lázaro estaba traumatizado y fantaseaba con poder huir para siempre. Todas sus historias proyectivas hablaban de tener que defenderse de dragones en la noche y tiburones en el mar. Lázaro se sentía sin capacidad para defenderse dentro de su familia. El diagnóstico era claro: Lázaro mostraba signos de vivir en un ambiente familiar abusivo.

En las primeras sesiones descubrí que Lázaro era golpeado con un cinturón ante la mínima falla, pero que también lo habían golpeado con un palo de golf y hasta con una sartén.

Lo increíble del asunto es que los padres, aunque no negaban los golpes que infligían a su hijo, no podían entender la relación entre ello y el bajo nivel académico de Lázaro.

Su madre no negaba que a veces golpeaba a Lázaro hasta sentirse "agotada" porque la sacaba de quicio, pero no se daba cuenta del daño y del miedo tan profundo que generaba en su hijo. Seguía sin comprender la correlación entre el maltrato y el pobre desempeño escolar.

Un cuerpo lastimado tiene una mente lastimada y enfocada en cómo evitar el maltrato. Por eso Lázaro no podía tener plenamente puesta su energía en las clases, vivía con tal nivel de ansiedad que no podía concentrarse en el colegio. Su ansiedad era tan alta que ya habían empezado a aparecer síntomas depresivos.

Si fuiste golpeado por tus padres de niño, de seguro te identificas con Lázaro. Si es así, relacionas el amor con el dolor y el contacto interpersonal con el sufrimiento. Aprendiste a asociar "sentir con sufrir", y por lo tanto estás vigilante para evitar cualquier posibilidad de agresión.

Podría parecer irónico, pero las personas a las que recurrías para aliviar tu dolor eran las mismas que te atormentaban. Eso es lo que hace un padre tóxico, lastima en vez de contener y proteger. Lastima y, buscando sanar la herida que generó, vuelve a lastimar por un pésimo manejo emocional.

Lázaro está en terapia pero aún tiene miedo. Está aprendiendo a confiar en mí, en una figura adulta con la cual puede equivocarse sin ser lastimado, sin ser humillado, alguien que no lo hiere. Y jamás habrá un golpe.

Sus padres, al conocer el resultado del daño que su conducta estaba teniendo en su hijo, se comprometieron a una terapia en pareja. El ambiente familiar en casa de Lázaro ha mejorado notablemente. Hay mucho camino por delante, pero imaginarás que Lázaro dejó de reprobar matemáticas y muchas otras materias más.

Abuso emocional

Tiene que ver con expectativas y demandas irracionales que van más allá de las capacidades reales del niño. Incluyen ataques verbales, bromas que lastiman a los niños, ser llamado por motes que no son de cariño o ser insultado con frecuencia. También incluye amenazas constantes que ponen al niño en una situación de constante alerta. Implica también ser controlado mediante la manipulación.

Este tipo de abuso es más difícil de reconocer y diagnosticar que el abuso verbal o el sexual, debido a que implica maltrato psicológico. Sus signos no son visibles, las marcas no son físicas y las cicatrices son internas, son del alma. El problema con este tipo de abuso es que incluye la falta de apoyo y de seguridad de los padres para formar una personalidad que pueda generar éxito y crecimiento personal.

Actualmente estoy trabajando con Natalia, una mujer de 32 años que es directora de arte en una agencia de publicidad. Es exitosa profesionalmente, pero ella no se siente así, de hecho, siente que "no es buena para nada". Acudió a terapia porque se sentía vacía, deprimida, sin rumbo y con una gran incapacidad de relacionarse con los demás.

"Siento que no sirvo para nada, que no hago las cosas correctamente".

Al revisar su historia, al preguntarle acerca de su infancia, Natalia refirió que su padre le decía que, "Era tonta e incapaz de tener éxito". "¿Cómo te decía tu papá de cariño cuando eras niña?", pregunté intrigado. "Natalia, Nat, Tonteja", contestó con tristeza. Hablando de su niñez, refiere que recuerda un sinfín de experiencias en las cuales su padre le hacía ver lo "tonta" e "inadecuada" que había sido su respuesta, su participación o su manera de actuar. Siempre aderezaba su retroalimentación con un: "Piensa, por tu vida santa". Natalia aprendió que era inmensamente tonta.

Al adentrarnos en este tema, logramos identificar que aunque tuvo un padre presente en su vida, la devaluaba cuando se equivocaba o cuando no hacía las cosas como él las esperaba. Natalia se dio cuenta de que se repetía a sí misma una frase que aprendió de su padre desde que era niña: "¿Eres tonta o que te pasa?". Cuando lo identificó, soltó una carcajada para después empezar a llorar. "Puedo recordar esta pregunta en todos los tonos y todas las situaciones que te puedas imaginar, no sabía que me había afectado tanto".

La inseguridad y el sin sentido de Natalia no sólo pueden atribuirse a la actitud devaluadora que su padre tuvo con ella en la infancia; sin embargo, es una realidad que injustificadamente ella aprendió a creer que todo lo que hacía estaba mal o era una tontería.

Ella dudaba de sus acciones, de su capacidad intelectual y de sus emociones. Al analizar a fondo la relación que tenía con su padre, descubrió que las expectativas que tenía sobre ella eran de perfección, únicamente reconocía los errores que cometía y nunca sus aciertos. De esta manera aprendió a relacionarse consigo misma y a evaluar su desempeño desde una óptica en la que sólo podía perder: siempre con expectativas altas e inalcanzables.

Para Natalia, el verdadero reto de vida es aprender a reconocer su valía, su inteligencia y su capacidad intelectual aceptando con humildad y compasión sus errores, ya que en casa aprendió a ser dura e injusta con ellos. Su camino ahora es dejar de lastimarse cuando se equivoca y a reconocer que un error es sólo eso, un error que no define nada de la valía de una persona. Un error es una manera diferente y poco práctica de hacer las cosas; es el camino más acertado para aprender.

Si fuimos abusados, es común que nos preguntemos si realmente lo fuimos. Un abuso verbal, es un abuso; una broma en la que únicamente se ríe el padre no es una broma, es una agresión. Muchos de mis pacientes describen escenas de insultos y amenazas terribles por parte de sus padres y aún siguen dudando si lo que vivieron fue un abuso o sólo una medida correctiva de sus padres, o "bromas un poco pesadas". Maltratar a alguien, bajo cualquier justificación, incluso el de una broma, se llama abuso.

Que haya sido hace años no significa que no deja huella en ti y que no sea necesario sanarlo. Acuérdate de que el problema del abuso emocional es que las cicatrices que deja son internas y, por lo tanto, más difíciles de descubrir y de sanar. Éste es el caso de Natalia, de Lázaro, de Mónica y el de otros pacientes más.

Abuso sexual

Significa incomodar, lastimar o explotar a un niño por la búsqueda del placer sexual de un adulto. La Organización Mundial de la Salud (OMS) señala que por lo menos una de cada tres niñas y uno de cada ocho niños será víctima de un abuso sexual antes de los 18 años, aunque la mayoría de los casos no sean reportados. El abuso sexual incluye el exhibicionismo, penetración, voyeurismo (espiar a un niño o bien obligarlo a desnudarse en frente del adulto), tocar los genitales del menor o usar niños para cualquier efecto pornográfico.

Por desgracia, existen millones de adultos que fueron abusados en la infancia y que viven con humillación y dolor estas experiencias.

Cuando un menor es abusado sexualmente, su cuerpo es tratado como un objeto. Sentirse expuesto y desprotegido nunca es una experiencia nutritiva. Ser abusado sexualmente implica que el contacto físico no brindó apoyo o amor, sino que produjo placer en el otro a costa de la integridad del menor. En un abuso sexual se roba la inocencia de un niño, el derecho de descubrir la propia sexualidad de manera gradual y, sobre todo, vivir experiencias sexuales congruentes con la capacidad física y psicológica que se necesita para vivir en plenitud la sexualidad.

Un niño abusado sexualmente vive una sensación total de desprotección. No hay manera que se cubran las necesidades básicas para sentirse seguro.

Cuando un niño no tiene cubiertas las necesidades básicas de la vida —alimento, agua, techo, salud médica y supervisión para poder crecer emocionalmente sano—, se habla de negligencia en su educación. Si fuiste abusado sexualmente, fuiste tratado con negligencia y eso probablemente generó una gran sensación de estar perdido y sin rumbo.

Las estadísticas no mienten: tres de cada diez niños en Latinoamérica son abusados sexualmente por un miembro cercano de la familia antes de que cumplan 15 años. Sólo hasta la década de los ochenta se le dio el peso tan importante que tienen hoy en día el incesto y el abuso sexual, y se empezaron a tomar medidas serias al respecto. En varios países del mundo, en especial en los menos desarrollados económicamente, aún no se castiga legalmente el abuso sexual. El incesto, al igual que otras enfermedades emocionales y sociales, está aumentando a pasos agigantados.

Estoy trabajando con Paty, de 33 años, quien estudió historia del arte y tiene una pequeña galería de arte en el Centro Histórico de la ciudad.

Cuando llegó a terapia aseguró que venía de una familia "normal", sin ningún síntoma de toxicidad importante. Vino a terapia porque no toleraba el contacto físico con los hombres. A pesar de tener una vida sexual activa, no la podía disfrutar y siempre terminaba "saboteando" sus relaciones amorosas y alejándolas. La última vez había terminado una relación de noviazgo con un arquitecto del que estaba enamorada y que valía la pena. Se dio cuenta de que no quería seguir repitiendo la historia eternamente. "Los finales me desgastan, ya no quiero seguir rompiendo para volver a empezar."

Cuando hablamos de su infancia, aseguró que recordaba poco de ella. Su padre es dueño de una joyería en el centro y su madre es ama de casa. Iban a misa cada domingo y tenían fotos de la vacación familiar de cada año en el cuarto de televisión. Era una familia promedio, con dos hijos y nada que aparentemente fuera un foco rojo a detectar.

A lo largo de la terapia sentí que algo no estaba bien en la relación con su padre, ya que hablaba de él de manera evasiva y sin verdadero contacto emocional.

A través de una técnica de hipnosis, Paty recordó que más o menos a la edad de 8 años su padre comenzó a pegar su cuerpo al suyo, a frotar sus genitales con ella; recordó que se sentía incómoda e inadecuada cuando lo hacía. Conforme fuimos adentrándonos en su pasado, recordó que varias veces, a partir de que ella tenía 10 años, lo descubrió mirándola mientras ella se vestía y cómo en la rendija del baño, lo observó tocándose el pene al espiarla.

Lo más traumático de todo fue recordar que, cuando ella tenía 13 años, le ofreció comprarle una computadora nueva si le permitía verla desnuda. Ella aceptó. Cuando me confesó lo anterior, Paty rompió en llanto. Sentía que se había prostituido con su propio padre. Lo más doloroso era que lo había hecho "voluntariamente". Como sucede en todos los casos de abuso, se sentía responsable de lo sucedido, aunque sólo hubiera tenido 13 años.

Paty revivió todo esto con una gran carga de culpa, humillación y vergüenza. Lo tenía bloqueado de la mente consciente, pero eso no significa que no haya permanecido en su mente inconsciente, lacerando su autoestima, alimentando la creencia de que no es merecedora de tener una pareja exitosa y sin que haya humillación y dolor emocional en el contacto con cualquier persona del sexo opuesto.

Con Paty hay todo un camino que transitar, toda una herida que sanar y toda una identidad que reconstruir. Ella fue herida en lo más profundo que se puede herir a un niño: la inocencia. Desarrolló una incapacidad para confiar en los hombres y esto es el origen de su sabotaje en sus relaciones de pareja: busca inconscientemente protegerse de ellos para no volver a ser lastimada, avergonzada ni ultrajada. Paty abandona las relaciones de pareja antes de sufrir; necesita aprender a confiar en una figura masculina que la apoye y que la contenga sin que se sienta amenazada. Ése es mi gran reto ya que soy el único hombre en el que puede confiar por el momento: su terapeuta.

Por un lado, para el resto del mundo el padre de Paty era un hombre decente, trabajador y generoso, lo que confundía aún más a la niña, ya que para ella siempre fue un hombre decente y buen proveedor. Pero, por otro lado, también era el hombre enfermo que decidió sexualizar con su propia hija.

En las familias donde hay incesto, normalmente permanece el silencio durante décadas y generaciones.

✳ ✳ ✳

El abuso tiene muchos matices y muchas aristas. No es algo que se dé siempre de la misma manera, pues hay veces que es evidente, como puede ser una golpiza; o bien, puede ser algo velado y sutil, como ser víctima de una devaluación constante o una agresión pasiva. Es común que mis pacientes duden de si lo que vivieron en su hogar fue realmente abuso, a pesar de describir golpizas severas o insultos hirientes, ya que como lo mencioné anteriormente, aun en la edad adulta necesitamos defender de alguna manera a los "dioses griegos" que nos dieron la vida.

Suelo escuchar aseveraciones como: "Al final del día era otra época y a muchos amigos nos pasaba lo mismo", o "No era para tanto, muchos otros han sufrido cosas peores".

Lo significativo es que si este tipo de trato dejó huella en ti y tiene secuelas en tu vida adulta, lo que viviste se describe como maltrato (tratar mal), y cuando se trata de un menor de edad, esto se conoce como abuso.

No importa cuántas definiciones de abuso existan o si los demás, especialmente tus padres, consideran que no fuiste abusado; lo importante es la huella que las experiencias negativas tienen en tus capacidades de sentirte merecedor y apto para ser feliz actualmente.

Si sospechas, aunque sea sólo un poco, que fuiste abusado, en realidad, lo fuiste. El reto es sanar el legado destructivo y humillante que recibiste. El primer paso para sanar a ese niño interior y evitar repetir los patrones de sufrimiento que aprendiste, y que hasta ahora han regido tu vida, es reconocerlo sin justificar a tus padres o sin minimizar tu dolor.

A pesar de haber estudiado psicología, una maestría en psicoterapia y muchas otras especialidades, incluidas la de psicotrauma e intervención en crisis, y después de casi veinte años de proceso terapéutico (necesario en mi profesión), me llevó treinta y cinco años aceptar que soy hijo de padres tóxicos que hicieron difícil mi niñez y limitaron mi capacidad de plenitud; que viví abuso físico y psicológico por parte de ellos y me llevó muchos años aceptar que tenía derecho a sentir compasión por ese niño que sufría y que ahora vive dentro de mí. Esto se dio en una sesión después de mi divorcio, en un miércoles cualquiera con Rafa, mi terapeuta, quien me preguntó: "¿Te queda claro lo destructivo que era tu ambiente familiar, y que a pesar de dudarlo, tienes una estructura psíquica sólida? Deberías sentirte orgulloso de ti".

Al igual que tú, traté de minimizar lo que había vivido y contesté diciendo que ya era todo un adulto y que era responsable de lo que decidía hacer con mi vida. Argumenté lógicamente que no podía seguir culpando a mis padres de lo que me pasaba en el presente. Él me escuchó, se paró, se acercó y me dio un abrazo. Se me hizo un nudo en la garganta. Sólo me dijo: "Hoy deja que ese niño lastimado reciba un abrazo. Todo va a estar bien". No pude aguantarme y lloré abrazado a Rafa como nunca había llorado en una sesión. Me di cuenta de que nunca, en toda mi vida, había recibido un abrazo de mi padre.

En esa sesión, entendí y asumí que no soy culpable de haber tenido que lidiar con dos adultos enfermos e irresponsables que generaban angustia, tristeza, dolor y sufrimiento en la vida de sus hijos. Asumí, sin victimizarme, que viví en una familia destructiva y disfuncional, con ambos padres llenos de toxicidad, que viví en una familia donde hubo alcoholismo, altos niveles de agresión física y verbal, una familia en la que había manipulación, mentiras y desaprobación constante, una familia donde era importante el exterior y no el interior. Entendí que el verdadero amor nutre, cuida, protege y no lastima ni humilla ni deja heridas profundas. A los 38 años pude expresarlo abiertamente por primera vez fuera de terapia (con Fer, mi mejor amigo) y ahora, a mis 41 años, en el proceso tan duro que ha sido la recuperación de mi divorcio, acepté que el pasado me había rebasado y descubrí de fondo lo que necesitaba: curar mis heridas para relacionarme de manera más sana y constructiva en mi entorno. Fue cuando me decidí a escribir este libro.

Al igual que yo, o Mónica, o Natalia, o Lázaro, tú tienes una herida que sanar y un camino por el cual atravesar para vivir en plenitud. En mi experiencia, tanto como terapeuta, como víctima de padres tóxicos, te puedo asegurar que vale la pena. Nadie tiene la obligación de cargar con un legado tóxico de alguien que, por las razones que sean, malinterpretó el amor y la educación hacia sus hijos con rigidez, maltrato y abuso.

Si a ti también te alcanzó tu pasado, si no te sientes pleno con tu vida, si tu infancia sigue doliéndote y no puedes relacionarte de una manera sana, si sigues relacionando el amor con sufrimiento, es momento de que asumas que fuiste víctima de abuso en tu infancia y de que tomes las riendas de tu existencia para sanarlo. Ahí radica la responsabilidad de la propia vida. No somos responsables del pasado, pero somos responsables de nuestro presente y de nuestro futuro.

Te invito a seguir el camino conmigo. Nos lo merecemos.

"Crecer en una familia con alcoholismo definitivamente me ha hecho desarrollar una personalidad llena de angustia y miedo. Yo no entendía esto hasta que entré a un proceso terapéutico, pues somatizaba constantemente y siempre estaba enferma de 'algo'. Así me di cuenta que desde mi infancia, he arrastrado muchos traumas y fuertes heridas emocionales por el abuso del alcohol por parte de mi familia, incluidos mis padres, abuelos y tíos.

Mi familia gira alrededor del alcohol desde que yo tengo uso de razón; mis papás me han hecho daño por su manera de tomar. A la fecha, no tolero verlos con una copa; se trasforman completamente, su mirada, el tono de voz, las cosas que dicen y que piensan son completamente diferentes a cuando están sobrios. Durante mucho tiempo he sentido que el alcohol me quita a mis verdaderos papás. Aún como adulta cuando hay alcohol, me siento paralizada. Me vuelvo a sentir como aquella niña que sufrió y tengo miedo por las conductas abusivas de mis papás.

Hace cuatro años entré a terapia y me ayudó a identificar y a entender todo esto. Llegué con Dado deprimida, después de ver a varios psiquiatras, con diagnósticos que no eran claros. Seguía con un profundo sentimiento de culpa por odiar a mis papás, pero al mismo tiempo de necesitarlos profundamente, y yo no sabía por qué.

A lo largo de la terapia empecé a entender por qué en las noches, cuando salen, me quedo nerviosa, me da angustia y no duermo tranquila. Empecé a entender por qué muchas veces me despierto deprimida y triste, sin ganas de estar en mi casa ni de ver a mis papás. Esto ha pasado porque, desde que era bebé, he tenido episodios desagradables originados por el alcohol.

Siempre, después de estos episodios, era impresionante como 'no pasaba nada', 'todo estaba perfecto', y esto me hacía creer que yo estaba loca. Creo que me ha afectado más el silencio y la dinámica de pretender que 'no pasa absolutamente nada' que los mismos episodios de violencia por alcohol.

Esto me duele, porque la verdad les he perdido el respeto a mis papás. Quisiera admirarlos y sentirme protegida por ellos, pero no es así. También he tratado de no juzgarlos y entender que ellos tienen una historia difícil y una enfermedad cuyo origen está en familias con padres alcohólicos. Estoy convencida de que están enfermos de las emociones y de que no saben expresarlas ni manejarlas, por eso buscan anestesiarlas con alcohol. Es como ellos aprendieron a sobrevivir en esta vida.

Sé lo que es vivir con esta negación al ser familiar del alcohólico. A veces hasta deseo que algo les pase para que se den cuenta (y eso que han sucedido cosas demasiado fuertes con gente cercana a nosotros; pérdidas y accidentes importantes). Hace como dos años traté de hablar con cada uno,

*hice una junta familiar en mi casa para hablar del tema y pedirles que con-
cientizaran por lo menos un poquito su manera de beber, desgraciadamente,
me fue mal. Yo les dije; que, por lo pronto, no iba a estar presente en ninguna
reunión o comida donde hubiera alcohol porque siempre acababa horrible;
y ante mi petición, reaccionaron mal, me dijeron que yo era la cobarde y que
no estaba afrontando los problemas, que yo tenía que entender que ésa es
su forma de interactuar y que eso nunca iba a cambiar.*

*Por desgracia, decirles que no estaría en ninguna reunión donde
hubiera alcohol implicaba no asistir a ninguna, porque no hay reunión en la
que no tomen. Pero es el límite que puse y que quiero mantener.*

*La verdad, desde ahí me di cuenta de que me estaba desgastando
muchísimo tratando de salvar a mis papás y a mis hermanos. Trabajándolo
en terapia, empecé a concentrarme en mí, a buscar estrategias para que
esto no me pase, para que yo no desarrolle alcoholismo y no termine por
manejar de manera enferma mis propias emociones.*

*Yo también he bebido en exceso. Ahora comprendo que a mí tampo-
co me cae bien el alcohol y que desde mi adolescencia, ha sido mi manera
de autodestruirme y de tener lealtad hacia mi familia. Desde que entré a
terapia, modifiqué mi relación personal con el alcohol.*

*Nunca he tenido un grave problema de alcoholismo pero sé que estoy
predispuesta a él por mi ADN. Cuando empecé a tomar me gustaba mucho
y no tomaba por lo rico que me sabía, sino para ponerme 'hasta atrás' y
desconectarme del mundo. Ahora entiendo que estaba haciendo lo mismo
que mis papás. No puedo cambiarlos, pero sí puedo modificar mi manera
de beber y de relacionarme con los demás sanamente. Ahora estoy trabajando en no tratar de rescatarlos.*

*Hubo varias experiencias de chiquita que ahora recuerdo con miedo.
Mis papás manejaban borrachos y se peleaban en el coche, aunque mis
hermanos y yo estuviéramos asustados. Cuando nos íbamos al kínder o a
la escuela, varias veces encontrábamos a mis papás en el bar de mi casa,
despiertos y alcoholizados. En una Navidad nos despertamos mi hermano
y yo para ver qué nos había traído Santa Claus y no había nada, porque
mis papás seguían en casa de mi abuela, en la fiesta. Cuando salían en la
noche no podíamos dormir por la música a todo volumen, oíamos pláticas
con contenidos sexuales y no aptos para nuestra edad. Cuando yo era
chiquita, no entendía nada y me asustaba mucho. También hubo episodios
de violencia y agresión entre mis padres debido al alcohol.*

*Creo que desde pequeña he estado muy afectada por esto, en la ado-
lescencia me detonó con depresiones, trastorno de ansiedad y conductas*

autodestructivas; buscaba a parejas que estuvieran enfermas de alcoholismo porque era lo que yo conocía y lo que sabía manejar.

Mi personalidad es codependiente: busco la aprobación de los demás, me cuesta trabajo encontrar mi propia fuerza y seguridad. Debido al trabajo personal que he hecho, creo que el miedo y la angustia han disminuido. Sin embargo, ver la poca conciencia de mis papás y la negación total de su alcoholismo, me sigue afectando y me siento con mucha carga emocional y mucho enojo. He tenido problemas gástricos y de reflujo, ansiedad y me cuesta trabajo relajarme.

Antes mi mamá se enojaba si yo no me quedaba en el bar de la casa hasta altas horas de la madrugada o si no tomaba cubas con ella; creo que, aunque suene raro, agradezco que me haya dado una enfermedad gástrica que me restringe el alcohol, pues de esa manera ella ha entendido que no puedo tomar como ellos. Mi cuerpo reaccionó e impidió seguir recibiendo una sustancia que sólo lo lastimaba.

Ahora me preparo para ser terapeuta y ayudar a otros. Sé que si no sano de raíz, arrastraré mi infancia por siempre. Es por eso que estoy comprometida con sanar las heridas que sufrí desde chiquita. Sólo les puedo decir que el alcohol ha sido un monstruo que ha ido deshaciendo a mi familia y hasta hace poco, a mi salud".

BARBIE

EL PADRE
abusador físico

"Hay veces en las que no me puedo controlar. Soy iracundo en el tráfico, con mis compañeros de trabajo. Estoy de malas casi todo el tiempo y no sé por qué. Aunque esté lleno de clientes y me vaya bien económicamente, en ocasiones lloro sin razón. Me siento frustrado y enojado; no soporto que una clienta me hable mal o me ignore, no tolero que las clientas me traten mal ni que me toquen las manos o los brazos. Hay veces que las odio y me dan ganas de decolorarles el pelo o hacerles un mal corte... Pero me aguanto. Algunas de ellas me hacen recordar cómo me humillaba y me maltrataba mi mamá. No la tolero; yo sé que está enferma pero me entristece saber que nunca tuve una mamá normal, que me quisiera como las demás quieren a sus hijos. No sé tener pareja, siempre estoy a la defensiva y no tolero que cuando empiezo a salir con un chavo, me trate de controlar. No me molesta ser homosexual, me molesta no poderme enamorar. Soy agresivo y soy como perro de la calle: muerdo antes de que me hagan daño. Creo que soy una mala persona, por eso vine a pedir ayuda, no quiero sentirme así."

JORGE, ESTILISTA, 29 AÑOS

En miles de familias, alrededor de todo el mundo, sin importar el nivel educativo o socioeconómico del que estemos hablando, un crimen serio y doloroso ocurre todos los días: el abuso físico contra menores de edad.

Todavía hoy en día existe bastante confusión con respecto a lo que es el abuso físico, ya que muchos padres creen que es totalmente sano y en ocasiones necesario, lastimar físicamente a sus hijos para educarlos.

A lo largo de los años, y hasta hace poco tiempo (por lo menos en México), los niños eran considerados propiedad total de los padres y, por lo tanto, no tenían acceso a derechos, tales como el respeto a su integridad física, emocional, sexual y moral. Por cientos de años, los padres tuvieron el derecho de hacer con sus hijos lo que quisieron, al grado de poder venderlos como esclavos, como objetos sexuales o ponerlos a trabajar jornadas inhumanas de trabajo. Tristemente, aunque hoy en día no es legal, esto todavía sucede.

Las autoridades se han acercado a los menores y han reducido la capacidad de los padres de maltratar físicamente a los hijos, por lo menos de manera legal.

Hoy en día sabemos que el abuso físico se define como:

Inflingir dolor y heridas al cuerpo de un ser humano, a través de golpes, quemaduras, rozaduras, fracturas, mordidas, cortaduras y ahorcamientos, a través de conductas como golpes, patadas, usar algún arma punzo cortante, usar fuego y azotar a un niño con cualquier objeto o dejarlo caer desde lo alto, así como amedrentarlo con golpear o azotar y romper objetos cercanos a él o aventar cosas que alteren la estabilidad emocional del menor...

La OMS define violencia como: "El uso intencional de la fuerza o poder físico, de hecho o como amenaza, contra uno mismo, otra persona o un grupo o comunidad, que cause o tenga probabilidades de provocar lesiones, daños psicológicos, trastornos del desarrollo e incluso la muerte". La ley cambia rápidamente. Yo no soy ni abogado ni juez ni policía ni activista social, pero te puedo decir que, a lo largo de mis últimos dieciocho años de vida profesional, he sido testigo de cómo la "disciplina a través del maltrato físico" deja huellas físicas y emocionales toda la vida.

Para mí, el abuso físico es un patrón constante de maltrato del cuerpo de otro ser humano mediante conductas diversas que inflingen dolor a otra persona, sin importar si existen a la larga marcas físicas de este maltrato y/o el amedrentar, mediante la violencia física, al aventar o romper objetos cerca de él.

Como mencioné anteriormente, es común que los padres golpeen a sus hijos de vez en vez. Esto no los vuelve abusadores físicos. Estas conductas tienden a manifestarse cuando los niños no dejan de llorar, cuando hacen "berrinches" que parecen no terminar, cuando retan la figura de autoridad. Si bien no es una conducta aplaudible, es algo que sucede con frecuencia, incluso hasta cierto punto entendible, ya que por momentos ser padre es una tarea frustrante e injusta. El padre es otro ser humano que está desesperado por hacer entender a su hijo lo que "necesita hacer". Perder el control de vez en cuando sólo vuelve al padre un ser humano con sentimientos y con capacidad de perder los estribos, como el niño que hace un berrinche.

Golpear a un hijo puede provenir de la angustia, de la desesperación de no poder hacerlo entrar en razón. A veces proviene del miedo al observarlo expuesto al peligro y, desde la desesperación y la angustia, al no poder protegerlo.

Creo que en momentos, es inevitable tener el impulso de golpear a un hijo. Esto, definitivamente no se trata de abuso a un menor, pues no cumple con el patrón de maltrato intencionado y constante hacia el pequeño.

Susan Forward en *Toxic Parents* (1989) describe las características de un padre que abusa físicamente de sus hijos de manera sistemática:

a) **Falta de control de impulsos.** Los padres que abusan físicamente de sus hijos no saben controlar la ira y cuando están cargados de sentimientos negativos (en especial de enojo), sienten la necesidad de descargarlos mediante el maltrato a otro ser humano, especialmente los que son débiles frente a ellos: sus hijos.

b) **Falta de conciencia de las consecuencias del maltrato.** En general, este tipo de padres tóxicos tienen poca capacidad de medir las consecuencias que tendrán sus acciones en la vida de los menores a quienes están afectando. Maltratar físicamente es una reacción inconsciente al estrés. No hay control entre el impulso de la agresión y la conducta violenta, las dos van de la mano. No hay control de los impulsos agresivos.

c) **Repetición de patrones.** Generalmente, los abusadores físicos provienen de familias donde el maltrato físico era la norma. Su manera de actuar se vincula con lo que experimentaron y aprendieron en su niñez. Hoy sabemos que el abuso genera más abuso. No es una regla rígida, pero es un hecho que "la gente lastimada, tiende a lastimar a los demás".

d) **Resentimiento hacia los padres.** En general, los padres abusadores físicos recuerdan con resentimiento su infancia y no han resuelto el enojo y la frustración de sus primeros años de vida. Fueron constantemente controlados y no pudieron alcanzar plenitud en su proyecto de vida, por lo tanto tienden a desquitarse o desahogarse con sus hijos.

e) **Uso de drogas o alcohol.** Aunque no es obligatorio, es común que los abusadores físicos estén intoxicados con alcohol y/o drogas. Es más probable perder el control cuando estamos intoxicados con una sustancia psicoactiva, ya que lo primero que ésta hace en el organismo es deprimir el control de impulsos y la conciencia.

Los abusadores físicos llegan a la adultez con grandes carencias emocionales de su infancia. Emocionalmente son niños-adultos que fueron lastimados y heridos y que replican un patrón de conducta aprendido en casa.

Ya que no supieron satisfacer sus necesidades de manera sana y funcional, y debido al gran resentimiento que cargan a lo largo de toda una vida, terminan comportándose como bestias con sus hijos, los golpean y los lastiman como si esto sanara sus heridas infantiles.

Este tipo de padres desquitan su frustración y su incapacidad de defenderse del medio ambiente con las personas más vulnerables y frágiles a las que tienen acceso: sus hijos. Esto es una injusticia.

Este tipo de padres, sin darse cuenta se convierten en verdaderos mons-truos en la vida de sus hijos, totalmente descontrolados e iracundos, sin ningún tipo de límite en su respuesta de enojo, comportándose de forma irracional y, lo que es peor de todo, sin capacidad de comprensión ni entendimiento de las consecuencias que sus acciones tendrán en la vida de sus hijos.

Ser un abusador físico es ser un cobarde

Aunque en nuestro país existen algunas mujeres violentas, culturalmente quien tiende a ser violento intrafamiliarmente es el hombre. En nuestro país, del total de personas generadoras de violencia, 91 de cada 100 son hombres y el resto son mujeres (INEGI, 2011). La encuesta sobre violencia intrafamiliar (ENVIF) en el 2011 registró que uno de cada tres hogares del área metropo-litana de la ciudad de México sufre de algún tipo de violencia física. Asimis-mo, reveló una mayor presencia de actos de violencia en los hogares con la jefatura masculina: 32.5 por ciento de estos hogares reportó algún tipo de violencia sobre 22 por ciento de los dirigidos por mujeres.

Los miembros más agresores son el jefe del hogar (49.5 por ciento) mientras que las víctimas más afectadas son los hijos (44.9 por ciento) y cónyuges 38.9 (por ciento).

De acuerdo con la UNICEF, México mantiene la tasa más alta de pobre-za y desnutrición infantil entre los miembros de la OCDE y ocupa los primeros lugares en violencia física, abuso sexual y homicidios de menores de 14 años inflingidos por sus padres a través de golpes. En su estudio "Violencia infantil", el organismo internacional destaca que más de 700 niños son asesinados en México cada año mediante golpes por alguno de sus padres, lo que implica por lo menos dos asesinatos diarios. En los menores de 4 años, la muerte se presenta por asfixia; y entre los 5 y 14 años, principalmente por golpes, seguidos por acuchillamiento y, por último, por arma de fuego.

Finalmente, en 2011 el INEGI publicó que en los hogares en los que se identificó violencia física hacia los menores, las formas más empleadas son el golpe con puño (42 por ciento), bofetadas (40 por ciento), golpes con objetos (23 por ciento), patadas (21 por ciento) y pellizcos (18 por ciento).

En la gran mayoría de los hogares donde hay abuso verbal también existe la intimidación, que se expresa con actos como empujones (46 por ciento) y jaloneos (41 por ciento de los casos donde hay violencia física dentro de casa; INEGI, 2011).

Algo que vuelve el maltrato físico tan atemorizante es desconocer cuándo va a ocurrir. Como ya lo revisamos, la conducta de un padre tóxico es impredecible, el menor no puede adivinar con exactitud qué conductas son las que generarán ira en su progenitor. Este tipo de niños espera con ansiedad la llegada injustificada de los golpes, las patadas o los pellizcos sin tener manera de evitarlos. El menor experimenta una sensación de indefensión y desesperanza pues sabe que no podrá defenderse de ese iracundo "dios griego". El niño tiene la certeza de que el abuso vendrá, por lo que vive en constante alerta y ansiedad preparándose para la paliza.

Es complicado y difícil recuperar la capacidad de confiar y de sentir seguridad en la relación con la figura de autoridad una vez que fueron destrozados a golpes por los padres.

Alguien que ha sido golpeado constantemente por sus padres esperará recibir lo peor de los demás en la edad adulta. Tendrá dificultades importantes para confiar en otros e irremediablemente presentará una discapacidad seria para intimar con los demás.

Los que vivieron abuso físico generaron una especie de "armadura emocional", que no permite que nadie se acerque a su corazón y los pueda volver a lastimar. Pero a la larga, esta armadura se convierte más en una prisión que en una protección.

Es común que en algunos casos de abuso físico en México (41.3 por ciento) según los datos arrojados por el INEGI en el 2011, después de maltratar a su hijo, el abusador físico siente culpa y la imperiosa necesidad de justificar su comportamiento. Paradójicamente, esto confunde aún más a los niños ya que los padres reconocen que cometieron un error grave al tratarlos injustamente pero terminan por responsabilizar a los niños por realizarlo. Los padres lanzan dobles mensajes, porque aunque ofrecen una disculpa, dicen cosas como: "Lo hago porque es lo mejor para ti", "Si supieras lo desquiciante que eres, me entenderías", "Todo esto lo ocasionas tú con tu mal comportamiento", pero al final el mensaje sigue siendo el mismo: "No mereces ser respetado ni amado íntegramente". Esto es lo que el niño-adulto repetirá en sus futuras relaciones interpersonales.

Es común que este tipo de justificaciones las realicen los padres buscando consuelo y absolución de sus hijos ya que cuando la ira pasa, la culpa se apodera de ellos. En el fondo, no hay explicación racional para el maltrato físico; sólo queda ofrecer una disculpa asumiendo la pérdida total de control. Una justificación por maltratar a un hijo es la falta de control de impulsos y de responsabilidad que se deposita en quien debe ser protegido y no maltratado.

Algo similar sucede cuando el abusador físico justifica lastimar a su hijo en pro de la "disciplina". Algunos padres creen que es lo mejor para el comportamiento y bienestar de sus hijos. Hay quienes consideran que la única manera de tener autoridad dentro del hogar es la violencia. Por desgracia, este tipo de padres cree en la "maldad" inherente en sus hijos y piensan que si los golpean evitarán que se vuelvan "genuinamente malos". Éste es otro tipo de proyección, pues un niño no tiene maldad en su corazón. La única maldad y falta de compasión proviene de quien está lastimándolo y con conciencia de los hechos.

Quienes tuvimos un padre abusivo físicamente sabemos que el abuso no venía sólo de él; el otro padre se convierte en abusador pasivo: comparte la misma responsabilidad del abuso al no detener el maltrato hacia sus hijos y dejó de cumplir su misión principal de brindar amor y protección a sus hijos. El abusador pasivo es el padre que permite que su pareja lleve a cabo el abuso y no hace nada por miedo, por codependencia o por mantener el "equilibrio del sistema familiar".

En el momento del abuso, este tipo de abusador pasivo, en vez de adoptar un rol de autoridad y defender los derechos de los hijos que están siendo violados, se "hace a un lado" y consiente el abuso físico, convirtiéndose en cómplice de la brutalidad del maltrato de su cónyuge hacia sus hijos. Esto lo convierte en un abusador.

Un hijo necesita un padre que lo proteja y lo cuide en las adversidades, no un padre que se convierta en un "niño asustado" en los momentos de crisis. Lo que sucede en este tipo de casos es que se da un "cambio de roles". El hijo siente culpa por no defender a su madre o padre del abuso físico del que eran víctimas por parte de su pareja cuando, en realidad, el responsable de tomar algún tipo de medida era el adulto y no el menor.

No importa cuántas veces escuche de mis pacientes: "Supongo que hacía lo mejor que podía", "Eran otros tiempos y las mujeres no estaban preparadas para defenderse", "Tendrías que ver a mi padre, entiendo que ella también le tuviera miedo", siempre enfatizo en que el padre inactivo, el padre permisivo, el padre que permitió el abuso, fue cómplice silencioso del abusador. Siempre pudo evitarse el abuso.

Al negar su responsabilidad, el padre silencioso, el padre cómplice y pasivo se convierte en un mecanismo de defensa del niño-adulto y trata de racionalizar por qué no pudo hacer nada; el niño-adulto, el niño lastimado, se protege de aceptar la realidad de que ambos padres le fallaron y fueron abusivos con él.

Por difícil que parezca, los niños golpeados y maltratados sienten que merecieron estas palizas y las aceptan como "naturales". Esto sucede porque las semillas de culpa y de falta de merecimiento fueron sembradas en terreno fértil y regadas con cada cachetada, cada empujón o con cada puñetazo recibido. Como los antiguos, aprendimos a justificar y a darle la razón a nuestros "dioses", nuestros padres tóxicos.

Un niño-adulto que fue golpeado cree que no es merecedor de amor, que no es capaz de salir adelante en este mundo y que es una *mala* persona.

Nada justifica el maltrato infantil. Los únicos responsables son quienes tenían la misión de proveer de amor y seguridad a sus hijos. En ninguna circunstancia se justifica herir conscientemente el cuerpo de otro ser humano, mucho menos uno que no se puede defender.

El abuso físico dentro de la familia se mezcla con el amor. Es una combinación confusa que desarma a quien fue abusado físicamente. Los mensajes confusos de "te quiero" pero te lo demuestro a golpes, "me preocupo por ti", pero te pateo en consecuencia, hacen terriblemente difícil para un hijo entender el abuso físico de sus padres. Es difícil entender que el padre que en momentos te dice "te quiero y siempre estaré para ti", sea el mismo que, convertido en una bestia sin control, te golpee hasta cansarse.

Es complicado explicarle a un niño-adulto que ha sido lastimado la parte enferma y *perversa* que existe dentro de aquel padre (injusto y cobarde) quien en momentos también brindó apoyo económico, afectivo y moral.

El mundo de un niño es estrecho, no importa cuán abusivos sean los padres, ellos seguirán siendo su única fuente de amor y seguridad. El niño maltratado pasa toda su infancia intentando ganarse el amor verdadero de sus padres, dejando de "provocar" su ira y su maltrato, de los cuales se siente responsable.

Este niño-adulto se pasa la vida esperando que su padre descubra que no es *malo*, que aunque se equivoca no lo hace desde la maldad, sino desde la ignorancia o la inmadurez. Sin embargo, las experiencias de maltrato siguen reforzando las creencias de "no valgo", "no merezco ser feliz", "soy malo y merezco ser tratado sin respeto". Lo triste es que estas creencias no caducan cuando se alcanza la mayoría de edad, al contrario, acompañan a un ser humano toda la vida.

Así, quienes vivimos abuso físico en la infancia, de alguna manera esperamos en algún momento ganarnos el cariño y el respeto de nuestros padres y para mantener ese lazo de afecto que tanto necesitamos tendemos no sólo a justificarlos, sino también a negar el abuso. "Un buen hijo jamás expondría así a su padre", por lo que el secreto del abuso físico se convierte en una gran carga para el niño-adulto. Desgraciadamente, como el niño golpeado no habla del tema para proteger a su padre, es difícil descubrir al abusador y ayudar al menor.

Aun en la adultez, como esta tendencia a proteger a los padres continúa, es raro que alguien que vivió abuso físico pida ayuda profesional y sane las heridas de su infancia.

Al final del día, lo que mantiene unidas a ciertas familias disfuncionales son los "secretos" que guardan y que protegen entre ellos. Tales heridas funcionan como un pegamento que mantiene vigente el abuso, que a la larga vivir como "si nada hubiera pasado" nos convierte a todos los integrantes de un sistema familiar abusivo en cómplices de lo que sucedió.

En algunos casos, como el amor y el dolor están tan asociados, la víctima se identifica inconscientemente con su padre abusivo pues parece fuerte e invulnerable. Los hijos de padres tóxicos pueden fantasear con tener estas cualidades y con protegerse a sí mismos. Por lo tanto, como es un mecanismo de defensa, desarrollan rasgos de la personalidad abusiva de su padre tóxico.

Sin importar cuánto se haya prometido a sí mismo no ser igual de abusivo que sus padres, bajo ciertas situaciones de estrés, podrá reaccionar como ellos. No es un síndrome que suceda en todos los casos pero es importante saber que alguien que fue abusado físicamente tiene mayor tendencia a actuar con violencia en situaciones extremas.

Es falso que todos los hijos abusados físicamente serán padres tóxicos. Mi práctica profesional me ha enseñado que aprender un patrón de relación no implica tener que repetirlo. Al contrario, para muchos es un claro ejemplo de qué es lo que no hay que repetir en la relación con una pareja o con los hijos.

Lo cierto es que los hijos de padres abusadores físicos tienen un problema con poner límites. No es algo natural para ellos, tienden a ser rígidos con las reglas para evitar cualquier tipo de agresión física, o bien suelen ser laxos y permisivos con los límites manteniendo la promesa de nunca "reaccionar de manera violenta". Ser permisivo puede ser negativo en la formación de un hijo, ya que un niño necesita límites claros y una figura de autoridad firme con comunicación directa y clara para crecer de manera sana.

¿Cuál es la buena noticia? Los niños-adultos víctimas de agresiones físicas podemos dejar de lastimarnos a nosotros mismos, separar la ira de nuestros padres de nuestras propias creencias, aprender a manejar el enojo de manera sana, sobreponiéndonos a los miedos que hemos arrastrado toda nuestra vida, volver a confiar en nosotros mismos y en los demás. Y lo más importante, podemos aprender a amar y ser amados en respeto total. Sólo es cuestión de elegir sanar.

"Soy Jorge, tengo casi 30 años; después de numerosos esfuerzos terminé la carrera técnica de cultura de belleza. Tengo dos hermanos, yo soy el de

en medio. Mis papás se separaron cuando yo tenía 7 años y creo que ahí empezó la tortura con Gloria (mi madre), a quien no puedo llamar 'mamá', porque no ha sido una madre para mí. Mi papá dice que la dejó porque ella siempre quería estar en casa de mis abuelos y a él no le parecía que estuviéramos en un ambiente donde había tanto alcohol, juego y falta de límites, pues mis abuelos nos dejaban hacer lo que queríamos.

Mi mamá siempre le exigía dinero para ir a jugar póker con sus hermanas y sus primas, pero mi papá se negaba a hacerlo. Me acuerdo que peleaban mucho, hasta que una noche hubo más gritos de lo normal y mi papá rompió un vidrio de la cocina de un puñetazo. Ahí decidieron separarse.

Cuando se divorciaron, nos quedamos con mi mamá. Estudiamos un año la primaria y como mi papá veía que mi mamá cada vez bebía más y sólo se dedicaba a jugar, nos mandó a un internado a Pachuca. La verdad nunca entendí por qué no se hizo cargo de nosotros si veía que la estábamos pasando tan mal. Antes de ir al internado, mi hermano Gus, que tenía 9 años, decidió que hiciéramos una pizza para mi mamá. Echó una lata de jugo de tomate a la olla exprés, con harina, jamón y queso. Me dijo que cuando abriéramos la olla ya estaría la pizza lista y así mi mamá estaría contenta con nosotros. Prendimos la olla y después de un rato, la olla explotó y con ella todo el contenido. La lata rota manchó las paredes y la cocina. La tapa de la olla rompió el tirol de la cocina y se vino abajo.

Justo ahí, en la mitad del caos, entró mi mamá. Al ver lo que había pasado, nos golpeó con un cinturón, nos pegó fuertemente en la cabeza y para que nunca olvidáramos que 'no se debía jugar con fuego', nos tomó a ambos de las manos, prendió la estufa y nos puso las manos al fuego en la parrilla de la estufa. El dolor fue tan insoportable que me desmayé. A la fecha, tengo una cicatriz profunda en la mano derecha y sensibilidad parcial en la mano izquierda. Tuve las manos lastimadas más de un mes. Recuerdo cómo toda la cocina olía a carne quemada. Mi papá decidió que mi mamá estaba loca y nos mandó al internado. Simplemente nos dijo: 'Su mamá está loca y no los puede cuidar, así que empaquen que se van mañana a Pachuca'.

Después de cuatro años de vivir en el internado, sin ningún contacto con la familia —porque mi papá dejó de visitarnos como nos había prometido—, Gus y yo juntamos dinero, y nos escapamos del internado y tomamos un camión para regresarnos a la casa de mi mamá. Entonces yo tenía 12 años.

Fue horrible regresar. Ya no sabía qué era peor, si estar en el internado militar o cerca de Gloria. Gloria se convirtió en una desconocida. Sólo pensaba en el vicio del juego. Fumaba sin control, bebía y no nos ponía atención. Me sentía solo, no sabía a quién acudir. Un día le dije que no estaba contento de haber regresado y me dio más de ocho cachetadas, hasta que me hizo sangrar para que aprendiera a agradecer el esfuerzo que hacía por nosotros.

Entré a la escuela pero no me iba bien. No me podía concentrar, cada vez que mi mamá se emborrachaba, nos echaba en cara que por nuestra culpa la había dejado mi papá. Ahí empezaban las golpizas. No se controlaba con nada. Se ponía como loca y sacaba una fuerza de toro. Apenas bebía, se convertía en una salvaje. Nos pegaba con lo que fuera, con lo que tuviera en las manos. Yo trataba de proteger a mi hermana Sara, la chica, pero sólo conseguía que los golpes fueran cada vez más fuertes. Cada vez nos golpeaba con mayor fuerza y enojo.

Cuando acudí a mi papá para pedir ayuda, me enteré de que estaba con otra mujer desde hacía muchos años y que tenía medios hermanos de mi edad. Me dijo que él tenía sus propios problemas y que teníamos que ser 'hombres' para resolver nuestra situación.

Entonces pensé en el suicidio. Parecía que ambos nos odiaban. Recuerdo muchas veces regresar de la escuela y que Gloria nos recibiera a golpes, por cualquier pretexto, por traer el uniforme sucio o por tener la boca manchada con los restos de algún refresco. Recuerdo que las peores golpizas fueron con el cable de la plancha, con un cinturón ancho de cuero, con un palo de escoba que terminó rompiendo en mi espalda, con los puños cerrados, pellizcándome y enterrándome las uñas hasta sangrar, siempre reprochándome que por mi culpa mi papá 'se había ido'.

No le tenía miedo, sentía profundo coraje hacia ella; no me podía defender y no toleraba verla con el ron y el cigarro en la mano. Así crecí desde que regresé del internado. Siempre con golpes e insultos.

Gloria cada vez bebía y nos descuidaba más. Cada uno de nosotros creció como pudo. Nadie nos revisaba las tareas ni supervisaba lo que comíamos en el día. Gloria seguía apostando, fumando y bebiendo.

Una vez que Gloria golpeó intensamente a mi hermano, Gus se fue a vivir a casa de mis abuelos (los padres de Gloria), y ahí sigue. Gus sufre de sobrepeso, no tiene un trabajo estable, tiene deudas y no puede tener una pareja. Tiene 31 años y lo veo inmensamente infeliz. No soporto verlo comer de esa manera. Me da miedo que muera de un infarto. Ahora tiene un bar y sólo trabaja tres noches a la semana. Es buen chavo, pero sé que está muy traumado. Es el quien más paciencia le tiene a Gloria.

Como no fue al internado con nosotros, Sara vivió más abuso físico. Me acuerdo que Gloria la golpeaba y humillaba con más saña. Le decía cosas horribles y se burlaba de ella. La golpeaba con el cable de la plancha en las piernas, con el uniforme puesto y a punto de salir de la casa. Le jalaba las trenzas hasta hacerla llorar. Yo me imaginaba agarrando el cuchillo y encaján-doselo a Gloria en el cuello para defenderla, pero nunca hice nada. No la podía defender a pesar de que era más chica que yo. Me siento culpable por ello.

Para huir de Gloria, a los 19 años Sara se embarazó de su novio y se fue a vivir a casa de su suegra. Se casaron. Yo le pregunté: '¿Lo quieres, Sara?'. Y ella me contestó que no, pero que nada sería peor que vivir con Gloria. Ella creía que había terminado con su sufrimiento, pero le fue peor, ya que su suegra le controlaba la vida. Su esposo es celoso y no la deja ni salir; mi hermana depende económicamente de ellos. Es muy infeliz. Quiere separarse, pero está amenazada por él (que es policía judicial) y por su suegra. Ahora vive presa en frente de casa de Gloria que además de todo, la sigue insultando y maltratando cuando la ve porque 'no cuida a su hija como debería'. Sara quiere huir, pero vive amenazada de que si lo hace, la acusarán de abandono de hogar y perderá a su hija, a quien adora. Mi pobre hermana está muerta en vida.

Gloria es una enferma total. Fuma todo el tiempo, a tal punto que estuvo a punto de morir prendida, por que se quedó dormida con el cigarro en la boca y, al tirarlo por accidente, se empezó a prender el edredón de la cama. Olí a quemado y llegué a apagar el fuego. A veces creo que hubiera sido mejor que se quemara en su propia tontería y nos dejara vivir en paz.

No deja el juego ni el alcohol. La he internado tres veces por su pro-blema de adicción pero no puede dejar de beber. Ha tenido dos intentos de suicidio; la última vez se aventó de la azotea y quedó con un problema serio de epilepsia que requiere tratamiento médico pero como sigue bebiendo, a cada rato sufre ataques. La odio, pero soy yo quien la mantiene. Gus aporta algo para sus medicinas y Sara apenas puede con ella misma. Quisiera salir corriendo, pero no puedo dejarla a su suerte. Ojalá se muera pronto, así va a estar mejor y nosotros también.

Yo tengo casi 30 años, soy fumador desde los 12 años, fui peleonero y mal estudiante en la adolescencia. Empecé a trabajar desde los 16 años porque Gloria se gastaba la pensión que le daba mi papá en alcohol y en el juego y a los 19 años decidí estudiar para peluquero e independizarme. Es-cogí esta carrera porque nadie me aconsejó. La verdad me gusta mi trabajo; cuando estoy trabajando con un cliente, me desconecto de todo. Lo único triste es que todos los días veo mis manos quemadas y me acuerdo de que fue mi propia madre la que me las puso en la estufa al rojo vivo.

No he logrado tener ninguna pareja estable, siempre estoy de malas y, aunque odio a Gloria, no puedo dejarla a su suerte, como se merece. La amenazo con dejarle de dar dinero pero nunca lo cumplo. Soy homosexual, y eso no me preocupa, me importa que no logro establecerme con nadie. Siempre desconfío de la gente y siento que me van a lastimar. Aunque quiero un novio, no me atrevo a mantener una relación a largo plazo; no quiero que me vuelvan a hacer daño.

Cuando alguna clienta me habla mal o me trata con desdén siento un odio horrible. Me dan ganas de quemarle la cabeza con las tenazas y pegarle. A veces siento que me estoy volviendo loco, como Gloria.

Estoy seguro de que jamás tendré hijos. No quiero hacerle daño a nadie; creo que si los tuviera, podría lastimarlos. Una amiga me propuso tener un hijo, yo sólo me río; primero muerto a tener un hijo que sufra.

No me puedo relacionar con los demás. No puedo confiar, siento que me están criticando o juzgando. En el salón de belleza prefiero mantenerme callado y alejado. No quiero tener problemas, por eso prefiero no hablar con nadie. Gloria nos hizo un daño horrible a Gus, a Sara y a mí, lo sé, pero no sé qué hacer ahora. Los tres estamos lisiados de por vida.

La última vez que me intentó golpear, le detuve las manos y le advertí que lo que me hiciera se lo regresaría tres veces más fuerte. Ya no estaba dispuesto a seguir siendo maltratado por ella.

Acudí con Dado porque no me gusta vivir así, enojado, frustrado, y odiando a mi madre. No quiero seguir con esos recuerdos y con miedo a enamorarme y a sentir. Me he convertido en un hombre sin sentimientos."

JORGE

EL PADRE
abusador verbal

"Siempre me llamaron egoísta en mi casa. Parecía que era un crimen no querer cuidar a mis tres hermanos menores. Para dejar de serlo me convertí en una persona permisiva, incapaz de poner límites. Hacia todo lo que me pedían con tal de quitarme esa etiqueta. Pero no servía de nada, eso se traslapó a todos los ámbitos de mi vida. Aprender a respetarme y a poner límites ha sido un trabajo titánico. He tolerado abusos de otras personas, sin darme cuenta de que lo permito. Es difícil entender cuando me faltan al respeto y hasta enojarme me parece complicado. Tengo una maldita necesidad adictiva de caer bien, encajar, solucionar, arreglar problemas, mediar y 'mantener todo en equilibrio'. Además, cargo con una inmensa culpa. Me siento mal por los que tienen menos que yo. Muchas veces me deshago de mis cosas para ayudar y no puedo dejar de donar, incluso cuando no tengo dinero."

JESSICA, PSICÓLOGA CLÍNICA, 31 AÑOS

Las palabras tienen un poder increíble. Energéticamente, todo lo que decimos y lo que pensamos tiene un impacto en lo que sentimos, cómo actuamos y en la vida de quienes nos rodean.

Como dice un sabio proverbio árabe: "Sólo hace falta repetir algo cien veces para que se convierta en realidad". Las palabras pueden herir a un ser humano en igual o mayor intensidad que los golpes.

Criticar a una persona, señalar sus defectos, degradarla con burlas y motes, señalarle lo "torpe y estúpida que es", puede tener efectos dramáticos en su futuro a corto y largo plazo.

¿Recuerdas a Natalia? La paciente que acudió a terapia porque se sentía que "no era buena para nada", que se sentía vacía, deprimida, sin rumbo y con una gran incapacidad de relacionarse con los demás, a pesar de tener una galería de arte exitosa. Ella es un ejemplo de cómo las palabras pueden destrozar la autoestima de una persona.

Nunca olvidaré lo que dijo en una sesión: "Si hubiera podido escoger entre ser golpeada por mi padre o las frases tan espantosas que me decía, hubiera escogido lo primero, así me daría cuenta de que las cicatrices iban sanando. Con los insultos es diferente, las marcas son por dentro, nadie las ve, nadie las entiende, pero ahí están. Las heridas físicas tardan en sanar, pero dejan de doler; en cambio, las del alma siempre sangran. Los insultos destruyen la mente de cualquiera", concluyó con un tono melancólico.

Se ha hecho mucho por los derechos de los niños para evitar el abuso físico y sexual a nivel familiar. Sin embargo, todavía no hay nada sólido legalmente para prevenir y corregir el maltrato verbal que tanto daño genera a un ser humano. Quien vive abuso verbal está solo en esto. Realmente no hay ninguna institución a la cual acudir, no hay nadie quien defienda esta causa. El abuso físico deja marcas que sustentan que la víctima ha sido abusada. El abuso verbal deja huellas que no son visibles, y que no se pueden denunciar.

Al igual que en el abuso físico, los padres funcionales se equivocan y de vez en vez dicen algo que puede ser devaluador e hiriente. Esto no es abuso, es una respuesta verbal inadecuada a un conflicto determinado. Herir esporádicamente con palabras a un hijo no convierte al padre en un abusador verbal.

Según la OMS, el abuso verbal es: "Atacar frecuentemente a un niño con respecto a su apariencia, inteligencia, capacidades o valor como ser humano".

Hay quienes atacan abiertamente, degradando a sus hijos. Éste era el caso del padre de Natalia: "No sirves para nada; eres tonta".

Este tipo de padres tienden a llamar a sus hijos "estúpidos", "imbéciles", "que no valen nada", "feos" y "gordos". Ante la ira pueden decir bestialidades tan fuertes como: "Ojalá nunca hubieras nacido", "Si hubiera sabido la clase de persona que ibas a ser, sin duda te hubiera abortado".

Estas palabras van lastimando la autoestima del niño poco a poco, como van desgastando las olas una roca en el mar. Los efectos de estas palabras no se notan a corto plazo, sino que tienen un efecto a largo plazo en ese niño que empieza a crecer y forjar un autoconcepto propio.

Otros abusadores verbales son más indirectos, molestan al menor con una constante serie de "bromas", sarcasmos, apodos y diminutivos que lo lastiman, y que lo hacen sentir humillado. Ejemplos de lo anterior son comentarios como: "eres un mariquita", "eres una princesita tonta que sólo sabe llorar y correr a las faldas de su mamita", "ballena, ya deja de tragar".

En este tipo de maltrato, los padres esconden el abuso tras el "sentido del humor". Hay que tener presente algo de lo que se habló líneas arriba: una "broma" en la que nos reímos los dos, es una broma; una "broma" en la que sólo me río yo, es una agresión.

Cuando el abusado reclama por las constantes faltas de respeto que recibe del abusador, éste responde acusando al niño de no tener buen sentido del humor. "Sabes que estoy jugando", "No es en serio, es una broma, qué poco sentido del humor tienes".

Es algo que Natalia reiteró durante las sesiones: "Era confuso escuchar lo que me decía mi papá porque después siempre terminaba diciendo que me quería mucho y que yo era su princesa, aunque fuera 'tontita'. Era como recibir flores llenas de estiércol. Cuando me enojaba porque le decía que me hacía sentir estúpida, siempre me decía que si yo no desarrollaba buen sentido del humor, sufriría en la vida. Nunca entendí por qué para divertirse tenía que burlarse de mí. Nunca lo encontré chistoso".

Cuando el resto de la familia se reía de las "bromas" que el padre le hacía a Natalia, ella se sentía cada vez más aislada y afectada. En esos momentos, sentía odio y rechazo hacia sus hermanos, pues sentía que, lejos de defenderla, se convertían en cómplices del abuso de su padre.

"Todas las bromas tenían que ver con mi distracción, con ser tonta y con no entender los chistes de doble sentido", me confesó Natalia con lágrimas en los ojos. Todos se reían de mí, me sentía sola y agredida.

Una de las agresiones más fuertes que recuerda Natalia en su infancia fue cuando su padre la mandó a la tienda a comprar cigarros y regresó con el cambio equivocado. No se había tomado el tiempo para contar que le dieran el cambio exacto. Su padre, al contar el dinero, se rió y en frente de toda la familia de Natalia —abuelos, tíos y primos— dijo: "¡Qué bárbaro, esta niña no puede ser mi hija, le falta un lado del cerebro, seguro nos la cambiaron en el hospital!" Ella recuerda cómo se le salieron las lágrimas de los ojos y su padre se acercó, la abrazó y le dijo al oído: "Nat, eres tonta, pero siempre serás mi princesa y te voy a querer siempre. Te robaron trece pesos".

Natalia, como cualquier niño, no podía diferenciar entre una "broma" y una "agresión pasiva". Aparentemente las dos la hacían sentir mal y humillada.

Hay que tener claro que el verdadero sentido del humor es una de las principales herramientas valiosas dentro del sistema familiar para hacerle frente a los momentos difíciles; puede ser algo que establezca lazos unidos y profundos. Sin embargo, el humor que lastima a uno o varios miembros de la familia se llama agresión y genera resentimiento, además termina mermando la calidad de las relaciones interpersonales dentro de la familia.

Los niños, como creen todo lo que los "dioses griegos" expresan, asimilan como cierto el sarcasmo y las burlas exageradas. Aún no tienen la cantidad de vocabulario suficiente y la madurez emocional para entender que un padre está "bromeando" cuando dice algo como: "Tendremos que operarte para ver si con un nuevo cerebro terminas por entender lo que es obvio". El niño, por su condición egocéntrica, se siente culpable de no "tener el cerebro que debería" y se siente humillado fantaseando con que tal vez, en algún momento, será llevado y abandonado en un hospital de "transplantes de cerebro".

Por eso tenemos que ser cautos con el tipo de bromas que le hacemos a un menor. Necesitamos entender que hasta los 10 años, el menor no puede diferenciar lo que es una broma de lo que es un comentario textual agresivo.

Lo que es tóxico y abusivo en este tipo de bromas es la crueldad y la frecuencia con la que ciertos padres torturan a sus hijos de manera verbal. Los hijos internalizan y creen lo que sus padres dicen de ellos. Me parece sádico y destructivo que un padre se mofe de alguien que no tiene la capacidad de defenderse y que, además de todo, lo obligue a asumir la burla con "sentido del humor".

Natalia refería que las veces que intentó defenderse de las faltas de respeto de su padre cuando "bromeaba" con ella, la hacía sentir peor que públicamente él le reclamara que no pudiera aceptar una broma suya.

Recuerdo que en una sesión Natalia se soltó a llorar desconsolada, preguntándose por qué su padre fue capaz de hacerla sentir tan mal. La recuerdo como si fuera ayer, con la cara tapada, en posición fetal en el sillón en frente de mí, preguntándose: "¿Por qué? ¿Por qué humillarme de esa manera?".

Con esta experiencia me quedó claro que el abuso verbal lastima terriblemente a un ser humano.

En esa sesión, hablé de la importancia de validar ese dolor tan profundo y considerarlo como producto de un abuso verbal constante y profundo que había dañado su autoconcepto y su autoestima. Miré a Natalia directo a los ojos y, con un nudo en la garganta, le dije: "Nat, este dolor no se irá por sí solo. Hay que sanarlo. Necesitas empezar por aceptar que todo eso que te dijo tu padre no es cierto, y, por lo tanto, necesitas dejar de repetírtelo. Aceptaste como verdad una mentira que tu padre contaba acerca de ti. No eres tonta. No eres torpe. No eres una niña boba. Eres una mujer hecha y derecha que merece comportarse como tal".

En esa sesión, Natalia entendió lo que es asumir como propios las creencias, los pensamientos, los valores y los sentimientos de alguien más. Esto se llama *introyección*.

La introyección implica no diferenciar entre el yo ideal y el yo real. Implica depositar expectativas demasiado altas en el propio desempeño basándonos en lo que la sociedad (en especial la familia) y las personas loables creen que se "debe lograr" en la vida. Alguien que vive con altos niveles de introyección olvida que una "existencia ordinaria" llevada con impecabilidad logra una trascendencia importante. No se requiere ser extraordinario para ser sobresaliente.

¿Te acuerdas de Javier, mi paciente que quería tener un restaurante y no se atrevía porque su padre no toleraba la idea de que no siguiera la tradición banquera de la familia? ¿O a José Luis que, a pesar de haber estudiado dos carreras universitarias, se sentía fracasado? Ambos son ejemplos de personas que introyectaron las expectativas irracionales de sus padres acerca de lo que era el éxito.

Al igual que en el abuso físico, el abuso verbal a un menor sólo denota cobardía. Es injusto ensañarse con alguien que no tiene la capacidad de defenderse —aunque sea verbalmente—, de alguien en quien confía y a quien ama. Los abusadores verbales tienden a ser suspicaces y rara vez desaprovechan la oportunidad para lastimar al otro.

En la adultez, las víctimas de abuso verbal siempre se colocan en situaciones conocidas como "perder-perder": "Las bromas pesadas me duelen y me siento ridícula al no poder defenderme", afirma Nat reconociendo que tiene un grupo de amigos que se lleva "pesado" y que bromean entre ellos.

Quien fue víctima de abuso verbal en casa, a la larga, suele ser una persona desconfiada y criticona. ¿Por qué? La razón es simple: el niño-adulto aprendió que siempre es mejor que "se hable mal del otro", antes de que se hable mal de él mismo. Por eso busca desviar la atención hacia los defectos del otro, antes de que los propios puedan ser blanco de agresión. Normalmente tienen una gran incapacidad para intimar con los demás, se sienten a la defensiva y con ciertos rasgos paranoides, se sienten atacados, aunque no sea así, cuando alguien les hace una broma genuina.

Por desgracia, su sentido del humor es mermado y rara vez se pueden relajar en grupos grandes. Se sienten amenazados cuando la atención se deposita en ellos y no tienen la capacidad de distinguir una broma de una agresión.

Actualmente estoy trabajando con Laura, una mujer encantadora, cercana a los 50 años, cuyo motivo de consulta era que su familia: "La mandó a terapia porque se tomaba todo en serio, acogía todos los comentarios a nivel personal y no sabía reírse de las bromas". Laura tiene una historia de abuso verbal en la infancia. Su padre la agredía por no ser "suficientemente inteligente", le decía que las mujeres "eran menos inteligentes que los hombres". Laura estudió arquitectura, se casó, tiene tres hijos universitarios y es una mujer que sabe combinar su vida laboral con su vida familiar. Es una mujer exitosa que no se siente como tal.

Laura es comprometida, sincera, impecable en el uso de las palabras, responsable y entregada a la terapia, sin embargo, no ha desarrollado su sentido del humor. Su familia tiene razón. Cuando alguien bromea con ella sin intención de agredirla, los cuestiona y exige saber por qué la agreden.

Este último día de las madres, como una genuina broma (soy bromista, pero jamás agresivo), les mandé a mis "mujeres" más cercanas que son mamás, Laura incluida, el siguiente mensaje de texto: "Felicidades a todas las mamás, ya que gracias a ustedes los psicólogos seguimos teniendo trabajo. ¡Un fuerte abrazo en su día! Dado".

Honestamente, era una broma. El comentario fue bien aceptado por todas, sin embargo, la respuesta de Laura fue: "No entiendo. ¿Me estás diciendo que soy mala madre? ¿O que gracias a que tengo tres hijos hay más población en el mundo que pueda ir a terapia? Te pido me lo aclares".

Laura estaba consternada con mi mensaje. Cuando nos vimos después del día de las madres, en terapia, le ofrecí una disculpa por bromear con ella. Me acerqué y la tomé de la mano, para hacerle una pregunta: "Lau, ¿crees que me importas y que te tengo un profundo respeto y cariño?". Ella contestó sin titubear: "Sí Dado, no lo dudaría ni un minuto".

De ese modo le hice ver que cuando hay intimidad entre dos personas, se crea un lazo de confianza y de complicidad, que permite que entre ellos se dé una comunicación con algo de humor, sin la intención de ofender jamás. "¿Por qué diría algo que te lastimaría?", pregunté con interés. A Laura se le llenaron de lágrimas los ojos y aceptó que se siente incómoda y agredida cuando alguien bromea con ella, pues no sabe identificar la diferencia entre una broma y una agresión. "Simplemente no sé identificar las bromas, soy tonta."

Le hice ver cómo estaba hablando su niña-adulto lastimada llena de introyectos. "No eres tonta, sólo estás lastimada con las palabras y te proteges para no ser dañada otra vez".

Éste es el reto de Lau. Debe aprender a desarrollar su sentido del humor, bromear con su esposo y sus hijos, con su terapeuta y sus amigas, identificar cuando se sienta molesta y expresarlo poniendo límites, pero sin sentirse agredida cuando no existe ningún tipo de ataque.

En general, éste es el reto de quienes hemos vivido abuso verbal de los padres: aprender a bromear y tener sentido del humor en un marco de amor y respeto.

Algunos padres justifican el abuso verbal con sus hijos, confundiéndolo con guía y disciplina. Racionalizar un comentario cruel y denigrante no lo hace menos abusivo. "Estoy tratando de ayudarte a convertirte en una mejor persona", "El mundo afuera es duro y tienes que aprender a manejar la verdad cuando te la dicen de manera directa". Este tipo de abuso verbal tiene la máscara de la "educación y la disciplina en la formación de la personalidad" y, por lo tanto, es difícil para el niño-adulto identificarlo como lo que en realidad es: maltrato verbal con todas las consecuencias que desata.

Frecuentemente, las víctimas del abuso verbal se sienten totalmente inadecuadas para la vida. Como mucho tiempo escucharon que no valían, que no eran valiosas, como dice el proverbio árabe, terminaron por creerlo. Es paradójico porque supuestamente un padre quiere que su hijo sea exitoso y feliz, y el mensaje del padre abusador verbal es: "Tratarás de ser exitoso, pero fallarás".

¿Cómo un padre desestructura la mente de su hijo y lo condena al fracaso? Mediante los dobles mensajes.

En el caso de Natalia, por un lado, su padre le insistía en que estudiara una carrera universitaria para que saliera adelante y fuera exitosa, pero por el otro, se encargaba de hacerle saber que era tonta, ingenua y torpe.

Lo más significativo en el abuso verbal es que así como el niño *introyecta* las creencias erróneas de sus padres, ellos *proyectan* en el pequeño sus inseguridades, frustraciones y miedo al éxito, logrando inconscientemente que el menor no logre más éxito que el que ellos tuvieron. Aquí radica la gran patología del abusador verbal: sabotea el crecimiento y la plenitud de su hijo, proyectando en él toda su insatisfacción y deteniendo la plenitud de su desarrollo. De cierta manera, quienes se sienten estúpidos, lentos, torpes, inadecuados, frágiles, gordos, feos, insoportables y fracasados son los padres.

Proyección

Es el mecanismo de defensa mediante el cual un individuo atribuye a otro sus propios impulsos, características y defectos inaceptables para sí mismo y de esa forma, se los oculta a él mismo.

Esto sucede en las dinámicas donde existe la necesidad de hacer sentir al otro humillado para sentirse fuerte y seguro. Por eso el abusador verbal es también cobarde y acomplejado.

Los padres sanos experimentan el crecimiento de sus hijos y sus habilidades con orgullo y satisfacción. Una madre sana vive con ternura y alegría que su hija se convierta en una adolescente y luego en una mujer bonita, atractiva, divertida y capaz. Una madre tóxica lo interpreta como una amenaza y se encargará de hacerle ver —hasta que acabe por creerlo— lo feo que es su cuerpo, cuánto debe taparlo y lo poco deseable que será para el sexo opuesto.

Un padre sano siente admiración y orgullo ante el crecimiento físico y emocional de su hijo. Le da gusto que tenga un cuerpo fuerte y sea atractivo para las mujeres. Un padre tóxico se siente celoso ante esta realidad y busca competir con su hijo, proyectando sus inseguridades y frustraciones, haciéndolo sentir menos. Aquí radica la toxicidad del abusador verbal.

A lo largo de los dieciocho años como psicoterapeuta, me ha tocado escuchar muchas brutalidades que varios padres han dicho a sus hijos. He escuchado a muchos niños-adultos lastimados por los insultos de sus padres. Sin embargo, estoy de acuerdo con lo que Susan Forwarden expresa en *Toxic Parents* (1989): "Las palabras más crueles que un padre puede decirle a un hijo son: ojalá no hubieras nacido".

Es más común de lo que puedes imaginar. El mensaje es devastador. Aún recuerdo cuando trabajé con Roberto, un joven de 15 años que sufría de acoso escolar (*bullying*) por ser amanerado. Roberto no tenía una sencilla historia de vida. Era hijo natural de la asistente de un director general de una empresa importante, por lo que la veía poco. Su madre era dura y exigente.

Dejó de ver a su padre cuando era pequeño. Su madre estaba de mal humor y sólo llegaba a casa para regañarlo y abusarlo verbalmente. Quien cuidada de él era su abuela, una mujer dulce y permisiva. Roberto aprendió, poco a poco, a poner límites y a pedir ayuda cuando se veía acosado dentro del colegio. Cuando le pedí a su madre que fuera a mi consultorio a una sesión para ver los avances de su hijo, dijo frente a él: "La verdad, yo lo veo igual de maricón que siempre". Me quedé paralizado. En ese momento no supe qué decir. Roberto se apenó mucho y se puso del color de un tomate. "Es la verdad, yo te sigo viendo igual Beto, como una jotita. Nada más falta que me salgas puto".

Ya te imaginarás la tensión que existía en el consultorio. No estuvo dispuesta a ofrecerle a su hijo una disculpa cuando se lo sugerí. En la siguiente sesión, Roberto me confesó que siempre lo llamaba así: "Pinche maricón".

Pasaron los años y muchas horas de terapia entre Roberto y yo. Finalmente llegó el momento de que Roberto escogería qué carrera estudiar. Él quería ser chef, estudiar gastronomía, pero su madre no estaba de acuerdo. Me hablaron para acordar una sesión y mediar el conflicto. Primero lo vi a él, quien ya tenía casi 20 años. Él me confesó que era homosexual, que estaba empezando a salir con otro chico y que se sentía tranquilo de poder independizarse un poco más de su madre por la etapa universitaria que estaba a punto de vivir. Así estaría más tiempo fuera de casa. Estaba seguro de lo que quería y me pidió que lo apoyara con su madre. Después de unos días, ambos llegaron a la sesión conmigo. Roberto expuso lo que quería estudiar y su madre expuso que quería para él una carrera administrativa o alguna ingeniería. "Pero, ¿por qué no me dejas estudiar lo que a mí me gusta?", preguntó Roberto frustrado. "Porque ésa es una carrera de maricón, de puto, y no voy a tolerar que te conviertas en uno".

Yo no podía creer lo que estaba escuchando. Sentía la humillación y la vergüenza en la cara de Roberto. En el momento que iba a intervenir para mediar, Roberto empezó a llorar con resentimiento y coraje. Empezó a pegar con dureza el sillón en el que estaba sentado y la miró con unos ojos de odio que aún tengo grabados en la memoria. "Se te hizo mamá, ¡felicidades! Soy un pinche maricón, soy puto, me gustan los hombres y tu hijo es novio de otro hombre". Se hizo un silencio enorme. Yo estaba sentado entre ellos dos y simplemente tomé del brazo a Roberto con firmeza para transmitirle mi apoyo. Su madre se puso de pie, lo miró con los mismos ojos de odio que yo había visto momentos antes en los de su hijo y le gritó: "Siempre lo he sabido. Quiero decirte que todos los días de mi vida me arrepiento de no haberte abortado. Si no lo hice fue por tu abuela, porque me convenció un día antes de hacerlo. Eres lo más asqueroso que me ha pasado en la vida". Salió de mi consultorio azotando la puerta.

Ese día Roberto se fue de su casa y llegó a vivir con su abuela. La madre de Roberto les retiró el habla porque esperaba que Roberto retomara el camino adecuado y natural, y que dejara esa "perversión". Esperaba que la abuela también le diera la espalda por su homosexualidad. Sin embargo, ella lo aceptó y dejaron de ver a la madre de Roberto. La abuela por primera vez evitó que su hija siguiera abusando de él y decidió pagarle la terapia y la carrera profesional. Después de un tiempo, la madre decidió apoyarlo y pagarle la carrera, aunque Roberto tenía claro que no la quería cerca en su vida.

Roberto tuvo un proceso terapéutico increíble, aceptó su homosexualidad sin culpa, aceptó nunca haber sido el hijo que su madre esperaba, sin embargo, las palabras que escuchó de ella lo marcaron para siempre. Después de unos años lo di de alta, justo cuando estaba a punto de terminar su carrera de gastrónomo. Me invitó a su graduación en la cual, obviamente, los alumnos cocinaban. Fui con mucho orgullo y agradecimiento. Él llevaba tres años y medio de relación con un chico que conoció en la carrera y estaban a punto de irse a vivir juntos. Su abuela estaba orgullosa de él, y cuando estábamos empezando a cenar, llegó la madre de Roberto.

Beto la había invitado, pero le avisó que estaría Julián, su pareja, y que no toleraría ninguna falta de respeto. En un momento de la cena, Roberto pidió una pausa para hacer un brindis. Habló muy bien. Le agradeció a su abuela, a Julián, a mí, a sus dos mejores amigos, y cuando puso la mirada en su madre, dijo algo que nos quitó el aliento a todos en la mesa: "Yo sé que nunca me has tolerado, que, como me lo dijiste aquel día en el consultorio de Dado, te arrepientes de no haberme abortado. Sólo quiero que te des cuenta en lo que he convertido todo el enojo que me has hecho cargar por veinticinco años: soy un hombre feliz. Soy alguien que ama y es amado por un hombre genial, y me siento pleno. Supongo que debo agradecerte que me odies y que no hayas terminado con mi embarazo. Felicidades".

Roberto besó a Julián en los labios y brindó con todos, incluida su madre. Ahí me di cuenta de que esa herida jamás iba a ser sanada. Las palabras que dijo su madre aquel día en mi consultorio destrozaron esa relación para siempre, como se rompe un espejo al caer.

✳ ✳ ✳

El abuso verbal puede venir de los hermanos, de los compañeros del colegio, de los maestros, de otros miembros familiares, sin embargo, los niños son vulnerables al abuso verbal de sus padres, ya que son el centro de su universo. Si dicen cosas malas de ellos, los niños asumen que deben ser ciertas. Si tu madre siempre está diciendo "eres estúpido", es porque en el fondo lo eres. Si tu padre siempre está diciendo "no vales nada", es porque en el fondo no vales nada. Así funciona la mente de un niño, por eso internaliza de manera tan profunda los comentarios de sus padres. Los introyecta hasta el tuétano. No puede darle perspectiva a lo que opinan sus padres de él mismo y separarlo de su autoconcepto.

Cuando un niño toma estas opiniones como propias, las internaliza, las introyecta. Introyectar una opinión negativa es cambiar el *tú eres* por un *yo soy*. Por eso el abuso verbal de los padres se convierte en la herramienta más poderosa para que un niño-adulto siga lastimando su autoestima. El daño está internalizado y la herida sigue haciéndose más grande, porque la víctima toma el rol del abusador. A menudo, el niño-adulto recuerda incoscientemente este aprendizaje: "Eres malo, no vales y nunca podrás conseguir lo que quieres en la vida". Esto es el origen del autosabotaje. Hacer algo para frustrar el éxito de un proyecto o de una relación determinada. Sobre ese tema hablaré más adelante. Éste es el terrible poder del abuso verbal de un padre tóxico.

> *"Soy Jessica, estudié psicología y tengo 31 años. Crecí en una familia agresiva y violenta. Soy la mayor de cuatro hermanos y siempre he cargado con mucha culpa, pues me siento responsable de no haber sido 'una buena hermana mayor'. Cuando pienso en varios episodios de mi vida familiar, me siento mal por no haberme defendido, haber puesto límites y haber ayudado a mis hermanos.*
>
> *En mi casa se vivía bajo la premisa de: 'divide y vencerás'. Ésta era la principal herramienta que mi mamá utilizaba. Mis padres nos pedían que nos lleváramos bien, y desde mi infancia hasta la edad adulta, escuché hasta el cansancio que 'no hay nada más importante que los hermanos'. Lo confuso de los mensajes en casa era que la dinámica no ayudaba a*

que fuéramos cercanos, ya que teníamos que competir por el cariño y la atención de mis padres. Si mi mamá se enojaba con alguno, despotricaba con los demás sobre el 'hijo malo del momento'. Al no sentirnos defendidos ni apoyados por los otros hermanos, nos fuimos aislando entre nosotros hasta convertirnos en solitarios luchadores que buscaban amor y aceptación. Nunca nos llevamos bien y nunca fuimos solidarios el uno con el otro.

La otra dinámica que lastimaba —continúa hasta la fecha, a pesar de que dos de nosotras ya estemos casadas— son los secretos a voces, secretos que todos conocíamos pero no deberíamos saber ni compartir. Los secretos lastiman y sólo generan confusión.

Mis papás son violentos de diferentes modos. Mi papá nos pegaba y mi mamá jamás hizo nada al respecto; los dos son hirientes y agresivos verbalmente. Sus insultos y agresiones verbales tienen muchos matices, a veces, es casi imposible identificar la agresión en el momento; simplemente termino sintiéndome culpable y 'mala hija'.

Puedo decir que crecí con miedo. El miedo no era tanto a los golpes o los insultos, era más bien a perder el cariño de mis papás.

Es curioso, creo que recuerdo a la perfección cada insulto recibido. A mí, más que azotarme, los golpes recibidos fueron golpes de humillación frente a otras personas. Eran manazos en la boca para callarme, golpes en la cabeza para hacerme saber lo tonta que era, o trancazos en la espalda para que dejara de hacer algo.

Tengo claro el recuerdo de mi espalda retumbando o mi cabeza dando vueltas. Cada golpe y cada insulto lograba hacerme sentir tan pequeña, tan tonta, tan insignificante, tan mediocre, que siempre sentí que no era digna de ser hija de mis papás.

Mis papás se separaron varias veces hasta que optaron por el divorcio. Sus pleitos y sus separaciones eran horribles. Había mucha agresión y todo era muy doloroso. Mi mamá siempre me decía que ella aguantaba por la familia y luchaba por nosotros. ¡Qué mensaje tan confuso, ninguno de nosotros se lo pidió! Sin embargo, al mismo tiempo, lograba obtener de mi parte una admiración y una promesa eterna de cariño y agradecimiento por ser 'tan entregada y amorosa', a pesar de las infidelidades o de las agresiones de mi padre. En numerosas ocasiones, me contó confidencias que no tenía por qué saber y, sobre todo, que no tenía la edad y las herramientas emocionales suficientes para poder manejar.

Mi madre me reveló poco a poco cada maltrato de mi papá, cada infidelidad, cada error, cada defecto de carácter. Mi vida se convertía en una lucha entre el odio a ese terrible esposo y el cariño hacia mi papá. Además, cada vez que no lograba que me enojara con mi padre, o me separara de él, me insultaba llamándome 'traicionera' e inventaba que yo era mejor amiga de su amante en turno. Nunca entendí por qué inventaba mentiras, pero mis hermanos me veían con un odio inmenso. Así logró mantener el control, aun cuando no estaba presente, pues ella premiaba al hermano que la mantuviera informada de las opiniones y los secretos de los demás. Nos convirtió en pequeños espías, generando cada vez más odio en cada uno de nosotros.

La relación conflictiva de mis papás nos obligó a ser actores multifacéticos, pues, para estar bien con uno de ellos, tenías que estar de acuerdo con él en todo y ponerte en contra del otro; pero si no querías meterte en problemas con el otro, media hora después tenías que cambiar de postura. Siempre me sentí el balón entre mis papás.

Mi mamá nos tiene etiquetados a todos. Todavía puedo revivir con exactitud los momentos en que muy enojada ponía ojos de miedo y decía cosas espantosas. La recuerdo dándose golpecitos en la frente con el dedo índice diciéndole a mi hermana 'loca demente', a mi hermano 'criminal asesino', a mí 'egoísta y gorda' y a mi hermano más pequeño 'excéntrico y raro'.

No era necesario que estuviera enojada para lograr herir, a veces cuando íbamos de compras y me probaba las cosas me decía: 'No, eso no te lo puedo comprar porque estás muy gorda'. Odiaba con todas mis fuerzas ir de compras con ella. Me daba miedo que se metiera al probador y se diera cuenta de que había engordado. Sentía que la decepcionaba. Para mí es increíble ver fotos de esa época y descubrir cuán pequeña era. No estaba gorda. Claro que empecé a tener fuertes problemas con la comida y el peso a partir de la adolescencia, todavía es algo con lo que lucho día a día.

'Eres gorda, gorda gorda'.

A veces los insultos eran indirectos y más confusos aún. Después de llamarme gorda, mi madre veía a alguien en la calle con sobrepeso y lo criticaba con desprecio: 'Los gordos no son queridos', 'los gordos no pueden ser felices', 'los gordos son repulsivos y huelen mal'. Yo me sentía humillada y repugnante.

Otra experiencia que recuerdo vívidamente fue un día que mis papás veían el concurso de Nuestra Belleza México por la televisión en nuestra casa de descanso. Pasé por ahí para ir hacia la alberca y me detuvieron. Mi madre me dijo: 'Tú jamás podrías concursar en esto porque eres gorda y no eres alta'.

Además de gorda, mi estatura tampoco era suficiente para ella.

Mi papá tenía su propia dosis de insultos y diferente manera de dirigirlos. Si estaba enojado conmigo, decía cosas como: 'Ya no eres mi hija' o 'Estás muerta para mí'. Al igual que con mi mamá, no era necesario que estuviera enojado. En una ocasión salimos de viaje sin mi mamá porque estaban separados, el taxista que nos llevó hacia el aeropuerto me llamó señora y mi papá me dijo: 'Es que tu sobrepeso te hace ver vieja'. Yo no tenía ni 20 años.

Mi mamá guardaba sus groserías sólo para sus momentos de fuerte enojo; entonces sí podía decirte estúpida, o cabrona, o pendeja al cuadrado o al cubo, dependiendo qué tanto te hubieras equivocado.

Ojalá pudiera describir gráficamente cómo eran sus gestos, su tono, su voz cuando me insultaba. Cierro los ojos para recordarlo y vuelvo a sentir miedo, taquicardia, intranquilidad.

Hay otra cosa que tengo ligada a mi memoria en estos momentos. Cada vez que había una injusticia, un golpe, un insulto o alguna falta de respeto, mis papás podían sentir culpa, pero difícilmente pedían una disculpa. Era más fácil decir cosas como: 'Es por tu bien', 'tienes que aprender' y 'si crees que a ti te duele, a mí me duele más hacerlo'. Esa última era la peor, porque además de todo lo ocurrido, yo acaba sintiéndome culpable porque había hecho que mis papás se sintieran mal por lo que yo 'había provocado'.

Los dos tenían una clara opinión sobre lo que debe hacer un hijo mayor, creo que nunca cumplí con sus expectativas. Hoy me da la impresión de que lo que ellos querían es que fuera una mamá sustituta para mis hermanos. Querían que dejara de salir para cuidar a mis hermanos, o que hiciera mis cosas a un lado para encargarme de ellos. Cuando no era así, me decían que era la 'niña más egoísta del mundo' y mi papá me preguntaba que cuándo iba a darme cuenta de que el mundo no giraba alrededor de mí.

Tenían un juego que explica bien cómo me sentía poca cosa y cómo me sentía despreciable. Creo que desde ahí generé la inseguridad que siento, la vulnerabilidad que vivo y la sensación de desprotección. Si estábamos en una tienda o en un restaurante y yo me descuidaba, se escondían para 'hacerme la broma' de que se habían ido. Me daba tanto miedo sentirme perdida y tanta rabia. Lloraba, y entonces los veía aparecer. 'No tienes sentido del humor, eres amargada', decía mi papá. Yo era sólo una niña. Dejé de ir al baño y aprendí a estar alerta para que no se perdieran.

'Lo poco agrada y lo mucho enfada', repetían y esto significaba que debía controlar mi manera de reír, de cantar, de bailar, de jugar y de hablar. Era como reprobar. Esa frase y los ojos matones de 'al rato vas a ver' me acompañaron toda mi infancia y adolescencia.

Cada vez que me siento mal conmigo porque engordo, no termino algún proyecto, o algo va mal en mi vida, me doy cuenta de que me comporto superficialmente y me alejo del mundo. Busco protección dentro de mí.

Es difícil para mí recibir un comentario positivo de retroalimentación y más aún creerlo. Desconfío de todos. A veces tengo la sensación de que 'engaño a los demás', ya que no puedo creer que alguien vea en mí algo positivo. Algo que es imposible que yo tenga. Me siento como una fraudulenta que a veces da la apariencia de hacer las cosas bien pero que es una gorda mediocre en el fondo. Me siento señalada.

Puedo llorar sin sentir que tengo una razón real y sufro cambios de humor muy marcados. Tiendo a la depresión, además soy muy sensible. Mi papá siempre me ha dicho que soy una 'chillona incorregible', y aunque me lo diga con ternura, con cariño, o riendo, siempre logra hacerme sentir mal. Nunca le ha gustado que ciertas cosas me hagan llorar, y yo nunca lo he podido evitar. Ahora sé que ser sensible es algo de mi personalidad que es valioso pero por todo lo que escuché de niña, me apena.

De adolescente tenía miedo al rechazo. Más que disfrutar las fiestas, me daban miedo; llegué a usar el alcohol varias veces como escapatoria.

Tiendo a convertir el enojo que me causan las faltas de respeto en agresión hacia mí misma. Tengo proyectos inconclusos y me saboteo... No creo que soy valiosa ni inteligente.

Jamás me he podido ver al espejo y decirme algo lindo, siempre me encuentro algún defecto. Incluso el día de mi boda sentía que no había bajado de peso lo suficiente y que no me veía bien. Por fortuna eso no impidió que pasara un día maravilloso. No he tenido esa suerte siempre. Me he llegado a perder de viajes o de ver a gente que quiero por evitar que me vean gorda. En situaciones de traje de baño, vestidos o ropa de calor, me vuelvo a sentir como en el probador: ridícula, fea, desagradable y como una gran decepción para mí misma y para los demás.

En resumen, mis padres tóxicos utilizaron estas formas de abuso: golpes, insultos, críticas, gritos, chantajes y manipulaciones, ocultar la verdad, exigencias no realistas, roles invertidos, incoherencias, dobles mensajes, doble moral, mentiras, ambivalencias e injusticias.

Vivir en la ambivalencia, ser mi peor juez, decirme cosas horrorosas, no poder relacionarme como me gustaría, tener miedos tontos, cargar secretos y atesorarlos, honrar etiquetas del pasado y sentirme mal con mi persona son cargas que deseo dejar atrás.

Dado me ha ayudado a reconstruir mi autoimagen y a poner límites en mis diferentes áreas de interrelación. Como dije, será un trabajo largo pero le seguiré poniendo todo mi empeño. Quiero deshacerme de todo el enojo, quiero perdonar, quiero verme como soy, quererme, aceptarme, propiciarme situaciones felices y permitirme el éxito.

He trabajado mucho para deshacerme de esa herencia, pero me queda un largo camino."

JESSICA

EL PADRE
abusador emocional

"La peor de las tristezas y miedos fue ver cómo mi mamá se dejó caer en depresión, que no le importábamos ni mi hermano ni yo. Al principio intentó luchar vendiendo prendas que ella tejía, sin embargo, al ver que lo que ganaba no era suficiente para vivir, se fue debilitando hasta perder la fe, las ganas de salir adelante y de vivir. Entró en un episodio depresivo durante el cual sólo dormía y cuando despertaba, discutía con mi papá para reclamarle que nos había dejado sin dinero y sin patrimonio. A ninguno de los dos les importaba cómo estábamos mi hermano y yo, cómo nos sentíamos y menos en darnos tantito cariño o demostraciones de afecto. Eso nunca existió. Tuve que hacerme cargo de mí misma desde los 11 años. Tomé responsabilidades de ama de casa que no me correspondían, me convertí en la madre de mi madre. Me preocupaba que hubiera comida en casa y que mi mamá tuviera la atención médica que necesitaba para alguna nueva enfermedad. Me daba miedo que muriera. De alguna manera yo quería resolver la situación económica de mi casa para que todo volviera a ser normal, para que recuperáramos la casa, los coches, para poder pagar la comida y las colegiaturas, pero sobre todo para que mi mamá fuera feliz, no que estuviera ni deprimida ni enferma. Desde entonces he vivido llena de angustia."

PAULINA, MERCADÓLOGA, 38 AÑOS

Julia, una atractiva actriz de teatro y televisión de poco menos de 30 años, acudió a terapia conmigo hace tres años. A pesar de aparentemente "tenerlo todo", se mostraba insatisfecha y refería que nada estaba bien en su vida. Se sentía deprimida y frustrada. Había terminado de grabar un papel secundario en una telenovela que fue exitosa y que le había permitido negociar para hacer una película. A pesar de todo, Julia estaba convencida de que su vida no valía la pena y experimentaba un fuerte vacío emocional.

Tenía una buena relación de pareja con Joel, otro chico actor, también exitoso y guapo, sin embargo, ella se sentía decepcionada con su vida.

No fue difícil encontrar el origen de este sentir.

Julia es hija de una madre soltera y desde que se acuerda, su madre le decía que: "Todo lo que hacía lo hacía por y para Julia". Su madre quería lo mejor para ella, que viviera todas las oportunidades que, al haber quedado embarazada, no pudo vivir. La madre de Julia trabajó duro para sacarla adelante. A pesar de que su situación económica no era holgada, Julia acudió a una escuela católica de niñas de clase media alta y estudió en Chicago un año para aprender inglés.

Cuando llegó el momento de escoger carrera, Julia estaba segura de lo que quería. Ella sería actriz. Cuando se lo comunicó a su madre, ella lo descalificó por completo. "Yo no he sacrificado mi vida entera por ti para que termines siendo una *vedette*", le dijo con severidad. La madre de Julia esperaba que ella estudiara una licenciatura en alguna universidad privada, para que se codeara con jóvenes de familias de clase alta y que trabajara en un banco o en una empresa internacional donde pudiera conocer a un hombre educado y estudiado con el cual casarse.

Julia, sin embargo, sabía lo que quería: ser actriz.

Su madre la obligó a estudiar una licenciatura. Julia empezó la carrera de administración hotelera, pero antes de terminar el primer semestre le avisó a su madre que se había dado de baja y que se había inscrito en la escuela de una televisora para estudiar actuación. No había que pagar colegiatura. En ese momento, su madre le dijo: "Eres una decepción. Tanto esfuerzo para que termines siendo una golfita más, de esas que enseñan todo en la televisión. Me acabas de romper el corazón. Jamás te perdonaré. Juro por la memoria de tu abuela que jamás veré nada de las *golferías* en las que salgas. Y a partir de este momento dejas de recibir un peso. Te las arreglarás como tú puedas".

Y así fue. Julia trabajaba dando clases de inglés a ejecutivos en las noches y estudiaba dramaturgia durante el día; así logró terminar la carrera para ejercer como actriz. Fue difícil comenzar, pero al paso del tiempo empezó a tener algunos papeles secundarios en telenovelas y obras de teatro, sin embargo, su madre cumplió su promesa. Jamás vio un solo capítulo de alguna de sus telenovelas o asistió a una función de teatro en la que ella actuara. La relación entre ellas se volvió fría y distante.

Algunos años después, cuando Julia le comentó a su madre que había tomado la decisión de vivir con una amiga en un departamento para independizarse, ella reaccionó mal. "Sólo te digo que si tú te vas de esta casa y no lo haces vestida de blanco, ese día me quito la vida". Julia, asustada, dejó de lado su proyecto de vivir sola y no se salió de casa de su madre, a pesar de que se comportaba de manera indiferente y hasta grosera con ella.

Lo mismo sucedió cuando Julia quiso presentarle a su novio. "¿Un actor?, ¿un bueno para nada que en vez de estudiar se morirá de hambre buscando papeluchos en una mala historia de televisión enseñando los cuadritos embarrados de aceite para cocinar? No me interesa conocerlo y no es bienvenido a esta casa", y así rechazó la oportunidad de tener una relación con el novio de su hija. Al igual que con sus obras de teatro o sus papeles en telenovelas, su madre jamás accedió a conocer quien en un futuro sería su yerno.

Conforme yo escuchaba a esta joven rota en lágrimas, sentí profunda compasión por el sufrimiento que su madre le había generado los últimos ocho años de su vida. El comportamiento manipulador y devaluador de su madre habían afectado a Julia, al punto de sentirse poco exitosa y hasta avergonzada de su profesión.

Ella se responsabilizaba de no cumplir las expectativas que su madre había depositado en ella; yo estaba convencido de que pretendía convencerme de lo "mala hija" que había sido.

Julia había escogido su camino, nada más; y en este proceso traicionó las expectativas aspiracionales de su madre y se sentía triste por ello. Yo estaba seguro de lo que tenía qué hacer: abrirle los ojos a Julia de lo cruel, manipuladora y abusiva emocionalmente que había sido su madre con ella mediante sus chantajes, sus prejuicios y su agresión pasiva.

El abuso emocional o psicológico se define como la provocación de dolor mental, angustia o sufrimiento a otro ser humano de manera intencional. El abuso psicólogico incluye el rechazo, insultos, amenazas, humillación e intimidación por medio de palabras o acciones. Incluye también la agresión pasiva, que es aquella que se manifiesta silenciosamente, al ignorar, devaluar, hacer caso omiso a las palabras, necesidades o sentimientos del otro, o bien, aislarlo de la vida familiar.

El abuso psicológico a un menor puede ser abandonarlo o enseñarle a hacer algo ilegal y ponerlo en peligro con la justicia; también incluye la negligencia de los padres, que es la falta de atención correcta en las necesidades básicas del menor.

Así, el maltrato psicológico implica la acción de producir daño mental o emocional a un hijo, causándole traumas, perturbaciones en su autoestima, su dignidad y en su bienestar.

Éste era el origen de la fase depresiva con la que Julia llegó a terapia.

Al explicarle esto a Julia buscó justificar a su madre: "Ella sólo está tratando de ayudarme", me explicó casi con una cara de súplica. Julia, como todos los hijos de padres abusivos, sentía la necesidad de defender la conducta irracional de su madre.

Para muchos hijos de padres tóxicos, la negación es el mecanismo de defensa más adaptativo que han encontrado para sobrellevar el abuso psicológico de sus padres. Esto significa sacar de la conciencia los eventos abusivos o traumáticos; no considerarlos como abusivos, sino como medidas correctivas procedentes del amor y no del abuso. Abusar de un hijo nunca puede ser amoroso.

Otros hijos, como Julia, utilizan la racionalización como mecanismo de defensa para justificar el abuso emocional. Cuando racionalizamos, buscamos "buenas razones" para explicar las malas y abusivas conductas del otro.

En el caso de Julia, su racionalización era: "Mi madre tuvo muchas carencias, fue madre soltera, no quería que me expusiera a un medio difícil de trabajo y todo lo que ha hecho por mí ha sido por mi bienestar. Lo único que quiere para mi es estabilidad".

Un padre que manipula a un hijo, haciéndolo sentir poca cosa, generándole dolor emocional e inseguridades para coartar su verdadero sueño de vida, no busca el bienestar de su hijo; al contrario, quiere que éste siga el guión que el padre tenía para él, sin importarle en nada los sentimientos reales del menor.

A continuación, señalaré algunas racionalizaciones que son comunes cuando se empieza el proceso terapéutico con un paciente, hijo de padres tóxicos. Todas ellas las he escuchado en mi consultorio:

- "Mi padre bebía porque tenía demasiadas presiones y tenía que mantener a mucha gente."
- "Mi padre nos golpeaba porque mi abuelo fue duro con él y no sabía hacerlo de otra manera."
- "Cuando mi padre me golpeaba, no quería lastimarme, sólo estaba siendo justo con lo que yo había hecho."
- "Éramos muchos y por eso mi madre no tenía tiempo para ponernos atención."
- "Mi papá me dejaba de hablar para evitar golpearme, así se aguantaba las ganas de hacerme daño."
- "No puedo juzgar a mi padre por haberme tocado sexualmente, mi mamá dormía con mi hermana y los hombres tienen necesidades."
- "Entiendo que mi papá nos haya abandonado. Mi mamá era neurótica."

Todas estas racionalizaciones —y todas las que a ti se te puedan ocurrir— tienen un objetivo: volver la conducta inaceptable en tolerable. En apariencia funcionan, pero, en el fondo, el hijo que justifica siempre sabe la verdad y tiene síntomas ante el abuso; como Julia, que llegó a mi consultorio con un cuadro depresivo severo.

Los hijos tienen derechos por el simple hecho de ser seres humanos. Tienen el derecho de ser alimentados, vestidos, de tener un hogar digno y de ser protegidos del peligro. Sin embargo, también tienen el derecho de ser nutridos emocionalmente, merecen que sus sentimientos, pensamientos y opiniones sean respetados y merecen ser tratados de tal manera que puedan desarrollar una personalidad sana y asertiva.

También tienen el derecho de ser guiados con una línea parental adecuada, con límites claros en su comportamiento, a ser disciplinados sin ser física, verbal o emocionalmente abusados.

Por lo mismo, los niños tienen el derecho de ser niños. Tienen el derecho de tener una infancia espontánea, llena de juegos y sin grandes responsabilidades. Para eso está la adultez.

Conforme los niños crecen, los padres funcionales propiciarán y nutrirán su madurez y su capacidad de ser responsables en la vida, pero jamás los privarán del derecho de ser niños.

Lo anterior se alcanza partiendo de la idea de que cada ser humano es diferente y que no viene a este mundo a cumplir las expectativas de nadie.

Cuando los padres no tienen claro esto, como en el caso de Julia, utilizan cualquier método de control, chantaje, manipulación o agresión pasiva para conseguir que sus hijos hagan lo que ellos quieren. Éste es un abuso psicológico muy doloroso, pues coarta la libertad del niño y trunca su capacidad para encontrar su propia identidad.

Este tipo de padres depositan en sus hijos la responsabilidad de su propia felicidad, siendo terriblemente injustos. Un hijo no puede ser, de ninguna manera, responsable de la felicidad de sus padres.

En este tipo de sistema familiar, lo que sucede es que el adulto busca que sus hijos sean como él, que piensen como él, que actúen como él, que tengan los mismos gustos y prejuicios que él, y peor aún, que vivan al pie de la letra con las expectativas que él no pudo cumplir. Es decir, buscan una simbiosis con ellos.

El control se puede establecer de muchas maneras. En momentos, puede ser abierto, tangible y concreto. "Ésta es mi casa y yo pongo las reglas", "Si no estudias la carrera que quiero para ti, no te daré dinero", "Si te casas con esa mujer, jamás volveré a verte", "Si me sigues haciendo enojar, vas a ser el responsable de que muera de un infarto".

En este control no hay nada por abajo del agua. El control es claro y directo y el chantaje frontal.

El control directo incluye la intimidación, que es altamente humillante pues implica sometimiento. Los sentimientos, los deseos, los pensamientos y los proyectos de vida, tienen que estar subordinados a los de los padres.

Digamos que es vivir bajo un ultimátum constante: "Si no haces lo que yo diga, habrá consecuencias".

En este tipo de familias la opinión del niño es irrelevante. Sus sentimientos y pensamientos son insignificantes; sus deseos, tonterías provenientes de la inmadurez.

Éste era el caso de Julia y su mamá. El gran crimen de Julia fue volverse independiente. Como respuesta, su madre, desesperada ante las decisiones de su hija, buscó controlarla con lo que sabía hacer mejor: condicionar el amor, manipular y devaluar. ¿Sus armas? El rechazo afectivo, la indiferencia y el control monetario.

Como en la gran mayoría de los padres controladores, la madre de Julia es egocéntrica y estaba más enfocada en lo que deseaba caprichosamente de su hija que en los sentimientos, deseos y necesidades de Julia. Los intereses de Julia eran invisibles para ella y, por lo tanto, su madre la forzaba a escoger entre su propia felicidad y la relación con ella.

Condicionar el amor a un hijo es abusivo e injusto, ya que no hay terreno medio: o el hijo hace lo que el padre desea o se rompe la relación.

Si el niño o adolescente trata de obtener algo de control sobre su vida, lo pagará con culpa, frustración, ira contenida y una gran sensación de deslealtad hacia el sistema familiar.

La elección de profesión y de pareja pueden ser amenazantes para un padre controlador. Por eso la relación entre suegros, nueras y yernos es tan complicada. Normalmente, los padres tóxicos no confían en la elección que hicieron sus hijos y consciente e inconscientemente buscan hacerles ver el gran error que cometieron manteniendo una relación tensa con las parejas de ellos.

Los padres disfuncionales tienden a atacar el proyecto profesional o la pareja de su hijo—como lo hizo la madre de Julia—, son sarcásticos y desean el fracaso.

El dinero siempre ha sido la principal herramienta para controlar una relación. Si ha sido efectiva en la relación entre adultos por siglos, —en el matrimonio por ejemplo— imagínate cómo es en la relación con un niño o con un adolescente. Muchos padres tóxicos utilizan el dinero para controlar a sus hijos, aun cuando son adultos y tienen familia.

El dinero puede generar gran dependencia hacia los padres. Los padres utilizan el dinero de dos formas: para castigar cuando el hijo no hace lo que ellos quieren y para premiar y reforzar que hagan lo que ellos desean.

Cuando el hijo entra al aro y cumple con las expectativas del padre, éste brinda afecto e interés en la vida de su hijo, al igual que brinda apoyo económico. Pero si no lo hace —como Julia—, sus padres cerrarán la llave del amor, de la comprensión y del apoyo económico.

Otro matiz del control es el que se da al devaluar a los hijos. Varios padres tóxicos controlan a sus hijos tratándolos como si fueran un caos, como si no pudieran tener éxito en la vida o como si fueran inadecuados (raros), aunque esto esté alejado de la realidad. La dependencia que generan en sus hijos es emocional, pues enseñan que ellos no pueden tomar decisiones por sí mismos; o bien, que terminarán por fracasar. De esta manera, "castran emocionalmente" a sus hijos para que nunca puedan lograr la independencia.

La otra cara poderosa del control es la manipulación. Es más sutil y cubierta que el control directo, pero es igualmente destructiva. Todos manipulamos a los otros en cierto grado. De hecho, manipular proviene del latín *manipulare*, que siginifica"hacer con las manos".

El origen etimológico nos indica que manipular significa conseguir lo que deseamos. Lo sano es entender que él tiene derecho de tomar la decisión que desee y que no tiene que cumplir con nuestra expectativa. Manipular sanamente implica decir de manera directa lo que deseamos, esperamos u opinamos; sin chantajear al otro si no está de acuerdo con nosotros.

El manipulador obtiene lo que desea sin siquiera tener que pedirlo, sin correr el riesgo de ser rechazado, ya que no expresa abiertamente sus peticiones. Aparenta ver por las necesidades del otro, cuando, en realidad, está buscando su propio bienestar.

Los hijos manipulan a los padres tanto como los padres a los hijos. Las parejas, los hermanos, los amigos, los familiares, los vecinos nos manipulamos unos a otros. Los vendedores viven de la manipulación.

No hay nada secreto en la manipulación: es parte inherente del ser humano y de la comunicación interpersonal. No le pedimos a nuestras visitas que se vayan cuando es tarde, simplemente un bostezo hace que se pongan de pie y se vayan. Un niño no dice abiertamente que no quiere ir al colegio porque tiene flojera, finge estar enfermo del estómago y logra quedarse en casa. Un padre a veces logra que su hijo vaya a las clases de natación prometiéndole que tendrá la fuerza de Aquaman en un futuro.

El problema es cuando la manipulación se convierte en una herramienta de control, cuando es un arma destructiva, especialmente en la relación entre padres e hijos. Los padres manipuladores son excelentes actores y esconden sus verdaderos propósitos; por lo tanto, sus hijos viven en altos niveles de confusión. Saben que algo no está del todo claro en lo que escuchan de sus padres, pero no pueden describir exactamente qué es.

Hay varios tipos de manipuladores. El más común que existe es el "ayudador". En vez de confiar en el otro y permitirle tomar sus decisiones y vivir su vida, el manipulador genera situaciones para ser "necesitado" en la vida de su hijo. Este tipo de manipulación se puede identificar cuando el padre otorga ayuda que no ha sido pedida.

De esta manera, los padres consiguen que sus hijos actúen como ellos desean, sin que esto sea evidente; es más, lo logran generando en los hijos una sensación de "estar en deuda" con ellos.

Un gran tipo de abuso psicológico por medio de la manipulación es cuando un padre compara a un hijo con otro. Suelen compararlo haciéndole saber que el otro hijo se ha ganado más cariño y confianza que él y, entonces, buscan que intente comportarse como su hermano, el que "hace las cosas bien", el que se ha ganado el afecto constante de sus padres. Esto motiva al niño a hacer lo que los padres quieren para luchar por su amor. Esta técnica maquiavélica de "divide y vencerás" genera grandes enemistades y distanciamientos entre hermanos en la edad adulta.

Cuando padres tóxicos controlan a un hijo en exceso mediante la intimidación, la culpa y el abuso emocional, éste reaccionará en alguno de dos sentidos: o acepta la forma de vida que sus padres eligieron para él, o se rebela en exceso. Sin embargo, en ambos casos, se inhibe la separación emocional real hacia los padres.

En el primer caso, el hijo hará lo que los padres desean y tendrá una simbiosis psicológica con ellos, introyectará todos sus valores, pensamientos y estilo de vida.

En el otro caso, si existe rebeldía en contra del control de los padres, tampoco habrá independencia psicológica ya que conscientemente el hijo busca ser totalmente diferente a sus padres, y por lo tanto, aun hay dependencia psicológica; sólo que ahora buscan la desaprobación de los padres.

En muchas ocasiones, el hijo rebelde logra contraponerse a sus padres, pero deja de lado sus verdaderos deseos e intereses porque a menudo, la rebeldía nos lleva hacia lugares donde no queremos estar.

Un ejemplo es cuando el hijo consume drogas para ir en contra de los principios de sus padres, o se relaciona con una pareja que a ellos no les gusta, pero que en el fondo es destructiva para él. Esto es un espejismo. La falsa ilusión de estar eligiendo la propia vida cuando en realidad lo que está haciendo es escoger lo que los padres no elegirían. Tampoco hay libertad en este camino.

Es común que el hijo de padres tóxicos del tipo controladores espere la llegada de la muerte de sus padres para liberarse del sufrimiento del control. Pero esto no sucede. Aun cuando ambos padres mueran, seguirán viviendo en su cabeza mediante introyectos. El control diario morirá con ellos, pero el cordón umbilical que nunca se rompió siempre estará dentro de él. El abuso emocional no se rompe ni siquiera con la muerte. Lo triste es que el hijo se promete a sí mismo que será libre cuando sus padres mueran, pero cuando esto ocurre, la personalidad está totalmente gobernada por su infancia.

Por eso es importante diferenciar una elección genuina por parte de nuestra personalidad de una que proviene de la manipulación de nuestros padres.

Sus voces siempre estarán ahí, como en el caso de Julia, pero necesitamos aprender a disminuir su volumen y a escuchar nuestra propia voz, nuestra verdadera intuición, y ejercer nuestro derecho a ser independientes, con una identidad propia y libertad, aunque no sea congruente con lo que nuestros padres hubieran deseado para nosotros.

Julia luchó por lograr su independencia. Atravesó por momentos críticos y dolorosos, como un para suicidio (falso intento suicida) de su madre cuando Julia le avisó que viviría con su novio, o cuando descubrió que el cáncer que su madre decía tener en un seno era mentira y provocó que Julia rechazara un papel importante en una telenovela, en la que su papel era una prostituta. La manipulación de su madre y su abuso emocional llegaron a niveles patológicos.

Julia dudaba de estar haciendo lo correcto al guiarse por sus propios deseos y necesidades. Su madre la amenazó con intentar quitarse la vida otra vez si se casaba con Joel y después la amenazó con faltar a su boda. A pesar de ello, Julia luchó por su relación de pareja e hizo caso omiso a la manipulación de su madre. Al final, como suele pasar, su madre ni se quitó la vida y asistió a la boda, molesta.

Julia aún lucha para vivir en plenitud su matrimonio con Joel y su vida profesional. Su madre aún busca controlar su vida, pero Julia ha aprendido a ponerle límites y lograr que su integridad sea respetada.

"¿Sabes qué, Dado?", me compartió al regresar de su luna de miel, "ya estuvo bueno de los dramas. Soy actriz y en mi trabajo vivo todo el drama que quiero en mi vida. Si ella no puede entender que soy una mujer exitosa, que a diferencia de ella encontró a un hombre que amo y me ama, y con quien soy feliz, es su decisión. Ella estará siempre en desacuerdo con algo. Nada de lo que yo haga la hará feliz".

Ese día comprobé que la psicoterapia funciona. Le di un abrazo apretado sintiéndome orgulloso de ella.

"Estaba de viaje en Australia visitando a mis amigas de la carrera, que estaban haciendo la maestría allá. Estuve alrededor de unos diez días. Llegué sintiéndome cansada, nunca había viajado al otro lado del mundo. El penúltimo día que estuve allá iba al centro de la ciudad con mi amiga, en un tren suburbano. Estaba desvelada y había tomado mucho alcohol en una fiesta la noche anterior. De pronto, empecé a ver como si la gente se hiciera más grande, como si yo perdiera la proporción de las cosas, mis manos

empezaron a hormiguear y mi único pensamiento fue que algo grave me estaba sucediendo. El tren se detuvo. Le dije a mi amiga que nos bajáramos, me paré y me salí del vagón, y ella atrás de mí con gran desconcierto.

Estaba desesperada. Trataba de tranquilizarme y tranquilizarla, le decía que ya me estaba sintiendo mejor, pero sentía que algo malo me estaba pasando. Estaba fuera de mí. Le pedí que tomáramos un taxi de regreso a su casa porque en mi mente si tenía que llevarme al hospital el taxi era más seguro que el tren.

Al llegar a la casa me recosté e intenté quedarme dormida, pero cada que iba a conciliar el sueño, brincaba asustada y sentía un vacío enorme en el pecho. Sabía que algo desconocido y malo me estaba pasando. Los que sentía no podía ser bueno, lo peor de todo es que estaba lejos de mi país y de mi familia. Trataba de leer un libro de metafísica que llevaba conmigo pero no podía concentrarme; el cansancio me venció y me dormí por un par de horas.

En la tarde, llegó el novio de mi amiga y me animó a que volviéramos a ir al centro. Les dije que sí lo haría, siempre y cuando fuéramos en taxi. Llegamos al centro, visitamos un par de tiendas, tomé fotos de las cosas que quería recordar de aquel lugar y caminamos por un par de calles inundadas de gente, como cualquier centro de cualquier otra ciudad. Mi amiga y su novio se adelantaron; yo iba caminando atrás de ellos cuando, entre tanta gente, comencé a sentirme igual de mal que esa mañana en el tren.

Mi única reacción fue detener un taxi que iba pasando y gritarles a mis amigos; con gran desconcierto y sin entender nada se subieron. Les pedí que me llevaran a un hospital. Le di a mi amiga mi tarjeta de crédito y mi tarjeta de seguro médico de la compañía en la que trabajaba. El cuerpo me hormigueaba de pies a cabeza, sudaba frío y sentía que el corazón se me salía. Le pedí a mi amiga que cualquier cosa avisara a mis papás.

El taxista no recordaba dónde había un hospital; al primero que nos llevó ya no existía. Mi desesperación crecía, estaba recostada en el asiento de atrás sintiendo que tal vez ese día iba a morir. Mi amigo le pidió que nos llevara al hospital de la universidad en la cual estudiaban, y después de varios minutos que me parecieron horas, por fin llegamos.

Me pude bajar del taxi por mi propio pie, llegamos a urgencias y me hicieron llenar muchos datos. Se acercó una señorita con la hoja y la pluma y me dijo que me tranquilizara, que todo iba a estar bien. Esas palabras de consuelo me hicieron llorar como niña chiquita y, en ese momento, volví a sentir mi cuerpo, mi frecuencia cardiaca se regularizó y comencé a sentirme bien.

Después de revisarme, todos mis signos vitales estaban bien. El doctor me dijo que no tenía nada y que lo que necesitaba era tomar tranquilizantes, que estaba estresada, así que me dio la dosis necesaria para los días que me faltaban, incluyendo el vuelo de regreso.

Me sentí mal, como una tonta, 'no tenía nada' y había hecho ir a mis amigos al hospital porque, según yo, me estaba muriendo. Me preocupaba más que "no tuviera nada"; ahora, ¿cómo me iba a regresar? ¿Y si me volvía a pasar en el vuelo?

De regreso en México fui a comer con una amiga del trabajo. Ella me contó que su papá no había estado bien de salud y en el momento que escuché esas palabras empecé a sentir un poco de miedo, ganas de levantarme de la mesa e irme del lugar. Después de la comida, camino a mi casa, empecé a sentir los mismos síntomas que había experimentado en el viaje. Estaba cerca de uno de los mejores hospitales de México, así que decidí acudir una vez más a que me revisaran, pero ahora con un doctor que hablara el mismo idioma que yo. Estaba segura de que ahora sí me iban a decir lo que me estaba pasando.

Me revisaron de nuevo, me hicieron un electrocardiograma y todo salió perfectamente, me dijeron que estaba sana. No lo podía creer. Yo no me sentía así. La recomendación del médico fue que viera a un psiquiatra para que trabajara el estrés que estaba viviendo. ¿Estrés? Yo no sentía que estuviera bajo una gran cantidad de estrés, al contrario, estaba en un momento relajado de mi vida.

El psiquiatra era alguien mayor, canoso y serio. Me recetó un par de tranquilizantes y me citó en su consultorio para la siguiente semana. Su seriedad y frialdad ante mi caso no me gustaron nada, en mi mente sabía que iba a buscar ayuda de alguien más.

Unos días después, le conté a mi amiga lo que me había ocurrido después de comer con ella y me dijo que ella iba a un psicólogo desde hacía años y me sugirió que fuera a verlo. En esos momentos, lo único que sabía era que no quería volver a sentirme así, iba a hacer todo lo que estuviera en mis manos para lograrlo. El terapeuta que me recomendó mi amiga resultó ser Joseluis Canales.

Dado fue la primera persona que me habló sobre los ataques de pánico y me explicó que no me estaba volviendo loca, sino que estaba viviendo episodios elevados de ansiedad. ¡Descansé tanto! ¡Me sentí comprendida! ¡En buenas manos! Me sugirió que comenzáramos a trabajar emocionalmente para saber qué parte de mi historia había desencadenado esto. Así comenzó mi proceso terapéutico.

Crecí en una familia pequeña, mis padres, mi hermano mayor y mi nana, quien ha estado por más de cuarenta años en mi familia.

Mi papá es un hombre trabajador, nació en una familia de trece hermanos y siendo el mayor, tuvo que trabajar desde pequeño para ayudar al resto de la familia. Mis abuelos, supongo que por tener tantos hijos, fueron poco afectuosos; y eso lo aprendió mi papá. Hoy en día, rara vez me abraza y pocas veces me saluda de beso. Sólo me ha dicho que me quiere cuando estoy de viaje o cuando me ha visto enferma (lo cual, gracias a Dios, ha sido en contadas ocasiones).

Mi madre viene de una familia más pequeña, sólo tuvo dos hermanos (una mayor y un menor). Mi abuelo fue controlador, enojón y autoritario con mi mamá y mis tíos. Y mi abuela, la típica mujer abnegada con su marido, sacaba su frustración y enojo con sus hijos, y mucho más con mi mamá, quien creció con miedo y pocas ganas de vivir. Se volvió hipocondríaca, supongo que para reclamar el cariño y la atención de mis abuelos; y ha sido depresiva casi toda su vida. Al igual que mi papá, tampoco tuvo demostraciones afectivas de mis abuelos ni de sus hermanos. Digamos que es el 'patito feo' de su familia.

Desde mi punto de vista, mis papás se debieron divorciar casi desde que se casaron. Desde chica tengo recuerdos de ellos discutiendo, a veces por cosas sin importancia y otras por temas más profundos, pero la mayoría de los recuerdos que tengo de mis papás son peleándose y gritándose cosas horribles todo el tiempo.

Todas las agresiones han sido verbales, nunca he visto que se golpeen y nunca nos golpearon ni a mi hermano ni a mí. Sin embargo, las cosas que se han dicho o que nos han dicho son golpes que se quedan grabados en el alma.

Cuando los veía y oía gritarse tanto, lo que me preguntaba era: ¿si son nuestros padres y se supone que nos quieren, por qué nos asustan con sus gritos?, ¿por qué se dicen esas cosas delante de nosotros?, ¿por qué no pelean donde no los veamos?, ¿por qué nos hacen daño así? Crecí con miedo.

Mi infancia no fue tan terrible como mi adolescencia, tengo algunos buenos recuerdos hasta los 11 años. A partir de ahí, empecé una etapa difícil en mi vida. Mi papá decidió independizarse montando un negocio con sus hermanos y nos mudamos a Querétaro. El negocio no resultó como esperaban y mis padres tuvieron que vender el único patrimonio que teníamos (una casa y dos coches) para poder comer y pagarnos la escuela a mi hermano y a mí. En este período viví muchos cambios y duelos, dejé la escuela donde había estudiado desde el kínder y me despedí de mis amigos de la infancia para llegar a una escuela donde yo era 'la nueva'.

La condición económica de la familia cambió y eso me generó un gran miedo al presente y al futuro, ya que no era seguro comiéramos el día de mañana, ni siquiera era seguro que tuviéramos dónde vivir, porque a mis papás no les alcanzaba ni para la renta.

Uno de los peores golpes fue ver cómo mi papá cambió de ser un ejecutivo exitoso a ser un hombre sin carácter, sin saber resolver conflictos, con miedo en sus ojos y con un conformismo enorme. Tomó una actitud de 'ni modo, ya nos pasó y así tenemos que vivir, igual que muchas familias'. Una de las frases que más repetía era: 'Los bienes son para remediar los males', y así se terminó todo lo ahorrado y se acostumbró a vivir sin dinero y con muchas deudas.

La peor de las tristezas y lo que más miedo me generó fue ver cómo mi mamá se dejó caer en depresión. No le importábamos ni mi hermano ni yo. Al principio intentó luchar, vendía prendas que ella tejía, sin embargo, al ver que lo que ganaba no era suficiente para vivir, se fue debilitando hasta perder la fe, las ganas de salir adelante y de vivir.

Entró en un episodio depresivo durante el cual sólo dormía y cuando despertaba, discutía con mi papá para reclamarle que nos había dejado sin dinero y sin patrimonio. A ninguno de los dos les importaba cómo estábamos mi hermano y yo ni cómo nos sentíamos. El cariño y las demostraciones de afecto dejaron de existir por completo.

Agradezco a Dios que contamos con un gran ángel, nuestra nana, quien aguantó seguir en la familia sin ganar un sólo peso, sólo para cuidar de mí, de mi hermano y hasta de mi mamá. Ella nos daba de comer y se preocupaba porque nuestra ropa estuviera limpia y en orden. Sin embargo, había cosas en las que ella no nos podía ayudar; mi hermano y yo nos hicimos cargo de nuestras vidas solos, aunque vivíamos físicamente con nuestros padres, ellos estaban inmersos en su dolor, depresión, evasión y nos dejaron solos emocionalmente.

El período de depresión más largo que ha tenido mi mamá fue de casi diez años. Crecí viendo a mi mamá en la cama todos los días, con alguna nueva enfermedad que se había fabricado o con un odio enorme que lo sacaba gritándonos a todos. En esas etapas tan oscuras, le pedía que le echara ganas a su recuperación, que lo hiciera por mí, pero no había respuesta de su parte. Eso me confirmaba que mi madre no me quería.

Tuve que hacerme cargo de mí misma desde los 11 años. Tomé responsabilidades de ama de casa que no me correspondían, me convertí en la madre de mi madre. Me ocupaba de que hubiera comida en casa y de que mi mamá tuviera la atención médica necesaria; me daba miedo que muriera. De alguna manera yo quería resolver la situación económica de mi casa para que todo volviera a ser normal, para que recuperáramos la casa, los coches, para pagar la comida y las colegiaturas, sobre todo para que mi mamá fuera feliz y ya no estuviera ni deprimida ni enferma. Pero era sólo una adolescente y eso era imposible.

En este período de diez años pasó por varias enfermedades físicas como psoriasis, cirrosis (sin tomar alcohol), piedras en la vesícula, quistes en la matriz y artritis reumatoide, además de la fuerte depresión y neurosis que la llevaron a hacerse adicta a toda clase de pastillas que la pudieran tranquilizar.

Todos los días yo despertaba con una opresión en el pecho o en la garganta. Todos los días temía que mi mamá me gritara, me humillara, se muriera o intentara quitarse la vida. No es de extrañar que hoy en día, los dos miedos más grandes que tengo sean a morir o a enfermarme.

Trataba de complacerla en todo lo que podía, para evitar que ella estuviera enojada conmigo y para intentar darle algo de alegría. Es horrible ver los ojos de un ser humano que guardan tanta tristeza, rencor, odio, desgano y más si ese ser humano es tu mamá.

A los tres años de mudarnos a Querétaro, regresamos a vivir a México. Habíamos fracasado. Un fin de semana llegaron de sorpresa mis abuelos paternos; me angustié, ya que no teníamos para darles de comer. Ese día, mi abuelo habló con mi mamá y le ordenó que nos fuéramos a vivir a su casa, una casa grande, mientras nos recuperábamos económicamente. Yo sentí un alivio temporal y agradecí ese gesto de mi abuelo. Lo que era una ayuda temporal se convirtió en una nueva residencia. En casa de mi abuelo vivimos diez años ya que mi papá, aunque tenía trabajo, no estaba bien pagado y tenía demasiadas deudas. Para mí era horrible no tener nuestro espacio como familia y sentir que era 'la arrimada'.

Esto nos obligó a mi hermano y a mí a trabajar desde los 15 años; me hice independiente y autosuficiente, pero también solitaria. Estudié la secundaria, preparatoria y carrera sin que mis padres supieran mucho de mí, de mis miedos, de mis tristezas, de mis alegrías, de mis gustos o de mi escasa vida social. Sólo les preocupaba que tuviera buenas calificaciones para mantener la media beca que logré tener desde la secundaria hasta la universidad

Sin embargo, estudiar en escuelas privadas fue difícil para mí ya que el nivel de vida que tenían mis amigos era otro y sus preocupaciones eran diferentes a las mías. Ellos se preocupaban por las discos, los fines de semana en casas de campo, clases de baile, tenis, primeros amores y las primeras experiencias sexuales. Mis preocupaciones en cambio eran conseguir dinero para comida, ropa, escuela, doctores de mi mamá y sus medicinas. Esa etapa de mi vida viví angustiada.

Recuerdo estar en la preparatoria y preocuparme por alguna de las enfermedades de mi madre o por cuestiones económicas, y cuando platicaba con mis amigos, anhelaba que mi vida fuera como la de ellos (yo sé que no hay vidas perfectas, pero por lo menos sonaban mejor que la mía). También tuve momentos de evasión donde salía mucho, tomaba mucho y no me interesaba tener un novio formal, sólo quería besar a uno y otro para sentir tantito cariño.

Si pensaba en un novio formal, me daba pena pensar que tendría que conocer a mi mamá; por eso prefería algo que no me comprometiera a nada más que unos besos en una noche.

Cuando terminé la carrera y pude tener mejores sueldos, ayudé a que nos saliéramos de casa de mi abuela (mis papás, mi nana y yo, ya que mi hermano ya se había casado). Era una sensación de alivio tener de nuevo un espacio para nosotros solos. Esto ayudó a que mi mamá empezara a recuperarse de todas sus enfermedades. Sus episodios neuróticos disminuyeron y sus depresiones eran cada vez menores. Había momentos de alegría y hasta de convivencia un poco más sana.

Después de trece años comenzaba una época más tranquila en mi vida. Sin embargo, todo el dolor, el miedo, la angustia y la tristeza que viví por trece años seguidos, estaba guardada en mi cuerpo (tanto física como emocionalmente) y en mis memorias. Me estaba intoxicando y la única manera en que mi alma pidió ayuda fue por medio de los ataques de pánico, los cuales han sido una pesadilla. No obstante, reconozco que me han hecho resolver y sanar asuntos inconclusos, que me han permitido tener mejor calidad de vida y ser una mejor persona.

Agradezco a Dios conocer a Dado, ya que él ha sido una parte fundamental en mi proceso para entender y sanar mis miedos, la ansiedad con la que he vivido y hasta los ataques de pánico que he sufrido. Dado me ha ayudado a que entienda su origen y me ha acompañado en mi camino de sanación de una manera profesional, pero a la vez amorosa y empática. Me ha hecho aceptar que tuve padres tóxicos y el daño que sufrí, pero también me ha hecho ver que siempre hay una oportunidad de sanar para la gente que de verdad lo quiere. Creo que él no sabe la figura tan importante que es en mi vida y lo agradecida que estoy con él y con Dios por ponerlo en mi camino.

El lado positivo de todo lo que viví es que me hizo ser una mujer compartida, sensible y cariñosa con la gente que quiero. Hoy puedo reconocer abiertamente que me gusta ayudar a la gente. Aunque estudié mercadotecnia, a los 26 años empecé a sentir una gran atracción hacia la medicina alternativa. En la actualidad soy maestra de reiki (la sanación a través de la energía vital), doy terapias y me gusta enseñar meditación y otras disciplinas energéticas que me han ayudado mucho a mí y a la gente con quien las comparto.

Trabajo en una empresa transnacional donde tengo un puesto de gerencia con una buena remuneración económica.

Tengo 39 años. Soy una mujer soltera, y no lo digo con pena. Lo digo con orgullo porque he tenido oportunidades de casarme, sin embargo, he decidido no hacerlo, ya que tal vez hubiera repetido el patrón de mis papás. He estado enamorada un par de veces, pero me doy cuenta de que tiendo a 'pelear por pelear', tal como lo hacen mis padres, y también a aguantar cosas que no son sanas sólo por miedo a que la persona me abandone.

Con Dado estoy trabajando mi codependencia, estoy aprendiendo a amar en libertad. Es un área que todavía no está sanada en mi vida; a veces siento tristeza por no estar con una pareja, sin embargo, sigo trabajando en mí para limpiar las heridas de mi pasado, sentirme mejor y compartir en salud, integridad y verdadero amor, mi vida con alguien más.

No quiero tener hijos, tengo miedo de hacerles daño. No sé si algún día me casaré o no, lo que sí sé es que como mujer deseo tener una relación equilibrada, sana, sin gritos y sin abusos de ningún tipo. Y como ser humano quiero vivir en paz, en amor, feliz y en plenitud. Ése es el motivo de mi existencia y ese deseo es lo que me hace trabajar día a día en mí.

Mis papás están mejor, aunque siguen con sus pleitos diarios, se dejan de hablar, se lastiman y tienen una relación destructiva. Aunque mi mamá no está del todo sana, sus períodos de depresión cada vez son menores; tiene una vida un poco más equilibrada y alegre y ya no me engancho tanto en su hipocondría. Mi nana sigue con la familia y sigue llenándonos de luz y de cuidados a todos.

Día a día lucho para vivir en libertad, para dejar los miedos atrás."

PAULINA

EL PADRE
abusador sexual

"Por suerte estoy viva; durante muchos años me vengué de mi cuerpo, lastimándolo, mal-
tratándolo sin venerarlo, exponiéndolo, muchas veces como objeto de cambio para ob-
tener alguna otra cosa. ¡Qué doloroso! Lo más triste de todo fue lacerar mi integridad en
cada momento, con cada una de estas situaciones que describo. Me odiaba a mí misma y
no sabía por qué. Ahora entiendo que el origen fue el abuso sexual de mi padre."

PAOLA, DOCTORA EN CIENCIAS POLÍTICAS, 35 AÑOS

Como cada año, decenas de miles de niños y niñas serán abusados sexualmente en México y en el resto del mundo. Además sufrirán abuso físico, emocional, mental y espiritual.

Cada una de sus diferentes áreas de interacción será lastimada. Cuando
lleguen a la adolescencia, empezarán a experimentar conductas autodestructivas, que irán desde el abuso de alcohol y drogas hasta, tal vez, el síndrome de automutilación. Tendrán problemas de adaptación a nivel social y
empezarán su vida sexual con un déficit importante en la capacidad de disfrutar y entregarse a plenitud. Su sexualidad estará plagada de disfunciones,
relaciones destructivas, un autoconcepto pobre y definitivamente tendrán
una total incapacidad para intimar. Muchos de ellos serán adictos antes de
los 20 años y los demás encontrarán alguna otra manera de destruirse a sí
mismos. Algunos de ellos desarrollarán trastornos de personalidad como
el histriónico, el límite (*border*), el esquizoide, el esquizotípico o el trastorno
obsesivo compulsivo.[1]

....
[1] En otro capítulo se detallarán a fondo, mientras tanto, al final de este apartado se dará información breve de cada uno.

Cuando escuchen algo sobre el abuso sexual, no se identificarán como víctimas y, peor aún, algunos tendrán síntomas emocionales importantes y hasta pedirán ayuda; los síntomas provenientes del abuso serán tratados aparte y no como una consecuencia directa, por lo tanto, difícilmente sanarán ya que ellos no podrán ver la relación directa entre el terrible trauma del abuso sexual y los síntomas emocionales que desarrollan después en la adolescencia y adultez.

Para la gran mayoría de las víctimas, en especial los hombres, la culpa y la vergüenza serán tan grandes, que jamás hablarán del tema ni pedirán ayuda profesional.

Hasta hace poco, tal vez tres décadas, nuestra sociedad no reconocía que había un problema de abuso sexual. Sin embargo, los sobrevivientes encontraron el valor de hablar. Su dolor empezó a sonar tan alto que más víctimas empezaron a expresar el crimen que vivieron, así que fue imposible no ser escuchados y validados. Esto nos obligó como sociedad a hacer algo al respecto, empezando por aceptar que el abuso sexual es una práctica común dentro de muchas familias.

De algo estoy seguro, el abuso sexual de los padres sobre sus hijos es el acto más cruel y que más desestructura genera en la vida de cualquier ser humano. Traiciona los principios y los valores básicos en los que se debe sustentar una relación padre-hijo: responsabilidad, honestidad, respeto y amor. Las víctimas de abuso sexual están atrapadas entre quienes deben protegerlos y sus agresores, por lo que no tienen a dónde ir. El incesto es cómo una película de terror en donde los "protectores" se convierten en los peores victimarios, como en las historias de miedo donde los buenos terminan siendo los malos.

En casi cualquier caso donde hay abuso sexual a un menor, el abusador sufre de pedofilia. Los pedófilos son personas —principalmente hombres— que se sienten atraídos sexualmente por niños y niñas preadolescentes y sienten principal atracción cuando estos están a punto de empezar a desarrollar características sexuales secundarias (prepubertad).

La OMS define la pedofilia como un desorden sexual, caracterizado por un intenso y recurrente impulso sexual hacia niños preadolescentes y prepúberes (normalmente 12 años o menos). El impulso es incontrolable y, por lo tanto, termina en algún tipo de contacto sexual.

Hay ocasiones en las que el abusador no es pedófilo, pero el abuso se lleva a cabo cuando el padre está intoxicado con alguna sustancia psicoactiva y tiene la fantasía de estar sexualizando con alguien más. Que el padre no sea pedófilo no significa que el abuso no sea llevado a cabo y que no sea un terrible crimen.

Es importante señalar que una población en alto riesgo son las preadolescentes que viven con un padrastro; en muchos casos el abusador es la pareja de sus madres.

La pedofilia es un desorden terrible. Según la American Psychology Asociation (APA), un pedófilo abusará en promedio de 164 niños a lo largo de su vida.

Las estadísticas de 2011 según la OMS en México son impresionantes:

- 1 de cada 4 niñas es abusada sexualmente antes de cumplir 18 años.
- 1 de cada 6 niños es abusado sexualmente antes de cumplir 18 años.
- 1 de cada 5 niños es abordado sexualmente en de internet antes de cumplir 12 años.
- 20 por ciento de las mujeres y 11 por ciento de los hombres a nivel mundial han padecido abuso sexual.
- La OMS señaló que actualmente, cerca de 4.5 millones de niños y niñas sufren abuso sexual en México.
- Casi 70 por ciento de todos los asaltos sexuales (incluyendo los perpetrados a adultos) victimizan a niños menores de 17 años de edad.
- Hoy en día, existen aproximadamente 59 millones de sobrevivientes de abuso sexual entre Estados Unidos y México.
- La edad media de los abusos sexuales denunciados es de 9 años.
- Más de 20 por ciento de los niños varones es abusado sexualmente antes de cumplir 8 años.
- Cerca de 50 por ciento de las víctimas de sodomía, violaciones con objeto y tocamientos forzados, son niños y niñas menores de 12 años.
- 53 por ciento del abuso sexual a niñas se presenta en familias donde existe un padrastro, siendo éste el agresor.
- Más de 30 por ciento de las víctimas de abuso sexual nunca revela la experiencia a nadie.
- Más de 80 por ciento de las víctimas niegan o son reacias a revelar el abuso. De las que sí lo revelan, aproximadamente 75 por ciento lo hace accidentalmente (inconscientemente), no en un marco de pedir justicia en contra del abusador. De aquellas que lo hacen intencionalmente, más de 20 por ciento se retracta aunque el abuso ya haya sido probado.

En estos tres capítulos, hemos hablado sobre dos de los matices más oscuros que puede adquirir una familia tóxica. Hemos hablado sobre el caso de Natalia, el de Roberto, el de Jorge y el de Paulina, cuyos padres tenían una falta total de empatía y compasión por sus hijos. Hablamos de cómo los golpes y los insultos tienen consecuencias a lo largo de toda una vida y cómo los padres pueden justificar y racionalizar el abuso mediante la disciplina o la formación de una personalidad sólida en sus hijos.

Sin embargo, el abuso sexual a un niño es un terreno tan perverso que no acepta ningún tipo de explicación, racionalización o justificación.

Desde mi punto de vista, el incesto sólo se puede entender desde la perversión, la enfermedad y la maldad de corazón. Para mí, las teorías psicológicas quedan atrás en este tema. Acepto que soy intolerante con este tipo de abuso, pues proviene de la parte más negra que un ser humano puede tener.

En *Abused Boys: the neglected victims of sexual abuse* (1991), Mic Hunter describe la diferencia entre el abuso sexual a un adulto, el incesto y el abuso sexual a un menor.

Cuando una persona usa poder, trampas o violencia para tener contacto sexual con otro ser humano y existe algún tipo de penetración tanto en la boca, como en el ano o vagina del adulto, se conoce como acoso sexual o violación.

Cuando un niño es utilizado y abusado sexualmente por un familiar, esto se conoce como incesto.

David Walters, en *Physical and Sexual abuse of Children: Causes and treatment* (1975), define el abuso sexual hacia un niño como: "Utilización del menor para obtener gratificación sexual, o bien, que un adulto permita la utilización del niño para el mismo fin. Hablar de abuso sexual es hablar de cualquier toqueteo o comportamiento sexual entre el adulto y el niño, y que el adulto obligue a que se mantenga en secreto". Existe abuso con o sin violencia, es decir, el adulto puede comportarse de manera agresiva o caballerosa, pero el contacto sexual sigue siendo intrusivo.

Por lo tanto, cualquier invasión constante e intencional de la privacidad de un niño es considerada abuso sexual. El hecho de que algunos no lo consideren abusivo no significa que no lo sea. Lo significativo del abuso sexual no es su definición, sino la validación del sufrimiento y el dolor que hay detrás de él. Lo serio del abuso sexual es lo incómodo, avergonzado, expuesto, humillado y dolido que se siente el niño después del evento, sin importar que tan lejos llegó el abusador legalmente.

Ante el abuso sexual hay que entender que es más importante cómo lo vivió la víctima (su percepción), que lo que objetivamente ocurrió. Si existe miedo, incomodidad, culpa y obligación de guardar silencio después de cualquier tipo de contacto físico entre un adulto y un menor, entonces existió abuso sexual.

Concretamente, lo que define el abuso como tal es el **miedo** y la **incomodidad** de un menor ante cualquier exposición a un contacto físico de tipo sexual con un mayor. Ya que estamos hablando de padres tóxicos, asumiremos que el incesto se puede dividir en dos categorías:

Incesto abierto. Es aquel que se da de manera abierta y directamente sexual. Aunque puede existir la intención de ocultar la parte abusiva, no se oculta la parte sexual. Un ejemplo es cuando un padre se acuesta en la cama de su hijo y toca sus genitales, sin hacer el menor esfuerzo por ocultar que un contacto sexual se está llevando a cabo, o bien, cuando sucede lo mismo en la regadera.

Incesto cerrado. Es más discreto y, por lo tanto, más difícil de identificar ya que el contenido sexual del acto es lo que se busca esconder y no lo violento del hecho. El padre actúa como si no estuviera ocurriendo una actividad sexual cuando, evidentemente, se está llevando a cabo. La traición y la mentira son dobles: el niño está siendo sexualizado, pero es engañado para que no lo viva de esa manera. Es la deshonestidad lo que permite que el incesto cerrado sea más difícil de descubrir. La víctima termina por creer que el evento no fue sexual, sino sólo agresivo e incómodo, por lo que no hace conscientes los sentimientos negativos del abuso, aunque existan.

Hace cerca de un año empecé a trabajar con un piloto aviador de 32 años, que seis meses atrás había empezado a tener serios problemas con el abuso de alcohol. La tercera vez consecutiva que se presentó a un vuelo con aliento alcohólico, fue suspendido de su cargo por seis meses y la aerolínea pidió que tomara tratamiento psicoterapéutico para volar después de la suspensión.

Emilio es un joven alto, pulcro, atractivo, sin embargo, introvertido y con claros problemas para mantener una conversación íntima con otra persona. Hacía un año se había separado de su esposa, después de seis años de matrimonio, por tener serios problemas de adicción a la pornografía y al alcohol. Para Emilio era difícil sentirse atraído sexualmente por su mujer; en vez de tener sexo con ella, prefería esperarse a que se quedara dormida, servirse algunos whiskis y masturbarse mientras se alcoholizaba. Su esposa le exigió el divorcio. Emilio cayó en una depresión importante y empezó a beber cada vez más, hasta el punto de tener conflictos con la línea aérea para la cual trabaja.

Emilio no sabía qué hacía en terapia, simplemente no quería perder su trabajo. Al describir su infancia, me platicó que era originario de Chihuahua y que su familia tenía ranchos ganaderos. Me describió a un padre exigente y autoritario y a una madre débil y deprimida.

Nunca había tenido una vida sexual plena. Cuando le pregunté a qué creía que se debía, dijo desconocer la respuesta, aunque sus erecciones nunca habían sido particularmente fuertes ni constantes.

Por medio de un ejercicio de hipnosis, Emilio hizo consciente una práctica que su padre llevaba a cabo en el rancho. Para descartar que tuviera piojos o garrapatas, lo obligaba a desnudarse por completo enfrente de él y su padre lo revisaba desde la cabeza, haciendo énfasis en los genitales, en especial el pene. Emilio me describió cómo su padre tomaba su pene y lo movía "buscando piojos", hasta que Emilio tenía una erección y, entonces, lo golpeaba en el

113

trasero diciéndole: "Cochino, esto es sólo un mecanismo de rutina". Después, su padre decía que tenía que revisar si tenía algún animal por atrás y le introducía el dedo medio hasta el fondo, moviéndolo intensamente.

Emilio no podía entender que esto era el origen de muchos de sus síntomas sexuales, de alcoholismo y de intimidad en sus relaciones interpersonales. Había sido sexualmente abusado por su padre por años (él reporta que hasta los 16 años), sin darse cuenta de que lo era. Es un caso claro de incesto cerrado. Las consecuencias que esto tuvo en la vida de Emilio fueron enormes, y no fue hasta que él entendió lo que implicó vivir este tipo de abuso que su compulsión por el alcohol y la pornografía empezaron a disminuir.

Emilio no se sentía cómodo cuando lo tocaban, pues se sentía humillado, sin poder y fuera de control. Entendió porqué no podía tener erecciones y porqué se sentía incómodo al estar desnudo en frente de una pareja. Emilio tiene un gran proceso terapéutico que enfrentar, pues el origen de su conflicto es un serio abuso sexual de su padre, cuyas consecuencias principales principales se manifestaron en una necesidad de anestesiar su ansiedad por medio del alcohol y una adicción a la pornografía para compensar su dificultad de tener una vida sexual íntima y satisfactoria. Por lo pronto regresó a volar y lleva cuatro meses sin beber una sola gota de alcohol. ¡Sólo por hoy! Emilio no falta a sus sesiones terapéuticas.

※ ※ ※

Existen quince formas en las que se puede manifestar el incesto abierto o cerrado:

1. El padre toca sexualmente al niño.
2. El padre obliga al niño a tocarlo sexualmente.
3. El padre habla sexualmente, que no es lo mismo que "hablar de sexo" con el niño, es decir, el padre tiene excitación durante una plática sexual.
4. El padre fotografía al hijo desnudo con el propósito de usar las fotos como pornografía infantil.
5. El padre le enseña al niño material pornográfico o le platica cómo lo usa para excitarse y masturbarse.
6. El padre se burla de los órganos sexuales del niño, por tener un tamaño pequeño, grande o una forma particular.
7. El padre expone sus genitales frente al hijo para sentir placer con su reacción.
8. El padre se masturba o tiene sexo con alguien más en frente del niño.
9. Voyeurismo. El adulto espía al niño mientras se baña o se viste con el objeto de verlo desnudo y sentir excitación.

10. El padre obliga al niño a desnudarse por completo para golpearlo y obtener gratifiación en ello mientras lo observa desnudo. (Hay placer tanto en golpearlo como en verlo desnudo.)

11. El padre tiene reglas rígidas para vestirse y desvestirse, con uno de dos objetos: crear rituales que le permitan ver desnudo a su hijo, "Tienes que vestirte en frente de mí, para ver que estés seco por completo después de bañarte", y/o obligarlo a vestirse con determinada ropa que le parece atractiva al padre —disfraces, ropa pegada— y que satisfacen sus fantasías sexuales patológicas.

12. El padre propicia que el niño sexualice con algún animal guiado por su consentimiento.

13. El padre obliga al niño a la prostitución.

14. El padre se excita mientras observa cómo otro adulto sexualiza con su hijo.

15. El padre abusa verbalmente del niño con temas sexuales: "Me encantan tus senos", "Me gusta cuando se pone duro tu pene en las mañanas cuando te voy a despertar", "Nunca podrás satisfacer a una mujer con esa cosita que tienes".

(Todas las circunstancias mencionadas fueron tomadas de sesiones con pacientes que fueron abusados sexualmente por sus padres.)

En mi experiencia terapéutica, cuando hay incesto por parte de los padres, rara vez se trata de un sólo tipo de situación, más bien tienden a presentarse varias formas de abuso sexual mezcladas entre sí. Lo que es consistente es el incesto abierto, el cual presenta muchos matices, y el incesto cerrado, con otros tantos.

Es importante entender que **bajo ninguna circunstancia** el abuso sexual a un niño puede ser responsabilidad del menor. Los adultos somos responsables de los límites que ponemos con los niños y adolescentes para respetar su integridad.

Existen diversos mitos alrededor del abuso sexual a menores. A continuación mencionaré los más comunes:

Mito: los niños tienden a ser sexualmente abusados por un extraño.
Realidad: entre 75 y 95 por ciento de los abusos sexuales a menores son llevados a cabo por un familiar cercano.

Mito: el abuso sexual a un menor es un hecho aislado, que sucede una sola vez.
Realidad: el abuso sexual, es una situación que se presenta crónicamente; el abusador suele hacerlo cada vez con mayor frecuencia.

Mito: los niños mienten y fantasean con tener actividad sexual con los adultos.

Realidad: en un proceso de desarrollo natural, los niños no tienen los medios para obtener información explícita de cómo sexualizar con un adulto. Para tener claro cómo se sexualiza debe verlo o experimentarlo. Algunos padres incitan a sus hijos a que acusen al otro padre de abuso sexual, con el fin de quitarles la custodia. Una manera clara de desenmascarar la mentira es cuando el niño no puede detallar lo sucedido ni describir cómo fue el abuso sexual.

Mito: el niño provoca que se dé el abuso sexual.

Realidad: puede ser que el niño tenga una personalidad seductora, pero la responsabilidad y la madurez siempre deben recaer en el adulto y no en el menor. De tal forma que siempre el adulto es el responsable del abuso.

Mito: una actividad sexual que no tiene violencia no genera daño emocional en el menor.

Realidad: exista o no fuerza bruta en el abuso sexual, los niños experimentaran sentimientos como confusión, enojo, culpa, baja autoestima y sentimientos de autorreproche.

Mito: los abusadores sexuales son gente mayor que no tiene una vida normal.

Realidad: estudios recientes sobre abuso sexual a menores indican que 80 por ciento de los abusadores cometieron su primer abuso sexual a un niño antes de los 25 años de edad. Muchos de ellos tienen vidas aparentemente funcionales.

Mito: si el niño en realidad no quiere que suceda el abuso, puede gritar o pedir ayuda.

Realidad: generalmente los niños no cuestionan lo que hacen los adultos, y menos sus familiares; hay que recordar que el abuso se da mediante chantajes, amenazas, engaños y abuso de autoridad.

Mito: cuando un niño varón es abusado sexualmente, se trata de un abusador homosexual.

Realidad: la mayoría de los pedófilos no mantienen sexo con otros hombres y no encuentran atractivo el sexo con adultos, menos con hombres, por lo que tienden a sentir placer sólo a través del sexo con niños, algunos tienen una vida de pareja con un adulto, pero emocional y sexualmente pobre y, comúnmente, es para tratar de ocultar a nivel social sus tendencias pedófilas.

Mito: cuando un niño y una mujer tienen sexo, la idea proviene del niño y entonces no existe abuso sexual.

Realidad: el abuso sexual siempre implica un abuso de poder, de jerarquía, el adulto siempre tendrá autoridad sobre el menor. Que el adulto sea mujer no minimiza lo traumático del evento.

Mito: los niños que fueron sexualmente abusados, invariablemente se convertirán en abusadores sexuales cuando se vuelvan mayores.

Realidad: sólo un porcentaje pequeño de quienes fueron abusados (menos de 10 por ciento) se convertirán en abusadores sexuales. Más bien, tendrán una dificultad importante para tener relaciones sexuales placenteras.

Mito: el incesto ocurre sólo en comunidades marginadas o entre la clase social más pobre.

Realidad: el incesto es democrático. Sucede en todos los extractos sociales y en toda la población mundial.

Mito: los abusadores sexuales son depravados y, por lo tanto, tienen comportamientos atípicos.

Realidad: no hay un estereotipo claro sobre el abusador sexual a menores. Esto significa que puede ser cualquiera. Es más, en ocasiones se trata de gente comprometida con su trabajo, con su comunidad y hasta con su religión. He trabajado con víctimas cuyos agresores han sido curas, monjas, policías, profesores, psicólogos y trabajadores sociales. Por desgracia no es fácil identificar a un pedófilo.

Mito: el incesto se da como resultado de la abstinencia sexual.

Realidad: es común que el abusador sexual seduzca a los niños más por sentir poder sobre ellos y por la necesidad de lastimarlos y generarles sufrimiento que por el placer sexual en sí. La abstinencia no genera fantasías de abuso.

Mito: las adolescentes desean una aventura con un hombre mayor y pueden provocar que se dé una relación sexual, por lo que no se trata de abuso.

Realidad: si bien es cierto que los impulsos sexuales se exacerban en la pubertad, una adolescente es inocente y busca explorar su carisma y su sensualidad con gente con la cual se siente segura, que ha sido amable con ella. Aunque 100 por ciento de los niños coquetean con sus madres y 100 por ciento de las niñas coquetean con sus padres en un momento de la vida, como parte natural de un proceso de desarrollo, la responsabilidad de la relación respetuosa entre padres e hijos recae siempre en los adultos.

Así, tal y como sucede con el abuso físico y verbal, las familias en las que existe abuso sexual pueden aparentar ser totalmente "normales" para el resto del mundo. Te impactarías de saber que algunos abusadores están involucrados en actividades humanitarias y religiosas de la comunidad. En las familias donde hay incesto, se mantiene esta farsa de "normalidad" casi toda la vida.

El hermanastro de Daniela, un caso que veremos en un capítulo posterior, era el abanderado de la preparatoria; tenía el mejor promedio de la generación. Era el alumno modelo y el hijo perfecto, pero abusó sexualmente de su hermanastra por más de seis años seguidos, mortificándola y agrediéndola sexual y psicológicamente para que no confesara la relación inapropiada que tenía con ella.

El incesto siempre tiene una máscara hacia el exterior que no es congruente con lo que se vive en la realidad. Ya sea abierto o cerrado, el incesto suele guardarse en secreto.

A lo largo de mi experiencia ejerciendo la psicoterapia he identificado una realidad: no importa cuán amorosa y unida parezca la familia, el incesto siempre se da en familias desintegradas, llenas de secretos, con grandes necesidades emocionales sin resolver, con grandes niveles de soledad, falta de intimidad emocional y falta de respeto hacia la integridad de los miembros de la familia. En todos los casos que he atendido, alguno de los padres es tóxico, de alguna u otra manera, y aunque no necesariamente sean los abusadores sexuales, son incapaces de identificar los síntomas inequívocos que sus hijos manifiestan ante el abuso sexual.

En realidad, el incesto es la manifestación de un desplome total de la estructura emocional de una familia, aunque sea sólo el agresor quien cometa la falta. El abuso se da y se posterga gracias a la mala comunicación y lazos débiles que no pueden defender al niño de la agresión.

Los efectos del abuso sexual en menores son severos y duran toda la vida. El abuso sexual marca profundamente al menor, no sólo porque le roba la inocencia y porque su cuerpo es ultrajado, sino porque implica ser tratado como un objeto. Este tipo de abuso llega a áreas profundas de la personalidad del individuo. El abuso sexual implica también algún tipo de abuso físico, psicológico y espiritual. Afecta todas las áreas de la vida, como en el caso de Emilio, pues es el resultado de un plan de engaño hacia el menor. No es algo que "le sucede al niño", sino que es algo que se hace con conciencia y dolo en contra del menor.

En *Trends in Child Abuse and Neglect: A National Perspective* (1984),A. Russell habla sobre la afección del abuso sexual y cómo varía en cada caso; describe cómo será la magnitud del daño después del abuso en todas las áreas de la vida. Es claro que cada persona es diferente y reaccionará de manera única a su herida física y emocional, dependiendo de su personalidad, de sus recursos emocionales y de su historia de vida. Sin embargo, este especialista, en su profunda y acertada investigación, señala los siguientes factores de los que dependerá la respuesta traumática de la víctima de abuso sexual:

La edad en la cual el abuso empezó. A menor edad, menos capacidad de procesar la confusión del abuso y mayor daño emocional, mayor confusión y mayor sensación de culpa al respecto. Por desgracia, los estudios indican que 41 por ciento de los casos de abuso sexual comienzan a los 6 años. Hay incestos que se han reportado cuando la víctima tiene menos de 2 años; cuando hay penetración por medio de un dedo o del pene, frecuentemente hay desgarre del recto.

En 81 por ciento de las víctimas, el abuso sexual empezó antes de que se llegara a la pubertad, lo que indica que es una cuestión más de poder que un encuentro sexual natural. Cuando los ofensores son los padres, sin importar la edad de la víctima, la herida emocional es terrible, sólo que entre más pequeño es el niño, mayor será la desestructura en su personalidad y, por lo tanto, mayor culpa y conductas autodestructivas en la edad adulta.

El nivel de coerción, amenaza y violencia que hubo en el abuso sexual. Hay que recordar que en el abuso sexual también hay un componente importante de trauma: a mayor violencia, más síntomas de trastorno de estrés postraumático. Un abuso sexual violento dejará mayores síntomas de trauma que aquél que se dio por medio de trucos o chantajes. En 60 por ciento de los casos de abuso sexual está involucrada la violencia y, en consecuencia, entre más intrusivo sea el abuso, mayor será el trauma registrado.

El tiempo que duró el abuso. Cómo ya vimos, el abuso no es un acto esporádico. Mientras más dure el período en el que el niño fue abusado, mayores serán las heridas emocionales a sanar. Rusell muestra que el promedio del período de abuso sexual en un incesto es de 4 años.

La frecuencia del abuso. Si un episodio de abuso sexual es altamente traumático, entre más eventos existan de abuso, mayor impacto tendrán en la personalidad del menor. Aquéllos que vivieron un patrón de abuso constante y los eventos fueron cercanos unos de otros, nunca tuvieron la oportunidad de estabilizar algo de su personalidad entre un abuso sexual y otro. En 48 por ciento de los casos, Rusell descubrió que el niño fue abusado entre dos y veinte veces dentro de casa; mientras que en 10 por ciento de los casos, el niño vivió eventos abusivos más de veinte veces. Daniela, el caso que detallaré en el capítulo siguiente, fue abusada por lo menos tres veces a la semana por varios años. Esto significa que vivió más de cien eventos de abuso sexual.

La cantidad de adultos que estuvieron inmersos en el abuso. Entre más adultos estén involucrados en el acto sexual, mayor será la sensación de desolación y desesperanza del niño sobre el mundo. Entre más agresores estén involucrados, mayor será la sensación de falta de control, de valía y de poder del niño para defenderse del mundo exterior. Si el abuso lo comete sólo un adulto, el niño tendrá alguna oportunidad de creer que existen más adultos en los cuales puede encontrar seguridad.

La relación del niño con el agresor sexual. Evidentemente, entre más cercana sea la relación del niño con el abusador, mayor será el daño emocional. La mayor parte de los abusos sexuales a menores se da por parte de un adulto que el niño conoce cercanamente y en el que confía. Rousell descubrió que un niño tiende a ser abusado sexualmente tres veces más por un familiar cercano que por un extraño. Esto destruye la capacidad del niño en confiar en los demás. Como es más común que el abuso se dé por parte de algún miembro de la familia, el niño se verá forzado a permanecer en silencio, ya que hablarlo implicaría traicionar al familiar que quiere y en quien confía. Algo de lo más doloroso que vive el niño es que, como se trata de un familiar, lo seguirá viendo y conviviendo con él.

Cómo responden los adultos ante el abuso cuando lo descubren. Uno de los factores más significativos que determinará cómo un niño será afectado por el abuso sexual, es cómo lo traten los adultos que lo rodean después de que éste suceda y sea descubierto. Aquellos niños que tienen la fortuna de tener familias que los apoyan recibirán cariño y atención incondicionales, por lo que superar el abuso será difícil pero no imposible; al contrario de aquellos niños que se encuentren solos con su problema y que tengan que recuperarse de eso por sus propios recursos.

Muchos niños viven negligencia por parte de los adultos que los rodean, ya sea que no descubran el abuso a pesar de que el niño demuestre varios síntomas emocionales y de conducta, o que no hagan nada para evitarlo y para proteger al niño, aunque el abuso haya sido descubierto. Es aquí donde aparece el abusador pasivo, que no hace nada para evitar que ocurra el abuso sexual dentro de casa.

El abusador pasivo ignora signos tan claros como: encontrar sangre en la ropa interior del menor, falta total de apetito, insomnio y pesadillas constantes; niños que lloran, ruegan y hacen berrinches para no quedarse con cierto familiar o con cierta nana; empezar a masturbarse compulsivamente, actos autodestructivos, altos niveles de violencia; empezar a hablar de sexo abiertamente y con ansiedad a una edad en la que no es normal tomando en cuenta el desarrollo psicosexual del menor.

La negligencia de un padre ante el abuso sexual de su hijo es igual de doloroso que el abuso en sí.

Cuando un niño es abusado sexualmente, los signos y síntomas del abuso se vuelven claros. El abuso sexual deja lastimado el cuerpo de la víctima. Los estudios en las salas de urgencias realizados por Russell (1984) indicaron que en la mitad de los casos, cuando la víctima es un varón, hay gran nivel de violencia durante el abuso, y por lo mismo, los niños tienden a quedar más lastimados físicamente que las niñas. Otras consecuencias del abuso sexual en menores incluyen adquirir gonorrea, herpes, sífilis, piojos en el área púbica, sida y lesiones internas en el ano, el recto o la vagina.

Además del trauma emocional, la víctima se cuestiona su habilidad para defenderse a sí misma, incluso puede desconfiar de su propio cuerpo en momentos de crisis. En la gran mayoría de los casos, la víctima empieza a odiar su propio cuerpo, ya que es un recordatorio de la experiencia tan humillante que vivió.

¿Es abuso sexual aún si hay cierto placer por parte del niño? La respuesta es sí. Otro tipo de víctimas, quienes no sufrieron maltrato del abusador, relacionan el placer sexual, la erección, la penetración o la eyaculación con sentimientos de culpa y de humillación, por lo que en un futuro será imposible que vivan una vida sexual plena, ya que el goce sexual es relacionado con confusión, culpa y con la certeza de haber vivido algo terrible que merecía castigo.

El niño no tiene la capacidad emocional para procesar una experiencia sexual, por eso, la víctima se percibe a sí misma como anormal, perversa o depravada. Se culpa porque su cuerpo lo traicionó en el abuso, porque hubo una respuesta placentera en un evento donde sólo debió existir miedo, frustración y desprecio. Así, el niño se culpa de no haber sentido dolor sino placer y arrastrará su culpa hasta la edad adulta.

Por eso, aunque la experiencia no sea dolorosa, el incesto es monstruoso, deja una herida de autorechazo para toda la vida.

Otro síntoma que quedará guardado en la mente del niño es creer que no tiene control sobre su cuerpo y que los demás tienen derecho a tocarlo y a tratarlo sin respeto. Muchas de las relaciones sadomasoquistas en la adultez tienen su origen en el abuso sexual durante la infancia. El niño-adulto aprendió que si sintió algo de placer durante el abuso sexual, tendrá que compensarlo con culpa, dolor, humillación y autoreproche toda la vida, o bien, ya que fue lastimado, tiene derecho a lastimar a los demás de la misma manera.

Así como el cuerpo de un niño queda marcado de por vida por el abuso sexual, su mente también quedará lastimada. Es común que durante la experiencia sexual, el abusador exprese a la víctima que lo que está sucediendo en realidad no está pasando; es decir, es común que mientras un adulto penetra a un niño u obliga al niño a penetrarlo, le diga verbalmente: "Esto es un sueño, esto no está pasando", "Todo esto está sucediendo sólo en tu imaginación", por lo que el niño pierde la capacidad de confiar en su propio juicio y tiende a desarrollar una personalidad frágil a la que se le dificulta distinguir la fantasía de la realidad.

El abuso cerrado es poderoso pues le enseña a la víctima a no confiar en su memoria, sus sentimientos, su intuición y su percepción de la realidad, ya que es un abuso camuflado. Cuando el abusador del niño es su propio padre, aquél que le enseña la realidad es el mismo que lo enseña a negarla.

Susan Forward en *Toxic Parents* (1984), de manera clara y concreta, habla sobre las amenazas que el agresor utiliza con las víctimas para asegurar su silencio. Las más comunes son:

- Si dices algo, te mataré.
- Si dices algo, te golpearé.
- Si dices algo, tu mami se va a enfermar.
- Si dices algo, todos se burlarán de ti y creerán que estás loco.
- Si dices algo, nadie te va a creer y te castigarán.
- Si dices algo, mamá se va a enojar con los dos.
- Si dices algo, te odiaré por siempre.
- Si dices algo, serás el responsable de romper una familia.
- Si dices algo, me enviarán a la cárcel, nadie podrá mantener a la familia y tendrán que pedir limosna.

Este tipo de amenazas y chantajes aterran a un niño, que es ingenuo, fácil de vulnerar y atemorizar. Por esto, 90 por ciento de las víctimas no le dirán a nadie lo que les está ocurriendo y guardarán silencio, porque tienen miedo de ser más lastimados y de romper a la familia. El incesto es terrible, pero la idea de ser el responsable de destruir a una familia es aún peor.

La lealtad a la familia es una fuerza poderosa en la gran mayoría de los niños, sin importar el nivel destructivo y disfuncional de la familia. El incesto se mantiene por la lealtad del niño a su sistema familiar.

❋ ❋ ❋

En un intento por encontrar racionalidad en algo tan inmensamente irracional como el incesto, las víctimas hacen conexiones casi mágicas para entender lo incomprensible; tienden a desarrollar supersticiones para sentir que pueden tener algo de control físico y emocional después de que el abuso sexual se los quitó por completo. También es común que el niño desarrolle rituales para sentir que puede protegerse a él mismo.

Hace cerca de cuatro años atendí a un paciente que fue abusado sexualmente en una escuela militar cuando tenía 11 años por parte de uno de los profesores a cargo del dormitorio. Un año después, desarrolló la idea de que sólo podía dormir dentro de un clóset o un vestidor, sólo ahí se sentía seguro. A pesar de años de terapia, teniendo 24 años, sólo lograba dormir en su vestidor. El origen era obvio: había sido abusado varias veces en su cama cuando tenía 11 años.

Jaime logró resolver esta obsesión. Después de un proceso importante de terapia, pudo resolver su trastorno de estrés postraumático, sin embargo, empieza a generar violencia en la vida sexual con su novia. Ella ha estado a punto de terminar la relación con él, pues más de dos veces sintió que la estaba estrangulando. Jaime cuenta que entra en una especie de trance en el que no se da cuenta de la magnitud con la que abraza a su novia.

Después del abuso sexual, lo más doloroso es que la víctima percibe al mundo y a sí mismo a través de la herida. El mundo deja de ser un lugar seguro, agradable y predecible para convertirse en un lugar peligroso, impredecible e incontrolable. La víctima aprende que lo que él desea, siente, piensa o hace con respecto a una situación, no marca ninguna diferencia en cuanto a lo que puede esperar de la realidad. Su capacidad de confiar en sí mismo y en los demás disminuye a niveles negativos. El abuso sexual en la infancia es la situación que más desesperanza puede generar incluso en la vida adulta.

Hay un fenómeno interesante que muchos me cuestionan cuando lo digo. Paradójicamente, en la mayoría de los casos de incesto en los que he trabajado, el miembro más sano de la familia es quien sufrió el abuso sexual. Aunque tenga todos los síntomas mencionados—culpa, conductas autodestructivas, depresión, trastornos de la personalidad, dificultad para confiar en sí mismo y en los demás, abuso de sustancias, incapacidad para intimar con otras personas y por lo tanto, incapacidad para vivir una sexualidad plena—, y a pesar de que en apariencia el resto de la familia no tenga tantos síntomas, en la adultez la víctima es quien tiene la visión más clara y honesta de la verdad, de lo que sucedió en casa y de esa dinámica monstruosa de vida.

A pesar de sus síntomas, la víctima de abuso sexual sabe que de alguna manera tuvo que sacrificarse para cubrir la locura de la desestructura familiar, la perversión del pedófilo; reconoce que cargó con todo el estrés y la patología familiares. Vivió con un nivel elevadísimo de dolor emocional para poder mantener la imagen de la "familia ideal" y es por este dolor emocional y todos los conflictos que ha experimentado, que la víctima es la única que buscará ayuda (aunque en más de 30 por ciento de los casos la víctima jamás hablará con nadie sobre el tema).

El abusador sexual, por su lado, niega la realidad y se rehúsa a enfrentarla. Sin embargo, a la larga, aunque siga negándolo será difícil ocultar su perversión. Algunas familias tomarán medidas drásticas; algunas otras harán como si nada hubiese pasado.

Mi abuelo tenía un dicho que encaja perfectamente con un pedófilo: "Puedes engañar a todos una vez, puedes engañar a uno todo el tiempo, pero no puedes pretender engañar a todos todo el tiempo".

La verdad siempre sale a la luz. La herida sexual del abuso sangra dentro de ti.

Con un tratamiento especializado en abuso y trauma, la mayoría de las víctimas podrán recuperar su dignidad, su autoestima y su tranquilidad. Podrán confiar en sí mismos y en los demás, y reconstruir todo lo que el abuso sexual destrozó. Esto se debe a que reconocer el problema y pedir ayuda no sólo es un signo de salud, sino de también de coraje por vivir.

Recuerda: nadie que vivió abuso sexual en la infancia es responsable de éste. No obstante, en la adultez todos somos responsables de sanar nuestras heridas y retomar las riendas de nuestra vida. Tienes el derecho de recuperar tu capacidad de ser feliz.

"Soy Paola y tengo 35 años. A pesar de que han pasado muchos años, de que estoy casada y con dos hijas, yo no sabía que había sido víctima de abuso sexual por parte de mi papá (nunca lo contemplé así) hasta ahora, veinte años después, justo después de su suicidio.

Lo primero que hice terminando los trámites funerarios de mi padre fue ir a terapia; lo hice con recelo, después de los diecisiete años que pasé con una psiquiatra poco profesional que nunca me dio de alta. Ella consideró que más de la mitad de mi vida estuve jodida y, la verdad, no coincido con ella. Me hubiera gustado que después de tantos años de terapia, hubiera confiado en que ya tenía la capacidad de manejarme sanamente, sin la necesidad de acudir cada semana.

Luego llegué con Dado. Un día en sesión hablábamos del suicidio de mi papá. 'Ya no quiero estar enojada con él, no después de muerto, no después de que se suicidó, lo quiero perdonar de todo corazón, pero no puedo. Quisiera perdonarle su ausencia, su abandono, sus faltas de respeto a la casa, a mi madre, sus terribles golpes a mis hermanos, haberme separado de ellos, quisiera perdonarle incluso el beso que me dio'.

Fue entonces cuando Dado hizo un alto, me miró fijamente y me hizo repetir lo que le había dicho y dimensionar que no era un evento aislado, sino que se había tratado de un evento abusivo sexualmente, y que, por lo tanto, yo había sido víctima del peor abuso que puede existir: por parte de un padre. '¿Puedes repetir lo que me acabas de confesar?', me pidió Dado. 'Sí, mi papá me dio un beso en la boca una vez cuando yo era adolescente', repetí. 'Eso es un evento traumático, que tiene consecuencias hasta tu vida actual', afirmó Dado.

Ocurrió cuando mis papás llegaron de una cena; supongo que él había tomado de más ya que era alcohólico —aunque nunca lo aceptó— y mi mamá bajó a la cocina. Yo estaba sola, pues había corrido a mis hermanos de la casa en esa época, no recuerdo por qué tontería. Estaba sentada en la orilla de mi cama, con mis piernitas colgando, bostecé y en ese segundo sentí la asquerosa lengua de mi padre adentro de mi boca, hasta la garganta, su respiración con la mía. Me quedé paralizada. Él siguió besándome. Entonces, comprendí lo que estaba pasando y lo empujé con todas mis fuerzas casi vomitándome, y él se hizo para atrás. No creo que haya dimensionado lo que hizo. Salió de mi cuarto y yo me solté a llorar.

Mi mamá subió a darme las buenas noches y yo no tuve nada que decir, estaba petrificada. Hasta ahora he guardado este secreto. Sólo lo he hablado en terapia y hasta hoy, a mis 35 años, puedo aceptar que se trató de un abuso sexual. En ese segundo, dejé de respetar a mi papá, para toda la vida.

Ahora entendiendo esto, entiendo en lo que se convirtió mi vida. Entiendo que ese abuso le dio en la madre a mi vida. Era una niña normal, obediente, disciplinada, conservadora, con buenas calificaciones, a pesar de vivir en una familia disfuncional. Siempre me esforzaba muchísimo por salir adelante y, aparentemente de la nada a mis 15 años (edad en la que fui abusada) empecé a reprobar todas las materias, a cambiar a mis amigas por las peores compañías de la escuela, a ahogarme en alcohol de la manera más denigrante.

Perdí el respeto a mi cuerpo, más bien lo odié; me quemaba con cigarro las piernas y los brazos, me cortaba los brazos con navajas, desarrollé bulimia y después anorexia nerviosa, me hice un tatuaje sin evaluar por qué lo estaba haciendo. Evadí cualquier relación sana, tuve muchos novios, entre más complicados y autodestructivos fueran, parecían mejor para mí. Me embaracé sabiendo que no me cuidaba y que podía suceder, tuve un aborto y choqué un coche con resultado de pérdida total. Esto fue mi adolescencia.

Por suerte estoy viva. Durante años me vengué de mi cuerpo, lastimándolo, usándolo sin venerarlo, exponiéndolo; muchas veces como objeto de cambio para obtener alguna otra cosa. Lo más doloroso fue que desgasté mi integridad en cada momento. Me odiaba a mí misma y no sabía por qué. Ahora entiendo que el origen fue el abuso sexual de mi padre.

En mi proceso terapéutico descubrí que también fui víctima de abuso sexual, más o menos a la misma edad, la primera vez que tuve relaciones sexuales. Se supone que iba a una fiesta y mi amiga había hecho una cita doble, sin que yo estuviera al tanto. Me llevó a esa fiesta con engaños, pues supuestamente habría más amigas en común. En realidad fuimos a una casa que no conocía, estábamos sólo los cuatro. Mi amiga se fue con su galán y yo con ese hombre. Era un fulano que nunca había visto, horrible físicamente. Después de que yo había bebido de más, me abordó y por más veces que le dije que no quería más besos, que no quería sentir sus asquerosas manos en todo mi cuerpo, por más veces que lo empujé y expresé que yo no quería que mi 'primera vez' fuera así, no lo logré. Me tomó sin mi consentimiento, me lastimó horrible y sólo pude llorar, sola en el baño, sin poder deshacer lo que había pasado. Ahora entiendo que eso se llama violación.

Qué ganas hoy, veinte años después, de haber tenido el valor para demandarlo, para decirle a mi mamá o a mis hermanos lo que hizo mi padre. ¡Qué ganas de haber tenido la fortaleza que tengo hoy para dejar en la cárcel a ese tipo que me violó, que rompió la integridad de una niña de 15 años!

Mi padre, al abusar de mí, le dio en la madre a mi vida. Nunca entendí por qué estaba tan enojada con mi cuerpo, hasta ahora. Todas las decisiones futuras que tomé, hasta el marido que escogí (que dentro del abanico de posibilidades que tenía es un buen marido y un buen padre, pero que me lleva 23 años de edad y ha tenido hijos con tres mujeres diferentes), estuvieron influenciadas por el abuso sexual que sufrí en la adolescencia.

¡Qué ganas de tener en frente a mi padre por una última vez! Qué ganas de decirle: 'No eres víctima de nadie. Incluso muerto sigues haciendo daño. No te suicidaste por el abandono de tus hijos, como dejaste dicho en aquella carta póstuma. Ten algo de honestidad por una vez en tu vida y acepta, deja por escrito para toda la eternidad, que te suicidaste porque estabas enfermo mentalmente, por alcohólico, que estabas solo porque nunca respetaste a nada ni a nadie, porque creaste una familia que te encargaste de deshacer cada día de tu vida durante treinta años. Hiciste mierda a todos sus integrantes. Estás solo, papá y estuviste solo tantos años porque nunca valoraste la integridad de tus hijos, ni siquiera eso, lo más sagrado que un ser humano tiene derecho a tener. Estabas solo porque abusaste de tu hija y porque golpeaste brutal y reiteradamente a tus hijos'.

PAOLA

SOBREVIVIR
al abuso

"El rol rígido que asumí, me ayudó por un lado, a sobrevivir a mi infancia y adolescencia y, por otro, me hizo vivir con dos Veros. La Vero exterior, la que se adapta a la etiqueta y la Vero interior, la verdadera. Esta Vero interna, invisible para los demás, siente mucho, no es mala, tiene buenos sentimientos, tiene sus propias opiniones; se enoja como cualquiera, se entristece, se alegra, se enfurece, se emociona, se compadece, se enamora, pero no sabe cómo expresarlo. La Vero de afuera es inmutable, siempre actúa como si no pasara nada, nunca está ni feliz, ni triste, ni mucho menos enojada. Para adecuarse a la etiqueta, es un témpano de hielo, nunca sobresale ni llama la atención. No dice lo que le gusta ni lo que no le gusta. Tampoco dice lo que necesita. No puede, no sabe cómo. Tiene terror de generar un conflicto y ser el centro de atención. Aprendió a tapar su esencia interna, reprimiendo sus instintos y sus deseos, por lo tanto, casi nunca es espontánea ni creativa ni natural. Nunca pide ayuda cuando la necesita, porque tiene miedo de no ser entendida y escuchar gritos a cambio".

VERÓNICA, ABOGADA, 38 AÑOS

Hasta este punto, sin importar cómo lo has logrado, has sobrevivido el abuso físico, verbal, emocional y/o sexual por parte de tus padres y, por lo tanto, por raro que te parezca, mereces ser felicitado. Atravesar por todo ese dolor físico y emocional te ha dado habilidades para ser lo suficientemente funcional hasta hoy, para ser la persona que eres a pesar de tu pasado. Lograste sobreponerte y manejar la locura y desestructura que vivías en casa. Has desarrollado, aunque lo dudes, una gran fortaleza y una capacidad de sanar heridas superiores al promedio de la población (pocos han enfrentado las dificultades que tú viviste). Has generado una gran capacidad para tolerar la frustración, para ponerte de pie ante la adversidad, para manejar el caos e incertidumbre, para ser empático con el dolor de los demás, y no darte por vencido. Estas herramientas que te permitieron sobrevivir están dentro de ti, para que las utilices cuantas veces necesites. Nadie te las puede quitar.

El único problema con esto es que, a pesar de que tu infancia quedó atrás, sigues viviendo como en ese entonces, con altos niveles de ansiedad, pues ante todo, tenías que lograr tu supervivencia. Nunca has aprendido a relajarte, a confiar en que todo estará bien, sigues controlando todas las variables posibles (aunque irónicamente no haya nada más incierto que la vida misma). Te cuesta mucho confiar en ti y en lo que eres capaz de lograr. No te sientes merecedor del éxito ni de la felicidad, no permites que los demás se preocupen por ti y te apoyen, pues sientes que te cobrarán una "factura" o que estarás en deuda con ellos eternamente. Es difícil que seas honesto con los más cercanos ya que aprendiste que en cualquier momento te podrían traicionar, y a pesar de ser adulto y no depender de tus padres, te cuidas como si ellos fueran omnipresentes y te siguieran observando, juzgando y lastimando en todo momento.

Por lo tanto, sigues aislado, luchando para mantenerte en pie, pero sintiendo que el coche en el que viajas no tiene frenos y en cualquier momento te puedes estrellar contra una pared de concreto. Como te dije, sobreviviste al pasado, pero sigues en un nivel de supervivencia.

Para tener una visión más sólida de cómo tu familia de origen ha contribuido a la problemática que vives en la actualidad, es importante entender algunas de las características en la comunicación y en la cotidianeidad que viven las familias en las que existe algún tipo de abuso.

En *Adult children of abusive parents* (1989), Steven Farmer habla sobre algunas características de las familias con padres tóxicos. Creo que es útil tomarlas en cuenta para que identifiques con cuáles creciste.

Negación

Vero es mi paciente. Es una terapeuta de lenguaje exitosa. Tiene tres hijos de su primer matrimonio, el cual no funcionó porque su ex marido era mal proveedor y "un cero a la izquierda" en cuanto a solución de problemas y apoyo emocional. Su divorcio no fue fácil, ya que él negaba su poca productividad alegando que "no era cierto", que él veía por sus hijos y por el bienestar económico de su familia. Como ambos depositaban sus ingresos en la misma cuenta, Vero no pudo demostrar legalmente que él no se hacía cargo de casi ninguna de las responsabilidades del hogar.

Vero me reporta que lo que más le dolía era que él mintiera respecto a quién depositaba en la cuenta de ahorros. Un ejemplo de tantos es que un día, mientras ella trabajaba, le habló al celular y le preguntó dónde estaba. Él aseguró que estaba "trabajando" (era vendedor de seguros) pero antes, ella había marcado a la casa y la señora que los apoyaba con el servicio doméstico le dijo que él estaba viendo la televisión. "No mientas, estás en la casa, puedo escuchar la televisión en el fondo", ella aseguraba. "No es cierto, no estoy en la casa, estoy con un cliente en Sanborns y está prendida la televisión", afirmanba él. "Pero si Lupe me está diciendo que te está viendo, estás en la casa". "No es cierto, Lupe está mintiendo", decía sin aceptar la realidad.

Vero se sentía frustrada y dolida, finalmente, decidió pedirle el divorcio. Hoy en día, él aún no se encarga de sus hijos económicamente, Vero tuvo que asumir lo que ya sabía: ser la proveedora del hogar.

Después de algunos años, Vero se volvió a casar con Fede, también divorciado y con una hija de su anterior matrimonio. El problema entre ellos es que Fede consiente demasiado a su hija y no permite que ella siga las normas y reglas que ambos pusieron para los cuatro hijos que viven en casa. "Fede me hace sentir que estoy loca, que no sé discernir entre la verdad y la fantasía", me explicó en nuestra primera sesión. Conforme me ha compartido su historia, hemos descubierto que la hija de Fede, Fernanda, está enojada por el nuevo matrimonio de su papá y busca meter en problemas a Vero con él. Fede es incapaz de ver con objetividad la rebeldía de su hija y siempre la justifica.

Hay muchas experiencias que sustentan esto, pero una significativa es que cuando ellos iban a festejar su aniversario una semana fuera del país, Fede no encontraba su pasaporte, lo buscaron desesperadamente y perdieron el viaje pues no apareció. Una semana después, Lupita, la misma señora que siempre ha apoyado a Vero con el aseo, lo encontró atrás de la cabecera en el cuarto de la hija de Fede. Vero se puso furiosa pues sabía que la hija de Fede había saboteado su viaje de aniversario.

Cuando confrontó a Fede para que le llamara la atención a su hija, él negó todo. "No es cierto, ella es incapaz de hacer algo así, de seguro se nos cayó por error y le quieres echar la culpa a Fernanda".

Por eso llegó Vero a terapia, por la desesperación de no entender si ella es paranoica y no ve las cosas con claridad, o las personas con las que se ha relacionado tienden a mentir y justificar sus errores.

Cuando eres hijo de padres que niegan la realidad, aprendes a *negar* lo obvio, la verdad y la responsabilidad. Aprendes a no confiar en los demás y mucho menos a confiar en ti mismo.

Al analizar de dónde venía esta tendencia a relacionarse con hombres que no eran del todo honestos o responsables, Vero no tardó en encontrar el origen.

Me confesó que su familia era aparentemente "perfecta". Vero es hija de un profesionista reconocido y exitoso y de una buena ama de casa. Ella y su hermana iban a un colegio católico de mujeres y era una familia religiosa, su padre siempre hablaba de la importancia de la honestidad y de los valores.

Todas las mañanas su madre las llevaba al colegio. Un miércoles, en el trayecto de la casa al colegio, Vero recordó que había olvidado su tarea de matemáticas y le rogó a su madre que regresara a casa por ella. Su madre aceptó y cuando Vero entró corriendo al cuarto de televisión para recogerla, encontró a su padre con los pantalones abajo y a su nana, sentada encima de él en el sillón. No la habían oído entrar, pero cuando la vieron, su papá se subió el pantalón, se acercó a ella y le dijo tomándola del brazo: "Esto no sucedió, Verónica, esto no sucedió. Si dices algo, serás la culpable de que el matrimonio de tus padres se rompa y que tu madre se mate de tristeza, además, nadie te creerá porque esto, no sucedió", afirmó su padre con severidad.

Vero, entre lágrimas, me platicó lo duro que fue para ella crecer con el secreto, conviviendo con su nana sabiendo que tenía una relación amorosa con su padre, sin poder decir nada. A los 18 años, Vero tuvo cáncer linfático, originado en ganglios de garganta. Claramente su cuerpo necesitaba gritar lo que ella no podía expresar. El cáncer era la somatización del abuso emocional con el cual había crecido. A partir del cáncer, Vero fue a terapia por primera vez y confesó lo que había visto de niña. Su terapeuta le explicó que no podía cargar con esta información tan pesada ella sola, que eran muchos años de tener que vivir con un secreto enorme sobre los hombros y pidió una sesión con sus padres. Vero, con miedo y a la vez valentía, confrontó a su padre y él lo negó. Le dijo que había visto mal y que imaginó algo cuando él sólo estaba jugando con la nana. De camino regresando a la casa, Vero se sentía destrozada, una vez más le habían dicho que lo que ella había visto, lo que había presenciado, no era cierto.

La madre de Vero le confesó días después que ella ya sabía que habían tenido una relación de años y que después de una fuerte confrontación con ambos, había decidido perdonar a su marido y a la nana. No corrieron a la nana hasta años después, cuando descubrieron que había robado la plata de la casa.

Crónica de abuso emocional y abuso pasivo de dos padres tóxicos

Al igual que Vero, si viviste con este tipo de toxicidad por parte de tus padres, aprendiste a no confiar en tus sentimientos, en tu juicio y en tu sentido de realidad. No importa lo que hayas visto, sentido, escuchado o vivido, te enseñaron que tu percepción estaba equivocada.

Ser hijo de padres tóxicos significa dudar de ti mismo. Aprendes un mensaje claro: "Finge que nada pasó, miéntete a ti y a los demás, justifica y, pase lo que pase, niega tus pensamientos, tus sentimientos y tu intuición".

Como bien dice Vero: "No hables, no confíes, no cuestiones, no pienses, no sientas, es lo mejor para ti". Vero ha repetido este patrón varias veces; duda de lo que es obvio, de lo que está viviendo, y ahora necesita romperlo con Fede para sentirse tranquila y en congruencia. Éste es su reto actual, defender lo que ella siente, piensa y percibe.

Cuando vives en este tipo de hogar, aprendes a negar la verdad y a volverte cómplice: primero de tus padres y después de la mentira en sí. Aprendes a seguir siendo parte del sistema que oculta lo que está sucediendo.

El aprendizaje es tan sólido que das por hecho que simplemente no hay consecuencias de los hechos y que sólo hay que dejarlos pasar. "Aprendí que era normal que mi papá viajara con su familia y con su amante, nuestra nana, como si no tuviera nada de malo; aprendí que tal vez yo imaginaba cosas y que no podía confiar en lo que mi intuición me decía."

La negación es un mecanismo de defensa que ayuda a sobrevivir; si no existiera, sería imposible sobreponernos a pérdidas de la vida. El problema viene cuando se instala como una manera constante de relación y como un estilo de vida. Vero fue parte de esta negación familiar para no enloquecer pero, por desgracia, sigue relacionándose con parejas que niegan la realidad en vez de aceptarla para resolverla y, por lo tanto, ella sigue sintiéndose impotente, pues sabe que su intuición no falla. Cuando la negación se instala en una familia como patrón de relación, se vive una mentira constante.

Una familia de este tipo es neurótica y disfuncional, porque pretende "tapar el sol con un dedo" (un juego sin fin). La neurosis se puede definir de muchas maneras, sin embargo, la que a mí me hace sentido en términos prácticos es la que utiliza la psicoterapia humanista, la Gestalt en concreto, que la define como: la incapacidad de ver lo obvio. Vero tiene el gran reto de dejar de aceptar la falta de honestidad y neurosis de Fede y la de los demás y hablar desde la verdad. Si se acepta el conflicto se puede vivir en verdadera intimidad y Vero necesita aprender a vivir basada en su valor básico: la honestidad.

En mi familia el abuso era claro y yo lo podía hablar con mi ex esposa. En la suya, la disfuncionalidad y la toxicidad familiar eran un tabú y sólo fueron evidentes una vez que era parte del sistema familiar. Mantener secretos, aun con los más cercanos, es también una forma de abuso emocional.

Incongruencia. Montaña rusa emocional

Las familias funcionales y sanas proveen un ambiente estable y seguro para sus miembros. Los padres actúan como se espera: brindando amor incondicional y apoyo, son los responsables de mantener los límites y reglas dentro de casa. Los hijos reciben retroalimentación congruente y consistente a sus acciones, hay consecuencias lógicas y sensatas a sus fallas y tienen varias experiencias anteriores que dan certidumbre; es decir, se conocen los límites y las consecuencias de romperlos. Se vive en un ambiente relativamente predecible, lo cual da estabilidad.

En familias sanas, los hijos sonríen y los padres sonríen de regreso, cuando lloran, esperan que los padres vean por ellos y los consuelen; cuando se comportan mal, los padres ejercen disciplina racional para después brindar un aprendizaje. A esto se le llama congruencia.

En familias funcionales hay rutinas y horarios. Es común que existan comidas o cenas familiares, que haya actividades deportivas comunes, o vida espiritual en familia (ir a misa, al templo, orar o reflexionar en unión).

En una familia disfuncional y abusiva, existe un gran nivel de inconsistencia y poca predictibilidad de lo que puede suceder. Los padres, en vez de brindar estabilidad, brindan caos y turbulencia. En lugar de brindar refugio y paz al sistema familiar, protegiendo a los hijos del mundo exterior, ofrecen el peor de los escenarios: abuso de algún tipo, al punto de que cualquier lugar es más seguro que la dinámica familiar.

Los padres tóxicos tienen un pobre liderazgo, las reglas nunca son claras y se rompen con facilidad; su comportamiento es cambiante y voluble, y rara vez un hijo sabe qué esperar. En un momento pueden estar en calma y con una sonrisa y al siguiente, ante un estímulo cualquiera pueden explotar en ira y maltrato. Éste era el caso de mi familia de origen. Mi padre reaccionaba de forma iracunda sin poder predecir que detonaría su agresión.

En este tipo de familias, los hijos tienen que estar "un paso adelante", es decir, estar siempre alerta para defenderse de lo que pueda venir. Aunque hay señales de alarma claras —como el uso de alcohol o la llegada de una mala noticia—, en realidad, el abuso llega inesperada e inexplicablemente, ya que suele ser una reacción exagerada a un estímulo cotidiano.

Ésta es mi historia

Ya sea que tenga 5, 8, 13, 18 o 20 años, no importa. Siempre tenemos que cenar en familia y por fortuna mi padre no ha llegado de trabajar. Se oye la puerta eléctrica y mi pulso se acelera al momento. Si ya terminamos, mi primera reacción y la del Enano, será correr hacia la cocina y subir por la escalera de servicio para no toparnos con mi padre, que entrará por la puerta que da al garage. Si no hemos terminado de cenar, automáticamente siento angustia, pues no sé cómo terminará esa noche. La montaña rusa comienza.

¿Bebió?, ¿tuvo un buen día?, ¿le habrá ido bien en los negocios?, ¿estará de malas?, ¿hubo tráfico?, ¿se habrá peleado otra vez con alguien de sus proveedores o acreedores? Si entra y chifla amablemente, me relajo un poco, es posible que pida de cenar y que después vayamos a la cama tranquilos. Si azota la puerta de la entrada, pisa fuerte los cuatro escalones que suben al nivel del antecomedor, de seguro está de malas y buscará cualquier pretexto para que empiece la violencia. "¡Vengan a saludar a su papá!", grita desde el baño y nosotros corremos a darle un beso. Ahí comienza la tortura. Seguramente pedirá una cerveza y buscará cómo desquitar su coraje. Después, empezará a hablar de "la mierda de país en el que vivimos y cómo tenemos que salirnos de él", "ya lo decía tu abuelo, no te lleves ni el polvo de este pinche país". Los demás —incluida mi madre, que nunca hizo nada por defenderse ni mucho menos a nosotros (abusadora pasiva)—, sólo permaneceremos en silencio.

Me vienen a la mente por lo menos cincuenta escenas de tarros de cerveza rotos, platos que se revientan en las paredes porque las quesadillas están frías, porque pidió sincronizadas y no hubo jamón, platos estrellados en mil pedazos en el suelo porque "esto huele a carne, carajo"; o bien, los sermones eternos de que somos unos mediocres porque ese día no fuimos a nadar, o porque no sacamos diez de promedio.

La llegada de mi padre en la noche siempre fue el peor momento del día, y de todos mis días en la infancia. Lo único que recuerdo sentir hacia él en el pasado fluctuaba del miedo al odio. Aunque podía ser agradable y chistoso, era buen conversador, culto y bromista, de un momento a otro, podía convertirse en un monstruo, cuyos ojos azules se inyectaban de ira volviéndose rojos.

Nunca había una explicación lógica que nos pudiera preparar para la violencia ni algo que pudiera hacernos predecir cuál sería su estado de ánimo. El sonido de la puerta eléctrica era la alarma máxima de tensión: *todo podía suceder*.

No importaba lo violento que hubiera sido la noche anterior, los vidrios se recogían, se limpiaba la casa y "nada había sucedido". Muchas veces me pregunté por qué Juanita (nuestra adorada trabajadora doméstica) decidía aguantarlo. "¿A mí no me queda de otra, pero a ti?", me preguntaba en silencio cuando ella también presenciaba todo lo que te cuento. A la fecha ella sigue trabajando con mi madre, después de su divorcio. Creo que algún día se lo preguntaré de viva voz.

Lo que más me generaba ansiedad era no saber qué esperar. Mi padre era una persona que podía ser amable y civilizado o un verdadero tirano sin nada que predijera lo que había desatado su necesidad de lastimar.

Nunca pude encontrar en él una figura de amor incondicional, comodidad y apoyo emocional. Ahora que lo analizo, a mis 41 años, siempre le tuve miedo y nunca pude comportarme con él de manera natural y espontánea. Lo más triste de todo es que los sentimientos que más me acercaban a él se han ido sanando. Ahora que está en su última etapa de vida, ya no siento ni miedo ni odio, ya no nos une nada.

Límites claros

En una familia sana, cada uno de los miembros distingue los límites, esas líneas claras y suaves que nunca hay que cruzar y en caso de hacerlo, habrá alguna consecuencia. Esas líneas indican no violar derechos ni físicos ni psicológicos de los demás. Los límites físicos incluyen el cuerpo y las posesiones materiales, como los juguetes de los hermanos y la ropa, las cosas de los padres y de la familia. Los psicológicos, aunque son invisibles, incluyen el sentido de intimidad, de autorrespeto y de independencia ante todos los demás miembros del sistema familiar. Los límites psicológicos se desarrollan a partir de que el niño aprende a respetar y defender los límites físicos.

En una familia sana, un "¡basta!", o un "¡hasta aquí!", deben ser suficientes para que los miembros del sistema identifiquen que están violando los derechos de los demás.

Las reglas familiares y la congruencia al apego de éstas ayudan a determinar los propios límites como miembro del sistema familiar. Existen reglas abiertamente establecidas y otras que son implícitas, pero son entendidas por toda la familia. Hay reglas sutiles, como respetar cuando alguien se mete al baño y no intentar entrar, o bien, que los niños dejen de caminar desnudos por la casa cuando crecen.

Los límites de una familia sana evolucionan conforme crece la familia, y se adaptan a las necesidades de la etapa de vida que vive el sistema familiar. Los límites se transforman con base en las necesidades de la familia y no con base en la imposición de los padres. Un buen ejemplo es que los padres pueden permitir que sus hijos duerman con ellos cuando tienen un año, pero no cuando tienen diez.

Un niño aprende a respetar sus propios límites de acuerdo con lo que aprendió en casa. En la adultez, respetará los límites en su nuevo sistema familiar dependiendo de qué tan honradas eran las reglas en su familia de origen. Si en casa estas reglas eran respetadas, será fácil que cumpla su palabra y respete lo acordado en la adultez; si no es así, es difícil que en la edad adulta se respeten los límites con la comida, el alcohol, el manejo de la agresión y con las demás personas.

Martha, una paciente de 41 años, llegó a terapia por su incapacidad para poner límites. Había en ella un patrón que se repetía: acaba manteniendo a sus parejas. Algo sucede con la evolución de sus relaciones, pues ella paga todas las salidas, les presta dinero y pasa por sus parejas. "Es como tener el don de convertirlos en patanes", aseguró Martha en una sesión.

Asimismo, no puede respetar los límites que acuerda. Al principio de nuestro proceso, llegaba tarde y pretendía que yo repusiera el tiempo que habíamos perdido. "No Martha, tu sesión es de siete a ocho de la noche los lunes; tú decides si aprovechar ese tiempo o faltar y pagar esa sesión mientras yo te espero toda la hora, o llegar cuarenta minutos tarde y tomar veinte de sesión. Alguien viene a las ocho de la noche y no tiene por qué ser afectado por tu falta de compromiso", la confronté la tercera vez que faltó al acuerdo de ser puntual.

Martha no conocía los límites ni para ella ni hacia los demás.

Al recapitular su historia de vida, descubrimos que venía de un hogar disfuncional donde dominaba el abuso físico y verbal de sus padres.

Martha es hija de un alcohólico y una mujer neurótica y obsesiva. En la psicoterapia, descubrimos que cuando su padre regresaba borracho a su casa, se metía en la cama de Martha para contarle cómo su madre lo rechazaba sexualmente y le confesaba cómo pasaban meses sin tener relaciones íntimas.

Su padre la besaba con cariño inadecuado; "me llenaba de saliva, de manera repulsiva", comentó con asco en una sesión. A veces se quedaba a dormir ahí, en calzones, en su cama, aunque ella tuviera 15 o 16 años.

Martha no percibe haber sido abusada sexualmente por su padre, aunque en otra ocasión, llegó borracho y se acostó en su cama. La "confundió" con su esposa y metió la mano a través de la pijama de Martha hasta tocarle los senos desnudos. Ella se levantó de golpe y le gritó a su padre: "¿Qué te pasa? Soy tu hija, no tu esposa".

Aunque no lo percibiera de esa manera, Martha había sido víctima de abuso verbal, emocional y sexual dentro de casa. Un caso similar al de Paola, la doctora en ciencias políticas, cuyo padre se suicidó.

"Nunca sabía si mi padre llegaría con copas a la casa. Por más que le pedía a mi madre que hiciera algo al respecto, ella no actuaba, sólo me sugería que cerrara la puerta de mi habitación".

Martha vivía con ansiedad constante porque su padre no respetaba su espacio vital ni su sueño ni su cuerpo.

Si en tu familia de origen había abuso, seguro los límites se rompían, como en la familia de Martha o en la mía. Seguramente había poco respeto a la intimidad, a las pertenencias, a los sentimientos y a los derechos.

La falta de respeto a estos límites da como resultado una identidad poco definida, en la cual no sabes hasta dónde eres capaz de llegar en cualquier área de tu vida, o hasta dónde le permites llegar a los demás.

Lo difícil es que no aprendiste a definir con claridad los límites entre tú y los demás, y puedes comportarte de manera permisiva con ellos y contigo mismo. Es común que los hijos de padres tóxicos tengan dificultad para poner límites con la comida y el alcohol, y que establezcan relaciones codependientes.

Martha tiene un reto importante: aprender a identificar en dónde comienzan sus derechos y sus obligaciones; descifrar la línea entre la confianza y el abuso de los demás hacia ella.

Recuerda que tener límites claros es el reflejo de una personalidad sana.

"Te daré algo por qué llorar". Falta total de empatía

La empatía es la capacidad para ser sensibles, comprometidos y compasivos con los sentimientos y las necesidades de los demás. Esto no significa sentir lástima, ni sentir que el otro es inferior o que está limitado para la vida. Es tener la capacidad de entender a los demás desde su propio contexto e historia de vida. La empatía es la capacidad de "ponerse en los zapatos del otro" e imaginar cómo sería vivir lo que el otro vive, siente, necesita y piensa.

A través de la verdadera empatía podemos reconocer a otro ser humano como igual en valía, pero diferente, pues es único e irrepetible. Podemos compartir con el otro, sin ser su juez o su víctima y sin volvernos responsables de su vida. A través de la empatía podemos tener una verdadera relación *tú-yo* de la que Buber hablaba.

En las familias funcionales, los padres son empáticos con sus hijos, entienden que su madurez emocional es proporcional a su edad física. No ignoran sus sentimientos ni los devalúan; no califican sus sentimientos de "malos" o "buenos", pues es natural sentir toda una gama de emociones, y cuando hay que poner límites claros, éstos son en la forma y no en el fondo de los sentimientos: "Tienes derecho a sentirte enojado, pero eso no te da derecho a golpearme", "Entiendo que estés frustrado porque no te dejaré comer más helado, pero eso no te da derecho a levantarte de la mesa antes de que los demás terminemos de comer", etcétera.

En las familias funcionales, los padres entienden que sus hijos generan diferentes capacidades a diferentes edades y que entre más pequeño es el niño, más egocéntrico será. No se le puede pedir a un niño de cuatro años que sea compartido, tranquilo y que no sienta celos cuando alguien toca sus juguetes.

No se le puede pedir a un adolescente que no sea rebelde y malhumorado.

Los padres empáticos suelen relacionarse mediante la compasión (amor y entendimiento de la realidad del otro) con sus hijos y entienden que cada quien es una entidad diferente con sentimientos y necesidades únicos, que percibe el mundo de manera independiente y que no tiene la obligación de sentir, pensar y entender el mundo igual que sus padres.

Los padres empáticos entienden que las necesidades de los niños son diferentes a las de los adultos y, por ello, las respetan.

Si existe una falla en el comportamiento del niño, los padres la señalan sin agresión y la consecuencia del error es congruente con el acto y con la edad del niño. Si un adolescente le falta respeto a uno de sus padres, es normal pedirle que se vaya a su cuarto, que piense lo que hizo y que, como consecuencia, no salga con sus amigos el fin de semana.

Las consecuencias lógicas ante las fallas ayudan a la familia —principalmente a los hijos— a identificar los límites, sin necesidad de humillaciones que van en contra de su integridad.

En una familia en la que se vive algún tipo de abuso, los padres no tienen empatía. Esperan más de lo que sus hijos son capaces de dar de acuerdo a su edad. Si tus padres no aceptaban tu personalidad ni tu etapa de desarrollo, seguramente puedes recordar momentos en los que reaccionaron de manera agresiva ante situaciones que no podías resolver dada tu edad.

José Luis, mi paciente de 24 años que estudió dos carreras y que llegó a terapia por un episodio depresivo severo, recuerda con claridad un incidente que sucedió cuando tenía 10 años.

"El día anterior, mi hermano y yo vimos que mi padre estaba revisando si el encendedor de su coche funcionaba; veíamos que lo apretaba y se botaba y que tenía el metal rojo. Al día siguiente, un domingo, mi hermano trató de hacer lo mismo, sin embargo, al tocar el metal rojo se quemó y el encendedor, al rojo vivo, cayó sobre el asiento de vinil del auto. Subió llorando del garage hasta la biblioteca a pedirle perdón por lo que había hecho, pero su reacción fue terrible, lo golpeó hasta sacarle moretones y lo amenazó con que le iba a romper todos los huesos", José Luis me compartió el relato todavía con dolor.

"¿Cómo un padre puede golpear así a un hijo y amenazarlo de esa manera? No lo entiendo, sus palabras todavía resuenan en mi mente", preguntó José Luis.

Éste es un ejemplo claro de falta de empatía de un padre. Los niños se equivocan, pero ésa es la única manera de aprender. Aunque el padre de José Luis tenía todo el derecho de molestarse porque su coche nuevo se quemó, no tenía derecho de abusar física y verbalmente de su hijo de sólo 7 años quien, en el fondo, sólo quería imitar lo que su padre había hecho el día anterior.

Para su padre, este evento fue una medida correctiva, pero para José Luis —y seguramente para su hermano— fue una experiencia atemorizante y traumática.

Roles revertidos. ¿Quién es la autoridad?

En una familia sana, el liderazgo lo llevan los padres y no los hijos. El rol está definido y manejado por el sistema familiar. Los hijos son considerados en la toma de decisiones, se validan sus emociones y sus deseos, sin embargo, la última decisión la toman los padres. Puede ser que a los hijos se les permita tomar ciertas decisiones cotidianas, congruentes con su edad y con la etapa de vida familiar. Es sano darles opciones a decidir, pero quien capitanea el barco (la familia) son los padres, nunca los menores. Si hubiera que elegir entre dos opciones de restaurantes para ir a comer el fin de semana, los hijos podrían elegir entre ellos y el menú, por ejemplo.

En mi vida profesional he observado que en una familia funcional el padre o la madre toma un rol predominante en el liderazgo familiar, sin ser dictatorial o impositivo. Asimismo, hay liderazgos específicos en diferentes áreas, tomando en cuenta las principales habilidades de los miembros de la pareja, por ejemplo, hay áreas de las que se encarga uno de los padres, como la disciplina de los hijos, el manejo de la economía familiar, las vacaciones o las clases extraescolares. Estos liderazgos no son rígidos, sino que se van cambiando de acuerdo con la etapa de vida en la que se encuentre la familia.

Los roles apropiados en la familia generan seguridad, estabilidad y guía a los hijos, y además sirven para definir límites y consecuencias claras a sus fallas. Esto permite que los padres, poco a poco, suelten el control y cedan las riendas de su vida a sus hijos conforme tengan madurez para tomar decisiones.

Si tu familia era disfuncional, es probable que los roles padre-hijo estuvieran invertidos. De seguro tus padres no tenían la habilidad para asumir este liderazgo, es decir, no tenían la capacidad para ser adultos funcionales y responsables para sacar adelante a una familia. Por lo que lejos de ver por la salud de la familia, tomaban decisiones como los antiguos dioses griegos, a base de berrinches, estados de ánimo pasajeros y prioridades mal establecidas, dando como resultado muchas carencias afectivas y necesidades emocionales no resueltas en los miembros de la familia.

En este tipo de familias, los hijos se convierten en pequeños adultos (niños-adultos) que forzosamente toman las riendas de la familia, o bien, se convierten en tiranos que usan amenazas de explotar en ira, hacerse daño o abandonar el hogar para manipular a sus padres y tener el liderazgo de la familia.

Actualmente atiendo un caso de un adolescente de 15 años, Sebastián, que fue suspendido del colegio en el que estaba pues envió una foto de una compañera desnuda por las redes sociales. La chica le compartió la foto y él, para burlarse de ella, la mandó a todos los contactos en común. Sus padres decidieron mandarlo a estudiar al extranjero, a un colegio religioso y estricto en Estados Unidos. Sebastián, quien tiene serios problemas con la autoridad, no quería permanecer en el colegio en el extranjero y pidió regresar a México. Los padres primero se negaron, pero Sebastián empezó a manipularlos con sentirse deprimido y pensar en el suicidio. A pesar de que los padres intuían que era una manipulación, aceptaron que Sebastián regresara a México. Fue entonces cuando me contactaron para evaluar el riesgo suicida de su hijo y para que los orientara con respecto a lo que deberían de hacer. Después de una evaluación psicométrica con mi equipo de trabajo concluimos lo siguiente:

> *Aun cuando Sebastián presenta problemas que debe resolver y que son importantes, en la actualidad los está utilizando para manipular a sus padres y a las autoridades de la escuela y obtener lo que quiere, ya que no tiene capacidad para postergar sus necesidades. Es importante que los padres tomen conciencia del Trastorno Desafiante de Personalidad que presenta, que sean estrictos y claros en las consecuencias que tendrán las acciones de Sebastián en un futuro.*
>
> *A partir de este diagnóstico, se sugieren límites firmes en casa y un trabajo terapéutico serio, es decir, que él esté dispuesto a recibir el tratamiento, de lo contrario, no habrá mejoría. Debe aprender a hacerse responsable de sus actos y a asumir las consecuencias de sus fallas.*

Los padres de Sebastián están en el proceso de reconocer que han sido manipulados por su hijo, que fueron cediendo en los límites y evadiendo las consecuencias de sus fallas, ya que se muestra iracundo y explosivo. Es un adolescente consentido, sin límites y prepotente, que lleva las riendas de esta familia. Esto sucede cuando los padres permiten que los hijos sean los que tomen las decisiones importantes en el sistema familiar.

Comunicación contradictoria: dobles mensajes

En las familias funcionales, la comunicación entre los miembros es directa y clara, los mensajes son congruentes, es decir, las palabras de los padres son sustentadas con acciones y con lenguaje corporal.

Así, los miembros se escuchan, se comunican viéndose a los ojos y dan prioridad a la comunicación aunque al mismo tiempo realicen otra actividad. Puede ser que platiquen mientras la familia prepara la cena: unos cocinan, otros ponen la mesa y algunos sólo observan, lo importante es de lo que se está hablando.

Cuando una pregunta se hace, por incómoda que sea, se contesta, no se ignora. Así, si algún miembro de la familia se comunica, su expresión facial, su lenguaje corporal, sus gestos y el tono de su voz están en sintonía con lo que expresa con palabras.

En una familia donde existe abuso, es difícil descifrar el mensaje detrás de las palabras de los padres. Comúnmente, dicen algo que es diferente a lo que se expresa mediante el lenguaje no verbal. Esto confunde a los hijos, en especial cuando son niños, ya que no han aprendido todavía el uso completo del lenguaje. Cuando un niño es confrontado con dobles mensajes, es difícil para él identificar el verdadero significado de la información.

Ejemplo de esto es cuando un niño llega del colegio y descubre que sus padres no se hablan. Cuando pregunta qué es lo que está sucediendo, simplemente le responden: "Nada, todo está bien". Sin embargo, hay un conflicto silencioso entre sus padres que puede durar días y que genera ansiedad en el niño. El verdadero mensaje es: "Preocúpate, nada está bien". Lo cierto es que ante los mensajes incongruentes, el niño no puede sentirse confiado y seguro con lo que sus padres dicen.

Si éste fue tu caso, aprendiste que tenías que estar alerta para descifrar lo que estaba entredicho. Al tener que estar pendiente de todas las señales no verbales de peligro, se genera una ansiedad enorme, por eso los hijos de este tipo de padres tienden a generar personalidades ansiosas. El peligro se siente, se percibe, pero no es congruente con lo que se está escuchando.

Una de mis peores experiencias de niño y adolescente fue mi relación con la comida y con el sobrepeso. Soy chaparro y cuadrado, de ahí que me digan *Dado*, de cariño. Nunca he sido delgado. De niño tenía problemas de sobrepeso, lo cual molestaba a mi madre. Estoy de acuerdo con que había que hacer algo al respecto, por salud debía cuidar mi alimentación. No obstante, este tema se convirtió en una verdadera pesadilla que se salió de control en mi familia.

Siempre estaba a dieta, tenía que cuidar mi peso, tenía que poner atención a lo que comía, mientras los demás comían rico. Ésa era mi rutina y aprendí a vivir con ello, pero con lo que nunca pude fue con el rechazo y el enojo de mi madre hacia mi cuerpo, pues me hería con sus palabras.

Si yo regresaba de la escuela y ella me veía comiendo algo a escondidas, la reacción era bárbara: "Eres un tripón, un cerdo", "Mírate nada más, eres deforme, nadie te va a querer así", "¿Que no te da pena ser un obeso que no entra en los pantalones?", "Eres un gordo asqueroso". A veces, de "cariño", me decía sonriendo: "¿Cómo le va al barón von Trip?" Yo me sentía humillado, rechazado y confundido.

Aunque yo era un niño de 11 o 12 años, me cuestionaba: "¿Cómo es posible que mi mamá me diga estas cosas? No es normal". No lo entendía. Lo más confuso de todo era que después de que me humillaba, y me hacía sentir que no valía nada, me buscaba para decirme: "Créeme, esto me duele más a mí que a ti, lo hago porque te quiero".

Creo que puedes imaginar cómo me sentía al respecto. En realidad creía que tenía el diámetro de Veracruz. ¿Cómo me podía decir que me quería, si me decía cosas horribles que me lastimaban y me hacían sentir despreciable? Ya te imaginarás que en la adolescencia desarrollé un incipiente trastorno de alimentación; comía a escondidas, en las noches bajaba a la cocina a comer por ansiedad y siempre me sentí avergonzado por mi cuerpo.

Lo terrible es que ahora cuando veo mis fotos de esa etapa, no veo a ese "gordo asqueroso", "tripón deforme" o "cerdo despreciable". Sólo veo a un niño con ligero sobrepeso o a un adolescente con estructura corporal mediana.

A los 16 años decidí quitarme el peso de encima e hice un año de dieta. Así perdí el sobrepeso. Sin embargo, seguía siendo el "gordo que tenía que cuidar su alimentación". Ahora, aunque cuido bastante mi alimentación, siempre estoy consciente de mi peso y de lo que como. Es como un foco amarillo que no me deja en paz, pues siempre está presente la voz de mi madre diciéndome: "¿Tripón, ahora qué más vas a tragar?".

Aunque esto sucedió mucho tiempo atrás, hasta hace poco mi madre seguía abrazándome para decirme que me "quería mucho", bajaba sus manos y me apretaba la panza, cosa que me molesta en exceso, pues eso mismo hacía cuando era niño al tiempo que me ofendía con sus comentarios.

La última vez que lo hizo, la separé de mí y le dije: "Si quieres volverme a tocar, jamás me vuelvas a humillar porque no te lo voy a permitir". Ella se hizo la sorprendida y me dijo: "No entiendo a qué te refieres". Y enojado, le contesté: "Mira tripona, creo que a los dos nos queda claro". Guardó silencio. Ahora es ella quien tiene problemas de sobrepeso.

Los dobles mensajes de mi madre, en este tema y en otros, desgastaron nuestra relación a lo largo de los años.

El sistema familiar cerrado: "Nosotros podemos solos"

En un sistema familiar sano sus miembros interactúan con una comunidad más grande y están inmersos en todo un mundo más allá de la familia. Sus miembros se relacionan y son independientes a su núcleo de origen.

Y al contrario, hay familias disfuncionales que tienen pocos vínculos fuera del sistema familiar y, por lo tanto, demandan la total atención de sus miembros. En aras de que "la familia es lo más importante", se fomenta que los miembros se aíslen, que los hijos no inviten amigos a casa, al igual que sus padres que terminaron sus relaciones interpersonales fuera del sistema familiar. Este tipo de sistema cerrado se aleja de todo lo exterior y concentra sus necesidades hacia dentro, hacia los miembros del sistema, generando una gran sensación de incomunicación y soledad. Es imposible que todas las necesidades de los miembros de la familia sean saciadas dentro del sistema, por eso es tan importante el contacto con el exterior.

En estos casos, los hijos, al no poder compartir con el mundo a su familia, se sienten avergonzados de ella, la niegan y empiezan a vivir vidas paralelas: la de la puerta hacia fuera —que representa la posibilidad de libertad— y la de puerta hacia adentro —que genera culpa y ansiedad pues reprime a la primera—.

Este tipo de familia presenta comportamientos abusivos: los hijos ya no invitan a amigos y compañeros de clase, ya que no quieren correr el riesgo de que "algo se salga de control" por algún tipo de violencia intrafamiliar, manejo inadecuado de las emociones o toxicidad en la comunicación, y se avergüencen frente a los demás. De este modo la familia se aísla y rechaza el apoyo externo hasta quedarse inmersa en su propia problemática interna.

Los hijos de este tipo de familias imaginan que las de los demás son "pefectas, cálidas y agradables". En consecuencia, se sienten todavía más fuera de lugar de su grupo social, pues observan que en las demás familias no hay esa cerrazón que encuentran en la suya; descubren que no todo es un secreto que se deba guardar y hay apertura con el medio externo.

Los hijos de una familia abusiva que no permite ni fomenta la sana convivencia con el exterior, eliminan la posibilidad de ir a eventos sociales, deportivos, intelectuales o recreativos, ya que cuando solicitan permiso a sus padres, ellos lo interpretan como una traición al sistema y falta de compromiso con la familia. "¿Prefieres ir a un concierto que estar en la cena familiar? Piensa bien en tus prioridades, los amigos van y vienen, la familia no".

Hace años, Sandra, una joven de ascendencia libanesa, acudió a psicoterapia por un episodio depresivo severo. Tenía 26 años y se sentía devastada, pues su familia directa (sus padres y hermana) y la extensa (tíos y primos) la presionaban, ya que no tenía novio y se estaba "quedando". Aunque era joven, se sentía fracasada y sin rumbo. En su familia, era mal visto que se relacionara con alguien que no fuera de la comunidad libanesa en México, por lo que tenía pocos amigos fuera de ella.

Recuerdo cómo lloraba. En las comidas familiares, lo primero que le decían las tías era "*Akbelik*, mamita", que significa "A tu suerte"; es como decir, "Que Dios te mande marido pronto".

Sandra se sentía sola. Durante su etapa académica nunca fomentó amigas —a pesar de que estudiaba en un colegio de mujeres—, ya que a las que podía llevar a su casa debían ser de origen libanés y había pocas dentro de su colegio. En la universidad sucedió un poco lo mismo. Sandra estaba aislada del mundo, sólo convivía con sus padres, sus tías y sus primos que estaban en la misma posición: todos los que no fueran del sistema eran percibidos como extranjeros y como un peligro para la familia. Nadie podía faltar a una sola comida familiar pero en realidad sólo se reunían para analizar la situación de vida de cada uno de los miembros. Sandra se sentía observada y juzgada. Todas las comidas y cenas del fin de semana eran en casa de alguna de las tías; ahí se hablaba de lo mismo: "*Akbelik*, mamita".

Sandra tuvo un proceso terapéutico maravilloso. Después de dos años de tratamiento, logró salirse de casa de sus padres e irse a vivir sola. Ya imaginarás la reacción de la familia: le dieron la espalda y le dejaron de hablar, pero poco a poco respetaron su decisión. Ella empezó a convivir con ex compañeras del colegio que no eran libanesas, retomó a sus amigos de la universidad y ahora estudia psicología como segunda carrera. Ha tenido tres relaciones amorosas significativas, con hombres de origen no libanés (y a quienes ha decidido mantener lejos de su familia para que no la presionen). Está abierta a ser feliz, aunque lo que elija no sea lo que sus padres esperan. Ya no se siente presionada por tener que encontrar un marido libanés y más bien está abierta a enamorarse de un hombre valioso, cualquiera que sea su ascendencia. Todavía va a las comidas familiares de vez en cuando, y aunque la siguen recibiendo con un: "*Akbelik*, mamita", ahora estas palabras no la lastiman. Tiene una red de apoyo que no la hace sentirse ni sola ni extranjera dentro de su propio país ni mucho menos "quedada".

Sandra estuvo por lo menos seis años conmigo en terapia, necesitaba sanar todos los años de abuso de sus padres (físico, psicológico y verbal). A final terminó con éxito su proceso terapéutico conmigo. Cuando he hablado con ella para felicitarla por su cumpleaños o agradecerle algún regalo de Navidad, tenemos esta broma en común: "*Akbelik*, mamita", "*Akbelik*, papito", que era la forma en la que nos despedíamos al final de nuestras sesiones, siempre acompañada de una carcajada.

Falta de equilibrio: los extremos del conflicto

Como ya vimos, el conflicto es parte de la vida y es una parte inherente a la familia. Es imposible que siempre estemos de acuerdo con la perspectiva de los demás, ya que cada uno tiene una personalidad, edad, género y percepción específicos. En realidad, un conflicto simplemente es una diferencia de opinión, aunque para algunos sea considerado como una gran amenaza en las relaciones interpersonales.

En resumen, en las familias sanas se acepta el conflicto y se maneja abiertamente. Los miembros tienen claro que el amor siempre es más importante que las discusiones o los momentos desagradables. No se ve el conflicto como algo agradable, pero no se niega ni se evita. La familia sana entiende que el conflicto requiere tiempo y energía, por lo que se dedica a resolver las diferencias entre los miembros, teniendo claro que tales desacuerdos no son una amenaza a la seguridad del sistema. El amor es más importante que cualquier conflicto interpersonal.

En las familias sanas, los padres promueven que los conflictos se abran, se hablen y se solucionen. Al ser modeladores de comunicación, enseñan a sus hijos a percibir el conflicto como algo natural y como parte sana de la vida. Si bien no es la interacción más agradable entre dos seres humanos, es sano y necesario. Lo más importante en este tipo de familias es que los hijos aprendan a ser tolerantes con las diferencias y empáticos con los puntos de vista de los demás. No creen en las verdades absolutas, aprenden a pedir perdón, a perdonar y a cambiar de opinión.

Lo más importante es que los hijos de familias sanas aprenden que ningún conflicto es para siempre, aprenden a ceder y a negociar y, sobre todo, a perdonar. Una diferencia de opinión no se asocia con abandono, maltrato o ningún tipo de abuso.

Ahora bien, si vienes de una familia donde existió abuso, sabrás identificar dinámicas: un conflicto excesivo que se convierte en violencia, o bien, una negación total, que finge que todo está perfecto.

En el primer caso (que es el tipo de familia donde yo crecí), el conflicto es terreno fértil para que se manifieste el abuso físico y emocional. El ambiente es tenso y lo más estresante de todo es no saber cuándo va a explotar la bomba. Para este tipo de familias no hay diferencias de opinión, sino pleitos y agresiones. La violencia es parte de la vida cotidiana y los hijos aprendemos a estar hipervigilantes y siempre listos para el siguiente episodio de miedo. En mi experiencia, no recuerdo una sola semana sin algún tipo de violencia por parte de mi padre o agresión verbal por parte de mi madre.

En el otro extremo están las familias que aparentan que todo está bien. En éstas se busca aparentar que no hay diferencias. Los problemas y las diferencias no se abren, nunca se hablan ni se discuten. Viven en la negación, no hay rencillas o manifestaciones de enojo. La vida familiar transcurre en una tensa calma, pues que no se expresen los conflictos no significa que no existan. Cuando no se abren los conflictos en una familia, las relaciones entre los miembros se convierten en superficiales o deshonestas, y, al final del día, no son más que extraños que comparten el mismo techo y que no intiman en lo absoluto.

Aunque no se puede generalizar en patologías psicológicas, muchos de los casos de anorexia nerviosa tienden a surgir para pretender que las familias son "aparentemente perfectas", pero imperfectas en el contacto interpersonal. Los hijos buscan replicar esta perfección del sistema hasta en la capacidad de sobrevivir con un mínimo de comida. Estas familias tienden a ser competitivas con el exterior y se avergüenzan de los errores de sus miembros.

Recuerdo bien lo que se sentía ir a casa de Fer, uno de mis mejores amigos desde la adolescencia. Aunque mis amigos sabían que yo tenía problemas y que mi papá era iracundo, neurótico y que le tenía pavor, que mi madre era abusiva verbal y que me controlaba en todo momento, la casa de Fer era lo opuesto pero, paradójicamente, tampoco me sentía tranquilo ahí. Somos amigos desde los 13 años y sólo recuerdo haber ido a comer a su casa cuatro o cinco veces mientras vivíamos en casa de nuestros padres. Aunque son cuatro hermanos, recuerdo que nadie hablaba en las comidas. Todos comían en silencio y casi nadie establecía contacto visual. Fer nunca hablaba de su familia. Hasta la fecha, creo que he visto a sus hermanos tres o cuatro veces incluyendo su boda, aunque nuestra amistad tiene más de 27 años.

Ahora entiendo que Fer vivía otro tipo de disfuncionalidad familiar, una que no por ser diferente era menos estresante. Ya de adultos lo hemos platicado. Me ha dicho que la falta de contacto emocional, de expresión de sentimientos y de verdadera intimidad, lo hizo sentirse solo muchos años de su vida. Fer tiene dificultad para confiar y para establecer relaciones emocionalmente íntimas, para él es complicado pedir ayuda.

No sabe enfrentar el conflicto. Cuando nos hemos molestado, simplemente se aleja. Y luego de platicarlo, sabe que por lo menos conmigo tiene derecho a enojarse, a estar en desacuerdo y a expresar lo que siente, lo cual no implica que dejaré de quererlo y considerarlo uno de mis dos mejores amigos.

Revisar las características básicas de una familia abusiva puede servirte para identificar si creciste en una. Si te identificaste con mi experiencia o con alguna de los otros siete casos mencionados, es posible que seas hijo de padres tóxicos y que necesites sanar lo aprendido para liberarte de ese legado de miedo, agresión y abuso.

Si es así, mereces dejar de replicar el modelo de abuso y empezar a vivir en armonía contigo y con los demás. Lo significativo de todo esto es que ahora tienes la capacidad y el derecho de dejar de vivir en un nivel para pasar a otro más profundo, más satisfactorio y más enriquecedor, que es la plenitud. Tienes la oportunidad de empezar a vivir desde el gozo y la tranquilidad, en vez de hacerlo desde el peligro y la angustia.

Hasta que aceptas que fuiste víctima de abuso en la infancia, comienzas este camino hacia la libertad ya que para liberarte de algo, necesitas aceptar que hay herencias que te alejan de la felicidad. Las cadenas que arrastras son de tu pasado y te atan a una manera destructiva de entender y relacionarte con el mundo. Aunque hayas sido la víctima del abuso, recuerda que, dado el egocentrismo intrínseco de la infancia, necesitas perdonarte por no ser lo que tus padres esperaban.

Aprendiste a no sentirte "lo suficientemente bueno y merecedor del éxito" y, por lo tanto, de alguna manera lo saboteas en la vida adulta. Hay que trabajar, tienes que acercarte al perdón, pero no hacia el de los padres tóxicos que te educaron, sino hacia el tuyo, por seguir arrastrando la culpa que has cargado todos estos años, por los introyectos que has replicado y por los cuales te has seguido castigando. Necesitas perdonarte por toda la maldad o inadecuación que aprendiste a creer sobre de ti durante tu desarrollo en una familia abusiva.

Sólo si aceptas el dolor del abuso, lo reconoces, lo sientes, lo vives y lo sanas, puedes sentirte merecedor y capaz de ser feliz. Para ello, necesitas recuperar el derecho a sentir vulnerabilidad (darte la oportunidad de confiar en que esta vez puedes ser auténtico sin ser criticado, juzgado o maltratado), el sentido de realidad (percibir los hechos como son y no desde la perspectiva de una infancia dolorosa) y la capacidad de dejar atrás la culpa por los crímenes cometidos, por no ser como tus padres pretendían que fueras.

La característica principal de una infancia sana es la inocencia, que a su vez es la incapacidad para actuar desde la culpa y el dolo. Por más que tu dinámica familiar reforzó que te sintieras "malo", "inadecuado", "torpe", "problemático" o "digno de maltrato", necesitas asumir que la responsabilidad de brindar amor incondicional y apoyo constante no era tuya, sino de tus padres, quienes erraron su tarea principal de cuidar tu integridad física y psicológica.

Recuerda que ese niño lastimado vive dentro de ti y es quien arrastra las cadenas. El camino hacia la recuperación merece ser recorrido aunque sea largo y doloroso, ya que el destino final es la libertad y el amor propio.

Como dijo Lao Tsé: "Un viaje de mil leguas siempre empieza por el primer paso".

"Aún recuerdo como si fuera ayer el día en que me di cuenta que mi voz no merecía ser escuchada. Tenía 5 años. Mi madre y yo estábamos paradas frente a mi clóset, eligiendo el atuendo para ir al cumpleaños de algún familiar. Yo escogí unos jeans, una blusa rosa y unos zapatitos de tacón color café. Pero a mi madre no le pareció bien el vestuario elegido. Acto seguido, gritó como si estuviese usando un megáfono: 'Ni se te ocurra ponerte esa porquería, no tienes idea de cómo vestirte para una fiesta'.

Ante tal estruendo y un poco aturdida por el grito y la expresión de furia que tenía en su cara, no me quedó otra opción que ponerme el vestido espantoso que me eligió y callarme. La imagen que tengo de ese momento es la evidencia de mi pequeñez y la insignificancia de mi 'tonta' elección. Desde ese día asumí que no valía la pena opinar diferente a lo que mi madre quería. No sólo no valía la pena, jamás intentaría opinar diferente, porque la consecuencia segura sería un grito descomunal de desaprobación.

Toda la vida mi madre utilizó el grito ensordecedor y el enojo exagerado como método de control y manipulación para lograr sus propósitos. No sólo lo hacía conmigo, se comportaba igual con mi padre y mis dos hermanos. No sé si ellos sufrían esa conducta como una agresión, si les dolía como a mí o, simplemente, no le hacían caso. Las reacciones de mi madre eran imprevisibles. Nunca sabíamos cuál era el motivo que encendería su pólvora; podíamos estar viendo televisión y de repente se enojaba y empezaba el griterío.

Su conducta nunca me permitió encontrar en ella una figura de amor incondicional o de apoyo emocional. Nunca recibí un abrazo, ni siquiera un beso de esos que dan con fuerza las mamás. Por supuesto, también yo fingía no necesitarlo. Nunca escuché un: 'Te quiero', 'Te amo', 'Estoy orgullosa de ti'. De su parte nunca hubo empatía hacia mí. Jamás me preguntó cómo me sentía y nunca se interesó por mis sentimientos. Como ella era la madre, tenía la autoridad para saber qué era lo mejor para mí sin preguntar. No tenía sentido protestar, el resultado era la imposición de su opinión a gritos. El único sentimiento claro que tuve hacia ella fue de miedo.

Odiaba la forma en que mi madre hablaba de mí ante los demás, aun conmigo presente. Decía cosas como: 'Verónica es súper responsable e inteligente, pero (siempre había un pero), lástima que sea tan tímida e inútil para muchas cosas, como su padre'. O también le encantaba presumir: 'Verónica es bien portada, en la escuela me dicen que ni habla, tienen que pasar la lista para saber que está presente'. Claro, ¿cómo iba a hablar si ella me había enseñado a ser invisible?

Me mandaban a un colegio bueno, pero tenían que hacer un esfuerzo económico para pagarlo, cosa que mi madre nunca dejó de recordarme. También me mandaban a clases de piano y de danza española. Nunca me preguntaron si me gustaba ese colegio, si me gustaba tocar el piano, si me gustaba el flamenco, pero todo el tiempo reafirmaban lo agradecida que debía sentirme de tener la fortuna de recibir esa formación. Yo odiaba el piano y la danza española; detestaba tener que ir a ese colegio que quedaba a hora y media de mi casa porque perdía tres horas del día en el transporte, en las que hubiera preferido jugar. Pero, claro, ¿cómo decirlo?, eso generaría un conflicto y no era lo que yo quería. Era más fácil callar y aguantar.

Fui creciendo sin mostrar mis sentimientos, siempre simulé estar bien. Oculté mi miedo, acepté las opiniones de los demás como válidas y siempre evité conflictos o discusiones. Ante ofensas, insultos o regaños injustificados, nunca me defendía, no quería escuchar gritos o argumentos necios, prefería callar y simular que todo estaba bien, que no pasaba nada.

Por adoptar esa posición ante mi madre, tuve que aceptar con total pasividad la etiqueta que ella me colocó: 'Verónica es insensible', 'Verónica es un témpano de hielo', 'Verónica no se inmuta ante nada'.

Ese rol rígido que asumí, por un lado me ayudó a sobrevivir mi infancia y adolescencia y, por otro me hizo vivir con dos Veros.

La verdadera Vero, la interna, invisible para los demás, siente mucho, no es mala, tiene buenos sentimientos y sus propias opiniones; se enoja como cualquiera, se entristece, se alegra, se enfurece, se emociona, se compadece, se enamora, pero no sabe cómo expresarlo.

La Vero de afuera es inmutable, siempre actúa como si no pasara nada, nunca está ni feliz ni triste ni mucho menos enojada. Para adecuarse a la etiqueta, es un témpano de hielo, nunca sobresale ni llama la atención. No dice lo que le gusta ni lo que no le gusta. Tampoco dice lo que necesita. No puede y no sabe cómo. Tiene terror de generar un conflicto y de ser el centro de atención. Aprendió a tapar su esencia interna, reprime sus instintos y sus deseos, por lo tanto, casi nunca es espontáne, ni creativa ni natural. Nunca pide ayuda cuando la necesita porque tiene miedo de no ser entendida y o de escuchar gritos a cambio.

Sin embargo, a los 18 años tuve que pedir ayuda porque sentía que no podía más. Tenía bulimia. Tuve que pedir ayuda terapéutica, tuve que contarle a mis padres lo que tenía y también a mi novio. Es difícil explicar la bulimia a alguien que no la sufre, contar lo que se siente y la conducta involuntaria que uno tiene hacia la comida. La respuesta de mis padres fue: 'Tú eres inteligente, seguro sabrás cómo dominar tu hambre, estamos convencidos de que vas a poder salir sola'.

Frente a esa respuesta, fría y lógica, no supe hacer otra cosa más que sonreír, decir que tenían razón y aparentar que todo estaría bien y que no pasaba nada. Para mi sorpresa, la peor respuesta fue la que recibí de mi novio, quien me dijo que en la terapia psicológica sólo me iban a lavar el cerebro haciéndome creer que la imagen exterior no es importante y me convertirían en una 'gordita feliz'.

Una vez más la vida me enseñó que no debía pedir ayuda, que no tenía sentido explicar lo desesperada que me sentía por la bulimia porque nadie me entendería. Sufrí en silencio por diez años, hasta que encontré una terapeuta fantástica que me ayudó a superarla.

En mi vida adulta, sigo actuando como si 'todo estuviera bien y no me pasara nada'. Soy una persona que no sabe decir que no, necesito caer bien, me encanta hacer favores a los demás, pero no tengo idea de cómo pedir uno cuando lo necesito. Me cuesta confiar en lo que siento porque siempre lo reprimí, sigo evitando el conflicto, odio discutir, me cuesta tomar partido ante cualquier tema y se me hace difícil tomar decisiones importantes.

Se me ha hecho cómodo ser invisible y no tomar decisiones porque dejo que otro, ahora mi esposo (aquel novio que no quería que fuera una 'gordita feliz'), las tome por mí. Me adapto a todo. En los últimos trece años he vivido en seis ciudades diferentes a causa de su trabajo, y siempre con mi cara de póker. Eso ha hecho que sea una actriz secundaria de mi vida y no la principal.

Extrañamente no me ha ido mal en la vida, tengo que estar agradecida, como decía mi madre; tengo un buen marido, dos hijos divinos, salud, dos carreras en derecho, una maestría en negocios y una buena situación económica, pero todo bajo el precio de ser invisible, sumisa ante las decisiones de los demás, sin decir lo que pienso o lo que siento, y sin tener claro lo que quiero para mí.

Hoy, a mis 38 años, creo que todo esto explotó. Caí en una fuerte depresión. Llegué con Dado porque no le encuentro sentido a la vida. Tengo un vacío emocional tremendo. No puedo disfrutar de nada y sólo quiero pasar el día acostada, tapada hasta las orejas. Me veo a mí misma en una estación de tren, esperando a que llegue uno para tomarlo, pero nunca llegará porque la vía no tiene ni principio ni fin. Dado, poco a poco, me ha ayudado a entender lo que mi madre tóxica provocó en mí, a darme cuenta de que el patrón que asumí con ella lo sigo usando en mi vida adulta.

También me está ayudando a aprender a decir no, a defender mis sentimientos, sensaciones y opiniones. Me está enseñando a aceptar que mi voz merece ser escuchada. En definitiva, está ayudándome a rescatar a la Vero interna, a la verdadera".

VERÓNICA

EL PADRE ADICTO
(alcohol y drogas)

"A partir de esto descubrí que no nada más había sufrido porque mi mamá estuvo borracha y drogada desde el principio de mi vida, sino porque pocas veces se hizo responsable de ella misma y nos responsabilizó, a mi hermana y a mí, de sus múltiples enfermedades. Siempre ha estado en un continuo contacto con la muerte, retándola, a veces llamándola a gritos. Me da pánico morir, siempre esperé que algo malo sucediera. Pienso que mi mamá nos amaba, aunque de una manera enferma, pues nunca aprendió a ser madre, yo tuve que decidir conservarla y relacionarme con ella, sabiendo que jamás sería una figura de protección".

LOLÓ, PSICÓLOGA CLÍNICA, 26 AÑOS

Decidí incluir este capítulo porque me parece fundamental que hablemos de la relación del alcohol y de las sustancias adictivas con respecto al abuso familiar. En mi experiencia personal y profesional, el consumo de tales sustancias representa la peor versión de nosotros mismos.

El alcohol y las drogas son destructivos y poderosos a la vez. Si no lo fueran, no los usaría tal cantidad de personas y no sería la primera industria del mundo. Estas sustancias, adictivas y peligrosas, tienen un efecto agradable dentro del cuerpo y pueden transformar lo que sentimos, al menos durante un corto tiempo. Cambian nuestro estado de ánimo, nos relajan como nadie lo puede hacer. Con la suficiente dosis, nos hacen reír, olvidar nuestro dolor, creer que disolvemos los problemas que nos aquejan, sentirnos los dueños del mundo, creer que podemos ser felices otra vez. Sin embargo, también liberan nuestros peores defectos de carácter, relajan nuestra conciencia y nuestra autocrítica, nos vuelven irresponsables de lo que pensamos, decimos y hacemos.

Usaré indistintamente el término "droga" para referirme tanto al alcohol como a las demás sustancias adictivas. Parto de que el alcohol es una droga, la única diferencia es que es legal. No creo en el "buen alcohol". En nuestro país, el alcohol es la droga de preferencia de la población en general: festejamos y nos divertimos con alcohol, hacemos política con alcohol, ahogamos las penas con alcohol, hasta terminar violentándonos con él, como veremos más adelante.

No existe una estadística totalmente certera, pero la Organización Mundial de la Salud (OMS), el Instituto Nacional de Salud Pública (INSP), la Organización Panamericana de la Salud (OPS) y el Servicio Médico Forense, señalaron que durante el 2009, en México:

- La principal causa de violencia contra las mujeres fue el exceso en el consumo de alcohol (en 6 de cada 10 casos de mujeres violentadas, su pareja, o ambos, estaban alcoholizados).
- 4 de cada 10 personas que intentaron suicidarse en nuestro país (44 por ciento) lo hicieron bajo el influjo del alcohol.
- En 7 de cada 10 suicidios consumados (77 por ciento), la víctima estaba intoxicada con alcohol.
- En 5 de cada 10 homicidios, la víctima estaba alcoholizada.
- 7 de cada 10 asesinos (74 por ciento), cometió el crimen bajo los efectos del alcohol o alguna otra droga.
- En México, 3 de cada 10 hombres (31 por ciento) y 12 por ciento de las mujeres tienen serios problemas de adicción al alcohol y ponen en riesgo su salud y la de los que están cerca de ellos. Más de 19 millones de mexicanos son alcohólicos.
- El 60 por ciento de los accidentes de tránsito mortales están relacionados con el abuso del alcohol (en las víctimas se encontró un alto índice de la sustancia en la sangre). El 54 por ciento de estos percances ocurrieron en jueves, viernes o sábado.
- Los accidentes automovilísticos son la primera causa de muerte.
- Los accidentes de tránsito han aumentado 600 por ciento en 15 años, y representan la cuarta causa de muerte (36 mil personas muertas cada año, 98 al día, 4 cada hora, 1 cada 15 minutos).
- Cada año se reporta un promedio de 400 mil accidentes de tránsito (1095 cada día, 45 cada hora, al menos 1 cada 1.8 minutos).
- Por cada muerto en accidente de tránsito, más de dos personas adicionales quedan discapacitadas (90 mil al año, 246 por día, 10 cada hora, 1 cada 7.5 minutos).
- En 9 de cada 10 accidentes, en los que están involucradas personas alcoholizadas, hay algún tipo de daño físico para los afectados (piloto, copiloto, pasajeros o terceros), tales como conductores de otros vehículos y peatones.
- 1 de cada 5 personas (21 por ciento), que ingresa a los servicios de urgencia, tiene alcohol en la sangre; prácticamente el doble que en Estados Unidos.

- Entre las personas que llegaron a los hospitales por traumatismos y lesiones graves, 27 por ciento de los hombres y 4 por ciento de las mujeres tenían alcohol en sangre.
- En el 10 por ciento de los fallecimientos por accidentes de trabajo, el afectado estaba intoxicado con alcohol.
- El 10 por ciento del gasto en salud pública se destina a algún padecimiento originado por el alcohol.

Según el Servicio Médico Forense, en el Distrito Federal, cerca de 950 personas murieron bajo intoxicación etílica (sobredosis de alcohol), en 2009; es decir, dos personas al día (1 cada 12 horas).

Conclusión: el alcohol y las drogas se relacionan íntimamente con la muerte, no con la vida. Van de la mano de la violencia y, por lo tanto, del abuso.

¿Por qué hay una relación tan cercana entre el alcohol y el abuso? La razón es sencilla: el alcohol es un depresor del sistema nervioso, y lo primero que deprime es el autocontrol.

Por eso cuando estamos alcoholizados, nos atrevemos a decir o hacer lo que nunca lograríamos si estuviéramos sobrios. Nos sentimos "el alma de la fiesta" y nos desinhibimos hasta el punto de cantar, bailar y reír, sin control. Sin embargo, también se desinhibe nuestro contacto con la realidad y la capacidad de medir las consecuencias de nuestros actos. Por eso, es común que en los casos donde hay violencia intradoméstica, el alcohol esté presente. Esto no significa que sin alcohol no hay abusos, sino que, en muchos abusos, hay alcohol.

En este momento, mientras escribo, vienen a mi mente por lo menos diez casos de pacientes, hijos de padres tóxicos, y en casi todos ellos, los eventos traumáticos y abusivos estaban relacionados con una adicción.

El alcohol es tan destructivo que en mi propia estadística como especialista en tanatología y psicotrauma, sé que en 9 de cada 10 casos de suicidio consumado estuvo involucrado el alcohol.

En mi práctica como terapeuta, he observado que los pensamientos destructivos y autodestructivos —desde la violencia hasta la automutilación y el suicidio— son controlables, mientras no haya alcohol o drogas. Aun con tratamiento psicológico, la persona que ha sido víctima de ideación suicida, cuando abusa del alcohol o de las drogas, repite los mismos pensamientos. Es como un disco al que se le pulsa *play* una y otra vez. No importa cuánto trabajo personal haya hecho esa persona, cuando hay alcohol, y se abusa de él, los pensamientos y las conductas autodestructivos se activan. Lo mismo sucede con el control de la ira y la violencia. No importa cuánta conciencia se haya desarrollado con anterioridad, cuando se abusa del alcohol, parecería que todo lo ganado en trabajo personal se diluye, y la inconciencia y los impulsos destructivos toman el mando de nuevo. y puede convertirse en abuso intrafamiliar.

Cuando estamos intoxicados no medimos que una decisión puede ser definitiva, y nos dejamos llevar fácilmente por los impulsos destructivos, hacia nosotros mismos y hacia los demás.

Un padre abusivo y el alcoholismo son patologías que se presentan juntas aunque una no pueda explicar del todo a la otra. La comorbilidad es la existencia de dos padecimientos simultáneos, pero que no son explicables uno a partir del otro. De esta manera, ambas situaciones autodestructivas van de la mano. Hoy sabemos que los mayores abusos físicos, emocionales, verbales y sexuales, son desencadenados por el abuso de alcohol o drogas.

El alcohol y las drogas producen estados de ánimo maravillosos, no obstante, se tiene que pagar un precio alto: el síndrome de abstinencia o "cruda", que provoca un estado depresivo y altos niveles de ansiedad, culpa y miedo. El abuso del alcohol deprime y enferma al organismo, tanto física como emocionalmente, y en consecuencia enferma a los miembros de una familia.

El alcoholismo es una enfermedad que distorsiona nuestra capacidad de percibir el mundo. Por eso la OMS define la enfermedad de la adicción como un desequilibrio físico, mental y social.

Cuando bebemos en exceso suceden dos cosas:

- Perdemos el control de nuestros pensamientos y acciones.
- Perdemos el miedo y el respeto que sentíamos por algo.

El alcohol puede disolver el miedo, lo cual incluye lastimar a quienes queremos. Tener miedo a herir al otro es sano, es una respuesta natural para aprender a limitar nuestra violencia y medir nuestras consecuencias, pero este freno se ignora por completo en presencia del alcohol.

Hay tres puntos cardinales para entender a una persona adicta a una sustancia (alcohol o drogas):

- Compulsión: "No puedo dejar de... fumar, beber, consumir cierta sustancia".
- Pérdida de autocontrol.
- Necesidad de seguir consumiendo (dependencia).

La enfermedad tiene las siguientes manifestaciones:

Primaria. Satisfacer la adicción se convierte en la única meta en la vida.

Progresiva. La sustancia consumida por el adicto no permanece en el mismo nivel, sino que va aumentando. Lo mismo sucede con los síntomas asociados a esta enfermedad.

Crónica. La persona puede detener su uso, pero nunca será capaz de consumir la droga de una forma controlada o normal.

Fatal. El uso continuo de una droga conducirá a la muerte, debido a alguna sobredosis o a un suicidio consumado.

Las fases por las que pasa una persona antes de desarrollar la enfermedad son las siguientes:

Uso. La persona empieza por usar la sustancia de manera ocasional, sin presentar pérdida de control o abuso de la misma. Ejemplo: tomar una copa de vino a la hora de la comida, fumar en ciertas ocasiones, haber fumado mariguana durante la adolescencia, etcétera.

Abuso. Existe un patrón de consumo desadaptativo, que consiste en usar continuamente una sustancia psicoactiva, para obtener un efecto deseado. Es cuando le damos al cuerpo más sustancia de la que es capaz de eliminar, sin ningún síntoma asociado todavía. Ejemplo: una borrachera que provoca cruda al día siguiente, el uso continuo de alguna droga, fumar diariamente.

Dependencia. Se presenta un conjunto de signos y síntomas de orden cognitivo-conductual y fisiológico, que evidencian la pérdida de control de la persona sobre el uso de cualquier sustancia psicoactiva. Se sigue utilizando la sustancia, a pesar de los efectos negativos en el organismo. El usuario incrementa las cantidades y emplea el mayor tiempo posible en consumir, en recuperarse del síndrome de supresión, para después volver a consumir la sustancia.

Como se ha visto, una persona adicta se ve inmersa en el siguiente círculo vicioso:

Dependencia a la sustancia

Síndrome de abstinencia: conjunto de síntomas y signos consecuencia de la reducción o interrupción en la administración de una sustancia psicoactiva, después de un tiempo de uso prolongado. Es la "cruda" o "resaca". La persona necesita volver a consumir la droga para sentirse mejor.

Tolerancia: el organismo se va acostumbrando al uso de la sustancia, y para que el individuo alcance el estado deseado, tiene que ir consumiendo cada vez más cantidad de droga. Sin embargo, llega un punto en el cual el organismo pierde su capacidad de adaptación y el individuo se intoxica con poca cantidad de droga. A pesar de esto, no deja de consumirla, aun cuando experimente síntomas desagradables.

Intoxicación: estado agudo o crónico que se experimenta como consecuencia de la ingestión de una sustancia psicoactiva, que produce reacciones físicas, psicológicas y sociales, asociadas a niveles determinados de abuso de la droga, en el torrente sanguíneo.

Como en el caso de Martha y el abuso sexual que sufrió por su padre Jorge y el abuso físico de su madre, el abuso sexual que vivió Paola por parte de su padre, la violencia que se desataba en mi casa cuando se abusaba del alcohol o el caso de Loló, que revisaremos en unos momentos, quien abusa del alcohol o una droga, termina abusando de sí mismo y de sus seres más queridos.

Alcoholismo, enfermedad de la negación

"Aquí no pasa nada", es una frase común que se escucha de quien consume alcohol; es como tener a un rinoceronte dentro de la sala. Un tercero es capaz detectarlo y ver cómo el alcohol está destruyendo la dinámica familiar, los diferentes proyectos de sus miembros, el patrimonio y el equilibrio emocional de la familia. Sin embargo, los que viven con el rinoceronte, ante la desesperación y desesperanza de no poder hacer nada para evitar sus ataques y su destrucción, utilizan la negación como un mecanismo para pretender que no está ahí. La única manera en la que se puede coexistir con la enfermedad en un principio es negándola. Mentiras, excusas, secretos, promesas sin cumplir, un juego sin fin que genera heridas profundas en la vida de todos los miembros del sistema familiar.

En *Sober but Stuck* (1991), Dan F. explica cómo el alcoholismo se convierte en un gran secreto dentro de la familia. Es común que los padres que beben hagan peticiones concretas a sus hijos de que no se hable del tema, incluso le enseñan a sus hijos a negar la realidad. "Todo va a estar bien", "Tu papá se intoxicó con algo en la cena", "Tu mamá estaba cansada, eso es todo". Al final, todos los miembros de la familia adoptan una postura de "todo dentro de casa está bien" ante la sociedad.

Dan F. afirma: "Los miembros de la familia se unen por su necesidad de combatir al enemigo en común, sin embargo, el *gran secreto* es el pegamento que permite que la tortura familiar continúe".

Según Dan F., este gran secreto (el alcoholismo) tiene tres elementos:

1. La negación del alcohólico a su enfermedad, a pesar de toda la evidencia que apunta hacia lo contrario. El abuso del alcohol es aterrador y humillante para los demás miembros de la familia.

2. La negación de la enfermedad por parte de la pareja del alcohólico u otros miembros de la familia genera confusión; hay una necesidad de unirse al "gran secreto familiar", justificando al alcohólico, sin responsabilizarlo del caos familiar.

3. Existe una máscara de normalidad hacia el mundo exterior. Esta máscara daña en especial a los niños porque invalida su percepción y sus propios sentimientos. Es imposible que el niño desarrolle autoconfianza si necesita unirse al gran secreto y mentir acerca de lo que observa en casa.

❋ ❋ ❋

El único lazo verdadero que une a todos es el gran secreto. Las propias necesidades pasan a segundo o tercer grado y todos se unen para rescatar, cuidar y negar la enfermedad del alcohólico, quien sigue hiriendo, abusando y destruyendo. El rinoceronte sigue creciendo.

Así se gesta la enfermedad de la codependencia.

Para fines prácticos, vamos a partir de la idea de que el codependiente es una persona afectada, que está involucrada emocional, física y económicamente con un individuo estresante.

Es paradójico que el codependiente describa su relación amorosa (de pareja, padre-hijo, familiar o de amigo) como intensa y apasionada, cuando en realidad es inestable y enfermiza. El codependiente no alcanza a ver la diferencia y termina por destruir su estructura; cree que ama demasiado, pero en realidad está atrapado en un amor mal entendido que daña y termina con la propia salud emocional.

Un amor codependiente es como desarrollar una adicción al amor: "No importa cuánto daño me haga; no importa cuánto me tenga que alejar de mi propio bienestar; no importa cuánto tenga que rechazar mi propio proyecto de vida; elijo renunciar a mí para estar con 'el amor de mi vida'", diría la mente enferma de un codependiente.

Esta enfermedad confunde el sufrimiento con el amor, ya que el amor verdadero nutre, protege, se expande, impulsa, genera esperanza, provee seguridad, permite la individualidad y fomenta el propio bienestar y el desarrollo de las capacidades de la persona amada. Contrario al amor sano, la codependencia es una condición psicológica, en la que el sujeto manifiesta una excesiva e inapropiada preocupación por las dificultades de alguien más.

Los hijos de padres alcohólicos aprendemos que el amor es rescatar, aguantar el dolor, guardar silencio, abandonar nuestra propia vida para guardar el gran secreto.

El codependiente busca con su constante ayuda, generar en el otro la necesidad de su presencia; al sentirse necesitado, cree que nunca lo abandonarán.

En una relación de codependencia, es común que el sometido o la víctima no pueda poner límites y lo perdone todo, a pesar de que la otra persona lo hiera de manera deliberada o definitiva. Esto sucede porque el codependiente confunde la obsesión y la adicción que siente por el otro, con un intenso amor que todo lo puede. Por ende, el codependiente es incapaz de alejarse por sí mismo de una relación enfermiza, por más insana que sea. Es común que piense que más allá de esa persona, su mundo se acabará, pues "sin el otro no hay razón para vivir".

El amor aborrece todo lo que no es amor
HONORÉ DE BALZAC

Co = dos. En la codependencia, *yo* te necesito a *ti*, pero *tú* necesitas que *yo* te necesite.

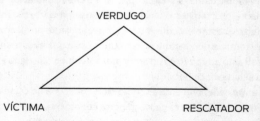

Triángulo de la codependencia de Karpman

VERDUGO

VÍCTIMA

RESCATADOR

Una relación codependiente consiste en:

- Estar centrados, casi totalmente, en otra persona.
- Una negación inconsciente de nuestras verdaderas necesidades y emociones, donde "satisfacemos nuestras necesidades de un modo que en realidad no se satisfacen".
- Una continua obsesión y preocupación por los problemas del otro.

Las dos personas involucradas alternan estos tres roles: verdugo, víctima y rescatador. El verdugo es quien lastima, quien hace daño, quien es injusto con las necesidades del otro, quien castiga con violencia o con agresión pasiva. Normalmente, el verdugo es el adicto que, por su enfermedad, "se lleva entre las patas" al otro. La víctima sufre, cede, aguanta, es lastimada por los problemas del otro, quien se queja. El rescatador es quien mantiene la relación, es quien siente una culpa intensa por el daño que provoca en el otro, y entonces, lo sobreprotege, y lo cuida; y es quien no permite que la relación termine. Las dos personas involucradas en la relación pueden ocupar los tres roles.

Los hijos de padres alcohólicos aprendemos esta dinámica de relación y, paradójicamente, aunque hayamos sido lastimados en nuestra infancia y adolescencia, tendemos a repetirla en la edad adulta en nuestras relaciones de pareja.

El triángulo de codependencia de Karpman es un triángulo vicioso que no termina, en el que ambos integrantes van alternando los roles, y el supuesto amor no es otra cosa que: castigar, aguantar, manipular, sufrir, ceder, agredir, sobreproteger, lastimar, quejarse, exigir, sentir culpa, etcétera.

Verdugo, víctima, rescatador... Verdugo, víctima, rescatador... Verdugo, víctima, rescatador... Un triángulo de dolor y sufrimiento que no termina, que intensifica la conducta neurótica. La persona codependiente piensa que no puede vivir sin su pareja y se funde con ella hasta el punto de perder su propia identidad y dejar sus sueños, necesidades y su propia vida.

Niega la realidad, justifica su comportamiento en favor de un "amor intenso", una "vida llena de pasión", un "amor desenfrenado y sin fronteras", sin darse cuenta de que no hay amor, sino dependencia, sufrimiento y adicción.

De adulto, el hijo de padres alcohólicos, al ser codependiente se enamora de repente, como en un estallido, como en un flechazo y confunde el deseo con el amor; piensa que tiene delante a la persona ideal y está dispuesto a todo para no perderla. Pero todo se repite: verdugo, víctima, rescatador, y el juego nunca termina. Otro juego sin fin.

El codependiente se deja de lado a sí mismo, se olvida de sí para anteponer siempre a su pareja. También queda de lado todo sentimiento negativo: la rabia, el resentimiento, el sufrimiento, ya que son percibidos como una amenaza terrible a perder lo que más se desea y se añora, lo que significa "el amor de la vida" y "todo su mundo": su gran amor.

El codependiente hace todo lo posible por mantener la paz, pero para conseguirlo es necesario negar el conflicto y la confrontación, de modo que juega su papel sin darse cuenta de que esto implica negar su individualidad y su derecho a ser libre y tener necesidades propias.

Lo frustrante de una relación codependiente es que la adicción por la otra persona llega a tal punto que ni siquiera algo profundo y extremo, como un episodio de violencia, hace que el codependiente reaccione.

Es importante tener claro que:

- Un amor que mata no es amor.
- Un amor que destruye no es amor.
- Un amor que denigra no es amor.
- Un amor enfermizo no es amor... es codependencia.

Todos los hijos de padres tóxicos y abusivos tenderán a ser codependientes. La codependencia tiene su origen en la infancia, cuando hay vacíos afectivos en el seno de las familias disfuncionales, y cuando las necesidades de la persona no son satisfechas. Estas carencias le impiden al niño madurar de forma adecuada y, por lo tanto, se convierte en una persona incapaz de adaptarse a las situaciones de la vida adulta y enfrentarlas de una manera sana y asertiva. Es importante recalcar que en estas familias, en general, hay algún padre disfuncional, incluso alcohólico.

Cuando las necesidades del niño no fueron satisfechas en su momento y las etapas que siguen a la infancia no pudieron superarse —las crisis de desarrollo de las que hablamos con anterioridad—, el desarrollo del yo auténtico, genuino y real se detiene, se estanca y empieza a aparecer un yo falso que surge desde el niño lastimado. Éste es un mecanismo de defensa que ayuda a la persona a sobrevivir y a sobrepasar las experiencias problemáticas que han vivido desde la infancia; ese niño aprende a "servir a los demás" para sobrevivir, descuidándose a sí mismo y a su dignidad, y asumiendo roles que anulan su identidad pero le permiten sentirse necesitado y digno de ser querido.

Necesitar a los demás no es una señal de codependencia. Cuando queremos, necesitamos del otro. Una cierta interdependencia hacia los demás es sana y hasta necesaria, siempre y cuando la relación nos complemente y nos favorezca.

En la codependencia la persona vive inmersa en una relación destructiva y enferma. Los codependientes aprenden a repetir las mismas conductas ineficaces que utilizaron de niños para sentirse aceptados, queridos o importantes. Mediante estas conductas buscan aliviar el dolor y la pena al sentirse abandonados, pero, al final, las conductas codependientes sólo consiguen favorecer estos sentimientos de sufrimiento y devaluación, y fomentar relaciones donde el miedo al abandono es siempre una constante.

Las mujeres son más vulnerables a convertirse en codependientes, debido a creencias socioculturales que se han fijado en la mentalidad colectiva desde hace siglos, tales como: "Ellas son el sexo débil, deben estar dispuestas a conformarse con poco", "Han sido educadas para satisfacer las necesidades de los demás". La sociedad latinoamericana educa a las mujeres para depositar las riendas de su vida en sus parejas, en sus maridos. Y éste es un terrible error. Muchas mujeres son educadas para no ser responsables de ellas mismas.

La dependencia es un estilo de vida, ya que nos acostumbramos a vivir preocupados, obsesionados, ansiosos y temerosos por las conductas y actitudes de los demás, olvidándonos por completo de las nuestras. La única manera para liberarnos de la codependencia es convirtiéndonos en nosotros mismos, teniendo actitudes, opciones y comportamientos libres y creativos. El único camino para salir de este patrón enfermizo es el desprendimiento emocional de los problemas de los demás, aunque sean de nuestros seres más queridos. Este desprendimiento emocional nos lleva a vivir nuestro "aquí y ahora", nuestra propia realidad y a retomar las riendas de nuestra propia vida al mirarnos y escucharnos a nosotros mismos, haciéndonos responsables de nuestra propia realidad.

Desprender significa soltar al amor, desligarnos mental, emocional y a veces físicamente, de complicaciones no saludables y dolorosas, de la vida de otra persona. El desprendimiento parte del hecho de que cada persona es responsable de sí misma, de que no podemos resolver los problemas ajenos, y de que preocuparnos u obsesionarnos no ayuda en nada. Necesitamos devolverle al otro el paquete de sus propias responsabilidades y problemas, que nosotros no podemos resolver; es permitirle al otro que sea responsable de su propia vida, para que nosotros nos responsabilicemos de la nuestra.

Al desprendernos emocionalmente, le permitimos a los otros ser lo que son y les damos la libertad de crecer y ser responsables. E incluye aceptar la realidad tal y como es, asumir el hecho de que no podemos rescatar a los demás. Cada uno es responsable de su propia existencia.

El desprendimiento emocional necesita derivarse de la aceptación de que eres capaz y merecedor de pensar, vivir y decidir lo que te haga feliz. Requiere de la convicción de que puedes vivir tranquilo a partir de tus propias necesidades, y no sólo con lo que necesitan los demás. Requiere también que confíes en que puedes conseguir el éxito y vivir con entusiasmo, alegría, deseo de superación, paz y capacidad para recibir y dar amor, y no sólo resignarte a vivir con tristeza, desesperación, martirio o pesar.

El hijo de padres abusivos o alcoholicos necesita asumir que hay mucho trabajo que hacer. Aunque le guste cuidar y rescatar, primero necesita aprender a rescatarse a sí mismo, cuidarse y protegerse. Cuando lo haya logrado, estará listo para brindar algo más a su pareja y después a sus hijos; estará listo para no construir una relación donde sólo podrá ser verdugo, víctima o rescatador.

"Soy Loló, psicóloga clínica de 26 años. Mi madre es alcohólica y adicta. Tengo una hermana dos años mayor que yo, que también es alcohólica.

Tengo pocos recuerdos de mi infancia, sin embargo, uno de los más presentes es la recámara de mis papás con las luces apagadas y las cortinas cerradas, mi mamá recostada sin moverse en su cama y mi hermana y yo abrazadas.

Los primeros años de mi vida fueron así, con poca presencia de mi mamá. Ella era la 'ama de casa', se hacía responsable de nosotras, de la comida, de la ropa, de los uniformes y de la escuela. Nos llevaba borracha y empastillada a la escuela.

Ya en la adultez tuve una plática con ella acerca de nuestra infancia. Me contó que, en ese momento de su vida, el papel de ser madre era igual a pedirle a la señora del aseo —una joven de 20 años que nos ayudaba en la casa—, que nos revisara la tarea, nos bañara y nos acostara en lo que ella bebía y consumía pastillas. Ahora se sorprende al ver que no morimos por falta de cuidados de un adulto.

En octubre de 1993 internaron a mi mamá en una clínica por adicción a las benzodiacepinas y al alcohol. Recuerdo que yo tenía puesto un vestido azul mientras brincaba en los escalones, cuando mi vecina salió a decirnos a mi hermana y a mí: 'Su mamá no va a regresar porque está enferma'. Nunca podré olvidar ese sentimiento, a partir de entonces todo pasó rápido. Nos quedamos al cuidado de una de las hermanas de mi mamá y en las noches con mi papá cuando llegaba de trabajar. Relaciono esta época de mi vida con un miedo profundo e intenso de que mi mamá muriera; anhelaba un abrazo de ella. Fue una etapa triste y oscura.

Pasaron las semanas y mi papá nos llevó a recoger a mi mamá, pero no nos dijo a dónde, sólo nos puso unos vestidos iguales a mi hermana y a mí e hizo que nos esperáramos en la tiendita de la esquina de la clínica. Una vez que mi papá recogió a mi mamá, ella se bajó del coche a comprar unos chicles y ahí estábamos. Sus dos hijas esperando a verla otra vez. Éste es el único recuerdo que tengo de mis papás juntos. Yo tenía 6 años. A los pocos meses se separaron.

Ya de adultas, mi mamá nos contó que luchaba diariamente contra nosotras por el amor de mi papá, pues no tenía un esposo, una verdadera pareja y por eso ella no nos cuidaba. Nos rechazaba porque su pareja la descuidó por sus hijas.

Los años pasaban y todo iba tranquilo, mi mamá seguía sobria, trabajaba, nosotras íbamos a la escuela y todo era 'normal'. Empezamos a desarrollar una dinámica familiar en la cual yo era la mamá y mi hermana y mi mamá eran las hijas de la casa. Yo asumí el rol de la madura, de la que ponía orden y la que decidía desde qué se hacía de comer hasta cuándo se terminaba un pleito entre ellas dos.

Un día descubrieron que mi mamá tenía un aneurisma en la aorta torácica y había que operarla. Existía un gran riesgo de muerte, y más si continuaba fumando. Han pasado diez años de la cirugía y ella sigue fumando. Todos los días pienso con angustia que puede morir en cualquier momento porque no ha dejado el cigarro.

Conforme fueron pasando esos años desarrollé un gran pánico a la muerte, por eso llegué con Dado. Fui una niña extrovertida y feliz, no digo que haya perdido la felicidad con los años, pero hoy entiendo que la falta de apego con mi mamá en mis primeros años, me infundó un miedo a la vida y a la muerte terrible. Entré en estados de pánico imaginando que podría morir y me sentía asustada pues me faltaba mucho por vivir.

Cuando mis crisis de pánico iban en aumento, internaron a mi hermana en la misma clínica de rehabilitación en la que había estado mi mamá años atrás. Mi papá decidió que su hija no era alcohólica y que eran ideas de mi mamá, porque quería ser salvadora de su hija, por lo que ambos adoptaron una postura egoísta e injusta. Los dos me pidieron que tomara partido y, una vez más, permití que me hicieran responsable de una familia en la cual yo sólo era una adolescente. Tenía que ser la mediadora familiar con sólo 16 años de vida.

Al poco tiempo que salió mi hermana de rehabilitación, mi mamá empezó con conductas raras. Otra vez pasaba las tardes acostada en la cama con las cortinas cerradas y el cuerpo hinchado; nada de lo que decía hacía sentido; perdió la noción del tiempo y espacio. Mi hermana decidió empezar a alejarse de la casa y dejar de cuidar a mi mamá. Era un hecho que mi mamá había recaído; la pesadilla había regresado. La internamos en otra clínica, donde el tratamiento duraba dos semanas, pero al poco tiempo volvió a recaer. Esto provocó su tercer internamiento en la primera clínica de rehabilitación. Recuerdo esa época con mucha tristeza. La adicción me había robado otra vez a mi mamá.

Días después de que mi mamá fué internada por tercera vez, ya no aguanté. No sé qué fue. ¿Tener que ser fuerte?, ¿otra vez enfrentar una *hospitalización sola?, ¿volver a ver a mi familia destruida o en crisis por las drogas?, ¿aceptar la realidad de mi papá con una nueva pareja?, ¿mi hermana de viaje con sus amigos? No lo sé, quizás fue la combinación de todo, pero caí en un estado irreconocible, no podía estar conmigo misma. Algún psiquiatra lo diagnosticó como: 'Ataques de pánico, depresión y ansiedad'. Despertaba llorando con una opresión en el pecho espantosa y me dormía cansada de tanto llorar y de lo poco que entendía lo que estaba viviendo. Eran tan pocas mis ganas de seguir adelante que mi papá decidió internarme en el área de depresión y ansiedad del Hospital Mental San Rafael, donde pude reaccionar a la vida. Ahora considero que mi cuerpo me avisó, hizo que viera que tenía que trabajar en mi historia, acomodarla y perdonarla. Mi internamiento en una clínica marcó el antes y el después en mí.*

A partir de esto descubrí que no nada más había sufrido porque mi mamá estuvo borracha y drogada desde el principio de mi vida, sino porque pocas veces se hizo responsable de ella misma y nos responsabilizó, a mi hermana y a mí, de sus múltiples enfermedades. Siempre ha estado en un continuo contacto con la muerte, retándola, y a veces pareciera que la llama a gritos.

Desarrollé pánico a morir, esperaba que algo malo sucediera. Me hice la idea de que mi mamá nos ama, aunque de una manera enferma, pues nunca aprendió a ser madre. En un punto tuve que decidir si quería conservarla y relacionarme con ella, aunque sabía de antemano que jamás sería una figura de protección.

Fue una decisión difícil porque cuando me iba a casar desapareció, y esta vez sin estar borracha o drogada. Tomó sus maletas y se fue a vivir a Monterrey. Así que me encargué de lo que supuestamente le da alegría a una madre con su hija: escoger vestido, invitaciones, menús, empacar y despedirme de mi vida de 'hija de familia'.

Mi mamá estaba rehabilitada de las sustancias pero recaía en el comportamiento del adicto: 'Aquí no pasa nada, yo no soy responsable de nada', así que, hasta la fecha, tengo una relación inestable con ella.

Después de muchos años, volví a terapia con Dado; tenía que despedirme de la vida de soltera y no sabía cómo manejar la relación con mi mamá.

Hace tiempo platiqué con ella de frente, cuestioné su decisión de tener hijas y la confronté por nunca darse cuenta de que necesitábamos una madre normal y protectora. Le expuse cómo había abusado de nosotras emocionalmente y cómo vivimos abandonadas, estuviera alcoholizada o no.

Le platiqué cómo ha sido mi proceso personal y lo mucho que me ha costado poder confiar en los demás; lo difícil que ha sido enfrentar mi pánico a la muerte, pues he estado en expectativa de que algo malo pase, como si lo mereciera. Me hubiera gustado ser hija de una madre y no tener en ella a 'una amiga'. En fin, he tenido que aprender a crecer sola y vivir los procesos más importantes de mi vida en soledad.

Decidí relacionarme con mi mamá como amigas; es una persona chistosa, ocurrente y me cae bien. Lo hago sabiendo que no puedo esperar el comportamiento natural de una madre, pero como adulto la he logrado perdonar, sé qué puedo esperar de ella. Se ha convertido en una gran amiga.

Mi esposo es norteamericano y su forma de pensar me ha ayudado a sentirme libre. Día con día me motiva para que cumpla mis sueños y sea mejor persona. Camino junto a él en un sendero donde no espero que algo malo pase. Estoy embarazada de una niña y estos últimos meses he experimentado lo que significa ser madre; sé que debo conciliar mi historia de niña con la vida que hoy he creado para mí. Me siento preparada para la maternidad. Han sido años de mucho trabajo emocional.

Mis ganas de proteger y salvar a mi mamá siguen estando ahí, pero ahora entiendo que ella decide cómo vivir su vida. Ojalá decida cuidarse, sé que ya no es mi responsabilidad. Lo que ha marcado una diferencia en nuestra relación es cómo se han dado nuevos roles y los límites que nos pusimos las dos en nuestras vidas. Ya no permito que me trate como una madre y yo no la trato como una hija. Me relaciono con ella desde el amor y no desde el rencor, esto me permite estar cerca".

LOLÓ

EL PADRE
inmaduro

"Le confesé a mi mamá, delante de mi hermano, el gran secreto de mi vida; lloraba por mi tormento de ocho años: 'Mamá, cuando tenía 4 años mis primos abusaron sexualmente de mí'. Recuerdo la cara de angustia de mi madre y cómo empezó a llorar desesperada, diciéndome que no era cierto, que no había pasado nada, que nunca más volviera a repetir lo que le había dicho, que no me atreviera a mentir con algo tan delicado. 'Eso no pasó, ¿lo entiendes? ¡Eso nunca pasó!' Ese momento marcó mi vida para siempre. Si mi mamá no era capaz de defenderme, entonces nadie lo haría. Estaba sola en el mundo".

ISABEL, DISEÑADORA TEXTIL Y DE ACCESORIOS, 41 AÑOS

En la actualidad es común la medición de la inteligencia basada en el coeficiente intelectual (IQ): raciocinio lógico, habilidades matemáticas, habilidades espaciales, capacidad analítica, capacidad de almacenar memoria a corto y largo plazo. Sin embargo, también se habla de una inteligencia aún más poderosa y profunda para alcanzar el éxito: la inteligencia emocional (IE).

El coeficiente intelectual y la inteligencia emocional son habilidades distintas, no opuestas sino complementarias. La persona con un IQ alto es analítica y lógica, acumula datos, sopesa la información y sabe analizarla e integrarla; utiliza más el hemisferio izquierdo del cerebro. En cambio, la persona con una alta IE tiene grandes habilidades sociales, se relaciona con facilidad, es adaptable, gusta de nuevas ideas, aprende de la experiencia, se conoce a sí misma, es cálida y empática, y utiliza más el hemisferio derecho del cerebro.

En la universidad de Yale, Solo ve y (1990) planteó que existen habilidades que el ser humano puede desarrollar sin importar su IQ, para alcanzar el equilibrio, la armonía y la tranquilidad en la propia vida, a pesar de las dificultades que todos atravesamos. Estas habilidades son la comprensión de los propios sentimientos, los de otras personas y el control de las emociones, de manera que éstas no conduzcan a decisiones impulsivas, de las cuales se pueda arrepentir después.

De este modo, el enfoque de lo que se considera "una persona inteligente" cambió por completo a partir del reconocimiento de la inteligencia emocional. Una vida sin alta IE será una vida llena de frustración, soledad y falta de relaciones íntimas y duraderas.

Ahora sabemos que de poco sirve una mente brillante con falta de empatía o arranques de ira en cuanto a felicidad se trata; el saldo final será siempre negativo. Una persona que conoce sus emociones, que las entiende y las procesa, tiene un coeficiente emocional óptimo. La persona que no identifica sus emociones disfóricas (las que no son agradables) o, peor aún, que conociéndolas es incapaz de manejarlas de forma sana, afecta su vida de pareja, su vida en familia, su vida laboral, su vida social y, sobre todo, su relación con el mundo. Un padre tóxico no es inteligente emocionalmente.

En *Emotional Intelligence* (1995), Daniel Goleman expresa que una persona inmadura —o bien, un padre inmaduro emocionalmente— tiene las siguientes características:

No conoce sus emociones. No tiene conciencia de sí mismo y no reconoce sus sentimientos mientras los experimenta, por lo que reacciona impulsivamente sin entender la emoción verdadera que lo lleva a actuar.

Maneja pobremente sus emociones. No sabe contenerlas y canalizarlas adecuadamente. Como tiene una discapacidad en el punto anterior, no sabe serenarse y liberarse de lo que lo aqueja; proyecta la responsabilidad en los demás porque siente que ellos son culpables de todas sus malas decisiones.

No tiene automotivación ni autorregulación. No logra controlar la impulsividad, en especial cuando de ira se trata. No tiene tolerancia a la frustración, rara vez cumple sus objetivos y se siente insatisfecho con sus logros.

Carece de empatía. No reconoce ni le da validez a las emociones de los demás, y como no identifica las necesidades de los otros, no logra establecer relaciones interpersonales sanas ni vínculos íntimos con los demás.

No sabe manejar el conflicto. Busca el enfrentamiento, someter al otro y no permite que haya diferencia de opinión.

Vivir con un padre inmaduro es vivir en el caos emocional. Pero no todo está perdido, las respuestas emocionales se pueden regular. Es un signo de madurez y de inteligencia. En la primera infancia no regulamos nuestra respuesta emocional, la expresamos sin medir la magnitud de nuestra respuesta. Se acepta en el ámbito social y se perdona este tipo de "sinceridad" en las respuestas emocionales de los niños pequeños (los conocidos berrinches).

A medida que van creciendo los niños, el índice de tolerancia ante esta inmediatez en las respuestas va disminuyendo hasta llegar a la madurez que la sociedad espera de un adulto, que es cuando se exige la regulación emocional. Así, el niño sano aprende a equilibrar dos fuerzas opuestas: por un lado, la necesidad biológica de la respuesta emocional, y por el otro, la necesidad de respetar determinadas normas de convivencia.

La persona inteligente emocionalmente entiende que existen reacciones emocionales como consecuencia de las propias acciones.

Manel Güell Barceló en su libro ¿*Tengo inteligencia emocional?* (2013) expresa que no existen emociones positivas ni negativas, simplemente son la respuesta que un persona tiene ante una determinada situación. Es cierto que determinadas emociones son útiles y traen un beneficio al individuo, y otras no. A partir de este hecho podemos dividir las emociones en respuestas efectivas útiles y adaptativas y respuestas emocionales no efectivas, poco útiles o poco adaptativas.

Una respuesta emocional —alegría, ira, vergüenza— será útil en función del contexto. Si la respuesta es adaptativa y nos ayuda a relacionarnos con el mundo que nos rodea, con los demás y con nosotros mismos, será una emoción efectiva. Así, todas las respuestas emocionales son positivas si se utilizan de forma adecuada y nos ayudan a resolver un conflicto.

La madurez es convertirnos en personas fáciles con las cuales convivir
ERICH FROMM

Como la madurez se materializa en pensar, sentir y actuar en sintonía, basados en las propias convicciones y capacidades, respondiendo a las propias necesidades y a las de los demás, ser maduro implica tener conciencia de las consecuencias de nuestras acciones.

Un padre maduro se comporta como adulto y permite que sus hijos se comporten como niños y no viceversa. El padre maduro armoniza los sentimientos, los deseos, los proyectos, los afectos, y tiene la capacidad de darle perspectiva y justo peso a cada situación, respetándose a sí mismo y respetando también los derechos de los demás, incluidos los de sus hijos.

En *Amar o depender* (2003), Walter Riso habla de la inmadurez emocional; señala que es una perspectiva ingenua e intolerante ante ciertas situaciones incómodas o adversas. De modo que el inmaduro emocional tendrá dificultades para manejar el sufrimiento, la frustración y la incertidumbre.

Según Riso, las manifestaciones más importantes de la inmadurez emocional son:

Bajos umbrales para el sufrimiento. Una persona que ha sido sobreprotegida y rescatada todo el tiempo no desarrollará la fortaleza —coraje, decisión, voluntad— para enfrentar la adversidad. Le faltará aquello que distingue a los que perseveran hasta el final y su vida se regirá bajo el principio del placer, evitando todo lo adverso por insignificante que sea.

Necesidad de ser el centro de atención. La clave de este punto es el egocentrismo: "Si las cosas no salen como yo quiero, siento rabia". Tolerar la frustración de no siempre obtener lo que queremos, implica saber perder y resignarnos cuando ya no hay nada que hacer. Es aprender a elaborar duelos, procesar pérdidas y aceptar que la vida no sale siempre como la planeamos.

Ilusión de permanencia o "de aquí a la eternidad". Desde la inmadurez, con el afán de obtener todo lo que se desea y apegarse a ello, la persona genera relaciones dependientes: desde sustancias psicoactivas, dinero, relaciones amorosas hasta la pornografía. El inmaduro no tolera la idea de dejar ir, por eso, sabotea el desarrollo de quienes están cerca para asegurarse de que estarán siempre con él. Es lo que hace un padre tóxico.

Hace más de dos mil años, Buda alertaba sobre los peligros de esta falsa eternidad psicológica: "Todo esfuerzo por aferrarnos nos hará desgraciados, porque tarde o temprano aquello a lo que nos aferramos desaparecerá y pasará". Entonces, Buda planteó su doctrina a partir de la idea de que el apego es la causa principal del sufrimiento.

Los padres inmaduros se roban la infancia de sus hijos porque no cubren las necesidades físicas ni emocionales que ellos necesitan, por lo que los pequeños adoptan responsabilidades que les corresponderían a sus padres. El padre inmaduro obliga a su hijo a madurar y a crecer rápidamente robándole el derecho de todo niño: vivir la infancia en plenitud.

Los hijos de un padre inmaduro no viven lo que en realidad les toca —jugar, hacer amigos, hacer deporte—, sino que tienen tareas definidas para mantener a la familia junta. Los hijos se convierten en mini adultos, porque sus propias necesidades fueron ignoradas y aprendieron a lidiar con grandes niveles de soledad y falta de contención emocional.

Hay muchos casos de "niños que tienen niños que cuidan a los niños de los niños". En este tipo de familias, los hijos no pueden desarrollar habilidades cognitivas ni emocionales, pues se convierten en proveedores de estabilidad económica y emocional desde temprana edad.

En otros casos, es común que el hijo de padres inmaduros sea quién se encargue de la estabilidad emocional de sus progenitores. Cuando esto sucede, existe un cambio de rol que es confuso para el niño. Los padres se vuelven en hijos de sus hijos y esperan que ellos tomen decisiones y que resuelvan las necesidades emocionales de la familia.

Es imposible que un niño actúe como un adulto, sin embargo, si falla (porque no está capacitado para ser un adulto), se siente culpable y con poca valía, cree que traicionó a su sistema familiar.

En este esquema familiar existe gran confusión de roles porque se anula el aprendizaje sano de "dar y recibir". El niño no es nutrido con inteligencia emocional, y en la edad adulta probablemente viva sin ella. Negará sus propias emociones y sentirá que necesita ser quien dé seguridad a todos los demás; se olvidará de sus propias necesidades, y actuarán sin filtrar sus emociones y sin tolerar la frustración.

Los padres inmaduros dañan a sus hijos porque carecen de inteligencia emocional, se guían por la ira, por la falta de tolerancia a la frustración, por la incapacidad para manejar el sufrimiento y por la incapacidad para medir las consecuencias de sus acciones. Negarse a generar dolor no significa que éste no haya sido infligido al menor.

"Que no lo hayas hecho a propósito, no significa que no me dolió", le dijo a su madre en mi consultorio un joven de 18 años que, en su graduación de preparatoria, descubrió a su mamá borracha bailando de manera inadecuada con su profesor de física.

El padre inmaduro siempre tiene una justificación para no responsabilizarse de sus acciones.

Al querer "tapar los errores" de sus papás y mantener la imagen de que todo está bien hacia el exterior, los hijos de padres inmaduros establecerán relaciones codependientes en la edad adulta; soltarán las riendas de su propia vida para "salvar" a una persona dependiente, inmadura e incapaz de cuidarse a sí misma.

Los padres que enfocan su energía en su propio caos psicológico y emocional, mandan un mensaje concreto y claro a sus hijos: "Tus sentimientos no importan. Los míos son los únicos que valen".

Muchos de estos niños se sienten sin valía hasta quedar invisibles. Por eso, en la edad adulta tienen una gran dificultad para definir su identidad, sus valores y principios, incluso sus gustos. De esta manera, un padre inmaduro es un padre ausente en su rol primordial de cuidar y proteger a su hijo.

Pero también es importante hablar del padre físicamente ausente. En estos casos es común que, inconscientemente, el niño viva un rol que lo daña en el aspecto psicológico: el de la pareja de su padre o madre. En estos casos, se genera un pacto inconsciente entre padre-hijo de no abandono, para compensar la ausencia del otro cónyuge; esto impide que el hijo viva su propia vida y experimente lo que es natural y sano: el desprendimiento emocional de la familia de origen.

✳ ✳ ✳

Es fácil reconocer el abuso cuando un padre golpea a su hijo, lo insulta y se mofa de él, más aún cuando sexualiza con él; sin embargo, la toxicidad y el abuso del padre inmaduro son difíciles de identificar. Cuando un padre causa daño por omisión, es difícil reconocerlo. En este tipo de casos, el daño no sólo se genera en lo que hacen, sino también en lo que dejan de hacer (brindar estabilidad y amor incondicional al sistema familiar).

Hay casos en los que los padres inmaduros tienen tantos problemas que provocan lástima en sus hijos. Se comportan como niños irresponsables, desesperanzados, sin rumbo y con necesidad de ser rescatados, así que sus hijos sienten la obligación natural de protegerlos.

Es irónico, pero un hijo termina por justificar a un padre inmaduro como si no tuviera responsabilidad alguna en la falta de control de su vida. Aunque los padres inmaduros intenten justificarse diciendo: "Hice lo mejor que pude", "No quise lastimar", no se repara la herida ni se recupera la infancia robada.

Si éste es tu caso, si eres hijo de padres inmaduros, necesitas aceptar que fuiste privado de tu niñez, que tuviste que crecer a un ritmo que no era el natural, que tuviste responsabilidades que no tenías que cargar y, sobre todo, que necesitas reclamar toda esa energía que depositaste en cuidar y rescatar a tus padres para desarrollar una mente sana y un cuerpo sano.

Tienes el derecho de recuperar tu energía y las riendas de tu propia vida. Eres un adulto que necesita empezar a cuidar a ese niño que tus padres descuidaron.

"Soy Isabel y tengo 41 años. Mis padres me hicieron mucho daño. Cuando la gente habla de su infancia con tanto gusto y cuentan recuerdos maravillosos, yo me cuestiono: '¿Están locos o qué les pasa? ¡Esa etapa de mi vida no quisiera repetirla jamás!'

Fueron momentos difíciles, en los que tuve que poner a prueba mi esencia para no darme por vencida. Tuve que crecer y madurar a la fuerza, porque nadie en la familia era cabeza. Ese rol lo tuve que tomar yo.

Mi mamá fue hija única. Le lleva siete años a mi papá. Cuando se murió mi abuelo, meses antes de que se casaran, mi mamá tomó la decisión de que vivirían en casa de mi abuela para que no estuviera sola, así que de entrada, estaban destinados al fracaso.

Mi papá es músico, soñador, vive en un mundo que no tiene nada que ver con la realidad y alejado del de mi mamá. Ella trabajaba dos turnos, siempre a las carreras, estresada porque mi papá no era buen proveedor y mi hermano y yo estudiábamos en escuelas católicas y de paga.

Aunque era muy trabajadora, era pésima administradora. Siempre debía las tarjetas de crédito, sacaba de aquí para pagar allá. Recuerdo los primeros días de escuela y revivo la sensación de angustia y ganas de volver el estómago, porque nadie se daba cuenta de que yo odiaba esa escuela. Otra vez con las monjas a rezar no sé cuantas veces al día. Pocas fueron las compañeras con las que tenía algo en común. Me sentía ausente, todas con sus 'familias felices' y yo obligada a esforzarme de más para tener cierto promedio porque sino perdería la beca.

La historia de mis papás terminó legalmente cuando se divorciaron a los ocho años de casados. Recuerdo que mi abuela nos decía que mi papá quería llevarnos con él, y ella empezaba a llorar: '¿Para qué meter en un conflicto así a los hijos?', '¿qué culpa teníamos de las malas decisiones que habían elegido nuestros padres?' Yo sólo quería estar con él, a mí no me importaba nada más. Cuando mis papás se divorciaron y me quedé con mi madre y mi abuela, sentí que estaba en el bando equivocado. Siempre nos hablaron mal de él; si no era por dinero, era por mujeriego. El chiste era que tuviéramos una pésima imagen de él.

Con el tiempo pude recuperar la relación con él, después de la adolescencia, a pesar de largas discusiones y chantajes de mi madre. Siempre reconoceré y agradeceré que mi mamá nos sacara adelante a mi hermano y a mí, pero yo amo a mi padre tal como es: músico, soñador, mujeriego. ¡Qué más da! Un caos pero así lo quiero, aunque sea un padre inmaduro. Creo que mi madre se equivocó al hablarnos tan mal de él.

Pero en realidad mi martirio empezó antes. A los 4 años de edad, mis primos abusaron sexualmente de mí. Ellos tenían unos 18 años de edad, por eso llegué a terapia con Dado. Sólo he podido recordar algunos momentos pero después de varios años de proceso terapéutico, ya los perdoné, me perdoné a mí misma; por años pensé que yo había tenido la culpa de lo que me había pasado y no entendía que una víctima de abuso sexual es sólo eso, una víctima y no la responsable.

Un día antes de hacer mi primera comunión, mi mamá nos llevó a mi hermano y a mí a confesarnos. Tuve pánico de hablar con el padre porque me tocó escuchar cómo le gritaba a alguien adelante de mí. Por supuesto que no pude hablar con él. Cuando veníamos en el coche de regreso de la iglesia, le confesé a mi mamá delante de mi hermano el gran secreto de mi vida, mi tormento de ocho años: 'Mamá, cuando yo tenía 4 años mis primos abusaron sexualmente de mí'. Recuerdo la cara de angustia de mi madre, cómo empezó a llorar desesperada diciéndome que no era cierto, que no había pasado nada, que nunca repitiera lo que le había dicho. 'Eso no pasó, ¿lo entiendes? ¡Eso nunca pasó!' Ese momento marcó mi vida para siempre. Si mi mamá no era capaz de defenderme, entonces nadie lo haría. Estaba sola en el mundo.

Un año después de mi primera comunión, murió mi abuela y asumí el rol de madre con todo lo que implicaba. Apenas era una adolescente, pero me encargaba de la comida, de cuidar a una tía abuela que vivía con nosotros y de resolver que todo estuviera en orden. Desde este momento le empecé a decir 'hija' a mi mamá y ella me decía 'madre'. Pasé por lo menos veinte años de mi vida hablando de esta forma, y hasta que fui a terapia con Dado, me di cuenta de que los roles estaban invertidos. Empecé a forzarme a decirle 'mamá'.

Mi mamá hablaba con sus amigas sobre mi hermano y su falta de figura paterna, así que la excusa era buenísima. A la primera oportunidad lo mandó a trabajar con el esposo de una de ellas que arreglaban los instrumentos de un grupo musical. Claro, mi mamá creía que ese ambiente le caería bien, pero hubo una temporada que mi hermano llegaba tomado, y como nadie le decía nada, ahí salía yo, en mi rol de madre, a regañarlo. ¡Me caigo tan gorda de recordar todo eso! A las dos o tres de la madrugada, mi hermano borracho y yo abriéndole la puerta y sermoneándolo, diciéndole que lo odiaba. ¿Y dónde estaba mi mamá? Dormida.

Mi vida de adolescente fue un desastre, si es que puedo decir que tuve alguna. Vivía malhumorada todo el tiempo, hacía ejercicio hasta el cansancio, ésa era mi salida y por eso tenía un cuerpazo. Siempre traía galanes. Como me sentía la mujer maravilla y nadie me supervisaba, tuve unos novios que tenían una vida igual o peor de desequilibrada que la mía, y yo, de una manera codependiente, trataba de quedar bien con todos, sin valorarme. Me volví la salvadora. Buscaba a quién podía ayudar, a quién aconsejar. Era la mamá de mis amigas, la auténtica mamá gallina del grupo.

Y paradójicamente yo era la que necesitaba ayuda. De esas relaciones de pareja, con novios caóticos cuando era adolescente, quedé embarazada. ¡Ahora sí llegaba mi fin! Estudiaba en una escuela religiosa, donde la virginidad era un valor invaluable. Era la alumna y la amiga perfecta, era la hija (madre de mi familia) ideal. Pero era sólo una niña. '¿Cómo podría traer al mundo a un bebé, siendo adolescente, teniendo responsabilidades que no me correspondían y con un futuro incierto?'

Yo no veía a ese novio como el futuro papá de mis hijos, por lo que tomé la decisión de abortar. Ésa ha sido la decisión más difícil de mi vida y la he cuestionado durante años. En esos momentos, fue la mejor que pude tomar, sin embargo, es un dolor que no se ha ido. Desde que me casé, he estado en tratamientos para embarazarme sin lograrlo y me atormento por la decisión que tomé en la adolescencia. Ahora tendría un hijo universitario, pero me viene a la memoria el caos en el que vivía y sé que no hubiera podido con tanto.

Hablar de mi madre es hablar de toda una carrera de enfermedades, caídas y operaciones sin fin. Trato de hacer la cuenta de todas las que lleva y no puedo acertar. A mis 18 años ya la habían operado de la cadera (ahora tiene dos prótesis), del fémur, se ha dislocado el hombro, la muñeca, la operaron de la rodilla (yo estaba empezando a trabajar por lo que aparte de todo, la hacía de cuidadora y proveedora).

En ese entonces, los momentos más difíciles fueron hacerla de enfermera, curar sus heridas y hasta limpiarla cuando iba al baño. Cargaba un peso enorme sobre mis hombros, a los 22 años de edad. En 2010, la operaron de cáncer en la matriz y yo tuve que firmar los papeles para autorizar la operación; le daban 20 por ciento de posibilidades de salir con vida. Sentía una responsabilidad enorme. Cuando le comenté a mi hermano que ya había firmado, me dijo: 'Si se muere, va a ser tu culpa'. Me quería morir. ¡Sentía todo el peso de la responsabilidad familiar sobre de mí!

Las últimas operaciones fueron en 2012, se cayó en las escaleras de mi casa y se partió el húmero. También tuvo dos operaciones de cataratas y como una de ellas no salió bien, le hicieron un trasplante endotelial. El oculista, para ayudarla, le envió calcio y en la farmacia del hospital le dieron un medicamento para quimioterapia. Ella no se dió cuenta que la medicina era la equivocada y ahora tiene el estómago deshecho y ve a un especialista que le cura la flora intestinal.

Mi madre nunca quiso crecer. Con ella, el tema económico ha sido un martirio. Hace cuatro años nos enteramos de que le debía a usureros, a los bancos y había perdido las pocas alhajas que le quedaban. En esa ocasión, mi hermano y yo, con esfuerzos, pagamos lo que debía; pero hace unos meses nos enteramos de que debía otra vez. Ahora fue más difícil para mí no caer en su trampa. La señora que me ayudaba con el aseo me dijo que su sobrino tenía un problema y me pidió dinero.

La quise ayudar, aunque algo se me hizo medio extraño. Lo platiqué con Dado y decidí confrontarla; cuando lo hice, le pedí que su sobrino me viniera a pagar personalmente; ella rompió en llanto y confesó que me había engañado. Mi madre le había pedido que me mintiera y que me sacara dinero para dárselo a ella. La había obligado a mentirme para conseguir el dinero y seguir con el tema de los usureros. Como le digo a Dado, ¡esto no se termina! O sólo terminará el día que ella muera.

La relación con mi hermano es mala. Él es un hombre obeso y con muchos problemas emocionales. Aunque está casado desde hace once años, su vida matrimonial es desastrosa. No tiene hijos, su mujer y él van cada uno por su lado, no son una pareja, su inestabilidad emocional se refleja en las decisiones que toma en cuanto a sus trabajos. Cada dos años o lo despiden o renuncia. Ahora vive en Monterrey, no se hace cargo de ningún tema relacionado con mi madre. Y yo le pregunto a Dado, ¿cómo se podría hacer cargo de algún tema relacionado con ella, sino es capaz de ver por él mismo? Lo amo y espero que encuentre respuestas, así como un camino de paz como lo he hecho yo gracias a la terapia.

No tuve a ninguna figura paterna cuando fui niña o adolescente, pero como me dijo Dado, mi hermano me tuvo a mí, no estuvo solo; nunca se ha podido comprometer con nada ni con nadie, es por ello que una terapia no sería benéfica para él a menos que decidiera cambiar de fondo y comprometerse, pero ésa es su vida. Vivimos situaciones parecidas, pero yo decidí comprometerme conmigo misma y con una terapia para salir adelante. Por ello me siento orgullosa.

Estoy consiente de que tener una madre tan inmadura ha afectado mi vida y las decisiones que en algunos momentos he tenido que tomar. Sentirme sola, desamparada, sin ningún apoyo familiar ha sido crucial en mi vida.

Sin embargo, no todo fue malo. Hubo una persona que tomó el papel de madre sustituta: una amiga de mi mamá, mi Yuyis. Ella aceptó ser mi madre en muchos momentos. Mi Yuyis ha jugado un papel de compañera y madre para mi mamá también. Yo me siento como la manzana de la discordia entre ellas porque a pesar de la aceptación de mi mamá del rol de la Yuyis, aún hoy se pelea por mi atención y por el papel de mamá número uno que nunca ha tenido.

Después de todo esto, me se siento afortunada. Tal vez dirás: "Está loca de remate", pero a pesar de mis padres, he tenido una vida adulta afortunada con muchas posibilidades y oportunidades de recuperar el tiempo perdido que debí vivir como niña. Tengo un esposo maravilloso, una pareja única, que me apoya, que me ama como soy, que me impulsa a ser mejor y que me admira al igual que yo a él. Tengo el sueño de formar una familia. Sé que seré excelente madre y que no repetiré los errores que tuvieron y que han tenido mis padres, sé que lo voy a lograr porque he trabajado muchísimo para ello, me lo merezco. Se lo debo a mi niña interior que tuvo que vivir muchas cosas, crecer a destiempo y madurar a la fuerza.

Ahora tengo plena conciencia de todo lo que tuve que vivir y pasar, lo que ha representado vivir con padres inmaduros y el caos que esto ha sido. Lo importante de mi historia, creo yo, es que aunque me sentí sola y el mundo se me venía abajo, tuve la fuerza de pedir ayuda.

Estoy feliz de que personas como Dado llegaron a mi vida en momentos cruciales; me ayudaron y me tendieron su mano. El chiste es querer cambiar, saber escuchar, actuar y tener la fuerza para lograrlo".

ISABEL

ARRASTRANDO EL LEGADO TÓXICO:
el niño-adulto

"Aprendí a justificar el mensaje de 'ser mejor', el problema es que hasta hace poco no me sentía suficientemente preparado, suficientemente bueno; hasta el día de hoy, muchas de mis relaciones laborales y personales han sido con gente que me refuerza la creencia de que por más que doy, jamás es suficiente".

FERNANDO, ESPECIALISTA EN MERCADOTECNIA POLÍTICA, 41 AÑOS

Tengo una cita con una nueva paciente a las 14:30. Llega puntual. Mi secretaria me avisa que después de diez minutos de esperar su cita pregunta si yo soy puntual. Ella le contesta que normalmente me atraso alrededor de diez minutos. Mi nueva paciente le hace saber que no tolera la impuntualidad. Lulú le contesta que no tardo en salir. Ella mira el reloj otra vez y Lulú me toca el teléfono para avisarme que "mi siguiente paciente necesita entrar puntual y que ya me espera". Ése es el código para saber que quien está esperando ya está molesto.

Irma, una mujer madura, morena, guapa, pero con una cara de amargura entra al consultorio. Lo primero que me dice es que ella es un caso perdido y que no cree en los psicólogos, pero que tal vez le haga bien hablar un poco. "Está bien, sólo háblame un poco de ti entonces", respondí intrigado.

Irma es una mujer exitosa profesionalmente, estudió ingeniería industrial, realizó una maestría en administración de empresas y trabaja en un banco. A pesar de esto, se siente fracasada. Tiene 34 años y se siente quedada. Aunque su sueño es casarse y tener familia, "ese proyecto no es para ella" y está harta de que los hombres la abandonen.

Hace sólo dos días tuvo un pleito con Daniel, su última pareja; aunque tenían planes de casarse, él le hizo saber que no estaba interesado en seguir la relación con ella. "Lo volví a hacer, lo eché todo a perder", asegura mientras habla con la mirada perdida y triste; sus últimas tres parejas han decidido terminar la relación con ella. "Me dicen que soy negativa y que nunca estoy satisfecha con lo que tengo". Soy franco, eso es lo que ella me transmite, una gran insatisfacción.

Irma me dice que no está dispuesta a renunciar a su sueño de casarse de blanco, en un día soleado, para después quedar embarazada y ser mamá; aprendió que eso es la felicidad y está obsesionada con conseguirla. Sin embargo, paradójicamente, parece sabotear este proyecto cada vez que un hombre llega a su vida.

No deja de decirme que ha perdido el tiempo y que si fuera "menos tonta", "menos morena", "más delgada" o "menos negativa", no sería una cotorra (así le dicen a las "solteronas" en Jalisco). No importa todo lo que intente, ella sabe que será un fracaso en el amor.

Es una niña-adulta. Irma es perseguida por depresiones periódicas, miedo a la sexualidad (me confesó que sólo ha estado íntimamente con un solo hombre, Daniel, a pesar de haber tenido varios novios y 34 años), y constantes dudas acerca de su valía. No se da cuenta de que estos síntomas tienen como origen haber crecido en una familia abusiva y tóxica, y lo más significativo de todo es que no parece encontrar ninguna conexión entre su dificultad para relacionarse en pareja y un pasado lleno de abuso y maltrato.

Al igual que Irma, quizás sea difícil para ti ser consciente de la carga de tu familia de origen hasta tu adultez; los hijos de padres tóxicos creen que se liberan de ellos cuando dejan su casa pero la realidad es que a pesar de ya no depender de ellos, inconscientemente son afectados por el abuso del que fueron víctimas en la infancia.

Un niño-adulto, se comporta de muchas maneras pero en general tiene cinco síntomas principales: dificultad en las relaciones interpersonales, falta de confianza, baja autoestima, depresión y evasión de los sentimientos.

Dificultad en las relaciones interpersonales

No existen los amigos perfectos o las historias de amor de cuento, pero una personalidad sana es capaz de mantener vínculos cercanos, amorosos, relaciones a largo plazo y cierto nivel de intimidad.

Si eres un "niño-adulto", has tenido problemas recurrentes en todas tus relaciones cercanas. De tus padres tóxicos aprendiste a no confiar, a evitar a toda costa ser lastimado y, en consecuencia, a no confiar cabalmente en nadie. "Todos tienen la posibilidad de volverte a lastimar." La confianza es una de las características principales que se requieren en una relación interpersonal sana. Es lo que permite que haya profundidad y cercanía.

Una característica básica de los hijos de padres tóxicos es que su mecanismo de defensa en contra de la posible crítica y maltrato social, es aislarse. Es un fenómeno interesante, porque responde a un sentimiento de inferioridad, porque los niños-adultos no aprendimos a relacionarnos de manera sana como lo hacían otros niños en familias funcionales. Al no tener habilidades sociales adecuadas, nos sentimos inadecuados en grupo.

Como adultos no sabemos qué decir o cómo comportarnos en situaciones específicas, actuamos de manera cautelosa y desconfiada. Esto genera un círculo vicioso, pues los demás —que no tienen idea de lo que nos está sucediendo—, interpretan este comportamiento como un rechazo y tienden a alejarse. Paradójicamente, esto confirma la peor fantasía de cualquier niño-adulto que vivió algún tipo de abuso: la seguridad de que nadie le proveerá amor.

✳ ✳ ✳

Esther es una chica de 30 años que acude a terapia conmigo por un cuadro depresivo severo. Su padre alcohólico—y sumamente violento— murió hace cerca de tres años; ella descubrió su cadáver casi cinco días después de muerto. El trauma de este evento se quedó guardado en su personalidad. Su padre vivía solo y rara vez contestaba el teléfono, por ello la familia tardó tiempo en imaginar que había muerto.

Esther llegó a consulta porque "otra vez" la despidieron empleo. La razón que le dieron es que a pesar de ser una empleada comprometida con el despacho de bienes raíces en el que laboraba, no mantenía buena relación con los compañeros o con los clientes. En la entrevista de salida, su jefe le aseguró que el problema principal con ella era que tensaba el ambiente y varias personas se habían negado a trabajar en el mismo equipo con ella. Esther se quedó perpleja con la retroalimentación, ya que no supuso que éste fuera el motivo de su despido. "Me choca la gente, no platico con nadie, sólo saludo y me dirijo a mi lugar. ¿Cómo pueden decir que genero tensión?", me preguntó llorando desconsoladamente.

Es la segunda vez que Esther es despedida de un empleo por problemas de socialización. Ella no se siente a gusto cuando hay más de dos personas cerca y automáticamente se calla y escucha. "Si alguien pregunta mi opinión, asiento con la cabeza y digo que estoy de acuerdo, no me gustan los conflictos".

Como Esther, tal vez tengas una necesidad de contacto humano, pues has tenido un déficit importante de éste, pero cuando lo llegas a tener, lo rechazas o te conviertes en una persona dependiente y exigente. Si mantienes una relación interpersonal cercana es común que la gente se aleje de ti, o que tú mismo te sabotees la relación al mostrarte inadecuado, dependiente, inseguro, indiferente o demandante.

Lo que sucede con este tipo de niños-adultos es que primero idealizan a las personas que conocen y fantasean con una relación diferente a las que han tenido, que no los lastimará ni los traicionará. Pero ante el mínimo error del otro, cuando no se cumple la alta expectativa que han depositado en la relación, el niño-adulto se siente decepcionado y traicionado. Empiezan a devaluar esta nueva relación y eventualmente, llega el abandono. "Cada vez que vuelvo a confiar en alguien, resulta que me juzga y entonces me alejo para ser yo quien abandone; no tolero sentir que es el otro quien me deja a mí", me comentó Esther en alguna de nuestras sesiones.

Si tú tienes dudas con respecto a la lealtad e intenciones del otro contigo, posiblemente le pones muchas pruebas a las nuevas relaciones, y tarde o temprano te sentirás rechazado porque nadie es perfecto y tu pareja eventualmente fallará al no responder exactamente como tú esperas. Probar a los demás es resultante del miedo a intimar. Es un mecanismo de defensa a través del cual confirmas que no vale la pena volverlo a intentar y que es mejor estar solo.

"Por eso yo no platico nada importante con mis amigas, me preguntan de mi infancia y no tolero hablar de ello", aseguró Esther cuando le pregunté sobre sus amigos cercanos.

"Cada vez que me relaciono con un hombre en el plano amoroso, se acaba burlando de mí y de mi cuerpo. La última vez hasta me daba cachetadas cuando no estaba de acuerdo con él y durante un tiempo hasta me gustó, porque sentía que por lo menos me escuchaba", me confió Esther cuando hablamos de su ex novio. Como niña, el conflicto y el abuso se convirtieron en la única opción de contacto humano, el abuso se quedó registrado dentro de ella como una manifestación de amor y por eso continúa permitiéndolo como un signo de amor.

Lo significativo de su caso es que no sabe manejar el contacto con los demás o lo evita, y entonces es percibida como una inadaptada que no puede cumplir con lo que socialmente se espera de ella; o bien, no sabe poner límites y se relaciona de manera disfuncional. Así, exige demasiado a los demás o replica situaciones de abuso una y otra vez.

El reto de Esther y de cualquier niño-adulto es lograr un contacto íntimo con personas que se relacionen de manera respetuosa, responsable y amorosa. Su relación terapéutica conmigo puede ser la primera de muchas.

Siempre espera lo peor: falta de confianza

Una personalidad sana ha aprendido a lo largo de la vida a confiar en los demás. No significa que haya que confiar ciegamente en todos, pues la verdad es que hay gente que miente y no es sano asumir que todos son buenas personas; sin embargo, también es patológico creer que nadie es digno de confianza.

Para poder confiar en los demás, primero necesitamos eprender a confiar en nosotros mismos y en nuestra intuición, para después decidir a quién queremos tener cerca y a quién no. No todos son dignos de acercarse nuestros sentimientos pero eso no significa que nadie merece conocernos a fondo. Generalizar que nadie es digno de nuestro cariño o nuestra confianza, es un gran error que viene de una infancia en la que aprendimos que nadie podía ser confiable. El niño-adulto desarrolló la habilidad de negar lo que vivía, lo que escuchaba y lo que percibía en casa para poder sobrevivir.

Si eres un niño-adulto, desconfías de tus sentimientos, tus creencias, y tu percepción por las respuestas impredecibles, inconsistentes y contradictorias que recibiste de tus padres (amorosas y abusivas).

El niño-adulto aprende a ignorar por completo su propia percepción y a dejarse llevar por la desconfianza y el miedo. Cuando los sentimientos que rigen la vida de una persona son éstos, la falta de contacto e intimidad emocional es inevitable. Lo que aprende en su infancia el hijo de padres tóxicos es que si comparte lo que siente o piensa, aun con alguien alguien cercano será lastimado, regañado o traicionado de alguna manera. Lo replica en la edad adulta evadiendo lo que está pasando por su mente o por su corazón.

Lo duro de esta circunstancia es que pierden la capacidad de compartir sanamente lo que experimentan.

Los niños-adultos desarrollan un gran miedo al rechazo social y son hipervigilantes de lo que los demás opinan de ellos. De esa manera, cuando alguien no está de acuerdo con lo que expresamos o lo que decimos, nos sentimos rechazados y lastimados, cuando en realidad lo que están rechazando es un punto de vista o una opinión.

El razonamiento del niño-adulto es: "Si expresas lo que sientes, te rechazarán, pondrán en tela de juicio tu integridad y el amor estará perdido".

Una relación sana con el mundo involucra expresar abiertamente lo que sentimos, abrirnos a los demás aunque no estén de acuerdo con nosotros en todo. Esto no le sucede a un niño-adulto. Él es hipersensible a la crítica y al rechazo social, y lo magnifica cuando del otro lado existe una simple diferencia de opinión.

El resultado es que los hijos de padres tóxicos juzgamos a las personas como aprendimos a ser juzgados, en blanco y negro; o son dignos de confianza o no lo son, pero siempre esperando la traición que confirme que nadie es digno de acercarse a nosotros. La mente de un niño-adulto desea lo mejor pero espera lo peor de los demás, porque siempre lo van a traicionar.

En nuestra última sesión, Irma me platicó que buscó a una de sus amigas de la adolescencia para ir fortaleciendo su red social. Quedaron de comer el sábado en un restaurante y, como siempre, mi paciente llegó puntual. Conforme pasaron los minutos y su amiga no llegaba, Irma empezó a sentirse "tonta" y "humillada"; creía que para su amiga, la amistad "no valía la pena". Irma llevaba poco más de media hora esperándola cuando se soltó llorando en el restaurante; tuvo que ir al baño, pues sentía que todos la miraban y se burlaban de ella. Su amiga no la quería, no la necesitaba en su vida, no estaba interesada en estar cerca de ella otra vez.

Justo cuando Irma estaba saliendo del baño para irse del restaurante, la interceptó su amiga; se le había ponchado una llanta del coche y había olvidado su celular, así que no tenía dónde localizarla para avisarle de su retraso. Al verla llorosa le preguntó: "Amiga, ¿qué te pasa, estás bien?" Irma mintió afirmando que tenía gripa y que también había llegado tarde (para evitar dar explicaciones de por qué ya había pagado la cuenta) y me platicó emocionada que pasaron una tarde agradable poniéndose al tanto de sus vidas.

Irma tiende a interpretar cualquier estímulo como la confirmación de un rechazo certero. Ese sábado fue un ejemplo de que necesita aprender que no todos le vamos a fallar.

Baja autoestima: "No soy lo suficientemente bueno"

Una personalidad relativamente sana está satisfecha consigo misma. Una persona con autoestima acepta sus limitaciones y sus fallas, y a pesar de no saberse perfecto, reconoce sus habilidades, su inteligencia, sus talentos y sus fortalezas; se siente confiado en que podrá resolver los problemas de la vida conforme se van presentando.

Una persona que creció libre de toxicidad en la infancia tiene una percepción realista —no catastrófica— de las experiencias y una actitud positiva ante sí mismo y ante la vida. Sin ser narcisista o egocéntrica, una persona sana se ama a sí misma, se siente valiosa y digna de ser feliz.

Los hijos de padres tóxicos tenemos muchas dudas acerca de nosotros mismos, de lo que somos merecedores y capaces de lograr. Cargamos con tantas creencias negativas sobre nosotros mismos que nos creemos incapaces de sentirnos amados (ni por nosotros ni por los demás), porque de nuestros padres aprendimos que éramos tontos, malos, inválidos, feos, gordos, inútiles, desleales, injustos, insuficientes, etcétera. Y como nos sentimos generadores de frustración en nuestros padres, concluimos que

somos negativos y tóxicos en la vida de los demás. La percepción de nosotros mismos está sesgada hacia nuestros defectos y no podemos identificar
nuestras cualidades con facilidad.

Estas conclusiones negativas e irreales sobre nosotros nos alejan de la
felicidad y de la capacidad de plenitud. Consciente e inconscientemente nos
repetimos aquello que nos decían en la infancia y que más nos lastimaba. Lo
decimos en segunda persona, ya que así lo escuchamos una y otra vez cuando
éramos niños: "Eres un imbécil", "Eres insoportable", "Eres egoísta", "Nadie te
va a querer", "Estás gordo", "Eres morena, por lo tanto no eres bonita".

Estas autoafirmaciones provocan que basemos nuestra percepción
sobre una visualización errónea de nosotros mismos. Sin embargo, como
bien dice la sabiduría del mundo árabe: "Sólo hace falta que repitamos algo
cien veces para que se convierta en realidad". Y a razón de que lo decimos una
y otra y otra vez, nos comportamos como si fuera cierto. No importa cuántas
virtudes tengamos, cuán simpáticos o capaces seamos, nos concentramos
en nuestros errores y en lo poco valiosos que creemos ser.

Estos pensamientos negativos nos alejan de sentirnos satisfechos con
nuestra realidad y acumulamos más experiencias de fracaso y de frustración.
A este tipo de afirmaciones negativas se les conoce como fantasías autocumplidoras: como nuestra energía y percepción está en lo negativo, confirman lo
que ya creíamos. Así, quien tiene baja autoestima construye lo que tanto se ha
dicho: "No soy lo suficientemente bueno para ser amado y para ser feliz". Estas
fantasías consiguen que nuestro autoconcepto se minimice y ensombrezca
lo que nos limita en dos aspectos básicos: las relaciones interpersonales y el
éxito profesional. Si aprendimos que "no merecemos ser amados" nos iremos
aislando, o bien, nos sabotearemos en relaciones donde habrá maltrato.

Si aprendimos que no teníamos la capacidad de ser exitosos, tomaremos
malas decisiones laborales que refuercen esta creencia. Esto es lo que le pasa
a Esther. El éxito no puede ir de la mano del miedo a intentar nuevos proyectos.
Es común que los niños-adultos se conformen con vidas laborales rutinarias y
de poco reto ya que arriesgarse a sobresalir confirmaría la realidad del fracaso.

Esto promueve la monotonía en la vida laboral, pocos retos intelectuales y poca sensación de logro, lo que alimenta el ciclo vicioso de sentirse
inútil, fracasado o tonto, como se aprendió en la infancia.

Irma, a pesar de tener estudios de ingeniería y una maestría en administración de empresas, siempre ha tenido trabajos que ella misma define como
"chafas". Cuando le pregunté por qué escogía este tipo de trabajos a pesar
de haber tenido tan buenas calificaciones en su formación académica, contestó: "La escuela no es representativa de la realidad. Soy tonta y no puedo

correr el riesgo de que me descubran, ¿qué haría sin este mísero sueldo?" ¿De dónde viene la creencia de que Irma es tonta y fea? De su infancia.

En la terapia hemos dilucidado cómo cuando era niña su padre le dijo que era tonta y que la escuela estaba hecha para sacar dieces. Para Irma, tomar el riesgo de un nuevo trabajo es amenazante; a pesar de saber que está mal pagada, prefiere seguir en un trabajo en el que no es reconocida y no se siente valorada, pues está convencida de que si busca algo mejor, sólo se sentirá más tonta y tendrá que renunciar antes de que la corran.

La crisis emocional que vive Irma tiene que ver con las dos áreas que afectan su baja autoestima: las relaciones interpersonales y la vida laboral. Irma ha saboteado su plenitud en ambas, ya que aprendió en casa que ella no valía la pena para sobresalir en ninguna de ellas.

Su verdadero reto es dejar de tener fantasías autocumplidoras como "Me voy a quedar sola" y "Soy tonta, que nadie lo descubra", para poder arriesgarse a ser feliz. Irma es el ejemplo de una niña-adulto atrapada en el legado tóxico de una familia disfuncional.

Sensación de desesperanza: "No puedo hacer nada al respecto"

Ante la dificultad, la mayoría de los adultos funcionales busca opciones para llegar a una solución. Los problemas no se perciben como destructores del sistema familiar, porque siempre queda la sensación de que "todo se puede arreglar"; sólo lo catastrófico es percibido como tal.

Los problemas se viven como eventualidades de la vida y no como tragedias. Son incómodos, pero también implican una gran oportunidad. Ante las eventualidades y los momentos difíciles, una personalidad sana no se victimiza, no espera a ser rescatada del conflicto, no se enoja con los demás por lo que tiene que resolver, lo afronta y "saca la casta" para seguir adelante en la vida.

El niño-adulto, al contrario de una persona emocionalmente sana, siente que tiene poca capacidad de logro con respecto a su propia vida; se siente dependiente de los demás y, por lo mismo, cree que no tiene la capacidad de resolver ningún problema.

Los hijos de padres tóxicos tendemos a sentirnos desesperanzados ante la menor turbulencia pues aprendimos que, como no había defensa posible contra el abuso de los padres, tampoco la habrá ante las adversidades de la vida. El abuso, entre muchos otros sentimientos, genera desesperanza —el sentimiento que más suicidios genera— pues significa que no importa lo que hagamos, nada va a cambiar.

La desesperanza es una enfermedad del espíritu que supone un desgarramiento interior, pues está enfocada a la destrucción de nuestros anhelos. La desesperanza es la percepción definitiva de una imposibilidad de logro; suscitada por una resignación forzada y por el abandono de la ambición y de los sueños.

Es importante no confundir la desesperanza con la decepción o con la desesperación, pues no son lo mismo aunque pueden estar asociadas. La decepción es la percepción de una expectativa defraudada y la desesperación es la pérdida de la paciencia y la paz.

Sentir desesperanza no implica estar deprimido, muchas personas deprimidas la experimentan, pero no siempre van de la mano. Lo difícil de esta experiencia es que no se resuelve tratándola como a la depresión. La desesperanza es el común denominador en los que eligen el suicidio como opción; es un sentimiento tan poderoso, que puede anular todos los demás. Cuando el individuo se siente desesperanzado, frecuentemente se pregunta: "¿Qué gano estando vivo?, ¿para qué seguir adelante si todo seguirá mal?" La interpretación negativa de los hechos del pasado, la sensación de impotencia para enfrentar el futuro y las emociones negativas que se alimentan entre sí, crecen como malas hierbas y convierten a la persona en un enfermo emocional crónico. Como puedes ver, la desesperanza no es un estado de ánimo pasajero, sino una percepción derrotista sobre la vida en su totalidad.

Los niños-adultos estamos entrenados a sentir desesperanza, no importa cuánto nos esforcemos para hacer las cosas bien y tener la aprobación y el cariño de nuestros padres, siempre terminamos sintiendo que no damos el ancho y que nuestro esfuerzo no es valorado. Aprendemos que lo único seguro es el fracaso y perdemos la esperanza de sentirnos mejor. Cuando nos enfrentamos a las nuevas etapas difíciles de la vida y a la necesidad de resolver problemas, este sentimiento arraigado desde la infancia se despierta y nos recuerda que estamos en peligro, que no lograremos cambiar nuestra realidad, hagamos lo que hagamos.

Éste es el sentimiento prevalente en Irma. Ella siente que nada va a mejorar en su vida, que está destinada a vivir en soledad y en amargura, pues las cosas son así para ella.

En nuestras sesiones de terapia, ella asegura que no habrá nada que cambie su situación, y lo único que está logrando es que sus fantasías autocumplidoras se vuelvan realidad.

Con un padre abusador verbal y una madre inmadura, Irma aprendió que esforzarse sólo le traería más insatisfacción y que ilusionarse no tenía ningún sentido, ya que ella está destinada a vivir frustrada y amargada. ¿Lo peor de todo? Lo sigue creyendo y construyendo. Todos los días se encarga de repetír-selo y de generarlo. Eso es lo que sucede con los niños-adultos: las fantasías autocumplidoras se refuerzan todos los días, hasta volcerse realidad.

Evasión de los sentimientos: "No debes sentirte así"

Los niños-adultos, hijos de padres abusivos, tendemos a visualizar las emo-ciones como si fueran amenazantes y peligrosas. Controlamos lo que senti-mos y evitamos mostrarlo a los demás porque cuando lo hacíamos en casa, nuestros sentimientos eran interpretados como rebeldía, como motivo de ser reprendidos o lastimados, de desaires y de burlas.

Así, el enojo, la tristeza, la frustración y aun la alegría son evitados. "Mientras nadie se dé cuenta de lo que sientes, no estás en peligro", diría la mente inconsciente de quien creció en una familia disfuncional. Las emocio-nes intensas son reprimidas y nos ponen en evidencia.

Debido a que en una familia disfuncional no hay empatía y se ignoran las necesidades de sus miembros, no hay oportunidad de expresar los sen-timientos de manera abierta, sana y directa. "Deja de llorar o te daré motivo para hacerlo", recuerdo que mi padre le decía a mi hermano cuando lloraba por algo. "Las niñas buenas no se enojan" es una frase común que recuerdan mis pacientes.

Cuando yo era chico, no podía demostrar mi enojo en casa, igual que les sucedía a muchos de mis pacientes. Vivíamos en un ambiente con alta violencia intrafamiliar, donde el enojo de los hijos no estaba autorizado. Enojarse era una falta de respeto para la figura de autoridad, era motivo de más violencia. Así aprendí a aguantármelo, a actuar como si no existiera, a reprimirlo y a negarlo.

Durante años, negué que tenía derecho de molestarme y enojarme con los demás. Durante años, negué la capacidad de defenderme.

Si mi caso te suena familiar, si en tu sistema familiar de origen tampoco se te permitía mostrar tu enojo, si no aprendiste a lidiar con él de manera sana, seguramente, al igual que yo, aprendiste a retroflectar (regresar el enojo hacia ti).

Hoy lo veo con claridad. Desde niño decidí que no me enojaría. Como mi papá era tan destructivo con su enojo, yo no quería lastimar a nadie con el mío y lo reprimí a tal grado que, en verdad, por años fui incapaz de sentirme molesto. El enojo para mí era tan amenazador que lo erradiqué de mi escala emocional. Lo terrible del asunto es que conforme fueron pasando los años, mi capacidad de ser "agresivo pasivo" —agresión que se disfraza siendo sarcástico, ignorando al otro, devaluando lo que dice o lo que siente, dejando de lado las necesidades de los demás— fue aumentando hasta desconocerme por completo.

Yo, que era paciente, divertido, tranquilo, tolerante, pacífico, con buen sentido del humor, me empecé a tornar amargado, frustrado, resentido y con poca capacidad para dejar atrás los conflictos. Con Araceli, mi exesposa, aparentemente no me enojaba y más bien conciliaba los conflictos, sin embargo, hoy me doy cuenta de que era devaluador y mostraba mi enojo haciéndola sentir que no era tan inteligente como yo.

Cuando la crisis llegó y tuvimos conflictos más profundos, empecé a sentir enojo. "Dado, tú no te enojas", me repetía una y mil veces. "¿Qué está pasando contigo?", me empecé a preguntar asustado.

En vez de aceptar este enojo y confrontar el conflicto, me ensimismaba en mis pensamientos y me alejaba emocionalmente de ella. Sin embargo, no existe el enojo inexpresivo. Tratar de evitarlo o evadirlo no significa que no esté ahí. El enojo se expresa de manera directa o indirecta, por eso la gente se queja de su realidad, genera chismes, calumnias, o lo expresa de manera pasiva —como me sucedía a mí—.

La otra manera disfuncional de manejarlo es internalizándolo. A esto se le conoce como retroflexión.

El enojo que no se muestra de manera directa (y esto no significa necesariamente violencia), puede tener muchos nombres (frustración, culpa, ira, decepción, sensación de traición), pero siempre es dañino para nuestra salud. Es una energía poderosa que se convierte en un arma letal cuando lo devolvemos, o cuando lo apuntamos hacia nosotros mismos. Por eso es tan importante observar nuestro enojo, entenderlo, abrazarlo, reconocer cuál es su origen, hacia quién va dirigido, cuál es el impacto que tiene en nuestra vida y hasta dónde ha tomado las riendas de nuestra existencia.

La retroflexión es un término psicológico de la terapia Gestalt, para indicar cuando un individuo regresa hacia sí mismo el enojo que va dirigido hacia el exterior.

Moreau (1987) habló de la retroflexión de la siguiente manera: "La persona abandona todo intento de influir en su entorno y se hace a sí misma lo que querría hacer a los demás. Decide echar sobre sí la agresividad destinada a los demás. El suicidio es la retroflexión extrema".

Un ejemplo de esto es la madre que no se permite ningún descanso o diversión, debido a que está consagrada al cuidado de sus hijos, pues tiene la fantasía de que, si no lo hace, no la perdonarán y se lo reprocharán algún día. O bien, el hombre que vive dedicado a su trabajo y no se da ni la más mínima vacación, porque piensa que tiene que darle un mejor nivel de vida a su familia. En estos casos el enojo no identificado que dirige la persona hacia sus altas expectativas, las cuales han sido introyectadas (adquiridas, asumidas, grabadas) del entorno, la vuelve presa de sus propias elecciones. La retroflexión crónica es el origen principal de las diversas somatizaciones ya que en ella se retiene el flujo normal de la energía.

Entonces, cuando no aceptamos el enojo y no lo expresamos hacia quien va dirigido, regresamos esa energía hacia nosotros de manera destructiva. Del mismo modo pasa con 70 por ciento de las enfermedades del organismo: siempre tienen un componente psicosomático, es decir, que están íntimamente relacionadas con los sentimientos. Cuando somatizamos una enfermedad —colitis nerviosa, dolor de cabeza, náusea, gripe, alguna enfermedad del sistema inmunológico— en realidad estamos retroflectando, o sea, dirigimos hacia nosotros mismos la energía destructiva que iba hacia alguien más.

Cualquiera de los que hemos vivido en una familia disfuncional hemos aprendido a guardarnos y a aguantarnos el enojo, esto sólo se ve reflejado en la merma de la propia salud.

La retroflexión llevada al extremo es el suicidio. Pero antes de llegar a él, existen muchas etapas de autodestrucción.

* * *

Los hijos de padres tóxicos tenemos mucho miedo a los sentimientos, porque hemos presenciado lo irracional y lo destructivo que es seguir los propios impulsos. Sin embargo, hemos olvidado que el hecho de que nuestros padres no tuvieran la capacidad de controlar sus impulsos y sus emociones no significa que nosotros no la podamos desarrollar. Aprendimos que los sentimientos eran lo que llevaban a una persona a perder el control, cuando, en realidad, los sentimientos deben ser la brújula que nos indica cómo actuar de manera funcional.

En las familias tóxicas, la felicidad va acompañada de dolor. Como te platiqué, yo no recuerdo ninguna Navidad que no acabara en tragedia, ninguna fiesta que no acabara con algún tipo de violencia, festejos que no terminaran con vidrios estrellados, puertas rotas o azotones de cajones y ventanas.

Cuando leí *Grown up abused children* (1995), de Leehan and Wilson, entendí lo que me pasaba como adulto. Entendí por qué le temía tanto a la felicidad y la saboteaba. Para mí, felicidad era igual a amenaza y caos.

Ellos lo explican así: "Los hijos que fueron abusados aprendieron dos lecciones: la alegría nunca se debía mostrar ni siquiera sentir, ya que implicaría rechazo; y la alegría es seguida de dolor. Así, es mejor no sentirse feliz ni mucho menos expresarlo, es más, si puedes no sentir nada, estarás a salvo".

Hoy, en mi proceso personal, me doy permiso de enojarme, de frustrarme, de sentirme triste, pero, sobre todo, me doy la oportunidad de sentirme ilusionado y muy feliz. Es un derecho del cual me privé por años, pero que quiero llegar a recuperar por completo.

"Mi historia no es una historia espectacular ni de brutalidad con respecto a mi infancia, pero no por eso dejó de ser determinante e imprimir las huellas más profundas que han marcado mi vida. Por eso quise compartir con Dado, mi compadre del alma, parte de mi historia, para quienes les ha costado darse cuenta de que sufrieron o siguen sufriendo algún tipo de abuso nada fácil de reconocer.

La verdad no recuerdo ningún insulto o descalificación directa de mis padres ni hermanos, nunca escuché ninguna mala palabra o algún conflicto serio entre algún familiar. Por el contrario, siempre fuimos una familia muy civilizada y, dentro de lo posible, siempre tuve apoyo y contención. Sin embargo, había tensión cuando llegaba mi padre, un hombre 'dominante', como él se describe, pero 'perfeccionista', de reglas y convicciones irrevocables. En automático, la casa se tornaba solemne y todos seguíamos los protocolos con propiedad y rigidez. Excepto yo, que fui el más inquieto y distraído, y por lo mismo el más regañado.

No fui buen estudiante, por lo que la tensión en época de calificaciones era insoportable. Siempre traté de evitar la confrontación hasta el último momento (le tenía terror a mi padre). Por lo general, tampoco comía bien, de manera que la ansiedad del día a día, se volvió una costumbre.

Si bien no recuerdo descalificaciones, tampoco recuerdo ningún reconocimiento. En una familia perfeccionista, el mensaje es 'siempre se puede mejorar', y eso me hizo sentir insuficiente todo el tiempo. De alguna u otra manera, todo esto me llevó a percibirme 'diferente' a mis hermanos, como el malo o el 'patito feo'.

De adolescente, no fueron necesarias las reglas, al contrario, podía salir a donde quisiera, con quien quisiera, gastar lo que quisiera, tomar lo que quisiera. Pero nunca llegué después de las once, nunca tomé una gota de alcohol, nunca fumé un cigarro o hice alguna 'tontería' digna de la edad. Me percibía como un adolescente normal. Ahora sé que era un adolescente que no vivía en plenitud esa etapa de vida. Tenía miedo a vivir.

De pequeño no tuve la oportunidad de confrontar a mis padres, aprendí a no opinar y a callar mis sentimientos, a justificar el mensaje de 'ser mejor'. El problema es que, hasta hace poco, no me sentía preparado ni bueno. Hasta el día de hoy muchas de mis relaciones laborales y personales han sido con gente que me refuerza la creencia de que por más que doy, jamás es suficiente.

Sigue presente la ansiedad que me provoca pensar que no voy a satisfacer a los que me rodean y a mí mismo. Me resultaba casi imposible realizar cualquier cosa sin la tensión y la adrenalina que genera la incertidumbre, por lo cual me cuesta trabajo concluir proyectos y dejo todo al último segundo.

Hoy, a mis más de 40 años, ya lo he platicado con mis padres y me parece que lo han entendido. La relación ha sanado, ambas partes entendemos que no pensamos igual en algunas cosas y podemos respetar nuestras diferencias.

Sin embargo, el trabajo más fuerte es conmigo mismo: recordar todos los días que puedo existir sin ansiedad, que una cosa es lo que yo soy y otra lo que los demás esperan de mí. He aprendido que reconocerme un logro no me hace conformista y que no juzgarme con los estándares de mi padre, no me hace insuficiente. Hoy sé que puedo disfrutar sin culpa y tener autoridad con seguridad.

Reafirmé que puedo poner límites a los demás y a mí mismo y terminar con relaciones abusivas. Gran esposo, gran padre y gran profesionista".

FERNANDO

EL PADRE
rígido

"Cuando has vivido y presenciado los sacrificios, las pesadas jornadas laborales, el poco tiempo de sueño y las carencias que tus padres eligieron para darte una buena educación, cuando tuviste la facilidad de asistir a una escuela privada, la posibilidad de elegir la universidad y carrera que quieres, es muy difícil comprender que quien te impide disfrutar cada una de estas cosas es quien te las ha proporcionado".

ISELA, INGENIERA EN ALIMENTOS, 26 AÑOS

La perfección, según el Diccionario de la Real Academia de la Lengua Española, se define como: "ausencia total de fallas o errores".

Tomando en cuenta lo anterior, la definición literal de lo que sería un padre perfecto (libre de errores) es irreal. En el fondo, el padre rígido quisiera ser un padre perfecto.

Tratar de ser cada vez mejor es muy positivo. El deseo de hacer las cosas lo mejor posible e intentar mejorar nuestra productividad, es benéfico para nosotros y para los demás. Sin embargo, vivir con miedo al error o a tropezar sólo se convierte en una fuente de ansiedad, de estrés y de autodesprecio ya que, como es imposible no fallar, los errores se interpretan como fracasos y no como aprendizajes.

El perfeccionismo procede del miedo y la preocupación ante el rechazo de los demás y las expectativas que —creemos— han depositado en nosotros. Por lo mismo, los errores se consideran como una prueba de la incompetencia personal; son vistos como fuente de crítica y juicio de los demás.

En el corazón del perfeccionista se esconde una baja autoestima y la creencia de no ser lo suficientemente valioso o competente como para tener éxito y felicidad en la vida. Esto se manifiesta en su vida familiar, pues exige a los demás lo mismo que se exige a sí mismo. Un padre que está excesivamente preocupado por no fallar, transmite a su hijo la idea de que si comete un error o una falta, las consecuencias serán terribles. Esta creencia queda grabada con fuerza en la mente del niño, lo acompaña hasta la edad adulta y evita a toda costa que se arriesgue a nuevas aventuras en la vida, pues éstas van de la mano con la posibilidad del fracaso.

Los padres perfeccionistas educan a sus hijos para tenerle miedo a la vida y para no experimentar nada que no venga en el guión que han escrito para ellos. Transmiten a sus hijos la idea de que su valor como personas depende de lo que hacen y esperan un rendimiento máximo de ellos, pues de lo contrario "no valen nada". El mérito nunca se mide en la intención de intentar algo con entusiasmo y dedicación, sino en el resultado objetivo y concreto, lo cual invalida el esfuerzo, la experiencia y los sentimientos involucrados.

A pesar de que el padre rígido puede ser comprensivo e indulgente con los errores de los demás pues racionalmente acepta que "todos nos equivocamos", es intransigente con las fallas de su hijo, ya que confunde educar y formar, con dirigir y controlar. Para este tipo de padres no hay nada más importante que su familia y sus hijos, y buscan evitar cualquier tipo de experiencia dolorosa para ellos; creen que saben lo que en realidad es la felicidad absoluta.

El padre rígido no permite que sus hijos tomen decisiones, argumentando que la experiencia le ha brindado la verdad: "Cuando tengas mi edad sabrás por qué lo digo", "Eres muy joven para decidir", "Cuando tengas hijos los educarás como quieras". De esta manera, el hijo del padre rígido aprende que no puede tomar decisiones propias y cuando comete un error, lo experimenta como si se hubiera generado una catástrofe.

Ya que los niños tendemos a moldear nuestra personalidad y a adaptarnos a nuestro medio ambiente, cuando vivimos en un hogar rígido, demandante y sin posibilidad de decisión, estamos obligados a someter nuestros propios deseos y necesidades para poder encajar en nuestro sistema familiar. Sustituimos nuestro verdadero yo, nuestra esencia, por una esencia que es aceptable para nuestros padres; así nos encargamos de obtener el amor y el reconocimiento tan necesarios para cualquier ser humano. Sin embargo, la esencia falsa es una máscara que nos aleja de una relación estrecha con nuestro medio ambiente y con nosotros mismos. Creemos que somos lo que está dibujado en la máscara y nos olvidamos de nuestros verdaderos deseos y sentimientos.

El hijo del padre perfeccionista termina viviendo basado en introyectos. Aprende a rechazar y a odiar su verdadero yo; aprende que hay que rechazar su esencia, de tal manera que reprime sus impulsos y sus deseos en lo más profundo de su mente, negándolos y fingiendo ser lo que en el fondo sólo es el reflejo temeroso de lo que su padre cree que debe ser la felicidad. El hijo de un padre rígido es un hijo castrado emocionalmente.

* * *

Hace casi ocho meses llegó Juanma a mi consultorio. Un joven de apenas 19 años, empezando el segundo semestre de ingeniería mecánica, con síntomas de un cuadro depresivo importante, reportando riesgo suicida.

"No quiero vivir sintiendo esta angustia, no puedo disfrutar nada de mi vida", me dijo con lágrimas en los ojos. Lo primero que me pidió fue que sus papás no se enteraran de que había pedido ayuda terapéutica; necesitaba que le ayudara económicamente pues él no podía pagar por completo las sesiones con su semana. Acepté pero me llamó la atención; la gran mayoría de los adolescentes que llegan a mi consultorio lo hacen por petición de sus padres y en contra de su voluntad. Juanma era un caso atípico en este sentido, un adolescente que pidió ayuda en contra de la voluntad de sus padres.

Al preguntarle por qué no quería que sus padres se enteraran de que estaba deprimido y que había buscado ayuda psicológica, me dijo: "Mi papá no cree en los psicólogos, cree que son para débiles mentales y dice que todos tenemos que salir solos de nuestros problemas; si le digo que necesito ayuda se va a preocupar mucho y va a estar encima de mí. Quiero que piense que todo está bien conmigo, como siempre se lo he hecho creer".

Empezamos el proceso terapéutico y acordamos que Juanma no se intentaría hacer daño mientras fuera conmigo a terapia. Y lo prometió. Él es el tercer hijo de un matrimonio sólido, de un empresario exitoso y una mujer reconocida en el mundo altruista. Juanma hablaba de una familia funcional y unida, sin embargo, no reflejó tener intimidad familiar.

A la quinta sesión llegó alterado porque su madre encontró un recordatorio de cita que mi secretaria les da a mis pacientes para su siguiente sesión. Juanma tuvo que aceptar que estaba deprimido y que estaba acudiendo a sesiones psicoterapéuticas. En efecto, su padre se preocupó y le pidió que en vez de ir con un psicólogo, hablara con él de lo que estaba viviendo. Su padre no podía entender que Juanma quisiera ir con un extraño a expresar sus sentimientos. Mi paciente le pidió que lo respetara y que no le prohibiera ir conmigo. Después de mucho, su padre aceptó.

En un principio, era evidente que para él la entrada a la universidad había sido un cambio importante y estresante ya que en el primer semestre reprobó dos materias; esto le hizo sentir que no iba a poder con la universidad y que no era lo suficientemente bueno para tener éxito. Su depresión continuaba y su idea suicida también. No estaba dispuesto a acudir a un psiquiatra pues "los antidepresivos eran de gente débil", tal y como su padre le había enseñado.

Hace pocos meses, muy cerca de que llegaran los exámenes finales del segundo semestre de la carrera, a la mitad de nuestra sesión, Juanma soltó en llanto. "Dado, me tengo que matar. Tengo un problema enorme que nadie me puede resolver. Me gustan los hombres", me confesó con profunda vergüenza. Me puse de pie y me acerqué a darle un abrazo. Juanma lloraba sin cesar. "No tienes nada de qué avergonzarte, esto no es un problema, es sólo una preferencia, no hay nada de malo en lo que sientes", le dije sin poder calmarlo. Ese día Juanma experimentó una crisis tan grande que tuve que pedirle al paciente siguiente que me donara su tiempo, pues no podía dejar ir a Juanma así, él ya no podía más y estaba dispuesto a quitarse la vida.

Habló mucho. Lo escuché. La razón principal por la cual Juanma no podría aceptar su homosexualidad era que, a lo largo de su vida había escuchado varias veces decir a su papá que antes que tener una hija divorciada o un hijo maricón, preferiría verlos muertos. "Prefiero un hijo muerto que un hijo puto", había dicho a sus hijos con frecuencia cuando tomaba unas copas de más. "No puedo ser gay, no puedo decepcionarlo de esa manera".

Juanma me confesó que antes de buscar terapia intentó tener relaciones sexuales con una extranjera para "curarse", pero no tuvo ninguna erección. No se había excitado y se había sentido devastado. No podía dejar de pensar que si fuera un hombre guapo, se hubiera excitado, y esto lo torturaba. El simple hecho de imaginar ser homosexual lo hacía sentir sin derecho a vivir. "Mi papá se moriría, no podría con esto. Si alguien se entera, sería una humillación pública para él y yo no podría vivir con la culpa".

El padre de Juanma es de origen humilde y empezó a trabajar desde niño. Con un gran esfuerzo fue generando un patrimonio importante. Se casó y ha tenido una vida "intachable". El hijo perfecto que ayudó a sus padres a salir de la pobreza, el hermano perfecto que ayudó a sus hermanos a estudiar una carrera, el yerno perfecto que ha ayudado a su familia política, el esposo perfecto que ayudó a su mujer a formar una asociación civil a favor de las mujeres, el jefe perfecto que da trabajo a muchas familias, el papá perfecto que ha dado todo por sus hijos y que espera de ellos tres historias de vida perfectas. La homosexualidad de uno de ellos no cabe en ese guión de perfección.

Juanma se siente en deuda con su padre. Cree que no lo puede defraudar. Acepta que siente atracción hacia los hombres, pero no puede vivir en plenitud su preferencia sexual. "Primero me mato, antes de tener sexo con un hombre", afirmó en nuestra última sesión.

Le hice ver que sólo tiene 20 años y que nadie tiene por qué saber acerca de su preferencia sexual por lo menos en los próximos diez años; eso lo tranquilizó aunque sigue creyendo que se casará y tendrá hijos y ocultará su homosexualidad para darle gusto a su padre. Por lo menos, ya no se encuentra en riesgo suicida y terminó el segundo semestre de la carrera sin problemas académicos.

La herramienta más poderosa y destructiva para esculpir a nuestro gusto la vida de un hijo es condicionar el amor. El miedo más arraigado en la vida de cualquier ser humano es el de abandono y desde que somos más pequeños estas dos variables —el amor condicionado y el miedo al abandono— son la combinación perfecta para dirigir, como un coche a control remoto, la vida de un hijo. Los hijos harán lo que sea necesario para evitar "defraudar" a sus padres, aun en contra de su propia esencia. Éste es el caso de Juanma y de muchos hijos de padres perfeccionistas.

En *When parents love too much* (1997), Ashner y Meyerson describen cómo el niño experimenta el sentimiento de abandono de manera similar a la muerte; es tal el miedo a perder el cariño de los padres, que hará todo lo que sea necesario para mantenerlo como cualquier ser humano se aferraría al instinto de vida. Si tiene que aprender a no llorar, lo hará; si tiene que evitar reconocer lo que siente, lo reprimirá; si tiene que aprender a desear algo que no desea, lo hará en aras de que sus padres sigan profesando su cariño. Así, es común que los hijos de padres perfeccionistas vivan con constante miedo a ser desaprobados y rechazados.

Ashner y Meyerson apuntan al respecto: "Si el niño entiende que contradecir a sus padres puede alejarlo de su amor, simplemente aprenderá a comportarse como sus padres esperan. Si ellos demuestran amor únicamente cuando hay buenas calificaciones, las traerá; o bien tocar algún instrumento sin error alguno, aprenderá a estar hipervigilante y no cometer falla alguna al tocarlo, sin importar si lo disfruta o no".

En este tipo de familias, el verdadero yo se va debilitando poco a poco, conforme se refuerza que no se puede diferir de las ideas y creencias de los padres, y con la represión de las propias emociones naturales e impulsos primarios. Los padres perfeccionistas son tóxicos porque enseñan a sus hijos a negar las partes de su personalidad que no entonan con la familia y a fingir las que combinan con el estilo familiar, sin respetar la individualidad ni las necesidades emocionales de cada uno de ellos.

El hijo del padre rígido aprende a guiarse primero por lo que opinan sus padres y después por lo que opinan los demás, dándole importancia a lo que "se ve bien" y lo que "debe de ser". El hijo de padres perfeccionistas internaliza, introyecta los deseos y las altas expectativas de sus padres, defendiéndolas en contra de su verdadera personalidad, negándose la posibilidad de ser feliz y auténtico en el mundo.

De esta forma, aunque puede parecer un reflejo de alta autoestima, ser conservador y actuar a partir de los deseos de los padres, en realidad es sólo una defensa, la máscara que esconde cómo somos en el fondo de nuestros padres y de los demás.

Este niño-adulto vive con la constante sensación, arraigada desde la infancia, de que jamás será querido ni aceptado. En la adultez, le dará mucha importancia a los modos sociales, a la forma correcta de vestir, de hablar, de comportarse y de vivir. Quien vive sintiendo que no es bueno para ser amado y aceptado tal cual es, vivirá angustiado y con miedo, desarrollando desde rasgos depresivos hasta algún trastorno de ansiedad.

La ansiedad se refiere a la tendencia del individuo a reaccionar física, emocional y cognitivamente ante una situación cualquiera como si hubiera peligro. Las personas ansiosas tienden a percibir un gran número de situaciones como peligrosas o amenazantes y a responder a ellas con estados de ansiedad de gran intensidad.

La manifestación más pura de un nivel elevado de ansiedad es el Trastorno de Ansiedad Generalizada (TAG). Cuando va de la mano con obsesiones y compulsiones, se habla de Trastorno Obsesivo Compulsivo (ver Anexo *Trastornos*).

Las personas con altos grados de ansiedad presentan un rasgo de personalidad distintivo: evitan el daño. Algunos autores relacionan esto con una característica temperamental que se observa en niños, hijos de padres muy estrictos: la inhibición conductual. Las personas con un nivel alto de inhibición conductual suelen evitar y mostrarse inhibidos ante estímulos novedosos o no familiares, reaccionan con retraimiento (no se acercan al estímulo desconocido sino que se alejan de él). Se trata de personas cautelosas, tensas, fatigables, tímidas, aprensivas y pesimistas. Así, por ejemplo, un niño con elevados niveles de inhibición conductual se muestra temeroso ante desconocidos y suele evitar las situaciones sociales en las que necesita entablar relación con personas que no conoce (o en las que no está presente un cuidador o persona familiar).

Esto se arrastra hasta la edad adulta porque la persona se siente juzgada en todo momento y percibe como peligroso tener contacto social con personas que no conoce.

L. A. Clark, D. Watson y S. Mineka en su investigación *Temperament, personality, and the mood and anxiety disorders* (1994) explican cómo las personas que fueron educadas en hogares exigentes y perfeccionistas, tienden a desarrollar altos niveles de ansiedad; veamos sus características:

Elevada actividad del sistema nervioso simpático: con síntomas como palpitaciones, sudor, dificultad de respirar y sensación de perder la conciencia. Estos síntomas se presentan de forma esporádica ante la necesidad de evitar de una situación.

Miedo excesivo a padecer una enfermedad.

Hipersensibilidad a la separación: son personas dependientes, con necesidad de protección o de proteger a los suyos, muestran una marcada unión con familiares, tienden a ser sobreprotectoras.

Dificultad para alejarse de lugares conocidos: les cuesta adaptarse a los cambios y novedades, no suelen establecerse lejos de su lugar de origen y de las personas que conocen.

Necesidad de seguridad: requieren que alguien les tranquilice, les asegure que no va a pasar nada de lo que temen.

Preocupación excesiva por la salud y la enfermedad: tienen en vigilancia extrema a las sensaciones corporales.

Mientras el hijo del padre rígido aprende a amarrarse las agujetas, a cerrarse la chamarra o a escribir su nombre con claridad en el cuaderno en los primeros años de la primaria, también aprende a esconder sus debilidades y a calificar su valía con base en su desempeño. Si "lo hizo bien", entonces es buena persona; si "cometió un error", entonces no será digno de ser amado.

Cuando cometen errores mienten, evaden los sentimientos, son hipócritas y fingen que todo está bien, para aparentar fortaleza aunque en realidad sientan tristeza, enojo o frustración.

Los padres perfeccionistas hablan del "milagro de la paternidad" y de cómo dar vida los ha colmado de felicidad, le hacen saber a sus hijos que los aman, que son las personas más importantes en sus vidas, aunque les transmiten que si no cumplen con sus expectativas, les arruinarán la vida y los llenarán de infelicidad. El niño vive ese amor como una carga, con gran culpa, pues siente que tiene sobre los hombros la responsabilidad de la felicidad, estabilidad y tranquilidad de sus padres y ningún niño debería cargar con eso.

Cuando la felicidad de nuestros padres depende de nuestras acciones, nos convertimos en mentirosos profesionales para mostrar lo que creemos que es "bueno" y ocultar lo que creemos que generará ansiedad o malestar. Aparentar que todo está bien y que nos sentimos conformes con todo lo que nuestros padres solicitan, se convierte en una estrategia de vida. La ansiedad con la que viven nuestros padres, su exigencia y las creencias rígidas sobre el mundo se funden con nuestra personalidad; nuestra vida se llena de miedo, nos volvemos vigilantes de la crítica social y de la percepción que los demás tienen de nosotros. Quedar bien con los demás es el eje de nuestra relación con el mundo.

Cuando crecemos, nos relacionamos con los demás como lo aprendimos con nuestros padres y escondemos parte de nuestra personalidad (la que pensamos que será desaprobada y rechazada) usando máscaras o estableciendo relaciones deshonestas y superficiales para esconder que somos seres humanos imperfectos y falibles. Creemos que no somos valiosos y que nuestra personalidad es algo que necesitamos esconder a toda costa, lo cual nos genera una gran soledad ya que no nos atrevemos a relacionarnos con los demás.

Por lo anterior, Ashner y Meyerson (1997) afirman que los hijos de padres perfeccionistas se convierten en adultos que:

- Se sienten juzgados y lastimados por la opinión social, pero lo esconden.
- Esconden los sentimientos que no son aceptables por la familia, en especial el enojo, la frustración y el resentimiento.
- Aprenden a aparentar que todo está bien, cuando en el fondo no es así.
- Nunca piden ayuda, ya que aceptarla implicaría reconocer falta de autonomía.
- Sienten que son responsables de la felicidad de todo su entorno.
- Son críticos con su cuerpo y peso, su manera de vestir, su salud o sus defectos físicos.
- Se sienten paralizados ante el hecho de poder cometer algún error.
- No toleran que los demás descubran sus áreas vulnerables y, por lo tanto, mienten sobre ellas y las esconden.
- Creen que si son auténticos con su medio ambiente, éste los dejará de querer y los rechazará.

Este tipo de niños-adultos tiene serios problemas con la inteligencia emocional (IE), ya que aprendieron a dar resultados sin contactar con sus emociones. A pesar de ser reconocidos en el trabajo —como esconden sus errores y su vulnerabilidad tan bien, le dan más importancia a la productividad sobre las relaciones interpersonales—, son torpes en las relaciones interpersonales, pues no identifican sus propias emociones y mucho menos las de los demás.

No se respetan a sí mismos y por lo mismo no saben respetar a los demás. El hijo del padre rígido aprendió a convencer a los otros de sus habilidades con un discurso estudiado, premeditado y estructurado. Si la máscara con la que se relaciona hablara, diría: "Todo está bajo control, no hay ningún problema aquí".

El niño-adulto muestra muy poco la máscara del control y la perfección. Toda la espontaneidad, la creatividad y la naturalidad de una personalidad imperfecta se esconden en la rigidez y en el miedo a la crítica social.

Como es imposible no cometer errores, el esfuerzo de un niño-adulto para parecer perfecto es tan grande que desarrolla altos niveles de estrés; interioriza e introyecta la ansiedad con la que viven sus padres. Por eso es común que presenten síntomas psicosomáticos, tales como insomnio, presión arterial elevada, dolores de cabeza o problemas gástricos constantes.

Es tan elevada la presión que vive el niño-adulto para cumplir con las expectativas que cree que sus padres tienen sobre él, que muchas veces se exige aún más. Y, cuando esto sucede, la familia perfeccionista no apoya diciendo: "Te estás esforzando de más, relájate y disfruta de la vida", sino que —de manera verbal y no verbal— promueven el esfuerzo que está realizando su hijo y generan un ciclo vicioso que crea mayor autoexigencia, mayor satisfacción de los padres y mayor búsqueda de lo que jamás se alcanzará: la perfección. La poca espontaneidad que queda en la personalidad de los hijos de padres rígidos, se va llenando de miedos y de pensamientos ansiosos. La calidad de vida del perfeccionista va mermando hasta perder el gozo.

Cuando nos preocupa algún tema, (alcanzar la perfección, por ejemplo) las ideas en torno a éste pueden convertirse en el centro de nuestra atención y de nuestros pensamientos. Las ideas que resultan molestas por su contenido o frecuencia, cuando son irracionales e incontrolables, cuando generan ansiedad y miedo y son el eje de nuestro pensamiento, se conocen como obsesiones.

Así como el perfeccionista se exige a sí mismo, termina por exigir a los demás un orden y control rígidos y obsesivos. Entonces, sus relaciones se matizan por demandas irracionales que las desgastan hasta terminarlas, o bien, transformarlas en deshonestas y superficiales, igual que la relación con sus padres.

El hijo de padres perfeccionistas repite el drama que vivió en su infancia: jamás sentirse satisfecho con lo que tiene, con lo que logra y con quien se relaciona. Al sentir que nada es suficiente, no puede aprender a relajarse y a vivir la vida en plenitud. La búsqueda de la perfección llega a ser una obsesión.

Si eres hijo de un padre rígido, perfeccionista o ansioso, las probabilidades de que hayas desarrollado tu personalidad son muy bajas. Seguramente aprendiste a negar y a esconder tus verdaderas emociones, deseos e impulsos, en esa máscara de control y equilibrio en la que se fue convirtiendo tu rostro. Aprendiste a mostrar lo que tus padres querían que mostraras y aprendiste que sólo eso era digno de ser admirado y amado. Que los demás te digan que eres rígido o intransigente para ti es un piropo, pues significa que estás consiguiendo esconder tu vulnerabilidad y tus sentimientos, ya que aprendiste que sentir era igual a ser débil.

Aquello que crezca rígido tendrá más posibilidades de fragmentarse ante las circunstancias adversas. El bambú consigue ser fuerte y resistente por ser flexible.

PROVERBIO CHINO

Vivir dentro de este disfraz de perfección implica renunciar a la intimidad con los demás y rechazar a la persona que eres. Ahora más que nunca estoy convencido de que lo bello de cada uno de nosotros radica en lo imperfectamente únicos e irrepetiblemente falibles que somos.

"De las primeras cosas que me dijo Dado fue que yo tenía baja autoestima. 'Baja autoestima, ¿yo?, hija de una familia unida, querida por ellos y mis amigos, linda, inteligente, egresada de una universidad privada y ex alumna de una escuela para señoritas llevada por monjas, eso es imposible'.

Sí, es verdad que en esos momentos no encontraba trabajo, acababa de cortar con mi novio y me sentía deprimida, pero, ¿qué tenía eso que ver con mi autoestima?

Decidí ir al psicólogo luego de que mi novio me explicó que una de las razones por las que quería cortar conmigo era lo 'desgastado' que lo tenía la relación entre mis padres y yo. Era la segunda persona que terminaba conmigo por la misma causa. Consideré que mi dinámica familiar podría resolverse acudiendo los tres —mis padres y yo— con un profesional que les dejara ver que yo ya no era una niña y que podía manejarme como una adulta a mis 26 años.

Por fortuna caí en manos de Dado y aunque la terapia no se dio en grupo, he entendido que todos los problemas que me hicieron llegar a él tienen solución.

Desde la sesión número uno escuché el consejo de irme de mi casa. Si yo pagara la consulta, habría pedido el reembolso de mi dinero por escuchar algo que desde que tengo 20 años tengo claro. Pero si sabía que ésa era la mejor solución a mis problemas, ¿por qué no lo había hecho ya? La respuesta no es porque no hubiera tenido la edad suficiente, o porque no consiguiera un trabajo donde ganara lo necesario para mantenerme, sino por miedo a lo que fuera a pasar en casa cuando me decidiera: miedo a que mis padres me dieran la espalda, a que me 'desheredaran', e incluso a que mi padre perdiera la razón en ese momento y, con violencia física, me hiciera olvidar esa absurda idea.

Supongo que en las primeras sesiones, Dado pensaba que yo estaba ahí debido a la profunda congoja que me causaba haber terminado con mi novio, aunado a que tenía cinco meses desempleada, pero poco a poco se dio cuenta de que esa tristeza que reflejaba en los ojos, mis relaciones fallidas, la insatisfacción que vivía a los 26 años y el rol de 'adolescente' que adoptaba en casa, no eran más que el resultado de un padre perfeccionista y rígido. Claro que no había nada de malo en la carrera que elegí, en mi físico, o en mi mente, todo provenía de una de las personas que más quiero en este mundo: mi papá. Sin embargo, quererme demasiado lo ha llevado a adueñarse de mi vida, a controlar cada paso que doy y negar que soy una mujer hecha y derecha.

Cuando has vivido y presenciado los sacrificios, las pesadas jornadas laborales de tu padre, el poco tiempo de sueño que tus padres aceptaron para darte una buena educación, cuando tuviste la facilidad de asistir a una escuela privada, la posibilidad de elegir la universidad y carrera que quieres, es difícil comprender que tienes derecho a disfrutarlas. En mi caso, la misma persona que me dio todo lo anterior, es quien me ha impedido disfrutarlo. Ahora comprendo que sus esfuerzos no fueron en balde, pero los pagué con creces. Quien me regaló todo en la infancia es el mismo que ha decidido, en mi adultez, cobrarme la factura.

¿De qué sirve que me faciliten un coche si desde que tengo 20 años tengo que regresar a casa antes de la 1:30 a.m.? ¿De qué sirve que me den la libertad de elegir a la persona con la que quiero salir, si todas mis relaciones han sido afectadas por su intromisión? ¿Cómo aquilato que haya tenido la oportunidad de que me enviaran de intercambio a otro país, si en el propio no me dan permiso para salir de viaje con mis amigos y mucho menos con mi pareja?

Tal vez todo lo anterior suene superficial, pero son libertades que cualquier adulto seguramente considera inherentes a mi edad. En mi caso, desde que dejé de ser adolescente, ha sido mi padre quien ha interferido en el desarrollo de mi adultez, y yo quien he permitido que esto suceda, orillada por el miedo a que se enoje conmigo, me quite su apoyo moral o económico, e incluso su cariño.

Aunque no tengo que pedirle permiso para cortarme el pelo, aceptar un trabajo o tomar el auto, todo lo que no se adapte al plan de vida que tiene pensado para mí, incluyendo la ropa que uso cuando salgo con ellos o el tiempo que duermo los domingos, me genera un nivel de ansiedad tan alto que decido hacerle caso, pues sé que si no lo hago, se disgustará y reaccionará con un comentario como 'ya dormiste suficiente', o me agarrará a golpes al enterarse de que hice una fiesta a escondidas.

Este miedo a ocasionar un enfrentamiento con mis padres o a que me abandonen por ser una mala hija, me ha hecho buscar una salida fácil para evitar el conflicto: mentir.

Con esto no quiero decir que los tenga engañados, sino que muchas veces, por seguir sus pautas y llenar sus expectativas, he tenido que mostrarme como una persona que no soy. Claro, todos pensarán que en algún momento tuvieron que mentirle a sus padres para lograr un permiso o esconder un problema pero, en este caso, dudo que mis padres conozcan mis gustos auténticos, mi forma de pensar ante la vida o las decisiones que sería capaz de tomar si ellos no interfirieran, pues para ellos yo siempre he sido la hija perfecta, presumible a los ojos de todas sus amistades y hermanos. Tú que me lees, ¿no te parece una locura? ¿Cómo puedo ser auténtica, si a las personas que más quiero no les puedo demostrar cómo soy?

Dado me ha acompañado a descubrir que mi frustración proviene de no ser yo misma, pues he dejado de lado mis verdaderos deseos, al intentar apegarme a los de mis padres. En un intento de escape a esta situación, y como una autodefensa, desarrollé un espíritu rebelde que me ha llevado a buscar cosas diferentes a las que ellos quieren para mí, pero que, al mismo tiempo, están alejadas de lo que me gustaría. Por ejemplo, las parejas que he elegido son reprochables ante los ojos de mis padres, pero, en el fondo y siendo totalmente honesta conmigo misma, también son reprochables ante los míos.

Esto va de la mano del amor condicionado que he recibido en casa y del trato que hay entre mis padres. Todas mis relaciones han sido codependientes. Sé que esto no cambiaría si no fuera por la ayuda de Dado, pues mi poca autoestima, mi imposibilidad para poner límites y el miedo a enfrentarme a un conflicto que terminara en que me dejen de querer, me habrían hecho un blanco fácil de una relación de abuso.

Papá:

Gracias por pagarme la terapia. Sin la ayuda de Dado habría sido difícil darme cuenta de que no hay necesidad para ser tan dura y exigente conmigo misma, que no es justo compararme con los demás, que no necesito el reconocimiento ni la aprobación de todos —incluyendo la tuya— para saber que estoy haciendo algo bien o que soy valiosa. Ahora sé que debo estar orgullosa de mis logros sin necesidad de voltear a ver los de los demás y, sobre todo, que si no te doy gusto en todo, no significa que te quiera menos y tampoco que mi próxima pareja me vaya a abandonar.

¿Cómo esperabas que yo tuviera una mejor pareja?, ¿una que no me dominara y exigiera como tú?, ¿que no me dijera a mí las mismas cosas hirientes que tú a mi mamá? y ¿cómo no tenerle miedo a que me dejara de querer, si al igual que tú, me amenazaba con irse si yo no hacía lo que él esperaba de mí?

Posiblemente, al llevar mi vida como creo conveniente, no llene tus expectativas y me quites tu cariño condicionado. Sé que a diferencia de ti, que tienes otros dos hijos, yo no tengo otro padre, pero al menos tengo la confianza de que cuando faltes, me tendré a mí misma; la única persona en este mundo a quien debo satisfacer y hacer feliz.

Ahora ése es mi compromiso: ver por mi propia felicidad".

ISELA

202

EL PADRE
con trastorno de personalidad

"Entonces mi papá pasó de estar frustrado a estar furioso. Empezó a gritar que para tener dos hijos maricones prefería no tener hijos. Nos dejó en el jardín y entró a la casa, azotando la puerta. Siguió gritando adentro y golpeando cosas. Nos dormimos asustados y tristes. En la mañana, cuando mis papás nos llamaron a desayunar, seguíamos afectados. Llegamos a la mesa sin saber qué esperar y, como siempre, vigilando el ánimo de mi papá. Se sentó a desayunar como si nada hubiera ocurrido, preguntando cómo habíamos dormido y planeando el día. Nadie volvió a hablar de esa noche, hasta hoy. Siempre viví con miedo".

XAVIER, DOCTOR EN SOCIOLOGÍA, 38 AÑOS

Los trastornos de personalidad son un conjunto de perturbaciones o anormalidades que se dan en las dimensiones emocionales, afectivas, motivacionales y de relaciones sociales de los individuos.

Una personalidad se define psicológicamente como el conjunto de rasgos mentales y de comportamiento permanentes que distinguen a los seres humanos. Hablar de personalidad es hablar de individualidad; es concentrarnos en cada persona, en cada individuo partiendo de la idea de que es único e irrepetible.

La personalidad está compuesta por la historia de cada hombre, su movilidad psíquica (adaptabilidad al medio ambiente), el desarrollo de sus potencialidades y el ejercicio de su libertad.

La personalidad también tiene que ver con la manera como entendemos y nos relacionamos con el mundo, con nuestros deseos, valores y expectativas. La personalidad se relaciona con quienes somos en cada momento preciso de nuestra vida.

La personalidad no es estática, se desarrolla y se modifica a lo largo de nuestra vida y tiene diversos componentes, de los cuales, el único que permanece inmóvil es el temperamento.

El temperamento es la conjunción formada por el juego de la herencia precedente de todos nuestros antepasados (remotos o próximos). Es la naturaleza básica, la espontaneidad de un individuo, lo que constituye nuestros primeros impulsos; y es el conjunto de dinamismos mentales, de tendencias profundas y posibilidades reales sobre las cuales se desarrolla nuestra personalidad.

El firme cimiento del temperamento permanece invariable hasta el fin de la vida e influye en el desarrollo psíquico. Un trastorno de personalidad se define como experiencias y comportamientos que difieren de las normas sociales y expectativas del equilibrio.

Las personas diagnosticadas con un trastorno de la personalidad pueden tener alteraciones en la cognición, emotividad, funcionamiento interpersonal o en el control de impulsos. Los trastornos de personalidad se diagnostican en 40 o 60 por ciento de los pacientes psiquiátricos y representa el diagnóstico psiquiátrico más frecuente, antecedido sólo por diagnósticos depresivos.

Los trastornos de personalidad se incluyen como Trastornos Mentales del Eje II en el *Manual diagnóstico y estadístico de los trastornos mentales* de la Asociación Americana de Psiquiatría (DSM IV), y en la sección de trastornos mentales y del comportamiento en el manual (CIE) de la OMS. Estos patrones de conducta son asociados con alteraciones sustanciales en algunas tendencias de comportamiento de un individuo, e involucran varias áreas de la personalidad que casi siempre se asocian con perturbaciones significativas en la esfera personal, social y laboral del individuo.

Un trastorno de personalidad es inflexible y se extiende a muchas situaciones porque tales comportamientos anormales son egosintónicos (sin conciencia de la anormalidad), es decir, los elementos de la conducta, pensamientos, impulsos, mecanismos de defensa y actitudes de una persona van de acuerdo con su *yo* y con la totalidad de su personalidad, y por tanto, se perciben como adecuados por el afectado.

Este comportamiento supone estilos de enfrentamiento desadaptativos, que conducen a problemas personales y alteraciones, tales como ansiedad extrema, angustia o depresión. La aparición de estos patrones de comportamiento se remonta al principio de la adolescencia y al comienzo de la edad adulta, y en algunos casos a la infancia.

Los trastornos de personalidad se manifiestan con problemas emocionales, laborales, espirituales y sociales. Estos problemas se presentan sin que hayan sido causados por perturbaciones emocionales o afectivas subyacentes y no son producidos por situaciones ambientales, como un desastre natural, una muerte inesperada o una enfermedad.

Aunque todos los trastornos de personalidad implican una perturbación emocional y conductas de inadaptación social, por fortuna, no todos los que presentan perturbaciones emocionales tienen dificultades en sus relaciones interpersonales.

El DSM IV menciona diez trastornos de la personalidad, que se aglomeran en tres grupos:

Grupo A (trastornos raros o excéntricos). Este grupo de trastornos se caracteriza por tener un patrón penetrante de cognición con respecto a dudas y sensación de ser perseguido (como la sospecha), expresión (como el lenguaje extraño, o hablar en claves) y en la relación con otros (como el aislamiento) que son anormales. Son tres los trastornos de personalidad en esta área:

• Trastorno paranoide de la personalidad
• Trastorno esquizoide de la personalidad
• Trastorno esquizotípico de la personalidad

Grupo B (trastornos dramáticos, emocionales o erráticos). Estos trastornos se caracterizan por un patrón penetrante de violación de las normas sociales (el comportamiento criminal o ir en contra de las normas familiares), comportamiento impulsivo (no medir las consecuencias de las acciones), emotividad excesiva (las emociones irracionales y exageradas) y grandiosidad (el complejo de superioridad). Con frecuencia presenta *acting-out* (exteriorización inconsciente de sus rasgos trastornados de personalidad mediante conductas desadaptativas), llegando a rabietas, comportamiento abusivo y arranques de rabia.

Éste es el grupo de trastornos de personalidad que más daño genera en los hijos, pues es donde se presentan conductas abusivas. Los trastornos agrupados en esta área son:

• Trastorno antisocial de la personalidad
• Trastorno límite o *borderline* de la personalidad
• Trastorno histriónico de la personalidad
• Trastorno narcisista de la personalidad

Grupo C (trastornos ansiosos o temerosos). Este grupo se caracteriza por un patrón penetrante de temores anormales, incluyendo relaciones sociales, separaciones y necesidad de control. Son tres los trastornos de personalidad en esta área:

- Trastorno de la personalidad por evitación
- Trastorno de la personalidad por dependencia
- Trastorno obsesivo-compulsivo de la personalidad

Para que se pueda diagnosticar un trastorno de personalidad, se requiere la presencia de una alteración en la misma —no directamente atribuible a una lesión o enfermedad cerebral o a otros trastornos psiquiátricos— que reúna las siguientes pautas:

- Actitudes y comportamientos faltos de armonía que afectan comúnmente varios aspectos de la personalidad, por ejemplo la afectividad, la excitabilidad, el control de los impulsos, las formas de percibir y de pensar, y el estilo de relacionarse con los demás.
- La forma de comportamiento anormal es duradera, de larga evolución y no se limita a episodios concretos de enfermedad mental.
- La forma de comportamiento anormal es generalizada y claramente desadaptativa para un conjunto amplio de situaciones individuales y sociales.
- Las manifestaciones anteriores aparecen durante la infancia o la adolescencia y persisten en la madurez.
- El trastorno conlleva un considerable malestar personal, aunque éste puede aparecer sólo en etapas avanzadas de su evolución.
- El trastorno se acompaña, aunque no siempre, de un deterioro significativo del rendimiento profesional y social.

En su libro *Tratado de trastornos de la personalidad* (2010), Belloch Fuster y Fernández-Álvarez aclaran la oposición básica entre una personalidad sana y una personalidad con trastorno. Así, una personalidad sana a diferencia de una patológica tiene las siguientes características:

- Adaptativa
- Flexible
- Funciona autónoma y competentemente en diferentes áreas de la vida, es decir, hay responsabilidad y medición de las consecuencias de las propias acciones.
- Establece relaciones interpersonales satisfactorias y nutritivas.
- Consigue metas propias con el consiguiente sentimiento de satisfacción subjetiva.

Por lo mismo, un trastorno de personalidad es un modo patológico de ser y de comportamiento que:

- Es omnipresente. Se pone de manifiesto en la mayor parte de las situaciones y contextos, y abarca un amplio rango de comportamientos, sentimientos y experiencias.
- No es producto de una situación o acontecimiento vital concreto, sino que abarca la mayor parte del ciclo vital del individuo.
- Es inflexible, rígido.
- Dificulta la adquisición de nuevas habilidades y comportamientos, especialmente en el ámbito de las relaciones sociales: perjudica el desarrollo del individuo y de la sociedad a la que pertenece.
- Hace al individuo frágil y vulnerable ante situaciones nuevas que requieren cambios.
- No se ajusta a las expectativas que se tienen del individuo, tomando en cuenta su contexto sociocultural.
- Produce malestar y sufrimiento al individuo o a quienes le rodean: provoca interferencias en diversos ámbitos (social, familiar, laboral y social).
- El malestar es consecuencia de la no aceptación de los demás del modo de ser del individuo, más que una característica intrínseca del trastorno: suelen ser egosintónicos (no hay conciencia de la dificultad en la relación interpersonal).
- Por lo antedicho, la conciencia de enfermedad es escasa o inexistente.

Tener un padre con un trastorno de personalidad, cualquiera que éste sea, siempre será complicado, ya que implica tener un padre que se comporta de manera rara y desadaptativa, que se relaciona sin verdadera conciencia de sí mismo con el mundo exterior y sin responsabilizarse de sus acciones.

Sin embargo, en mi experiencia terapéutica, hay dos trastornos de personalidad que por su esencia llevan al abuso, en especial de sus hijos. Ambos trastornos pertenecen al grupo B y son el Trastorno narcisista de personalidad y el Trastorno límite de la personalidad.

¿Cómo es el Trastorno narcisista de personalidad?

M. A. Blais, P. Smallwood, J. E. Groves y R. A. Rivas-Vázquez, en su artículo "Personality and personality disorders"(2008), describen con profundidad el trastorno narcisista de personalidad como una condición mental crónica por la cual los pensamientos y comportamientos del sujeto causan problemas en las relaciones interpersonales y en todas las áreas de su vida. El narcisista siente que es mejor que los demás, que es más inteligente y más exitoso que todos.

La persona que tiene trastorno narcisista de personalidad busca a toda costa ser el centro de atención y sentir que debe ser amada, sin importar su comportamiento.

El narcisista tiene dificultad para sentir cariño por otros y para ser empático con los sentimientos de los demás. Se siente con el derecho de controlar todas las decisiones en la vida de los otros y decidir los asuntos más importantes de la vida de los demás. El narcisista no tolera que otros estén en desacuerdo con sus opiniones; vive como una agresión personal que le señalen un error.

Quien padece este trastorno siente que tiene derecho a tratar a los demás de manera mezquina cuando no cumplen con lo deseado. Así, el narcisista busca tanto reconocimiento que sólo se comporta de manera agradable con otras personas si va a recibir recompensa inmediata. El narcisista tiende a ser una persona hiriente con los demás y compite con todos, aun con los más cercanos, como sus hermanos o sus hijos. Por lo mismo, le es complicado confiar en los demás, ya que cree que todos buscarán desbancarlo del primer lugar; jamás pide ayuda, rara vez pide perdón, aunque se dé cuenta de que se equivocó y justifica a toda costa herir a los demás.

* * *

"¿Espejito, espejito, quién es la más bonita?", es una pregunta que haría una persona con el trastorno narcisista de personalidad, por ejemplo, las madrastras de los cuentos de hadas. Como sabes, ellas son egocéntricas, competitivas, no toleran que alguien brille más y están dispuestas a todo con tal de ocupar el primer lugar.

El narcisista es presumido, cree que tiene talentos especiales y que es digno de ser elogiado por los otros, aunque no haya hecho nada para merecerlo. El pensamiento del narcisista está tergiversado, sus ideas giran en torno al éxito, el poder y la belleza, de modo que está convencido de que sólo puede rodearse de gente igual de especial que él; le da mucha importancia a las relaciones sociales, las clases socioeconómicas y la opinión de los demás, el "qué dirán".

El narcisista cree que es ético usar a otras personas para conseguir lo que quiere, ya que todos los demás estamos para atender sus necesidades. No se preocupa por los sentimientos ni por las necesidades de los demás y no tiene la capacidad de ser empático con ninguno de ellos.

Un narcisista es muy celoso con los demás, no permite ni promueve el crecimiento personal, profesional o emocional de nadie, ni de sus hijos, por lo que tiende a hacerlos sentir menos y a maltratarlos verbal, física y emocionalmente para evitar que sobresalgan. En un intento por devaluar el trabajo y los logros de los demás, el narcisista critica a sus hijos para evitar que se distingan y que puedan opacarlo.

En *Los desórdenes narcisistas y borderline* (1981), Masterson considera que el paciente que manifiesta un trastorno de personalidad narcisista busca la perfección en todo lo que hace; aspira a conseguir riqueza, poder y belleza y a encontrar a otros que reconozcan y admiren su grandiosidad. Debajo de la fachada defensiva, se encuentra un estado de vacío y rabia en el que predomina la envidia.

A su vez, en *Trastornos de la personalidad* (1998), Millon describe los diferentes subtipos de personalidades narcisistas que existen:

1. El narcisista sin principios: suele tener éxito y mantiene sus actividades dentro de los límites de la ley; es raro que pida ayuda terapéutica y es soberbio. "El comportamiento de estos narcisistas se caracteriza por un arrogante sentido de la propia valía, una indiferencia hacia el bienestar de los demás y unas maneras sociales fraudulentas e intimidatorias. Son conscientes de que explotan a los demás y de que esperan reconocimientos y consideraciones especiales, sin asumir responsabilidades recíprocas". "Las evidentes características del narcisista sin principios apoyan la conclusión de que en estas personas se mezclan características narcisistas y antisociales". "Estos narcisistas funcionan como si no tuvieran otro principio que el de explotar a los demás en su propio beneficio. Carecen de un auténtico sentido de culpa y apenas tienen conciencia social; son oportunistas y charlatanes que disfrutan estafar al prójimo, jugar, burlarse y despreciar por la facilidad con que han sido seducidos. Sus relaciones se mantienen mientras tengan algo que ganar", describe Millon a lo largo de su escrito.

2. El narcisista psicopático-sádico: es un perfil similar al anterior pero más extremo. A este subtipo se suman las características del anterior, que disfruta haciendo daño a los demás. Aquí entrarían las personalidades más sádicas y retorcidas, como los violadores múltiples y algunos asesinos en serie. Estas personalidades jamás piden ayuda y tienen alto contenido sociopático en su personalidad. Un padre de esta naturaleza abusa física, verbal y sexualmente de sus hijos.

3. El narcisista práctico y funcional: similar al narcisista sin principios de Millon, sólo que se trata de una variante más adaptada, más funcional. Este narcisista aprende a manejar a las personas de su entorno a su antojo, sin que éstas sean conscientes de sus verdaderas intenciones. Es manipulador y su abuso es cerrado. Este subtipo suele estar muy integrado en la sociedad. No se caracteriza por hacer sufrir a quienes lo rodean (a menos que sienta la necesidad de cambiar de planes y las personas dejen de serle útiles). Aunque es poco empático y poco respetuoso con los demás, su abuso es más velado y más fácil de sobrellevar.

4. Narcisista elitista: está centrado en venderse a sí mismo y puede resultar descarado y demasiado evidente. Al hablar excesivamente de sí mismo, este narcisista se expone a que haya discrepancias entre lo que es y cómo se presenta. En realidad se cree sus mentiras, a diferencia de otros narcisistas que advierten que lo que dicen no es cierto. Los elitistas están convencidos de su ser: "En vez de esforzarse por adquirir calificaciones y talentos genuinos, prácticamente todo lo que hacen logra persuadir a los otros de que ellos son únicos y especiales"; muchos son arribistas que intentan cultivar su sentido de especialidad y ventaja personal, asociándose con los que poseen logros y reconocimiento genuinos. Millon menciona lo siguiente: "En cualquier actividad a la que se dediquen los narcisistas elitistas, invierten sus energías en hacerse propaganda, en jactarse de sus éxitos, ciertos o falsos, en conseguir que cualquier cosa que hayan hecho parezca maravillosa, mejor que lo hecho por los otros y mejor de lo que realmente es".

5. El límite narcisista: este subtipo es sugerido por el doctor Vicente Rubio. Para este narcisista, además de las características y los síntomas más aparentes de los que hablamos, hay un importante fondo histriónico-narcisista de protagonismo, aparatosidad, desmesura, importancia y necesidad de ser diferente, en pocas palabras llevar todo al límite. Se trata de personas que consideran que tienen que ser tratadas de forma diferente porque son especiales. Un ejemplo que ayuda a visualizar este subtipo sería el sujeto que constantemente siente que no está siendo tratado adecuadamente por los establecimientos y demanda que le atienda el jefe, director o responsable. Busca ser tratado como cliente especial y exige rebajas, descuentos o promociones sólo por tratarse de él mismo. Estas personas presentan nula empatía y consideran que los demás están ahí para atenderlos cuando ellos lo necesiten.

Un padre con este tipo de trastorno pone en ridículo a sus hijos, pues es irresponsable con sus obligaciones económicas —deja de pagar colegiaturas, médicos, dentistas y exige un trato preferencial sin ser justo en el pago de servicios—. Además, exige que sus hijos obtengan descuentos en escuelas y establecimientos, provocando situaciones bochornosas.

¿Cómo es el Trastorno límite de personalidad?

Con toda seguridad, es el trastorno de personalidad más complicado que existe, pues es una de las patologías más difíciles ya que lleva al límite cualquier conflicto, emoción, relación interpersonal, conducta autodestructiva y agresión hacia los demás.

El concepto de límite es desafortunado, pues se trata de una secuela histórica de cuando este trastorno se consideraba fronterizo entre la psicosis y la neurosis. Hoy se sabe que, en realidad, tener una personalidad *borderline* o límite no es rayar en la locura, sino que implica un patrón de inestabilidad emocional y de relaciones intra e interpersonales llevado al extremo.

En *Sinopsis de la psiquiatría* (1999), Kernberg habla sobre una estructura límite de la personalidad que es la base de un sinnúmero de conflictos intra e interpersonales. Es el trastorno de personalidad que peor pronóstico tiene de todos los que existen en cuanto a la capacidad de mejoría en su relación con el mundo, ya que la capacidad de "darse cuenta" y de "tomar responsabilidad sobre la propia vida" está sumamente disminuida.

Este trastorno se presenta con más frecuencia en las mujeres que en los hombres. En los familiares de primer grado se ha observado una mayor prevalencia de trastornos depresivos y abuso de sustancias, un reflejo claro de estrés. Vivir con un *border* es vivir expuesto a todo tipo de abuso.

En *Surviving a borderline parent* (2003), Roth y Friedman explican que el trastorno límite de personalidad consiste en un patrón de marcada predisposición a actuar de un modo impulsivo sin tener en cuenta las consecuencias de las acciones, y un ánimo inestable y caprichoso.

Afirman que consiste en una inestabilidad respecto a la vivencia de la propia imagen, de las relaciones interpersonales y del estado de ánimo. Hay una notable alteración de la identidad que se manifiesta por incertidumbre ante temas vitales, como la orientación sexual, los objetivos a largo plazo, el sentido de vida y la pertenencia al grupo familiar o social, lo que les conduce a una sensación de vacío y aburrimiento. Pueden presentar manifestaciones explosivas e incluso violentas al recibir retroalimentación, las cuales perciben como críticas y se sienten frustrados cuando alguien no está de acuerdo con sus actos impulsivos.

Además de la inestabilidad emocional y la ausencia de control de impulsos —con autolesiones y explosiones de violencia, comportamientos amenazantes y conductas chantajistas—, los *borderline* tienen una constante afectación de la imagen de sí mismos: sufren de alteraciones en la conducta alimentaria, relaciones intensas e inestables, e intentos y amenazas suicidas.

Sus relaciones interpersonales son del tipo amor-odio, es decir, pasan de la idealización a la devaluación. Su pensamiento es totalitario, se rigen por el blanco o negro, no alcanzan a distinguir los matices. Pasan de la adoración al odio total hacia una persona.

Es frecuente que el *border*, en la búsqueda constante de aventura, abuse de sustancias psicoactivas como mecanismo de huida. Por lo mismo, sufre de frecuentes y rápidos cambios de humor e ideación paranoide (creen que los demás estás tramando algo en contra de ellos).

La realidad es que sentimientos como soledad, tristeza, aislamiento, enfado, desesperación, impotencia, rabia, depresión, angustia, son sólo algunos de los que experimentan todos los días los allegados a los individuos con trastorno de personalidad límite. El entorno familiar suele ser más crítico y confuso cuando al paciente aún no se le diagnostica su trastorno.

El *border* es el "hijo problema", la "pareja conflictiva" y el "amigo difícil", que termina la amistad por un conflicto cualquiera. Las decisiones que toma el paciente *border* son desastrosas para él y para los demás. Los individuos con este tipo de trastorno terminan sus vidas en alcohol, drogas, sexo sin protección, en la calle y hasta en la cárcel, mientras que las familias quedan destruidas en medio de la culpa, las deudas y la vergüenza.

El ambiente familiar se ve afectado por el trastorno del paciente; sus miembros, en especial sus hijos, quedarán afectados incluso sin darse cuenta, manifestando una mezcla de sentimientos como: frustración, tristeza, angustia, desesperanza, ira, temor, dolor, pánico, indiferencia y apatía, pues se enfrentan a conflictos que no pueden comprender.

Tener un padre *border* es vivir en una montaña rusa emocional, en la que nunca se sabe qué esperar y no se puede predecir el ataque de furia y, por lo tanto, el abuso físico, verbal o emocional.

Roth y Friedman describen cómo convivir sanamente con un *border* es casi imposible; explican cómo mantener una relación funcional y duradera con una persona afectada por este trastorno de la personalidad resulta complejo y demandante. Podría decirse que implica un autosacrificio, ya que quien se relaciona con un *border*, se convierte en un guardián emocional del que sufre el trastorno. El guardián emocional tiene que lidiar con síntomas significativos y renunciar a sus propias necesidades para atender las necesidades insaciables del *border*.

El papel del guardián emocional implica tomar como propia la responsabilidad de la vida de quien sufre del trastorno límite de la personalidad. Por desgracia no puede solucionar su tóxica relación con el mundo, sino que sólo la atenúa y la justifica mediante la codependencia, ya que es imposible sentirse pleno y seguro al lado de un *border*. Dejan las riendas de sus vidas de lado para tomar las riendas de la carreta desbocada en la que vive el paciente límite.

El guardián emocional tendrá que hacerse cargo de las cuentas bancarias, la educación de los niños, hasta tener un plan contra las frecuentes amenazas de suicidio.

La intensidad de las reacciones emocionales y la ira desbocada del *border* afecta incluso a los más fuertes. El riesgo se da cuando, al querer manipular al otro, tienen conductas autodestructivas, tales como comer y gastar sin control, experimentar sexualmente sin protección, abusar de drogas y manejar impulsivamente, incluso llegar a intentos de suicidio. Estas conductas terminan por desestructurar la solidez de cualquier familia y alterar al individuo con la personalidad más sana.

Rubio Larrosa en *Trastornos de la personalidad en salud mental*(1994) explica cómo la emoción básica del *border* es la disforia, que es la combinación de depresión, cólera, ansiedad y desesperación, a menudo complicada por vergüenza, humillación, sentimiento de embarazo emocional, excitación, terror, celos y odio sobre sí mismo. Ésta puede ser desatada por los cambios de carácter, estrés y el sufrimiento emocional. Una vez que comienza la disforia, ésta tiende a intensificarse de forma inestable y los *borderline* buscarán una salida desesperada por medio de conductas autodestructivas, o bien, de demandas irracionales hacia los demás.

A los sentimientos de autodestrucción se le suman sensaciones físicas incómodas que provocan que cosas cotidianas se convierten en irreales. Los que sufren de este trastorno se quejan de malestares físicos, de dolores que nadie puede explicar, creen que tienen enfermedades serias que no han sido descubiertas por los múltiples doctores que han visitado. O bien, sienten que tienen poderes extrasensoriales: tienen la sensación de vivir la misma situación varias veces, tienen la capacidad de comunicarse con el más allá, gozan de dones especiales y se involucran en el mundo esotérico. Por lo mismo, describen despersonalización. A veces mantienen discursos sin sentido y la sensación de que ciertas partes del cuerpo están entumecidas y no forman parte de sí.

Por lo anterior, vivir con un *border* es vivir entre médicos y hospitales, pues no asume que sus síntomas son originados por la mente y creen estar crónicamente enfermos. La vida de un *borderline* se define por la inconsistencia —de carácter, identidad, confianza, conducta, actitudes, valores y pensamientos. Experimentan cólera crónica, miedo a ser abandonados (a menudo provocando un comportamiento manipulador), falta de integridad, grandes niveles de impulsividad, sentimientos de vacío y aburrimiento.

Los *borderline* pueden sufrir otras enfermedades psiquiátricas. Entre las más comunes están: depresión, ansiedad, abusos de sustancias estupefacientes y alcohol y desórdenes alimenticios.

Ser hijo de un *border* es vivir sin estructura y sin contención emocional.

"A mis hermanos y a mí nos encantaban los piratas. Crecimos leyendo con pasión las historias El Corsario Negro y Sandokan, devorando los libros de Salgari. Nos gustaban las historias de aventuras por mi papá, quien además de darnos libros, era buenísimo contando historias. Cuando yo tenía como 7 años, un sábado en la noche estábamos jugando a los piratas en el jardín, con nuestras espadas de plástico. Mi hermano de 10 años y mi papá eran los piratas y yo era un almirante inglés que los iba a arrestar. Durante el 'duelo a espadas', mi papá me pegó en la mano accidentalmente, pero con rudeza, y empecé a llorar.

Mi papá detuvo el juego, me revisó la mano y me dijo que no tenía nada y que dejara de llorar. A mí me había dolido el golpe y me asustó la agresión a la que estaba escalando el juego. Como seguí llorando, mi papá se desesperó y, enojado, dijo que entonces ya no podía jugar. Entonces se volteó, frustrado, para seguir 'jugando' con mi hermano, que estaba asustado por mí y por el enojo de mi papá.

Enojado, le ordenó que se pusiera 'en guardia' y mi hermano, nervioso y asustado, también empezó a llorar. Entonces mi papá pasó de estar frustrado a estar furioso. Aventó su espada y empezó a gritar que para tener dos hijos maricones prefería no haber tenido hijos. Ambos llorábamos. Nos dejó en el jardín y entró a la casa, azotando la puerta. Siguió gritando adentro y golpeando cosas.

Cuando lo dejamos de escuchar, nos metimos a la casa y nos dormimos asustados y tristes. A la mañana siguiente, cuando mis papás nos llamaron a desayunar, nosotros seguíamos afectados. Llegamos a la mesa en silencio, con la mirada baja, sin saber qué esperar y, como siempre, vigilando el ánimo de mi papá. Nos mirábamos de reojo esperando una reacción. Él se sentó a desayunar como si nada hubiera ocurrido, preguntando cómo habíamos dormido y planeando el día. Nadie volvió a hablar de esa noche, hasta hoy.

Escribo esta historia no porque haya sido particularmente traumática. De hecho, la escribo por lo opuesto, porque es un ejemplo cotidiano, un momento de miles que vivimos creciendo con mis papás. Para mí, esta historia es un resumen de lo que fue —y sigue siendo— lo más difícil de tener una relación con mi papá.

Yo siempre lo admiré mucho. Era un hombre fuerte, bueno para practicar y para enseñarnos todos los deportes (que a mí me encantaban), elegante, trabajador, apasionado de la lectura —a mis ojos sabía de todo— y muy sociable y divertido. En sus momentos buenos, era mi persona favorita, con quien más me gustaba pasar el tiempo. El problema era que pasar tiempos buenos con él traía un costo: pasar tiempos horribles. Peor aún, como en la historia del juego de piratas, los momentos horribles podían ocurrir en cualquier momento y por cualquier razón. Era imposible predecir su reacción ante cualquier evento y podía pasar de la alegría a una furia descontrolada en un segundo y sin escalas.

Por ejemplo, siempre gocé hacer deporte con él. Como me enseñó a ser competitivo —él es hipercompetitivo—, apenas me empecé a volver bueno en los deportes tuvimos partidos muy intensos. Por mucho, esos juegos eran mi actividad favorita, pero en cualquier momento, ya fuera porque él fallara un punto o porque yo le ganara un partido, él podía perder el control, gritando enfurecido y rompiendo la raqueta o bat de beisbol, o bastón de golf, o lo que fuera con lo que estuviéramos jugando.

Nuestra vida familiar se resumía a eso, a tener una vida normal y a todas luces privilegiada hasta que, de manera impredecible, todo se volvía una pesadilla.

Salíamos a comer en familia, pero el momento en el que llegaba la comida era aterrador: si algo estaba mal en su orden, se ponía furioso y humillaba a los meseros. Cuando llegaba de trabajar en la noche, entrábamos en muchísima tensión en lo que descubríamos si estaba de buenas o de malas. Cuando estaba de malas, cualquier excusa —desde una cerveza que no estaba fría hasta un ocho en una boleta de calificaciones— era suficiente para detonar una crisis de ira. Además de lo impredecible, lo aterrador era que, una vez que se enojaba, perdía el control y era capaz de decir cosas terribles. Gritaba groserías que yo ni siquiera entendía. Maldecía contra todo y todos. Aventaba y rompía cosas, incluso causándose un daño físico. Hubo una temporada en la que más de la mitad de las puertas de la casa estaban rotas por sus puñetazos. Y con frecuencia cuando perdía el control, nos hería con palabras crueles. Hablaba de que éramos una ver-güenza para él, de que nos arrastraríamos de grandes en la mierda porque no seríamos exitosos, de que un hijo suyo no podía ser mediocre o perdedor y tenía que cumplir con sus expectativas.

Esto ha tenido varias consecuencias en mis hermanos y en mí. Ahora nos sentimos insatisfechos con nuestros logros, nos cuesta trabajo estar relajados aun en los momentos de mayor tranquilidad (crecimos apren-diendo que, en cualquier momento y sin aviso, podía llegar una catástrofe). Tenemos un radar hipersensible para el conflicto. Por ejemplo, si estamos en cualquier lugar público, todos nos damos cuenta si en una mesa de la esquina alguna pareja está discutiendo. Nos comunicamos con una mirada furtiva expresando que hay peligro. Todos hemos tenido que aprender a encontrar nuestras metas y objetivos personales más allá de las expectativas (imposibles) de mi papá. Para él nada es suficiente.

Lo más difícil de todo, incluyendo las humillaciones, la violencia, los sustos, es que ni una sola vez escuché a mi papá aceptar que se había excedido o equivocado. Ni cuando había sido evidente que nos había regañado por un malentendido o de forma injusta, nos ofreció una disculpa. Nunca lo he visto admitir un error. Lo más irónico de todo es que para mí eso habría hecho toda la diferencia del mundo.

De cierta forma, aprendí a entender que cuando mi papá perdía el control dejaba de ser él y yo no podía tomarlo en serio. Con mucha frecuencia su comportamiento, más que darme miedo me daba vergüenza, pena ajena, por lo ridículo que era. Aprendí que no podía tomar en serio nada que dijera cuando estuviera perturbado. Y yo lo quería perdonar, quería que él entendiera el daño que nos hacía y que lo aceptara. Tenía mi perdón garantizado. Pero nunca lo pidió.

Y en esa incapacidad de entender cómo su impulsividad ha afectado a los que lo rodean, lo he visto perder relación tras relación. Y me duele por él. Me duele por mis hermanos. Me duele por lo innecesario del daño y de las innumerables pérdidas que lo he visto enfrentar por su trastorno narcisista de personalidad".

XAVIER

216

EL NIÑO
perdido

"En mi casa me decían qué hacer, perdí mi autonomía y creía que así eran las cosas. Me convertí en una marioneta, en una bebé que estaba expuesta a que todos la manipularan a su antojo, todos tenían opiniones diferentes de lo que debía o tenía que hacer, de cómo debía comportarme. Incluso me educaron con un único fin: el matrimonio. ¿Qué absurdo, no? Nadie me dijo que si mi vida no cabía en el matrimonio de todas formas podría ser feliz. Han pasado muchos años y ese príncipe azul no ha llegado. ¡Qué error tan grave educar a los hijos para un sólo fin!, y lo peor, uno que no depende totalmente de ellos".

FÁTIMA, DISEÑADORA GRÁFICA, 41 AÑOS

A Mirela su mamá siempre la llamó "Ratón" porque desde niña era calladita y no se oían ni sus pisadas. A pesar de que su padre llegaba alcoholizado en las noches y golpeaba a su mamá en frente de ella y sus hermanos, Mirela seguía en silencio, callada y abrazada a "Mimí", su muñeca y fiel compañera desde que era bebé. "Dicen que a veces me subía al coche para ir a la escuela y mi mamá se bajaba a buscarme a la casa pues no se había dado cuenta de que ya estaba dentro".

"Me pasaba horas leyendo encerrada en mi cuarto. Cuando mi papá entraba en las noches, apagaba la luz y me escondía debajo de la cama. Entraba a buscarme pero no me encontraba, yo guardaba la respiración y me quedaba pegadita junto a la pared".

Mirela tiene 34 años y ya es adulta, una niña-adulta, sin embargo, sigue comportándose como un ratón. Violinista egresada del Conservatorio Nacional y maestra de violín para niños, tiene una rutina tan establecida, que hasta sus dos perros labradores han aprendido a salir a pasear hasta que se hace de noche. Mirela es una mujer bonita, sin embargo, no utiliza maquillaje y las canas ya pintan de gris su pelo oscuro. Se viste como una mujer mayor y es de esas personas que aunque sabes que no son viejas, parecen haberlo sido desde que nacieron.

A Mirela no le gusta hablar con sus alumnos ni con sus compañeros de la Sinfónica Nacional. Se ha negado a ir a más de tres giras de la Sinfónica, ya que la idea de hablar con sus compañeros durante las comidas y compartir cuarto con alguna otra chelista, le resulta insoportable.

En sus tiempos libres, Mirela permanece en casa, ensayando, viendo televisión, acompañada por sus perros. Mirela es una niña-adulta que ha arrastrado hasta la adultez un patrón de comportamiento rígido y controlador llamado *rol*. La semilla de este patrón de conducta, de aislamiento y nulo interés social, fue sembrada en su infancia. Este tipo de comportamiento es el resultado de cómo Mirela logró lidiar con el abuso físico y psicológico que vivió en casa. Este rol, al volverse invisible como un fantasma, fue un mecanismo de defensa que le sirvió en la niñez pero que ya no le es útil en la vida adulta.

Uno de sus dos perros está a punto de morir de cáncer y su otro labrador tiene doce años, por lo tanto también le queda poco tiempo de vida. Mirela acude a terapia porque se encuentra devastada: sólo comparte su vida con sus dos perros y está viviendo el duelo anticipatorio de que ambos van a morir.

Yo que tengo a mi Jaira y que me acompaña en el consultorio mientras ella la acaricia y llora su historia, puedo ser empático. Un perrito se convierte en parte de tu familia más directa.

El reto terapéutico con Mirela es lograr que no se sienta amenazada con el contacto humano y que pueda mantener relaciones cercanas y satisfactorias con ciertas personas, que se arriesgue a confiar en alguien y no sólo en sus animales.

Al igual que Mirela, para sobrevivir al abuso que viviste en casa, desarrollaste un rol determinado. Este rol se ha vuelto cada vez más rígido y más limitante en tu vida. Aunque te identificas con él, no encuentras otra manera de pensar, sentir o actuar para esconder tus sentimientos. Este rol se convirtió en el escudo con el cual tu niño interior buscó protegerse del intenso dolor que vivía en la infancia. Fue la manera como tu *yo* buscó protegerse inconscientemente del abuso del cual fuiste víctima. Alguien tenía que cuidarte, ya que tus padres no lo hacían, tu niño adulto hizo lo mejor que pudo.

En las familias sanas, donde la comunicación es abierta, estos roles de los que hablamos existen, pero van variando dependiendo de la etapa de vida de la familia y de las circunstancias. Así, los hijos aprenden a ser responsables, a organizarse, a proponerse metas realistas, aprenden a reír y, sobre todo, aprenden a disfrutar la vida. Aprenden a ser flexibles y espontáneos (algo que perdemos los hijos de padres tóxicos). En este tipo de familias se enseña a ser empáticos con los sentimientos de los demás y los hermanos se ayudan entre sí. Aprenden a ser individuos con independencia, con participación dentro de un grupo y el rol que adoptan es *temporal*, según las circunstancias y la situación familiar.

En las familias disfuncionales, los roles son rígidos, se arraigan a la personalidad como hiedra a la piedra y a las interacciones neuróticas y caóticas del hogar; este rol le brinda al hijo y a la familia algo de consistencia emocional, una ligera y débil sensación de estabilidad.

Existen varios roles que se pueden adoptar dentro de la familia, sin embargo, para entender al niño adulto, mencionaré los cinco roles principales que se presentan en todas la familias de padres tóxicos.

"Te puedes apoyar en mí": el protector

Este rol es el que mejor conozco. Es el que adopté desde niño en mi casa. Cuando había gritos, violencia, platos y puertas rotas, cuando todos se iban a su espacio, yo corría a ver a mi hermano, el Enano. Quería saber cómo estaba, cómo se sentía. Si la agresión era dirigida hacia él, después de la golpiza sólo quería estar a su lado y constatar que estaba bien.

A temprana edad entendí que era mi más preciado tesoro, la persona que más amaba en el mundo. Lo mismo me sucedía con mi madre, a pesar de que ella era abusadora pasiva y se escondía ante el abuso físico y verbal de mi padre; la buscaba para ver cómo estaba, para permitirle quejarse y para darle consejos que nunca tomaría. Me pasaba horas escuchándola y entendiendo las razones por las cuales no podía separarse de mi padre, violento, infiel e irrespetuoso.

La persona que asume este rol une a la familia. Este miembro de la familia es el más sensible, el más humanitario, al que la injusticia lastima y ofende. Es, sin duda, el más idealista. Ése soy yo.

Para el protector, los sentimientos son más importantes que la razón y, por lo mismo, las heridas de la violencia quedan esculpidas en piedra dentro del corazón. Aunque es el miembro que da sin cansancio (en todos los sentidos, pero especialmente en detalles, amor y consuelo), a la larga es quien guarda más resentimientos pues fue enterrando a lo largo de los años, en lo más profundo de su inconsciente, lo que experimentó y lo que sufrió. Ese soy yo. Un hombre de 41 años canoso y, hasta hace poco, lleno de resentimientos.

El protector se siente culpable de no dar todo lo que tiene: su tiempo, su dinero, su amor, su energía, su empatía; se siente culpable si falla en resolver alguna de las necesidades emocionales de los demás. En el fondo, ayuda a los demás porque esto lo hace sentir necesitado e importante dentro de la familia.

La sensibilidad del protector lo hace intuitivo, de manera que puede predecir con cierto éxito la llegada del conflicto familiar.

Cuando estaba en ese terrible antecomedor —los problemas empezaban ahí—, recuerdo estar al pendiente de todo, y cuando te digo todo es realmente *todo*. Si yo sabía que había un tema que podía detonar un problema, lo evitaba, buscaba mantener la atención de mi papá con otro tema que lo interesara y del cual hablara sin parar. Sabía cuando el Enano sentía miedo y cuando mi madre estaba enojada. Siempre buscaba conciliar, pedir perdón y, aunque le tenía pavor a mi papá y detestaba estar con él, buscaba acercarme para no contrariarlo y para evitar un conflicto.

"¿Quién me quiere acompañar el sábado de cacería?", preguntaba mi papa. Y yo desde niño odié la cacería y siempre disparaba mal porque no me gustaba la idea de matar animales. Pero, ¿qué hacía? No toleraba la idea de que se enojara si nadie quería ir con él. "Yo pa, yo te acompaño feliz", me proponía para que terminara la cena sin problemas.

Evitaba el gran conflicto que podía terminar en violencia: "Yo me mato trabajando toda la semana por ustedes y ninguno es capaz de acompañar a su padre a una actividad que le gusta, ninguno es capaz de disfrutar conmigo un buen momento", era la cantaleta de siempre.

Así crecí, siendo el "bonachón", el de "buen carácter", el que "nunca fallaba", el "generoso", el "buen amigo", el "muy buena persona". ¿La verdad? Era el miedoso que, con tal de evitar el conflicto, decía que sí a todo.

Rara vez enfrentaba los conflictos y siempre me aguantaba el enojo y la frustración, sin embargo, el costo ha sido altísimo, tanto en mi adolescencia como en mi adultez. Mis propias necesidades, mis pensamientos, mis sentimientos, pasaron a un segundo y hasta a un tercer plano. Me olvidé de ellos, hasta que a los 25 años caí en una terrible depresión que casi me cuesta la vida por el alto riesgo suicida que tuve. Ya no podía más. Había buscado quedar bien con todos y me olvidé de mí mismo. Estaba perdido y, por primera vez, regresé la mirada hacia mí, hacia lo que sentía y hacia lo que necesitaba. Ya no pude evadirlo por más tiempo.

En ese momento, hice una depuración importante de las personas que me robaban energía y que no aportaban nada sano en mi vida.

Desde chico aprendí a escuchar más que a hablar (¡no por nada escogí ser psicólogo!). Y aprendí a escuchar tan bien por el rol que jugaba en mi vida; me convertí en el "doctor Corazón" de mis amigos, mis primos y los miembros de mi sistema familiar. Ahora me doy cuenta de que no soy terapeuta por accidente, no me dedico a escuchar el dolor de los demás sólo por azar, sino porque lo hago desde que soy pequeño.

Este rol que se desarrolla dentro de la familia disfuncional compensa todo lo que te hubiera gustado recibir de los demás. Ofreces todo lo que tienes pues en el fondo das lo que necesitas recibir hasta quedarte sin nada.

El amor es como un jarro de agua, cuando no das nada, se seca, pero cuando lo das todo, se pudre; y esto es lo que le pasa al protector. Se seca y se resiente con los demás por no ser justos con su bondad. Al final, termina dando todo por la razón equivocada, por obligación y no por generosidad.

El protector asume el control de todas las relaciones, pues es necesitado y requerido. Es bien recibido y se habla bien de él. El precio de ser el héroe se paga: cuando los demás superan las crisis se van y no lo hacen por malagradecidos, sino porque el protector sólo sabe compartir el dolor y la tristeza, no la felicidad. El protector termina deprimido y sintiéndose solo (como yo a los 25 años y muchas otras veces en mi vida), ya que percibe sus propias necesidades como innecesarias cuando le da valor e importancia a cualquier necesidad de los demás.

A pesar que este rol me ayudó a sobrevivir en mi infancia y adolescencia y que me permitió sobrevivir a un padre narcisista, abusivo y violento, y a una madre abusadora pasiva, volverlo parte de mí, de mi esencia, de mi personalidad, fue limitante y contraproducente. Me hizo daño: "Dadito siempre está ahí". Este rol me impidió vivir el amor de manera recíproca y en libertad e igualdad. Muchos años tuve una barrera a mostrarme tal cual era, y a manifestar lo que pensaba y sentía en realidad.

El rol del protector, al ser rígido, termina por limitar la capacidad de amar en plenitud y de tener un equilibrio sano entre dar y recibir. El protector no permite recibir ayuda de los demás (ya que es quien salva, quien rescata, no quien necesita de los demás).

Ahora de adulto, mi primer impulso es pagar las cuentas de los restaurantes, ser atento y darles gusto a los demás; pero mi Enanito adorado me ha hecho ver que así como a mí me gusta dar, a los demás les gustaría que yo recibiera. Y no sé recibir. El Enano es quien me ha ayudado a entender que ya no tengo que ser el que cuide a todos. También tengo derecho a pedir ayuda y a recibir muestras de cariño de los demás.

Una noche en Nueva York, cuando estaba recién separado de Araceli y lo fui a visitar, llegó la cuenta del restaurante y quise pagarla, como siempre lo había hecho. Me miró a los ojos y dijo: "José, soy un adulto de 35 años que te adora tanto como tú a mí; dame la oportunidad de gozar tanto como tú disfrutas al consentirme. Es un derecho del que me has privado toda la vida y no es justo. No seas soberbio".

En ese momento lo vi como nunca lo había visto: mi hermanito, mi Enano había crecido, era todo un hombre y estaba preocupado por mí, quería consentirme y apoyarme. Estaba inquieto por mis sentimientos y entendía la tristeza por la que estaba pasando. Lo miré a los ojos y le pasé la cuenta para que la pagara (por primera vez en nuestras vidas) y me fundí en un abrazo enorme entre sus brazos. Lloré como nunca había llorado sintiéndome protegido por mi hermano. "Esto es lo que siempre hiciste por mí. Aquí estoy para ti José", me dijo con profundo cariño.

Se me llenan los ojos de lágrimas al recordar esa escena en aquel lugar en Nueva York. En adelante, cuando me siento débil, me dejo cuidar, como niño recién nacido, con pocas personas, pero especialmente con el Enano.

"Si quieres que quede bien hecho, hazlo tú mismo": el perfeccionista

Cuando hay caos e inestabilidad en el eslabón parental, uno de los hijos necesita tomar el control de la estructura familiar. Quien asume este rol, aunque no le corresponda, adquiere la responsabilidad de dibujar ciertos límites para contener a la familia.

De alguna manera, el perfeccionista rescata a los padres de sus obligaciones y se convierte en el miembro familiar más "confiable", "exitoso", "recto" y "maduro" dentro del sistema.

El perfeccionista crece rápido, no atraviesa por todas las etapas de desarrollo que una persona en un ambiente sano experimenta y se convierte en niño-adulto desde temprana edad.

Este rol implica preocuparse muy temprano por temas que sólo los adultos pueden resolver como son la economía familiar, la educación de los hijos (hermanos), el manejo de adicciones y la violencia. Quien asume este rol no tiene las herramientas emocionales, económicas y sociales para hacerle frente a responsabilidades tan pesadas.

De esta manera, el perfeccionista se convierte en el modelo a seguir de la familia, tiende a ser buen estudiante, respeta los límites que él mismo se impone y que establece para los otros, es como el segundo papá o mamá de los demás. Trata de lograr la aprobación de los demás, en especial de los adultos, y suele ser líder en la escuela o en diversas actividades (deportivas, extracurriculares o religiosas). Inconscientemente, el perfeccionista busca tener una familia "normal", que funcione como la que a él le gustaría tener.

Este rol lo ocupa el hijo mayor, sin embargo, hay casos en los cuales ante la desestructura familiar, éste se convierte en parte del caos, y otro hermano asume este papel.

El perfeccionista va más allá del núcleo familiar y busca ser reconocido socialmente, pues como nunca recibe el amor y la estabilidad que necesita en casa, busca ser el amigo "perfecto" y se convierte en el supervisor de su grupo de amigos, el que jamás se da la oportunidad de cometer un error, ya que para él no es una experiencia de la cual aprender sino una falla dramática, llena de culpa y autodesprecio.

Es curioso, pero muchas de las princesas de Disney están inspiradas en este rol. Si recuerdas las vidas de Blanca Nieves, la Bella Durmiente, Cenicienta, o Bella (*La Bella y la Bestia*), podrás descubrir este rol en ellas. La madre muere, tienen un padre ausente o incapaz de cuidarse a sí mismo (inmaduro), una "madre tóxica" que es la madrastra, y ellas tienen que asumir el rol de la perfecta para hacer frente a su maltrato y al abuso.

Cenicienta, por ejemplo, tras la muerte de su padre (quien era un abusador pasivo que no la protegió mientras vivió, porque le dio toda la autoridad a la madrastra abusadora emocional y física), se convierte en la "hijastra y hermanastra perfecta" para buscar ganarse el necesitado amor del núcleo familiar, tomando responsabilidades que eran imposibles de cumplir: encargarse de toda la limpieza y el orden de una casa gigantesca.

Cenicienta, aun cuando las hermanastras le rompen el vestido y sabotean que vaya al baile en el palacio, consigue ser la chica más bella del lugar y robarle el corazón al príncipe que la rescatará de la pesadilla que vive.

A pesar de que el perfeccionista obtiene muchos logros en la vida, raramente los disfruta pues se exige y exige a los demás en la misma medida. Rara vez puede relajarse y disfrutar de los placeres de la vida. Por eso, los cuentos de hadas acaban en las bodas y no en los divorcios después de que el príncipe termine hasta el gorro de que lo traigan en friega por dejar la ropa tirada, la pasta de dientes sin cerrar o por bajar tarde a cenar.

"Simplemente no estoy": el niño invisible

Como Mirela, el niño invisible es un excelente mago que desaparece cuando hay conflictos. Para sobreponerse al trauma y manejar el dolor, este niño-adulto opta por no hacerse notar, ni para bien ni para mal, y simplemente subsiste como lo hace un ratón en casa ajena: no aparece hasta que todos se han marchado.

Este niño-adulto aprendió a lidiar con el abuso evitando generarlo, no dando ningún estímulo y adaptándose a cualquier situación. A pesar de sentirse desesperanzado porque como nada va a mejorar, quien asume este rol, no se involucra emocionalmente en ninguna de las dinámicas familiares. No es parte de la violencia, pero tampoco es parte de los momentos alegres de convivio que cualquier familia, por disfuncional que sea, experimenta de vez en cuando.

Este miembro familiar es aquel que cuando miras hacia atrás, nunca lo recuerdas en ningún evento. Retraído y solitario, con una gran vida interior, pero sin ningún vínculo cercano con nadie de la familia. El niño invisible es el fantasma del núcleo familiar.

Para ser invisible, este niño-adulto, como Mirela, pasa mucho tiempo solo o fuera de casa. A diferencia del perfeccionista o del protector, busca estar lejos de cualquier situación que implique involucrar sentimientos ya que la única manera de no sufrir es no sentir.

"No recuerdo tener una verdadera amiga", me confesó Mirela cuando le pregunté acerca de su red de apoyo social. "En los recreos me iba a la capilla o a la biblioteca, donde no había nadie; todo el ruido quedaba atrás, me comía mi *lunch* y me quedaba dormida. Varias veces me despertaba con el timbre de la salida y nadie había notado mi ausencia", recordó con melancolía. "Era tímida y no me interesaba que nadie me llamara por mi nombre, por eso siempre me han llamado la atención los fantasmas, yo quería ser uno de ellos". Y, en efecto, el niño invisible se convierte en un fantasma viviente, que es olvidado por todos.

Este rol implica cumplir con las reglas establecidas, sin cuestionar su congruencia y funcionalidad (como ser abusado sexualmente sin decir nada, guardar la mariguana del hermano mayor en la mochila —como Mirela lo hacía— o hacerle de cenar a un padre alcoholizado por indicación de una madre codependiente que manda a su hijo a enfrentar lo que ella no se atreve).

El niño invisible no sabe cuáles son sus gustos, sus intereses, sus verdaderos sentimientos. Se adapta a lo que hay y trata de fluir como lo haría una hoja en un río. Se deja ir, sin cuestionar lo que necesita. No se arriesga, no convive, no habla, no intima, termina por no sentir.

El riesgo inminente de este rol es que como no quiere ser notado, no toma ninguna decisión. Decidir implicaría ser observado, escuchado y correr el riesgo de ser lastimado. Así, este niño-adulto va por la vida como si nada le afectara o le hiciera mella. La resignación, la aceptación de que nada será mejor y la sumisión, se convierten en parte fundamental de su personalidad. Ésta es la personalidad de Mirela, una niña-adulta que elige ser una "violinista más, vestida de negro, que no quiere sobresalir", como se describe a sí misma.

Curiosamente, tuvo la oportunidad de ser el primer violín en la penúltima gira alrededor de la República y rechazó la oferta por "todos los alumnos que tendría que abandonar". Cuando revisamos en terapia que esto había sido un gran autosabotaje a su carrera profesional, aceptó que: "No hubiera tolerado toda la atención de un público puesta en mí".

Ser invisible en la adultez puede ser cómodo, pues son personas que se adaptan a casi cualquier situación y toleran casi cualquier trato, sin embargo, siguen siendo espectadores de su propia vida y no el actor principal; tarde o temprano, todo el dolor que se ha ido acumulando y que no ha sanado, termina por salir de manera inevitable.

Esto es lo que le sucedió a Mirela y la razón por la cual acudió a terapia. El niño invisible siente profunda soledad, tristeza y depresión ya que nunca luchó por sus propios derechos ni por su propia felicidad. En muchos de los casos de alcoholismo y de comedores compulsivos, atrás hay un niño-adulto invisible tratando de ignorar su dolor emocional. El alcohol o la comida pueden distraer el dolor temporalmente, pero aíslan aún más a la persona de cualquier grupo social que pudiera brindarle ayuda.

Los niños invisibles tienden a ser personas que muestran su inconformidad de manera agresivo pasiva, ya que no confrontan el conflicto. Mirela, cuando fue elegida para ser primer violín de la Orquesta Sinfónica Nacional, faltó a los ensayos fingiendo estar enferma de influenza. Así saboteó su carrera profesional, por debajo del agua, sin tener la fuerza para hablar de frente con su Director.

Por mucho que el niño invisible trate de evitar el contacto con el abuso de su familia de origen, repetirá el patrón abandonando cualquier relación que implique algún compromiso emocional. Quien vivió abuso tiende a romper la posibilidad de una relación sana y duradera, a sabotear la posibilidad de ser feliz. Quien era víctima se convierte en verdugo de su propia historia.

Mirela sigue sin estar dispuesta a mantener una relación amorosa más allá de nueve meses. Ésa es su regla: no estar con un hombre más tiempo que el de la gestación de un bebé. "Después te enamoras y pierdes el control", concluyó.

Hace año y medio, terminó con un chelista soviético con el que mantuvo una relación cercana y amorosa. Sin embargo, sin planearlo se embarazó y decidió abortar, en contra de la voluntad de su ex pareja. "Un hijo es un compromiso para toda la vida y yo no tengo esa capacidad. Extraño mucho a Pietro, pero no quiero volver a sufrir, por eso decidí terminar con él", me dijo con lágrimas en los ojos.

Paradójicamente, Mirela se genera a sí misma lo que más teme: abandono, soledad y sufrimiento.

A pesar de estar consciente de todo lo anterior y comprometida con dejar la depresión atrás, hoy en día Mirela sigue sin estar dispuesta a ser vista, reconocida y amada. Quiere salir adelante, pero"que nadie lo note".

"¿Dónde demonios está? ¡Tuvo que ser él!": el chivo expiatorio

Los roles del perfeccionista, del protector y del niño invisible están diseñados para evitar el abuso en la familia y para brindar cierto control a un ambiente familiar caótico e inconsistente. Sin embargo, existe un rol que necesita dar salida a toda la energía negativa que se acumula en el sistema familiar. El chivo expiatorio es quien asume inconscientemente la responsabilidad de ser el generador de todos los problemas, es la oveja negra de la casa.

Este niño-adulto se inmola de manera inconsciente para ser la víctima primaria del abuso de sus padres. Toda la ira y la injusticia van dirigidas hacia él.

Es común que hoy en día este tipo de niños sean diagnosticados con Síndrome de Déficit por Atención por Hiperactividad (SDAH), que muchas veces psiquiatras y psicólogos suelen diagnosticar erróneamente porque, en realidad, en muchos casos se trata de un niño con altos niveles de ansiedad y tensión internas, pues tiene el estigma de ser "el hijo problema de la casa".

El chivo expiatorio siempre está metido en algún problema. Es quien paga los platos rotos y es el blanco del rechazo de los padres, del hermano perfeccionista y el que le da sentido al rol del protector.

Este rol tiene el objetivo de justificar la disfuncionalidad de los padres y el abuso (físico y verbal) dentro de la familia. Este niño-adulto es el único que se atreve a señalar las injusticias del sistema, es el que confronta cuando no está de acuerdo con la rigidez o la incongruencia de las reglas, o el que habla de la verdadera problemática de la familia y entonces, es señalado como el rebelde, el insolente, el que merece ser castigado.

El chivo expiatorio es el único dentro de la familia que no está en negación en cuanto a la problemática real (alcoholismo, infidelidad, abuso físico y psicológico, adicción, abuso sexual). Como sabe que su batalla está perdida, es el único que se atreve a sentir la rabia y la ira que genera el abuso de los padres dentro de la familia y lo expresa rebelándose en contra de la injusticia del sistema.

Al revés que los demás roles hasta ahora analizados, el chivo expiatorio no busca disminuir la turbulencia que se vive en la familia ni dar estabilidad

a un sistema incongruente, sino que señala con honestidad la disfuncionalidad del sistema, pero paga el precio de ser abusivamente lastimado por ello.

El chivo expiatorio se cree un niño "problema", por lo tanto, se sabotea
en muchas actividades para reforzar lo que cree: merecer castigo. De manera
que el abuso de sus padres está justificado.

Tiene la autoestima más baja del sistema familiar. Puede tener problemas académicos, puede hacer las peores travesuras, puede caer en problemas
de adicciones, puede ser que delinca para conseguir lo que quiere, "Total, soy
un caso perdido y haga lo que haga merezco ser maltratado".

Este rol siempre esta metido en problemas. Cuando hay un desperfecto
en la familia, no importa la índole, siempre se le atribuye a él, (aunque muchas
veces no haya tenido nada qué ver). Los demás hermanos se aprovechan del
chivo expiatorio para no ser el blanco de la agresión.

El niño invisible se siente más protegido cuando existe un chivo expiatorio en la familia.

En los dieciocho años que llevo de dar terapia, he comprobado una y
otra vez cómo los padres de chivos expiatorios acuden a tratamiento terapéutico para resolver la problemática de su hijo, para descubrir que él es sólo
el síntoma y no el origen de la disfuncionalidad familiar.

El chivo expiatorio deja de ser niño a temprana edad para convertirse en un
pervertido, un rebelde y un retador. El único sentimiento que se permite sentir
este miembro de la familia es enojo, por ello busca ser oposicionista y desafiante.
La tristeza y el dolor emocional no son parte de su vocabulario. Lo que protege
al chivo expiatorio en su rebeldía es que el enojo esconde su vulnerabilidad y la
herida emocional del abuso, que se enmascaran con valentía, rebeldía y desafío.

En el fondo, este niño-adulto merece un gran respeto. Su fortaleza y su
coraje ante la vida no le permiten aceptar el abuso de forma sumisa (como
los roles anteriores).

En estos casos, cuando el chivo expiatorio llega a la adultez, logra enfocar
su energía y enojo hacia algo constructivo y creativo para sí mismo y los demás,
y entonces se posterga el abuso. Es rechazado en universidades, en empleos,
en grupos sociales y por la pareja que desea, ya que tiene fama de problemático, de poco responsable y de poco exitoso a nivel académico y profesional.

Es común que en la adultez un protector sea el único que acepte ser
pareja de un chivo expiatorio, y así ambos posterguen el rol que asumieron en
la infancia, el cual evita que ambos alcancen la plenitud.

El chivo expiatorio regresa el enojo hacia sí mismo y presenta conductas
autodestructivas, como el Síndrome de Automutilación y el abuso de sustancias psicoactivas. En suma, es el rol que más tiende a retroflectar.

El chivo expiatorio puede abusar de los demás, física, verbal, emocional o sexualmente, ya que como aprendió que nadie respetó su integridad, no tiene por qué respetar la integridad de los demás. Es difícil que sienta compasión ante la debilidad de los otros, pues aprendió a sentir enojo y deseos de venganza. Por eso tiende a caer en actos delictivos, muchos de los cuales implican violar los derechos de los demás. Esto sólo genera más aislamiento social y más estigma de ser una persona "dañada emocionalmente y un peligro para los demás".

Es común que estos niños-adultos dejen la preparatoria, tengan embarazos no deseados y vidas difíciles de reconstruir.

El gran reto para el chivo expiatorio es entender de dónde vino esta tendencia a ser oposicionista y desafiante hasta llegar a ser antisocial (conductas que van en contra de la sociedad), para descubrir que merece ser tratado con respeto, compasión y ser señalado por los demás por sus cualidades y no por sus defectos. El gran reto del chivo expiatorio es dejar el enojo de lado para sanar sus heridas emocionales.

Creo que es importante retomar la retroflexión (el enojo que se regresa a uno mismo), pues, llevado al extremo, se convierte en la tercera causa de muerte en México: el suicidio.

El chivo expiatorio es el que más retroflecta de toda la familia. No se da cuenta de todo lo que se lastima, al ser el enojo el único sentimiento que se permite sentir. El enojo es una energía muy poderosa que se convierte en un arma letal cuando lo devolvemos, o cuando lo apuntamos hacia nosotros mismos.

Aunque el chivo expiatorio dirija el enojo hacia sí mismo, siempre tiene su origen hacia la figura de autoridad (sus padres tóxicos), pero lo generaliza hacia cualquier figura de autoridad, metiéndose en conflictos severos a nivel social.

El suicidio es la retroflexión llevada al extremo, pero antes de llegar a este punto tan agudo, la persona pasa por otras fases importantes de retroflexión, de autodestrucción. Existe un síndrome, cada vez más común, que empieza en la adolescencia y se conoce con el nombre de automutilación, el cual implica infligirse dolor a uno mismo, dañarse seriamente una parte del cuerpo, en forma voluntaria, con el objetivo de anestesiar la angustia y el dolor emocional.

Como la persona no tiene control sobre el dolor emocional que está viviendo, inconscientemente busca controlar el dolor que sí puede manejar, el físico, el que se causa a sí mismo. Por ejemplo, tal vez una chica no estuvo en control de la violación de la que fue víctima por parte de su padrastro, pero sí está en control de lo profundo que clava un cuchillo en su piel, o de qué tanto acerca un cigarro prendido para quemarse, o de qué tan fuerte golpea con los nudillos una pared, hasta sangrar.

Es urgente tratar el síndrome de automutilación para entender a fondo a la persona, porque es el preámbulo del suicidio en adolescentes. En la gran mayoría de los casos, la persona que se provoca a sí misma una lesión lo hace en la piel: la corta con un material punzo-cortante, se raspa con algo poroso o con una lija, se quema con la brasa del cigarro o con metal a altas temperaturas. Es poco frecuente que el daño implique el riesgo de perder la vida y las heridas se causen en un lugar escondido del cuerpo, donde difícilmente se pueden descubrir (muslos, brazos, senos, genitales, glúteos). Esta forma de automutilación no es parte de un grupo de rituales, o una cuestión de rebeldía adolescente, sino que representa una psicopatología clara de una persona que busca desesperadamente anestesiar su dolor emocional.

Cuando se da este proceso, la persona está en un estado de trance donde evade el dolor emocional, para dar entrada al dolor físico. El dolor físico evita que se contacte con el severo dolor emocional por el que está atravesando el individuo. Quienes están en mayor riesgo son los hijos problema o chivos expiatorios, pues aceptan el enojo que sienten y no los demás sentimientos, como tristeza, indignación o sufrimiento ante el abuso del cual fueron víctimas.

Es muy común que quien se suicide en la familia disfuncional sea el chivo expiatorio.

Actualmente, en nuestra sociedad, el porcentaje de personas que se automutilan es similar al de personas que padecen anorexia nerviosa (uno entre cada 250). En el síndrome de automutilación se presentan estos cuatro componentes, que lo diferencian de quienes buscan manipular a los demás con el supuesto autocastigo:

- Recurrente daño a la piel por medio de cortes, quemaduras o raspaduras, en zonas donde sería difícil de ser descubierto.
- Sensación de tensión, antes de que el acto sea llevado a cabo.
- Relajación, gratificación, sentimientos agradables y sensación de adormilamiento, en combinación con el dolor físico.
- Sensación de vergüenza y miedo al estigma social, lo cual induce al individuo a que esconda las heridas, la sangre u otra evidencia de acciones autodestructivas.

Es importante señalar que la automutilación no es un acto masoquista y no implica adicción al dolor, ya que el dolor por sí solo no es el objetivo del síndrome. Quienes lo padecen, generalmente han tenido historias dolorosas de vida, profundamente traumáticas, con ambientes familiares hostiles y abusivos, donde el dolor físico ha sido parte de la vida diaria y donde es común que hayan adoptado el rol del chivo expiatorio. Quien se automutila busca desesperadamente callar el dolor emocional de años, busca desviar la mirada a algo que no sea la vergüenza con la que ha vivido.

¿Te acuerdas de que en el capítulo del padre abusador sexual hablé de Daniela? ¿Una adolescente que fue abusada sexualmente por su hermanastro a lo largo de seis años? Pues es momento de hablar de ella.

Trabajé con Daniela hace años, cuando era una adolescente, chivo expiatorio en su sistema familiar. Aunque tenía calificaciones impecables, Daniela contestaba de manera desafiante a su madre y no obedecía a lo que su padrastro le pedía. "No es mi papá, no tengo por qué hacerle caso a ese bueno para nada", argumentaba a pesar de los golpes que su madre le propinaba. Sus calificaciones eran casi perfectas, pero en el colegio fue descubierta intoxicada por alcohol y referida a tratamiento psicoterapéutico.

Su madre la golpeó con enojo, con un palo de escoba, cuando fue suspendida por un mes por las monjas del colegio, y ella, ese mismo día, se encerró en el baño de su recámara. Su madre, ante la culpa de haberla golpeado severamente, llamó a la puerta del baño varias veces, pero Daniela no contestaba. Imaginándose lo peor (un suicidio), abrió la puerta con la ayuda de un cerrajero, para encontrar a Daniela bañada en sangre dentro de la tina.

El síndrome de automutilación había vuelto a atacar silenciosamente. Daniela se encerraba en el baño y se sumergía en la tina del baño, y no contestaba cuando alguien tocaba a la puerta. La joven pasaba horas ahí, "bañándose", después de una regañiza o de haber sido golpeada (la madre aceptó que la golpeaba con frecuencia ante su rebeldía).

Su madre la descubrió en trance, lastimándose y cortándose los senos con un exacto. Horrorizada, encontró un cuerpo lleno de cicatrices, y fue cuando entendió la razón por la cual su hija usaba ropa larga y holgada, por qué nunca se dejaba tocar ni acariciar y por qué ponía cara de dolor cuando alguien la rozaba. Nunca usaba manga corta, aun en los meses de intenso calor, y evitaba usar trajes de baño. Su madre, siguiendo los consejos del colegio, pidió ayuda de inmediato, y fue así como Daniela llegó a tratamiento conmigo.

Ella cuenta que se hacía daño para perder el tiempo, sentía que pasaban unos cuantos minutos, cuando podía pasar horas en la intimidad cortándose y sintiendo cómo la sangre le corría por su piel. "Me distrae de todo, cuando no quiero pensar en nada, sobre todo en los idiotas que viven en mi casa. Sólo así logro que todo pase a segundo plano: las preocupaciones y los regaños se van, y me siento más tranquila", reportó en la primera sesión.

En ocasiones, Daniela despertaba en la tina para descubrir que habían pasado dos horas, y estaba bañada en sangre. Durante el tratamiento,

Daniela reveló que había sido víctima constante de abuso sexual por su hermanastro (el hijo de su padrastro), más o menos desde los 6 años hasta los 12. A esta edad fue castigada por su madre ya que le clavó a Rodolfo (su hermanastro y su abusador) un compás en la espalda mientras él dormía. Su madre y su padrastro la castigaron y la golpearon con dureza. Ahí terminó el abuso sexual. Le juró a Rodolfo esa noche que si la volvía a tocar lo mataría.

Fue un caso difícil, pues a pesar de entender cuál era el origen del síndrome de automutilación que sufría la joven, no encontrábamos la manera de pararlo. Ella entendió que era el chivo expiatorio de un sistema familiar donde había alcoholismo por parte de su padrastro y abuso físico y verbal por parte de su madre, pero no podía evitar lastimarse. Su rebeldía había disminuido y su comportamiento, tanto en casa como en el colegio, dejó de ser desafiante, pero ella se seguía lastimando.

No estaba dispuesta a abrir el abuso del que había sido víctima. Hasta que en una sesión, por medio de una hipnosis breve, fue describiendo cómo se tranquilizaba mientras se cortaba con el exacto, aunque siempre tenía una sensación incómoda de quemazón. "¡Alto!", la detuve para que se escuchara, "¿No describiste la sensación de ardor en la vagina y quemazón en todo el cuerpo, al haber sido penetrada por Rodolfo en varias ocasiones?".

Hubo un gran silencio. Me miró fijamente. Sin parpadear, lágrimas del tamaño de caramelos rodaron por sus mejillas. Después de unos segundos Daniela empezó a llorar desconsoladamente: "¡Es una locura, es una verdadera estupidez! ¿Por qué quiero generarme los mismos sentimientos que tanto odiaba cuando era niña?", gritó Daniela, experimentando un momento importante de catarsis. Daniela descubrió que siempre se había sentido culpable por el abuso de su hermanastro y aunque aparentemente lo había superado, la automutilación le permitía castigarse por lo ocurrido, le generaba la misma sensación dolorosa de quemazón que experimentaba cuando era penetrada. Todo el enojo que sentía hacia él y hacia su madre, por el abuso físico, verbal y sexual que le inflingieron, lo regresó hacia ella haciéndose un daño terrible. Muchas veces Daniela expresó que Rodolfo la tocaba de manera rara y que no le gustaba, sin embargo, como en muchos casos de abuso sexual, la madre decidió no creerle y la castigaba por llamar la atención calumniando al "hijo perfecto y abanderado de honor del colegio".

Y aplicando todo esto al caso de Daniela, es lógico que ella estuviera muy enojada con su hermanastro, por los años de violencia y abuso hacia ella; con sus padres, por ponerla en esta situación de riesgo, al permitir que conviviera con un adolescente abusivo, y consigo misma, por haber tolerado y permitido tantos años de sufrimiento.

No estaba en su control que su hermanastro la violara, pero sí estaba en ella el control del dolor físico, mostrarse rebelde y hostil, tanto en casa como en la escuela. Como no era escuchada, Daniela regresaba su enojo hacia sí misma, llenandose de un sentimiento de culpa; y en sus baños —que podían durar hasta dos horas—evocaba a manera de castigo, sentimientos negativos que inconscientemente le permitían pagar por la culpa que había cargado. Ella creía que era una mala persona que merecía el maltrato y el abuso. Daniela simplemente despertaba del trance sintiendo las nuevas heridas y oliendo la sangre fresca. La joven había reprimido rabia, vergüenza, decepción, miedo, frustración, y su manera de lidiar con ellos era mediante la retroflexión al automutilarse y ser rebelde y oposicionista ante cualquier figura de autoridad.

Daniela tuvo un proceso terapéutico maravilloso donde aceptó que había sido víctima de abuso sexual. Comprendió que había sido el chivo expiatorio de un sistema disfuncional. Identificó el enojo hacia su hermanastro, hacia su padrastro y hacia su sistema familiar. Pudo entender y abrazar con profunda compasión a esa niña que había sido violada, se reconcilió con ella, recobró el derecho a molestarse y a enojarse con los demás sin violar sus derechos y, sobre todo, aprendió a perdonarse por haberse hecho tanto daño por años. Cuando todo este proceso se consolidó, Daniela dejó de lastimarse.

Aunque decidió nunca abrir el abuso de Rodolfo en casa, hoy en día, Daniela es una exitosa psicóloga, especialista en mujeres adolescentes que han sufrido abuso sexual y que padecen el síndrome de automutilación. Además de tenerle un enorme cariño y agradecimiento, la admiro como profesionista. Es una colega que empezó siendo mi paciente a sus 15 años y ahora es una gran maestra en mi vida profesional.

"No hay nada que la risa no pueda remediar": el bufón

No cabe duda de que el sentido del humor es una excelente herramienta para afrontar los momentos difíciles. Adoptar la actitud "al mal tiempo buena cara", es saludable y es reflejo de una personalidad optimista y fortalecida. Sin embargo, como con todos los roles que hemos revisado, cuando el humor se convierte en un mecanismo de defensa para evitar contactar con el dolor emocional que se genera en el abuso de un padre tóxico, la persona se desconecta de sentir compasión por la propia historia y por la de los demás.

Este rol es conocido como el del bufón y suele darse entre los hijos más pequeños del sistema familiar. Su función es distraer la tensión de la agresión proveniente del sistema, mediante alguna conducta que genere risa y que aminore el estrés.

Este rol implica grandes niveles de creatividad, de pensamiento ágil y rápido. Quien ocupa este rol tiende a ser el divertido de la casa, el de las eternas bromas, el que no se toma nada en serio. Muchos de los grandes comediantes tuvieron este rol en su disfuncional familia de origen.

Al igual que los otros roles, el bufón intenta disminuir la ansiedad y la impotencia del abuso ocasionada por la violencia intrafamiliar, sin embargo, éste, a diferencia de los demás, implica sentir la angustia y adelantarse al evento traumático, pero sin poder expresar nada de tensión ante él. El bufón es un verdadero actor, un humorista que insiste que la función debe continuar con la menor cantidad de sangre corriendo entre los pasillos.

Este rol, al volverse rígido y constante, evita la verdadera intimidad, pues todo lo que expresa el bufón es parte de un *show*. Los niños-adultos que siguen este patrón tienen dificultad para intimar en su vida adulta, pues no saben enfrentar los conflictos de manera sensata; cuando hay que hablar seriamente, simplemente buscan seguir su rol de bufones y no pueden validar las necesidades y las preocupaciones de los demás.

Es común que sus parejas, en la edad adulta, terminen cansadas de no tener una relación íntima y seria con ellos, y que decidan terminar la relación de pareja, pues aunque parecen divertidos, es cansado estar con alguien que está dando un *show* cómico todo el tiempo.

En el fondo, el bufón tiene una gran necesidad de que su dolor sea reconocido y que su voz, la verdadera, la que está lastimada, sea escuchada pero no sabe cómo hacerlo pues siempre ha jugado su rol como una manera de esconder su dolor y de protegerse a sí mismo y a los demás del abuso.

El bufón no sabe lo que es una relación en la que se pueda mostrar tal y cual es, sin la coraza de los "chistes, las bromas o los albures".

Gran parte de los mexicanos somos así; como sociedad, evadimos la seriedad y el dolor colectivo mediante las bromas y del sentido del humor. Por ejemplo, siempre que hay una tragedia nacional (San Juanico, el temblor del 85, los muertos por el crimen organizado en los últimos años, las muertas de Juárez), la enfrentamos con bromas, con chistes y con un negro sentido del humor. Esto es una virtud, siempre y cuando no nos aleje de tomar en serio lo necesario, y mientras no nos haga evadir lo que tenemos que enfrentar o mientras no nos permita ser empáticos con el dolor propio y el de los demás.

Nunca olvidaré un poema que recité en 4º de primaria acerca de un bufón. El autor es Juan de Dios Peza, escritor mexicano. Estaba muy pequeño, no entiendo por qué mi profesor lo eligió para que lo recitara en frente de toda la generación, ya que es un poema bastante dramático. El profesor explicó cómo este payaso hacía reír a todos pero vivía con profunda tristeza y melancolía. Fue tal mi impacto al ponerme en sus zapatos, que recité el poema tan sentidamente y gané el primer lugar. Recuerdo la gran compasión que sentí por aquel pobre bufón, que dedicaba su vida a hacer reír a los demás, mientras su corazón vivía un gran pesar.

Parte de una personalidad madura es tener sentido del humor, pero asumir el rol del bufón, de eterno payaso, debe ser agotador pues los propios sentimientos se anulan y se rechaza la personalidad.

Quiero compartir contigo el poema del que te hablé:

Reír llorando...
Juan de Dios Peza (1852-1910)

Viendo a Garrik —actor de la Inglaterra—
el pueblo al aplaudirle le decía:
"Eres el más gracioso de la tierra
y el más feliz..."
Y el cómico reía.
Víctimas del *spleen*, los altos lores,
en sus noches más negras y pesadas,
iban a ver al rey de los actores
y cambiaban su *spleen* en carcajadas.

Una vez, ante un médico famoso,
llegóse un hombre de mirar sombrío:
"Sufro —le dijo—, un mal tan espantoso
como esta palidez del rostro mío.

"Nada me causa encanto ni atractivo;
no me importan mi nombre ni mi suerte
en un eterno *spleen* muriendo vivo,
y es mi única ilusión, la de la muerte".

—Viajad y os distraeréis.
—¡Tanto he viajado!
—Las lecturas buscad.
—¡Tanto he leído!
—Que os ame una mujer.

—¡Si soy amado!
—¡Un título adquirid!
—¡Noble he nacido!

—¿Pobre seréis quizá?
—Tengo riquezas
—¿De lisonjas gustáis?
—¡Tantas escucho!
—¿Qué tenéis de familia?
—Mis tristezas
—¿Vais a los cementerios?
—Mucho... mucho...

—¿De vuestra vida actual, tenéis testigos?
—Sí, mas no dejo que me impongan yugos;
yo les llamo a los muertos mis amigos;
y les llamo a los vivos mis verdugos.

—Me deja —agrega el médico— perplejo
vuestro mal y no debo acobardaros;
Tomad hoy por receta este consejo:
sólo viendo a Garrik, podréis curaros.

—¿A Garrik?
—Sí, a Garrik... La más remisa
y austera sociedad le busca ansiosa;
todo aquél que lo ve, muere de risa:
tiene una gracia artística asombrosa.

—¿Y a mí, me hará reír?
—¡Ah!, sí, os lo juro,
él sí y nadie más que él; mas... ¿qué os inquieta?
—Así —dijo el enfermo— no me curo;
¡Yo soy Garrik!... Cambiadme la receta.

¡Cuántos hay que, cansados de la vida,
enfermos de pesar, muertos de tedio,
hacen reír como el actor suicida,
sin encontrar para su mal remedio!

¡Ay! ¡Cuántas veces al reír se llora!
¡Nadie en lo alegre de la risa fíe,
porque en los seres que el dolor devora,
el alma gime cuando el rostro ríe!

Si se muere la fe, si huye la calma,
si sólo abrojos nuestra planta pisa,
lanza a la faz la tempestad del alma,
un relámpago triste: la sonrisa.

El carnaval del mundo engaña tanto,
que las vidas son breves mascaradas;
aquí aprendemos a reír con llanto
y también a llorar con carcajadas.

"¿Cómo plantear por escrito tu sentir si crees que la cabeza no conecta un nudo con otro, cómo hacer un hoyito para que supure el dolor, cómo no tener miedo a confrontar tus propios miedos? ¿Cómo, si te sientes tan sola? Imagina que en nuestro cerebro habita una especie de lenguas de perro. Algunas babean, otras se esconden y unas más todo el tiempo están limpiándose a sí mismas. Así me imagino a mi cabeza. No sólo lo imagino, sino que lo siento, es como si pudiera palpar con la emoción; cada una de ellas vive por sí misma, sin tomarse en cuenta la una a la otra, sin mirarse siquiera; viven aisladas, simplemente solas, tan metidas en su propio espacio que parecen autistas...

Cuando tengo una emoción, sea de felicidad, de tristeza, de enojo, de dolor, las lenguas experimentan esta sensación, pero no la comparten. La viven de manera aislada, acentuando el sentimiento. Cuando la emoción es positiva, es gratificante, pero cuando no lo es, me aterroriza. Es así como lo percibo, no quieren integrarse con mi emoción, no quieren integrase con mi sentir, no quieren ni con mi parte racional ni mucho menos con mi parte espiritual, sino que, como carentes de armonía, perdidas en su entorno, cada una baila al son que le toquen.

Diagnóstico: berrinche caótico mental de mis lenguas de perro.

Hoy, Dado un ser increíble que sin imaginarlo volvió, se acercó a mí para que estas lenguas que babean, se esconden y se limpian a sí mismas, por primera vez en mucho tiempo, y con una perspectiva de vida distinta, se volteen a ver, compartan sus emociones, interactúen entre ellas y descubran que su asincronía tiene remedio. ¿Cómo hacerlo? Lo intentaré dejando fluir mi sentir.

Mi historia de vida ante el mundo exterior pareciera estar nominada a la fantasía. Podría decirse que es una historia de ensueño, una vida color de rosa. Pero no lo es.

Soy la más chica de la familia. Consentida, sobreprotegida, la 'bebé', carente de vida propia y de opinión, un adorno de pastel, esa cereza pequeñita que lo corona. Todo mundo la ve, a todo mundo le atrae, todos comentan sobre ella, pero a la hora de partirlo, a todo mundo se le olvida porque es tan pequeña, que en realidad no cuenta, o alguien, sin mayor preámbulo, se la traga de un bocado.

Me tocó nacer en una familia grande, una hermana y tres hermanos antes que yo. Ser la menor tiene muchas ventajas, pero también desventajas. Eres la consentida pero todos tienen la mirada puesta en ti.

Mis padres, de estructura un tanto rígida y conservadora, lograron una familia 'casi perfecta'. Digo 'casi', porque yo soy diferente. No sé si es mi carácter pero siempre acabo haciendo lo que quiero, aunque no lo parezca.

Esto me ha traído falta de confort en mi familia. Soy la parte del engrane que dentro de ésta, está desfasada. Esto me hace sentir falta de pertenencia, aislada. Soy a la que le gustan otras cosas, la que opina y piensa diferente, la rebelde, la loca de la casa. Un tanto voluntariosa y caprichosa, por ser la consentida. Eso sí, me considero inteligente, pero todo lo demás parece pesar demasiado.

Es extraño pensar que aunque me haya criado bajo la misma estructura familiar que mis hermanos, yo sea tan distinta. Me puse a pensar cuál sería el motivo y a simple vista no encontré nada. En el aspecto emocional encontré que estoy llena de culpabilidad. A pesar de estar en una familia de siete, me he sentido muy sola. Esta soledad proviene de sentirme juzgada y observada. Y la culpa proviene de no sentirme parte integral de este sistema. Es difícil darle gusto a seis, obedecer y respetar a seis, y aún más cuando no es recíproco. ¿Por qué la más pequeña es la última de la fila? ¿Por qué la chica es la que menos tiene derecho a opinar? ¿Por qué la menor no cuenta? ¿Por qué te acomodan en donde sea? ¿Por qué nadie piensa en ti como un ser individual? ¿Por qué nadie te respeta? Cuando uno vive así, acaba por sentirse culpable, culpable hasta de haber nacido.

Hay mucha diferencia de edades entre mis hermanos y yo. He llegado a pensar que mi vida en familia fue casi como ser hija única. Primero, mi hermana, la mayor de todos, me lleva nueve años. Cuando yo nací, era para ella una muñeca, pero conforme fui creciendo, fui una piedra gigante en su zapato. Su sentir no era secreto, se desbordaba. Me mantenía al margen, me exigía, me daba órdenes, me castigaba. Esto me hizo experimentar el miedo, o más bien el terror. ¿Dónde estaba mi mamá? No lo recuerdo. Aunque supuestamente presente, a veces ausente en observar y poner límites en el abuso de mis hermanos hacia mí. Tal vez cansada de tantos hijos y de la misma perfección de orden y disciplina que buscaba, le impedía verme sufrir. ¿Y mi papá? Trabajando todo el día para mantener a su familia, presente pero ausente en las necesidades emocionales, hundido en sus pensamientos prácticos.

Mis hermanos —ocho, siete y cinco años mayores que yo—no me trataban de igual forma, sólo me hacían bromas pesadas y me molestaban. Ahora entiendo que eso era bullying. No me reía con sus bromas porque realmente sufría. Recuerdo que se burlaban de mí por cualquier cosa, incluso me llegaron a decir que era la adoptada. Estaba indefensa. A pesar de tener tantos hermanos, me seguía sintiendo sola y desprotegida.

Es curioso pensar por qué había dualidad o volubilidad de comportamientos. En un momento era demasiado consentida por todos, pero en otro era agredida. Es como recibir abrazos apretados y luego patadas karatecas. Nunca sabes cuándo recibirás cuál. Eso me causaba mucha angustia y ansiedad. También era cariñosa, necesitaba estar cerca de papá y mamá para sentirme segura, sin embargo, cuando lo hacía frente a mis hermanos, decían que yo quería algo a cambio. Y por ello me sentía culpable. Entendí que el amor no debía ser auténtico, hiciera lo que hiciera siempre parecería falso. Creo que ésa es la razón por la cual ahora me da miedo, no... más bien, me aterra sentir que alguien pueda sentir cariño verdadero hacia mí. En el fondo siento que no lo merezco.

Al paso del tiempo, crecí en edad mas no en personalidad. Lo que aumentó fue mi inseguridad, mi temor a vivir y a no hacer lo correcto. Aprendí a vivir la vida de otros y a agradar a los seis integrantes de mi familia. He perdido demasiado tiempo en conocer los intereses de los otros más que los míos. Fue horrible darme cuenta de que a mi edad no sabía ni siquiera lo que me gustaba como profesión. Me topé con pared cuando me vi volando en el espacio sin gravedad alguna, sin tener de dónde agarrarme, simplemente flotando y sin rumbo.

En mi casa siempre me decían qué hacer. Perdí mi autonomía, creía que así tenía que ser. Me convertí en una marioneta, en una bebé expuesta a que todos la manipularan a su antojo. Todos tenían opiniones diferentes de lo que debía o tenía que hacer, de cómo debía comportarme. Incluso me educaron con un único fin: el matrimonio. ¿Qué absurdo, no? Nadie me dijo que aún si en mi vida no cabía el matrimonio, podría ser feliz. Han pasado muchos años y ese príncipe azul no ha llegado. ¡Qué error tan grave educar a los hijos para un sólo fin!

A veces pienso que es exagerado lo que digo, y podría sonar a que vivía en una casa de monstruos donde había maltrato, pero así vivía yo, así lo sentía, en mi mundo ocurría de forma real, ciega y ausente para todos.

Esta sensación me ha encerrado en una zona de confort. Confieso que me da miedo aventarme del risco para descubrir lo que hay más allá del nido familiar, que ya es demasiado chico para mí; pero, aun así sigue siendo cómodo porque es lo único que conozco. Tanta es mi angustia y ansiedad que me he refugiado en seguir siendo la pequeña de la casa. A mis 41 años no he querido explorar el mundo en la práctica, sólo en la teoría.

Mis logros los vivía sola, jugaba sola, hacia mi tarea sola, competía sola, me premiaban en la escuela sola. Ahora entiendo porqué me sigo sintiendo sola.

Diagnóstico: miedo al abandono y a la adultez.

Refugio: Lucca

Refugios alternos: Matías y Bruno.

No me apena contar que mi miedo a vivir lo escondí en Lucca, mi oso de peluche con el que duermo y que he tenido desde hace diecisiete años. Es increíble confesar que he llegado a decirle que él es el único que me entiende, que me quiere de verdad y que no me abandona. Siempre está ahí, a mi lado. En el momento más oportuno. Lo he abrazado tan fuerte, lo he apretado contra mi pecho y no me he despegado de él en toda la noche (está más flaco que un cojín de asiento de tercera).

En momentos lo protejo y recurro a Matías, su gemelo, o a Bruno, su hermano. Me estresa que se desgaste, que desaparezca o se rompa.

A lo largo de los años me he vuelto una persona con una sensibilidad extraordinaria. Me atrevo a decirlo de esta forma porque es increíble cómo puedo engrandecer una emoción o hacerme pedazos con ella. Todas las cosas que he vivido, aunque a veces no las recuerde con conciencia, me han marcado de una manera especial. Es por esta sensibilidad tan absorbente que tengo, que todas estas experiencias de vida me han dejado huella, me han impedido crecer por mí misma. Absurdamente, ésta es la única cosa que no he hecho sola.

El mapa de mi vida tiene demasiadas rutas marcadas que no son mías, toda mi familia las ha guardado en mi sistema de forma alterna y a distintos tiempos. Ahora, he decidido que yo quiero marcar la mía.

Todo esto me ha hecho reflexionar en lo que soy ahora. Me queda claro que tengo muchas cosas en que trabajar.

En primera instancia, quiero rescatar mi amor propio, ese lo perdí desde niña cuando sentía que todo lo que hacía no tenía valor. Estoy trabajando en recuperar mi esencia pura y darle el mérito correcto. Estoy aprendiendo a ser *yo, tan auténtica como lo era, sin prejuicios; a ser un adulto. Estoy a punto de saltar del nido, a sentir el aire en la cara —incluso la mugre— y aprender a volar.*

Hace trece años descubrí algo que se me quedó grabado en la mente: crecer duele, y mucho, pero aun así, sigo diciéndome a mí misma, y a pesar de todo, que ya es tiempo, mi tiempo de hacerlo".

FÁTIMA

EL PATRÓN DE CONDUCTA
del niño perdido

"¡Yo era una niña, mamá! No me interesaba saber cuánto tiempo tenías sin ver por-nografía. No es algo que me importe. Nunca desarrollaste tu inteligencia emocional. Eso no se le cuenta a una hija. ¡Mamá, no quiero ser como tú! Ojalá encuentres la fe-licidad. Yo soy un ser humano valioso, tan valioso como mi hermana y aunque nunca seré tu preferida, a partir de ahora soy mi preferida. Mamá, déjame vivir. Yo me libero de ser mamá tuya y de mi hermana. Mamá, yo voy por mi propia felicidad".

KIRA, INTERNACIONALISTA, 28 AÑOS

Cuando analizamos a detalle el comportamiento del niño perdido, del niño-adulto, podemos distinguir algunas características de personalidad que se arraigaron desde la infancia y que se presentan repetidamente a lo largo de la vida. Estos patrones de conducta actúan sin importar cuál fue el rol que adoptó el niño-adulto dentro de la familia disfuncional.

Muchos estudiosos han analizado estas características de personali-dad, después de analizar las propuestas de Woititz, *Adult children of alcoho-lics* (1983); Beattie, *Codependent no more* (1987); Whitfield, *Healing the child within* (1987), Farmer, *Adult children of abusive parents* (1989), he decidido señalar las seis particularidades más comunes, y que podemos identificar en todos los casos donde existió un padre tóxico en la familia de origen.

Todo es mi culpa: "No soy lo suficientemente bueno"

Recordemos que el niño, hasta los 9 años, es egocéntrico y se siente respon-sable de todo lo que sucede a su alrededor. Se cree culpable del maltrato y del abuso que recibe, pensando que lo merece. El niño-adulto crece sintien-do que él fue el responsable de generar en sus padres la pérdida de control, la ira sin fronteras, el contacto sexual inapropiado o la ausencia de un trato amoroso. Se siente culpable y digno de castigo.

Paradójicamente, alguien que sufrió abuso en la infancia trató, en la medida de sus posibilidades, de ser el "hijo perfecto, el especial" (aunque llamara de forma negativa la atención); no importa lo que hiciera o dejara de hacer, el abuso continuaba y seguirá culpándose por ello.

El niño perdido cree que es el culpable de todo lo que sucedió en su familia de origen, en algunos casos, hasta los padres expresan abiertamente que sus hijos son los culpables del abuso que ejercen sobre ellos.

❋ ❋ ❋

Nunca olvidaré esta escena: suena el teléfono y Lulú me avisa que me esperan Saúl, un niño de 10 años con problemas de personalidad obsesivo-compulsiva, y su madre. Mientras apago mi computadora y preparo el consultorio para recibirlos, escucho una discusión entre ellos afuera, los ánimos se calientan y el tono de la discusión empieza a subir. Abro la puerta y, en ese momento, la madre de Saúl le da un golpe en la cabeza, mientras le dice: "Me tienes harta". Me quedo sorprendido y ambos se dan cuenta de que estoy ahí, a dos metros de lo que acaba de suceder. La madre de Saúl lo toma del brazo, lo sacude y le dice: "Dile a Dado lo que me haces hacer, dile cómo me desquicias y cómo me obligas a pegarte".

Saúl es víctima de un padre alcohólico y abusivo verbal, y de una madre codependiente, deprimida y neurótica que abusaba de él, tanto física como psicológicamente.

En ese momento, le pedí a Saúl que nos esperara unos momentos en la sala de espera y a su madre que entrara al consultorio. "Yo no seguiré atendiendo a Saúl, mientras ustedes no se comprometan a una terapia familiar. Lo que acabo de presenciar se llama abuso verbal y físico, y un niño de 10 años no puede ser responsable del comportamiento de una mujer de casi 40. El abuso, Marta, genera ansiedad y la ansiedad, comportamientos compulsivos. La manera en la que responsabilizas a tu hijo de tu pérdida de control es injusto", la confronté firmemente.

Pocas veces había sentido tanto coraje hacia una persona dentro de mi oficina. La escena que acababa de presenciar describía el origen de los altos niveles de ansiedad de Saúl y la creencia negativa que era "malo" y que "estaba sucio". ¡Claro! Si su madre le decía que por "su culpa" era infeliz, que por "su culpa" perdía el control y que "su culpa" no podía relajarse, esto sólo confirmaba en Saúl su pensamiento negativo y obsesivo, y lo compulsionaba lavándose las manos hasta sesenta veces al día. Era desgarrador ver las manos de Saúl sangrando, sintiendo la necesidad de lavárselas con agua hirviendo y con cloro.

Por fortuna, la madre de Saúl tomó una determinación en cuanto a su propio proceso terapéutico, se divorció ya que su marido no estuvo dispuesto a internarse en una clínica de adicciones y ella asumió su codependencia, su neurosis y su depresión. Seguí atendiendo a Saúl tres años más. Llegó a controlar con éxito el Trastorno Obsesivo Compulsivo de tipo "limpieza", y la dinámica en casa mejoró notablemente.

Hace poco, Saúl regresó conmigo porque los pensamientos de "soy malo, soy sucio", regresaron cuando comenzó su vida sexual.

Saúl está procesando con éxito el hecho de que la masturbación no es ni mala ni pecaminosa, que es una exploración del propio cuerpo. Ahora es un joven de 1.88 m de altura, el cual me pide que lo abrace como cuando tenía 10 años: "¡Dado, mi abrazo!" Me conmueve profundamente.

Si fuiste hijo de padres tóxicos, tal vez como adulto aún sientes un elevado grado de responsabilidad de los sentimientos y las conductas de los demás. Si alguien se enoja, de inmediato sientes ansiedad y tensión por ello y te culpas por lo que sienten los demás; te sientes obligado a hacer algo para modificar ese estado de ánimo. Si alguien se muestra molesto, en automático asumes que tiene que ver con algo que hiciste, dijiste u omitiste.

Así como Saúl, tú no puedes ser responsable de todo lo que los demás sienten, piensan y actúan. No todo es tu culpa.

Control: "No hay ningún problema"

El tema del control es central en los niños-adultos. Puede ser explicado cuando recuerdas la inestabilidad y lo poco predecible que era tu vida dentro de tu familia de origen. Cuando el caos y la incertidumbre reinan el hogar, cuando no sabes cuándo esa serie de agresiones vendrán con todo rigor — críticas, golpes, quejas, insultos— tu niño-adulto utiliza métodos y roles para sobrevivir: negar el dolor, reprimir, e introyectar, creer que todo lo que dicen los padres era verdad. Por lo mismo, ya como adulto, no tener control de tu entorno es insoportable. Si perder el control puede ser amenazante para algunos, ¡para ti es una pesadilla!

Los niños-adultos tienen controlar todas las variables posibles, ya que aprendieron que el mundo es incierto, impredecible y peligroso. Buscan controlar la vida de los demás, manipularlos y encaminarlos hacia lo que consideran correcto para evitar ansiedad y posibles frustraciones a futuro.

Como aprendieron muy bien lo que puede suceder, cuando los adultos pierden el control, no se lo permiten de ninguna maneras ni se lo permiten a los demás.

"Soy una persona reservada, no puedo relacionarme con los demás porque tengo miedo de equivocarme, de que me critiquen y de que me vuelan a dejar de hablar, como siempre sucede cuando me equivoco. Mejor me quedo callada y no me expongo", decía Irma, aquella mujer dominante y deprimida que se sintió inadecuada y ansiosa cuando su amiga no llegaba al restaurante. Para Irma, no tener control de nada es causa de ansiedad.

Si tu padre es tóxico, gastas mucha energía "pretendiendo mantener el control" —igual que Irma o que Saúl—, tanto de ti mismo como de tus relaciones interpersonales. Alguien con el rol del perfeccionista necesita sentir que tiene algo de orden, predictibilidad y certidumbre en su vida. Sin embargo, todo esto es una falacia, ya que no hay nada más impredecible que la vida y ésta nunca sale como la planeamos; y no sólo eso, en realidad no podemos controlar ni la naturaleza ni las variables económicas ni los sentimientos de los demás.

El costo que se paga por esta búsqueda fútil de control es enorme: se pierde la espontaneidad, la alegría, la libertad, la capacidad de expresar lo que pensamos y sentimos de vivir en plenitud.

En *Healing the child within* (1987), Whitfield describe con precisión lo anterior: "Al final, no podemos controlar la vida, así que entre más tratamos de hacerlo, más fuera de control nos sentiremos porque estamos enfocando toda nuestra energía en algo que no se puede conseguir. Con frecuencia la persona que se siente fuera de control está obsesionada con tenerlo".

Tratar de tener control de la vida es como tratar de atrapar el agua que corre por un río. Es algo imposible de hacer. ¿Cuál es el reto? Aprender a fluir en este río, a veces calmo, a veces bravo, a veces claro y a veces turbio, que implica pertenecer a este planeta. "No por empujar el río, éste fluirá más rápido".

Evasión de sentimientos: "Esto a mí no me importa"

La evasión no sólo tiene que ver con crecer en una familia abusiva, como se describió en el capítulo 10, sino que se vuelve parte de la vida cotidiana de cualquier persona que ha vivido altos niveles de violencia, abuso o trauma.

Numerosas sociedades que han experimentado la guerra desarrollan esta característica en su idiosincrasia. España, Alemania, Japón, Vietnam son algunos de los países cuya población suele evadir los sentimientos y tiene dificultad para contactar con ellos.

El niño-adulto aprendió desde pequeño a instalar dentro de sí mismo un sistema de negación de lo que sentía. Si su mente inconsciente pudiera hablar con claridad diría: "No confíes en ninguno de tus sentimientos e ignora todos los mensajes que tus emociones puedan expresar".

Si llorabas por tener miedo ante el abuso, de seguro fuiste golpeado más fuerte porque "merecías algo por lo cual llorar". Si te enojabas, probablemente recibías aún más agresión, pues tu enojo era interpretado como un desafío para la figura de autoridad. Así, concluiste que los sentimientos eran algo que debías dejar de lado e ignorar por completo. Las experiencias en tu vida necesitaban ser vividas con el menor contenido emocional posible y buscabas evitar el dolor o la empatía cuando alguien más estaba sufriendo. Cada quien tenía que rascarse con "sus propias uñas".

Por lo tanto, tus sentimientos profundos, tu dolor ante el maltrato, la humillación y vergüenza que viviste frente el abuso, se convirtieron en algo inaccesible para ti y para los demás. Es como si los hubieras enterrado en un féretro, dentro de un sarcófago en una pirámide. Pareciera que tienes el corazón de piedra. Eso no es cierto, simplemente estás entrenado a no escuchar.

Como adulto, otra de las razones por las cuales evades los sentimientos es porque aprendiste a asociar los sentimientos con acciones. De niño observaste la capacidad de destrucción de un adulto cuando contactaba con lo que sentía.

Yo tengo clarísimo este rasgo de personalidad en mí. Cuando mi papá perdía el control, no medía en absoluto sus impulsos y era capaz de golpear al Enano hasta dejarle la piel morada, o bien, golpear un televisor con el puño hasta destrozarse la mano. No había límites, no había control de lo que sentía. Al igual que yo, seguro hiciste una clara relación causa-efecto. En aquel entonces, yo no podía ver la patología tan severa de mi padre, no podía entender su gran inmadurez emocional. Simplemente aprendí que los sentimientos, no eran una guía para dirigir acertadamente una decisión (como debe de ser).

Aprendí que eran estados emocionales que destruían y lo mejor era evitarlos y convivir con ellos como si fueran un mal necesario. Aprendí que eran signo de peligro y de amenaza y que los tenía que esconder.

Ya te conté un poco acerca de mi relación con el peso y con la comida. Cuando había violencia por parte de mi padre o críticas y burlas de mi madre (cuando me torturaban por "tripón"), yo esperaba el momento para comer. No lloraba, no me enojaba, no me quejaba, no hablaba, sólo me escondía a comer.

Me ha llevado muchos años separar la comida de mis emociones y dejar de premiarme o castigarme mediante ella, pero por mucho tiempo, inconscientemente, sentía la necesidad de comer y de estar a dieta al mismo tiempo. Era una lucha espantosa. Vivir a dieta pero rompiéndola en todo momento.

Cuando eres hijo de padre tóxico, no tienes derecho a sentir. Si tenías miedo, no podías correr el riesgo de acercarte a tu madre o a tu padre para pedir consuelo. Si necesitabas sentirte seguro, no podías acercarte a ellos, ya que recibirías más razones para sentirte amenazado.

Otra razón de peso para evadir los sentimientos fue que lo que experimentaste en la infancia fue extremo y doloroso: ira, pánico, depresión, desesperanza, soledad, frustración, impotencia. La mente inconsciente busca mantenerlos sepultados en ese ataúd, dentro de ese sarcófago en esa pirámide para evitar que lo que experimentas pueda salirse de control, como sucedía cuando eras niño en esa familia disfuncional. De esta manera, además de no ser capaz de sentir algo doloroso, te privas de tener una experiencia plena y conmovedora.

Yo tardé mucho en disfrutar mi vida sexual. No es que no la pasara bien, no es que no quisiera estar íntimamente con alguien, simplemente no sentía lo que todos mis amigos decían que sentían cuando hacían el amor. Lo he trabajado mucho en terapia y descubrí justamente lo que estamos hablando: yo evitaba sentir cualquier cosa, incluido el placer y la entrega absolutos a la sexualidad.

Ahora, a mis 41 años, te puedo decir que después de sanar muchas experiencias dolorosas de mi historia, tengo la capacidad de tener una mejor vida sexual. Ya no estoy pendiente de que mi pareja la pase bien, ya soy capaz de sentir placer y disfrutarlo. ¡Me siento orgulloso de ello!

Quiero ser normal: "¿Cómo diablos debo actuar?"

Aquí entramos en un debate que nos podría llevar páginas y páginas sin llegar a un acuerdo. ¿Qué es ser normal? ¿Qué es lo esperado por las normas sociales? Si estas preguntas son difíciles de contestar, cuando vienes de un origen tóxico resulta imposible responderlas ya que no tienes un punto de referencia en cuanto a lo que es natural y anormal dentro de un sistema familiar funcional. Lo que era "normal" para mí o para ti en realidad se trataba de abuso e inconsistencia emocional. Comparar la propia familia con las de los otros era confuso porque las otras no parecían ser tan caóticas, violentas o neuróticas. Hablar de esto con los demás era imposible, no podías hacer preguntas ni compartir el abuso del que eras víctima, mucho menos expresar tus sentimientos. Era natural pasar horas pensando cómo podría ser tu vida familiar si no hubiera tanta destrucción.

El niño-adulto se pasa la vida en este juego, imaginando lo que debe ser un comportamiento normal o funcional, comparándose con los demás y buscando ejemplos de salud y disfuncionalidad en los otros que le indiquen cómo debe conducirse. Se siente ansioso al no saber con certeza cómo comportarse.

Como todos los ejemplos que los niños-adultos tenemos del comportamiento familiar son confusos, no sabemos cómo responder cuando somos adultos. Es común que dediquemos tiempo a observar el comportamiento de los demás para encontrar un punto de referencia confiable de cómo comportarnos.

Todo esto es confuso pues hay que observar el juicio de los demás ante un comportamiento específico y descifrar su reacción. Como es sólo una percepción de la realidad del otro, de lo que creemos que piensa o siente, siempre experimentamos dudas al respecto.

Es común que en la adolescencia los niños-adultos fantaseen con la familia ideal que no tienen y que crean que los demás sí. Que vean en películas, donde todo funciona armónicamente y donde las familias son "felices" un modelo de vida que parece inalcanzable. Aunque este tipo de familia idealizada no existe, es lo que un hijo de padres tóxicos imagina como normal. Es lo que supone que todos los demás adolescentes —menos él— viven en casa.

El niño-adulto no puede entender que la normalidad dentro de una familia funcional también tiene conflictos, discusiones, momentos de pérdida de control y tensión, ciertas muestras de agresión, etcétera. Siempre y cuando sea un sistema familiar sano y no destructivo, el conflicto sirve para reacomodar al sistema: se hablan las diferencias, se ofrecen disculpas y la vida familiar sigue adelante. La comunicación es lo que diferencia una familia funcional de una que no lo es.

En una familia funcional hay límites claros. Cada integrante asume la responsabilidad que le toca, hay roles establecidos y respetados, se cuida la integridad física y psicológica de los miembros y la sensación general es de unión, amor y contención emocional.

Conforme el niño-adulto crece, descubre que los eventos familiares que vivió en la infancia eran aún más disfuncionales o abusivos de lo que él mismo percibió y que su familia de origen era anormal y disfuncional.

A lo largo de los años, el niño-adulto trata de disimular por todos los medios posibles su ansiedad con la intención de parecer "normal y socialmente funcional", por lo que, al igual que la búsqueda de control, se pierde la espontaneidad, la confianza en uno mismo y la capacidad de vivir en libertad.

¿Te acuerdas de Javier cuyo sueño era ser restaurantero pero tenía un padre impositivo, devaluador y violento? ¿Recuerdas que para ser parte de la familia *tenía* que dedicarse a lo mismo que se había dedicado su abuelo y su padre? Nunca olvidaré una sesión en la que me confesó: "Siempre me he sentido fuera de lugar. A veces cuando veíamos los partidos de futbol con mis amigos, yo reaccionaba eufórico y de broma los golpeaba (como lo hacía mi papá cuando jugábamos frontón), pero me veían de forma extraña y yo me daba cuenta de que era el único que reaccionaba agrediendo. Lo mismo me pasaba si al manejar se me cerraba un coche o cuando olvidaba las llaves; yo era el único de mis amigos que reaccionaba de manera violenta y eso me hacía sentir raro, diferente y anormal".

Al igual que Javier, los niños-adultos necesitamos encontrar el equilibrio en el mundo. Evitar los extremos en nuestro comportamiento y entender que a través de la armonía podemos vivir en plenitud de manera funcional con nosotros mismos y con los demás. ¿Cuál es el primer paso? Dejar de compararnos con todas las personas.

Todo o nada: "O es blanco o es negro"

Durante mis años de terapeuta he descubierto que los niños-adultos, quienes crecimos en una familia disfuncional, tenemos una tendencia a pensar, sentir y comportarnos de dos formas: o vas hacia el norte o hacia el sur. No hay puntos medios, no hay matices de posturas, sólo hay "principios claros y firmes" que, en realidad, no son más que creencias rígidas y absolutas (introyectos) incongruentes con la capacidad de adaptación que exige el mundo de hoy en día. Así, todo se califica a partir de dos escalas: perfecto o deplorable; blanco o negro; bueno o malo; amor u odio...

Este tipo de personalidades no puede encontrar el equilibrio, ya que de la nada pasa de sentir que todo está bien y en paz, a que todo está perdido y en crisis. Tienen dificultad para entender que nada es perfecto y que a pesar de las dificultades en la vida, éstas no indican que estemos metidos en problemas graves o en crisis significativas.

Los niños-adultos tenemos una dificultad para encontrar grises en la vida. Como la vida nunca sale como uno la planea, es difícil depositar la felicidad en la expectativa de que todo estará bajo control o de que no habrá errores en las relaciones. El niño-adulto necesita mantener un control absoluto sobre su vida y la de los demás (como hemos visto en los roles anteriores), aunque sólo suceda en la fantasía. El niño perdido, el niño-adulto, busca tener este control con un pensamiento absoluto.

Si eres hijo de un padre tóxico, tienes una postura con respecto a la confianza: o confías en alguien totalmente o no es digno de tu confianza. Los hijos de padres tóxicos tendemos a tomar personal aquellas diferencias que los demás tienen con nuestros puntos de vista, y los alejamos de nuestra vida con la justificación de que no son leales o equilibrados o estables. Nos convertimos en los peores jueces del error, pues no lo toleramos en los demás, y cuando lo cometen —aunque sean los más cercanos— sentimos la necesidad de sacarlos de nuestra intimidad para que no nos hagan daño. Paradójicamente, como hijos de padres rígidos repetimos el mismo patrón en nuestras relaciones más cercanas (pareja y amigos).

He observado cómo el éxito es otra área donde el pensamiento absoluto aparece. No hay satisfacción en el éxito parcial o en el proceso de alcanzarlo. Hay altas expectativas que pocas veces se cumplen, por lo tanto, la sensación constante es de fracaso. Para el niño-adulto, es difícil entender que el éxito es algo que se va construyendo poco a poco y no algo que llega de tajo o que es cuestión de suerte.

El niño-adulto no conoce términos medios, no conoce grises, no le da perspectiva al error, no tiene tolerancia a la frustración. Fue hijo de jueces terribles y se convirtió en el peor juez de su historia y esto evita que pueda disfrutar de la vida.

El niño-adulto está atrapado en alguna de estas dos situaciones: o está en búsqueda de grandes retos que lo hagan sentir satisfecho (sin nunca sentirse realmente valioso); o bien, nunca se propone algo importante ya que hacerlo implicaría el gran riesgo de no alcanzarlo y, automáticamente, ser "fracasado", como el caso de Mirela, la violinista que no quería ser reconocida.

Para la autoestima, este pensamiento dicotómico es un riesgo ya que al ser rígido y buscar la perfección, está destinado a comprobar lo poco capaz que se es en la vida. Es complicado sentirse relajado cuando calificas tu éxito con base en el pensamiento absoluto. Rara vez hay relajación y, por supuesto, siempre hay una percepción irracional y trastornada de la propia existencia.

¿Te acuerdas del caso de José Luis? ¿El joven que terminó dos carreras, tenía un fundación para niños de la calle, deportista y un ser humano maravilloso, pero estaba deprimido y quería quitarse la vida? Es el ejemplo perfecto del pensamiento absoluto: "todo o nada". Para José Luis, el hecho de que su padre no lo aceptara y no lo validara, lo hacía sentirse un perdedor total, sin importar cuánto éxito tuviera en su vida.

Para José Luis, la evaluación de su propia historia era injusta, matizada por la necesidad de perfección. En una sesión me dijo: "Lo que no es perfecto no vale nada". Ahí me conecté con mi propia historia, con mi infancia, con mi padre, con mi niño-adulto.

"Tocayito, difiero. A mí no me interesa ser tu 'terapeuta perfecto', seguro me equivocaré pero haré mi mejor esfuerzo contigo y eso debe ser suficiente. El amor, tocayo, nunca es perfecto".

No olvidaré cómo se paró del sillón, que está frente al mío, se acercó y me pidió que me pusiera de pie para abrazarme fuerte. "Gracias, estoy agotado de intentar ser el mejor paciente, el que no te fallará, el que cumple con lo que esperas, el paciente perfecto. Estoy dando mi mejor esfuerzo en esta terapia y eso debe ser suficiente. ¿Verdad?", preguntó entre lágrimas. "Totalmente", contesté dejando aflorar las mías.

Adicción a la crisis: "Tras la calma viene la tempestad"

Si viviste en un hogar tóxico y eres un niño-adulto, aprendiste a vivir en la tormenta. Tu hogar era el ojo del huracán y siempre estabas en peligro. Las inconsistencias en la comunicación, el miedo ante el abuso, las incongruencias constantes y los eternos cambios de humor que son parte de lo que vive el hijo de un padre disfuncional, generan que en la adultez sea difícil tener estabilidad, calma y equilibrio. La calma (como es desconocida) genera ansiedad, la antesala del caos.

Irónicamente, la ansiedad —que es incómoda y nos priva de poder disfrutar el día a día— es el sentimiento más recurrente en la infancia, el que busca desarrollar el niño-adulto y con el que se siente más identificado.

Esta personalidad implica no saber estar bien y tranquilo. Implica autosabotaje, es decir, echar a perder consciente o inconscientemente los buenos momentos, ya que la calma se confunde con aburrimiento o con un estado depresivo. El niño-adulto busca un conflicto constante para sentir otra vez esa descarga de adrenalina que lo haga sentir vivo. No se siente pleno, aunque la vida le sonría.

¿Te acuerdas de Emilio, el joven piloto que fue abusado sexualmente por su padre, quien lo tocaba en los genitales "buscando garrapatas"? Él es un caso de esto. Beber antes de los vuelos y llegar con aliento alcohólico a los aeropuertos era un autosabotaje que le aseguraba vivir con problemas. En la línea aérea él fue un chivo expiatorio.

Generar un conflicto interpersonal, permite al niño-adulto asumir el rol del protector y terminar por conciliar el conflicto que él mismo generó, o ser el chivo expiatorio y llamar la atención, aunque sea de manera negativa. Esto le devuelve al niño-adulto el sentido de vida y la falsa sensación de tener el control ya que lo que sabe hacer desde pequeño es vivir entre conflictos, no disfrutar los momentos de paz.

¿Te acuerdas de Vero, mi paciente que descubrió a su padre siendo infiel y que vivió en una eterna negación de la realidad, que tuvo cáncer y logró superarlo? Es otro buen ejemplo de no estar tranquila y estable.

Después de elegir mal a su primer marido, tuvo otra relación con un hombre casado que le hizo mucho daño, por que los descubrió la esposa de él.

Después se casó con Fede, ese hombre bueno pero mentiroso, con una relación inadecuada con su hija. Para ambos es difícil confiar el uno en el otro ya que como empezaron la relación siendo amantes y traicionaron a sus anteriores parejas, creen que la historia se repetirá. Vero vive en conflicto eterno con él. No tolera a la hija de su marido y ésta no la tolera a ella, de modo que en su ambiente familiar de nuevo hay tensión y conflicto.

En las sesiones, cuando habla de la falta de confianza hacia su marido y de cómo éste no pone límites a su hija manteniendo una relación inadecuada con ella (caminan tomados de la mano, ven la tele acostados en la cama abrazados, ella se sienta en sus piernas y le da besos en el cuello, le mete la mano en la camisa para acariciarlo),en su voz hay un ligero y casi imperceptible tono de placer.

Cuando pregunto: "¿Qué haces con él, por qué decides vivir otra vez con mentiras y con la incomodidad de que tenga una relación inadecuada con su hija? ¿Por qué decides repetir un patrón de tensión y mentiras? ¿Por qué permites que una adolescente mal educada te trate mal en tu propia casa?" Vero sonríe: "Ay Dado, lo quiero y espero que todo vaya a mejorar".

En el fondo ella sabe que la dinámica de comunicación en su matrimonio no funciona y que está inmersa en una relación tóxica sin embargo, eso le permite vivir en eterno conflicto y ser la víctima de sus decisiones.

Para finalizar este punto, quiero compartir contigo una frase que Rafa, mi terapeuta, me dijo: "Dado, hay que propiciar los buenos momentos ya que los malos llegan solos".

Sus palabras son sabias.

❋ ❋ ❋

Estas tendencias de personalidad, al igual que los roles de la familia disfuncional, te ayudaron a sobrevivir tu infancia. Ahora, en la edad adulta, se han convertido en una carga, en una atadura. Para sanar el pasado y liberarte del legado tóxico de tu infancia, necesitas flexibilizar tanto los roles como las características de personalidad, ya que no te permiten vivir con plenitud y, paradójicamente, te llevan a pensar, sentir y actuar de la misma manera que cuando estabas en casa de tus padres, experimentando el peligro. Lo frustrante de esto es que, · aunque ya no estés ahí y ya no exista un riesgo real, sigues percibiendo la vida de la misma manera, cuidándote la espalda en todo momento.

No es necesario que los roles desaparezcan por completo (se han convertido en parte de ti) pero sí es importante que tu niño-adulto aprenda a relajarse, a confiar y a darle perspectiva al conflicto y al propio error. Es injusto que si fuiste lastimado por el abuso de tus padres, seas tú mismo quien siga perpetuando la ansiedad, el miedo y la falta de auto respeto.

Por fortuna, todo el abuso del que fuiste víctima está en el pasado, tienes la oportunidad de sanar esa herida y recuperar el derecho a sentirte merecedor de la felicidad. Después de la tormenta, siempre sale el sol.

"Mi familia vive lejos de mí. Soy la única que vive en el D.F. francamente no los extraño, sé que estoy mejor sola, teniéndolos lejos.

Desde hace poco tiempo comencé a ir a terapia con Dado. Simplemente exploté, me di cuenta de que no podía seguir así. Tuve un ataque de ansiedad por un chico con el que estaba saliendo y que ahora, a sólo ocho meses de dejar de verlo, sé que ni lo extraño ni lo quiero; pero en su momento me afectaba demasiado. También tuve una pelea gigantesca con mi mamá y mi hermana, la cual terminó en un segundo ataque de ansiedad, por lo que pedí ayuda.

En retrospectiva, agradezco que las circunstancias me hayan llevado por este camino porque estaba inmersa en una autodestrucción que creía merecer.

Seré sincera, las relaciones autodestructivas fueron lo mío por mucho tiempo. Tenía una extraña sensación de que en algún momento lograría convencerlos de que soy 'lo mejor que les ha pasado' y que de esa manera dejarían de ser patanes conmigo. Esto nunca sucedió.

Era 10 de mayo, mi mamá y mi hermana habían venido al D.F. a depositar las cenizas de mi abuelo en la iglesia. Ellas se quedaron en mi departamento porque les quedaba más cerca de la entrada de Querétaro y a mí me hacía feliz recibirlas.

Fuimos a depositar las cenizas y después desayunamos todos juntos en casa de mi abuelo, con mi tío y mis primos. Luego caminamos al cine. Estando ahí, le pregunté a mi hermana si el diagnóstico de bipolaridad que le había dado su psiquiatra era de alguna forma mi culpa, pero no me contestó.

Después recordamos un día que fuimos a comer y al cine; frente a mis primos, mi mamá dijo: '¡Ese día yo pagué las palomitas', y mi hermana dijo: '¡Ese día yo pagué el cine!' Fastidiada por sus presunciones estúpidas de siempre, les contesté: 'Ese día yo pagué la comida y no digo nada'. Mi instinto me dijo que algo no estaba bien. Y tenía razón.

Llegamos a mi departamento, traté de acomodarme para dormir y mi hermana explotó; me dijo que era la última vez que quería escuchar que les echara en cara algo que había gastado en ellas, que quería vomitarme encima todo lo que le había dado, que no tenía derecho a ponerlas en evidencia frente a mis primos. Me volteé y le pedí que no me gritara. Como siguió gritando, volví a acostarme. Cuando siguió, le contesté: 'Cuando te calmes, hablamos' y esto la encolerizó más. Me dio un puñetazo en la espalda exigiendo mi atención y diciéndome que mi papá y yo teníamos la culpa de que ella hubiera terminado en el psiquiatra. En ese momento me asusté; no era una pelea cualquiera, mi hermana quería herirme con sus palabras y con sus actos y mi mamá estaba ahí, en la misma habitación, sin hacer nada para detener la pelea o para protegerme, lo cual era lo esperado, mi hermana siempre ha sido su preferida.

Intenté salir del cuarto y me cerró el paso, se me fue encima a golpes, yo sólo le detuve las manos a la altura de las muñecas. En ese momento le grité a mi mamá para que hiciera algo. Mi madre le dio la razón a mi hermana y comenzó a decir que yo no tenía por qué estarles cobrando lo que les había dado, que si lo había hecho había sido de corazón y que, además, cuando yo era chica ella había trabajado para mí y nunca había cobrado nada a cambio.

Los gritos siguieron y logré salir del cuarto. Mi hermana me siguió hasta la sala y le volví a gritar que me dejara en paz. Le pedí a mi madre que intercediera y que se diera cuenta de los problemas que podía evitar. Le dije cuánto me dolía que no me defendiera. Pero no lo hizo. Nunca lo ha hecho.

Mi padre me golpeó en numerosas ocasiones, muchas veces notó mi miedo, pero mi mamá nunca me defendió. Para ella, si los problemas no se mencionan y no se les pone nombre, no existen y como no existen, no hay nada que hacer con ellos.

Cuando traté de irme a la sala, mi hermana grito que no sabía qué estaba haciendo ahí, que prefería irse a la chingada que dormir en mi departamento. Mi mamá le dio la razón y en medio de la noche empacaron sus cosas y se fueron de mi casa. Mi hermana regresó y me saltó encima, a golpes, gritándome que era una mierda. Yo me hice bolita para protegerme, estaba consciente de que no quería golpearla, pero aun así fui la mala de la pelea. Mi mamá regresó y, tomándola de la cintura, la separó de mí. Se fueron. Eran las doce de la noche.

Que mi mamá no me defienda ha sido una constante en mi vida. Mi hermana luciéndose a mis costillas, siempre la preferida, siempre violenta y siempre sin consecuencias.

A partir de ese momento, algo se rompió con mi hermana. No la he perdonado. Ella es terriblemente celosa y juzga a la gente que me rodea. No soporta a mis amigas. Después de ese desagradable episodio, la volví a ver en una reunión con amigos en común y se besó con un chico que a mí me encantaba. Me sentí mal. Se atrevió a traicionarme a mí, una persona que siempre ha tratado de cuidarla y apoyarla.

La historia de mi vida se repetía. Las personas en mi familia son tan egoístas y tan poco inteligentes emocionalmente que no les preocupan los sentimientos de los demás, prefieren considerarlos una piedra en el zapato. De verdad, espero no volverme así. Quiero ser la mejor versión de mí misma, enamorarme de mí y estar convencida de que no haré ese tipo de cosas.

Lo que me sigue doliendo es la injusticia o el trato dispar de mi madre. Como le dije en algún momento: 'Quienes no son de mi propia familia me demuestran más cariño y respeto que mi propia hermana y mi propia madre'.

En retrospectiva, siempre me he sentido menos que mi hermana. Ella era 'la bonita'. Es cierto que fue una bebé adorable, pero la consentían tanto, que varias veces me golpearon por su culpa. Lloraba y eso era suficiente para que me golpearan a mí.

Siempre he sentido que mi madre es injusta conmigo porque la prefiere a ella pero lo que más me arde es que lo niegue. ¿Cree que estoy tonta o ciega? Yo me enfermo muy seguido de la garganta, de hecho, siempre que regreso de verlas me enfermo. Al respecto, Dado me explicó que mientras no externara estos sentimientos, no podría curarme porque son cosas que no he expresado.

Creo que es el momento de decirlas:

'Mamá, te adoro con todo mi corazón, pero no puedo entender por qué tú no me quieres a mí, por qué prefieres mi hermana. Estoy harta de que digas que me quejo de lo buena que es su relación y de lo mala que es la nuestra, pero no entiendo por qué te jactas de eso, aun sabiendo que me duele. Tú podrías hacer mucho más para llevarnos mejor, pero nunca has estado ahí para mí. En ocasiones, yo he tenido que convertirme en madre tuya y de mi hermana, he dejado de comprarme cosas para comprarles a ustedes. No lo hago por su reconocimiento, sino por cariño pero sería agradable escuchar un: 'gracias'.

Yo no soy tu mamá. Tú eres la mía. Mi papá me golpeaba y no me importa cuánto lo niegues, sé que lo sabías. Simplemente no querías enfrentar a mi padre y añadirle más problemas a tu matrimonio. Mamá, tú también dejaste que mi papá te golpeara y reaccionabas golpeándolo frente a nosotras.

Mi papá no te quería, y tú lo sabías, pero estabas obsesionada con él, te gustaba que te tratara mal y tenías, como yo, la esperanza de que en algún momento valorara lo grandiosa que eras, se arrepintiera y te tratara como merecías. Mamá, tú permitiste el maltrato, pero te aseguro que yo ya no lo voy a permitir ni de ti ni de nadie. No quiero ser como tú, no quiero cometer tus mismos errores y yo, mamá, sí quiero quererme.

No has estado cuando te he necesitado. Tú también me has golpeado física y psicológicamente; me has lastimado y me has tenido celos por la relación con mi papá; has llegado a culparme de tu divorcio, de tus fracasos. Me dejaste indefensa cuando era una niña, me cargaste de responsabilidades de adulta cuando era apenas una adolescente. Me has hecho sufrir, me has manipulado con dinero y, sobre todo, me han lastimado tu indiferencia y tu injusticia.

¡Sí, mamá! ¡Prefieres a mi hermana! Quisiera que por una vez, para mi tranquilidad mental, lo aceptaras y dijeras: 'Lamento que así sea, pero no lo puedo evitar'.

Mamá, cuando yo era adolescente me tratabas como si fuera tu sirvienta, yo hacía la limpieza de toda la casa, lavaba y hasta llegué a planchar camisas de mi papá.

Él durmió en nuestra alcoba muchas veces porque tú no tenías una buena relación con él. Era incomodísimo estar acostada a su lado. Me hablaste de tu sexualidad con mi papá cuando yo era una niña, me aseguraste que se acostaba con otras personas cuando yo iba en tercero de primaria. Me hablabas de tus celos, de cómo mi papá ya no te tocaba.

¡Yo era una niña!

Mamá, no me interesa saber cuánto tiempo tienes sin ver pornografía. No es algo que me importe. Nunca desarrollaste tu inteligencia emocional. Eso no se le cuenta a una hija. ¡No quiero ser como tú! Ojalá encuentres la felicidad. Yo soy un ser humano valioso, tan valioso como mi hermana, y aunque nunca seré tu preferida, a partir de ahora soy mi preferida.

¡Mamá, déjame vivir! Yo me libero de ser tu madre y la de mi hermana. Voy por mi propia felicidad.

Te devuelvo todos los aprendizajes que me diste y que me hacen sentir menos. Ahora sé que se llaman introyectos y no me sirven.

No sé cómo permitías que cuando mi papá quería espantarme, golpeara la pared con el puño o acelerara a lo estúpido en el carro. Gritaba groserías y me escupía encima. Incluso golpeó el parabrisas del carro hasta estrellarlo por completo. Le gustaba que le tuviera miedo, creo que su filosofía era: 'Si no me respetan, que me teman'. Ahora me parecen infantiles sus berrinches. Era una persona que usaba la sexualidad como agresión. Nunca me tocó, pero hacía comentarios sumamente sexuales, agresivos y totalmente fuera de lugar para una niña, 'inadecuados', como me explicó Dado.

Una vez de niña le pregunté qué quería ser cuando era niño, y simulando con las manos un pene enorme me dijo: actor pornográfico. No quise volver a saber nada de él desde ese día.

Viste muchas veces cómo me gritaba y cómo yo temblaba, pero nunca supiste defenderme. Eres mi madre y te respeto, pero ya no permitiré que pases por encima de mí'.

Las acusaciones de mi mamá acerca de las infidelidades de mi papá son ciertas. Yo lo caché en dos llamadas telefónicas, una desde un teléfono público y otra desde mi propia casa. ¿Qué descaro, no? Mi papá sigue creyéndose el hombre por el que todas suspiran, aunque está gordo, viejo y con varias cicatrices en el cuerpo a causa de las operaciones, y los años pasándole encima.

Mis padres son tan inmaduros que a temprana edad nos confesaron que se casaron porque estaban esperando a un bebé (a mí); sin cariño, sólo por presión social y familiar. Ahora, gracias a la terapia, entiendo que por eso mi padre ha pasando años castigándose y castigando a mi mamá y a muchas mujeres. Eso es muy triste... Sus dos hijas somos mujeres.

Mi papá es orgulloso, nunca he escuchado que se disculpe. Recuerdo varias ocasiones en que se lo pedí pero se enojaba más. En terapia, me he dado cuenta de que vivir con mi papá era vivir en la época de terror. Ahora él está muy lejos, lo veo poco, una vez al año si acaso, pero sigue siendo difícil para mí. Sigue haciendo comentarios difíciles y poniéndose agresivo, gritando y golpeando las paredes.

Ahora me parece un hombre patético cuando hace sus berrinches. Hace mucho que no le tengo miedo. Mi papá dejó de pegarme cuando le devolví un golpe y le sostuve la mirada, demostrándole que hablaba en serio al decirle que jamás dejaría que me volviera a tocar.

Creo que mis papás hicieron lo mejor que pudieron en su momento. Pero no fue suficiente. Tanta violencia en casa es algo que ningún niño debería vivir. Tantos comentarios sexuales fuera de lugar, tampoco.

En una ocasión, le pregunté a Dado: '¿Por qué alguien abusa física y mentalmente de sus hijos?' Dado me contestó que era por ignorancia y en algunos casos por maldad. Creo que en el caso de mi papá era por placer, por maldad, por narcisista. A pesar de toda su arrogancia y a pesar de todo su egocentrismo, mi papá tiene una autoestima muy baja, él no se quiere para nada y encuentra ese placer y ese cariño faltante en lastimar a los demás; sólo así se siente respetado.

Sé que mi historia de terror parece increíble. Pero quiero que se acabe, quiero ser una persona sana y feliz. Me enfermo mucho de la garganta y en parte se debe a que somatizo las cosas. Ya no quiero enfermarme, ni tragarme mis sentimientos de impotencia y coraje cuando soy injustamente tratada.

Ahora sé que se llama retroflexión y no la quiero más en la vida. Ahora entiendo que nada va a cambiar. Sólo cambiará el modo en el que permita que me afecten. Quiero superar mis miedos a tener una relación sana y feliz, quiero dejar de tener relaciones autodestructivas, quiero superar mis miedos a ser madre. Quiero sentirme bonita y valiosa.

Tengo mucho que sanar, pero creo que por lo menos, voy por buen camino. Me decidí a compartir mi testimonio porque ya no quiero quedarme callada. Sé que hay mucho dolor allá afuera y mis palabras pueden servirle a alguien. Nunca es tarde para buscar ayuda; yo lo hice y escribo esto deseando que pudieras ver lo tranquila que me siento ahora".

KIRA

REENCONTRANDO
al niño perdido

"Gracias a mi proceso terapéutico, pude darme cuenta de que estoy repitiendo el mismo patrón codependiente y tóxico de mi mamá en mis relaciones. No quiero ser mamá de todas mis parejas ni tener el control sobre ellas, porque en realidad eso no es amor, sólo sufrimiento y desesperación".

ANA MARÍA, PSICÓLOGA ESPECIALISTA EN ADICCIONES, 25 AÑOS

El primer paso para comenzar a sanar a ese niño interior lastimado, ese niño-adulto herido, ese niño perdido que vive dentro de ti, es aceptar que fue maltratado en la infancia y que no aprendió a cuidarse ni a sentirse protegido. Tal vez, como hijo de padres tóxicos, tengas más inclinación a minimizar o racionalizar los eventos en los que fuiste humillado, ignorado o usado para complacer a tus padres. Sin embargo, el verdadero paso hacia la sanación para dejar atrás el dolor, es la aceptación de que el abuso de tus padres lastimó tu mente, tus sentimientos y tu alma.

Aceptar el abuso es aceptar que éste tuvo un impacto serio en tu historia y que estás enojado con tus padres. El enojo es una respuesta natural ante lo injusto y lo abusivo. Si no lo validamos, se convierte en culpa.

El enojo que no reconocemos y que no dirigimos hacia los demás se convierte en culpa, y cuando ésta es un sentimiento constante, tendemos a retroflectarlo, haciéndonos daño a nosotros mismos cuando en realidad estamos enojados con alguien más. El enojo hacia tus padres es sano, pues implica que el duelo de esa infancia perdida se empieza a procesar. De hecho, para sanar al niño interior, *necesitamos* estar enojados, ésa es la única manera para empezar a procesar la culpa y liberarnos de la responsabilidad de no ser los hijos que nuestros padres hubieran querido. Validar el enojo es el primer paso para sanar las heridas de tu niño interior.

Aceptar el enojo implica concientizar que ciertas situaciones nos lastimaron física, emocional y espiritualmente, y que si no las reconocemos, nos quedaremos sintiéndonos inadecuados y sin merecimiento de tranquilidad y felicidad toda nuestra vida. Es necesario aceptar que no merecíamos ser tratados de esa manera y que no somos responsables de las malas decisiones que tomaron nuestros padres.

Es importante que entendamos que ahora somos nosotros los responsables de nuestro presente y de nuestras relaciones interpersonales. Necesitamos hacernos responsables de detener las relaciones abusivas que han dominado nuestras vidas hasta el día de hoy.

Después de aceptar el enojo, vendrá el dolor y la tristeza. Si fuimos víctimas, es momento de sentirnos conmovidos por la traición de quienes tenían la consigna de cuidar nuestro bienestar. También es justo que sintamos enojo por aquellos sueños y aspiraciones que tuvimos en algún momento y que por la disfuncionalidad de nuestra familia se fueron perdiendo. Necesitamos validar el enojo por todas aquellas necesidades que tuvimos en el pasado y que no fueron satisfechas en su momento.

Después de aceptar el abuso, necesitamos canalizar la culpa (enojo no expresado) hacia su verdadero origen: nuestros padres. La culpa es un sentimiento común entre los hijos de padres tóxicos. Con frecuencia la culpa es confundida con vergüenza; aunque son similares, esencialmente son distintas y requieren de un tratamiento diferente. La culpa es el sentimiento que implica la sensación de algo equivocado.

En *Healing the shame that binds you* (1988), John Bradshaw afirma que existe una culpa sana, pues es el sentimiento que nos indica que existe conciencia de haber dañado a los demás. Quienes tienen algún trastorno de personalidad del grupo B, carecen de esta capacidad, por lo que sentir culpa no es negativo. La culpa, cuando se origina como consecuencia del un error, cuando implica conciencia de dañar a un tercero, no lastima nuestra autoestima ni nuestro autoconcepto. Simplemente es un indicador de salud mental. Este tipo de culpa nos permite sentir compasión por el dolor de los otros y buscar resarcir el daño que hemos generado.

Así como la culpa puede ser una respuesta sana, la culpa tóxica es una historia diferente. La culpa que no se procesa, la que proviene de las expectativas que no cumplimos de los demás, la que hace que nos sintamos menos, la que se genera al sentirnos responsables de lo que no somos, se convierte en vergüenza, sentimiento que nos indica que creemos que no somos valiosos y que no merecemos ser felices. Este tipo de culpa, vergüenza, es común entre los hijos de padres tóxicos. Y es injusto que la sintamos.

Bradshaw (1988) analiza que los hijos de padres tóxicos sentimos vergüenza por nuestra historia, debido a la combinación de los siguientes tres puntos:

La necesidad de sentir control. La sensación de una inmensa vergüenza puede surgir como compensación al sentirnos sin control y sin poder. Por ejemplo, un niño se siente culpable de la adicción de su madre a las pastillas y avergonzado por que no se levante de la cama. Quizás, por un lado, él es pequeño para entender que ella es la única responsable de su vida y su adicción y, por el otro, vive en constante miedo de que un día que regrese del colegio la encuentre sin vida. Como el caso de Loló, la psicóloga clínica que está embarazada y que es hija de una madre alcohólica. La culpa tóxica que siente (vergüenza) y la sensación de sentirse responsable de su madre le permite sentir algo de control sobre su inestable e incontrolable situación familiar.

Los roles que se juegan dentro de la familia. Cuando el hijo de padres tóxicos comienza a quitarse la máscara de todo "está bien", cuando rechaza seguir con la farsa de la familia funcional o cuando quiere hablar acerca del abuso que vivió en su infancia, es común que sienta esta culpa tóxica, pues existe la sensación de estar violando el pacto de silencio y ventilar el secreto familiar. Esto es común cuando se empieza una terapia; los pacientes se sienten culpables de hablar mal de sus padres, cuando en realidad fueron ellos quienes les hicieron daño. Aun en terapia, el hijo de padres tóxicos se siente culpable de revelar de su historia.

Como vimos, el hijo de padres abusivos es el protector de la familia, por lo tanto se siente desleal al sentir que critica a su familia. La condición patológica de amalgamiento (simbiosis familiar y negación del conflicto) dificulta sentir enojo y empezar la sanación de una infancia tóxica. ¿Te acuerdas de Jessica, la psicóloga a la que le decían "gorda"? Para ella ha sido un verdadero reto aceptar que fue víctima de abuso verbal y emocional. Atreverme a escribir este libro implicó liberarme de esa culpa tóxica.

Límites débiles e identificación proyectiva. En las relaciones codependientes, los límites entre nosotros y los demás se funden. Así, lo que sentimos hacia el otro podemos sentirlo hacia nosotros mismos. Por ejemplo, estar enojados porque nuestros padres no cumplieron con su labor de protectores. Podemos regresar a nosotros mismos en una identificación proyectiva, ya que asumimos como nuestra responsabilidad la falta de estabilidad y el amor que vivimos en la infancia, cuando, en realidad, fue una falla de nuestros padres. Pero en la codependencia asumimos responsabilidades que no son nuestras. Por lo mismo, el hijo de padres tóxicos toma un rol que no le corresponde, el rol del maduro y del responsable de la familia, y se siente culpable de que no haya estabilidad y seguridad en ella. Asimismo, se siente obligado a mantener en silencio el abuso, como parte de los secretos familiares.

No hay sanación del niño interior mientras no haya una adecuada distribución de la responsabilidad de las fallas que hubo en el sistema. Esto implica aceptar nuestro enojo hacia aquellos que no cumplieron con su rol de padres y aceptar que fue injusto el trato que nos brindaron cuando éramos niños.

El mejor comienzo para darle perspectiva a la culpa (enojo no expresado) con relación a nuestros padres, es responder con toda honestidad las siguientes preguntas; es la única manera de ser responsables de lo que somos y dejar de culparnos por lo que era su responsabilidad.

- ¿Violaste un límite importante en tu infancia que haya generado un problema familiar serio?
- ¿La crítica de tus padres hacia ti era objetiva, o más bien era una percepción matizada por un rasgo abusivo?
- ¿Las promesas que hiciste en tu infancia eran promesas que un niño puede cumplir?
- Las responsabilidades emocionales que tenías en tu familia de origen, ¿podían ser resueltas por un niño?
- ¿Podías cambiar, desde tu niñez, algo de la realidad familiar?
- Si alguno de tus amigos hubiera vivido una circunstancia familiar similar, ¿sientes que hubiera tenido que ser responsable de cambiarla?
- Tomando en cuenta que eras sólo un niño, ¿crees que pudiste hacer algo diferente para que tus padres dejaran de actuar de manera tóxica?

Si al contestar estas preguntas, te das cuenta de que tu sentimiento de culpa es injustificado, entonces necesitas aceptar que estás asumiendo una responsabilidad que no te corresponde. Por lo tanto, necesitas dejar ir esta culpa y esta responsabilidad que por la toxicidad de tu familia aprendiste a asumir como propia. Dejar ir es aceptar el enojo de que tus padres te hicieron cargar un peso enorme que no te correspondía.

Parte de tu sanación personal es soltar lastres que no te corresponde soportar. Sólo al aceptar el enojo y devolver a ellos su responsabilidad, podrás soltarlos, dejar de vivir con ese peso y dejar de sentir vergüenza por tu historia; podrás recuperar el derecho a sentirte valioso y merecedor de la felicidad.

Parte de dejar ir la culpa es aprender y reconocer que no tienes ningún control de lo que los demás piensan de ti. Si tu padre cree que eres un mal hijo porque no estuviste de acuerdo con él en una discusión familiar, no es algo sobre lo que tengas control. Mientras no dejes de invertir tu energía en pertenecer y ser reconocido por los demás, especialmente tus padres, tu energía estará dispersa y mal invertida. Si tu madre te pide que no gastes en un regalo de cumpleaños, sin embargo, te hace saber que todos tus hermanos excepto tú la hicieron sentir especial ese día, no es algo que justifique sentirte culpable. Tienes que aceptar que, hagas lo que hagas, quedarás mal con ella. Si la culpa es enojo no expresado, ¿cuál es el motivo de tu enojo? Si tu mente inconsciente pudiera hablar diría: "Mira, mamá, déjate de tonterías, tu objetivo es sólo hacerme sentir mal; si quieres un regalo acéptalo, si realmente no lo quieres, dilo, pero deja de jugar conmigo".

Los hijos de padres tóxicos creemos que debemos a todos una explicación. En esta primera etapa de sanación de tu niño-adulto, necesitas aprender que un "Lamento que percibas así las cosas"o un "Me pesa que te sientas así", debe ser suficiente para tus padres. No es necesario que dediques más energía en convencerlos de que estás haciendo lo correcto y de que no eres un mal hijo.

No estás en control de la percepción de los demás, pero sí puedes elegir estar en control de la cantidad de energía que destinas a quedar bien con todos y desmentir la percepción injusta que tus padres tienen de ti.

Hablar de la culpa tóxica que tarde o temprano se convierte en vergüenza, es hablar de la "papa caliente" en la familia; nadie la quiere pero necesitamos regresarla a quien la arrojó al sistema. Seguramente, después de lo que leíste en las páginas anteriores, te preguntarás: "¿Si yo no soy responsable de las acciones y reacciones de mis papás, entonces, quién es?" La respuesta es clara: son ellos. A pesar de no controlar sus fluctuaciones de humor, de la falta de límites con el alcohol o con otras sustancias, de la desconexión con sus sentimientos, de sus mensajes contradictorios, de la falta de empatía con tus sentimientos y con los de tus hermanos y su falta de capacidad para entender el impacto de su maltrato hacia los demás, y en especial hacia sus hijos, **los únicos responsables son los padres.**

Al leer lo anterior te preguntarás si tus padres tuvieron algo de conciencia sobre las cosas negativas que te dijeron y te hicieron de niño. Tal vez dudas de lo que sucedió cuando recuerdas los golpes que te dieron o los pellizcos debajo de la mesa pero ellos dicen que nunca golpearon a sus hijos, quizá te preguntas si exageras al recordar con dolor cuando de niño tu madre te decía que nadie te iba a querer por ser una mala persona y ahora que se lo recuerdas lo niega con convicción.

Es probable que recuerdes con claridad tu historia. Ahora pregúntales a tus padres si para ellos es más conveniente no recordarlo y reescribieron la historia omitiendo los capítulos incómodos o en verdad no se dieron cuenta de que lo que hacían era abusivo, cruel y peligroso, ¿será más cómodo para ellos negarlo?

Si tuviste padres tóxicos, la respuesta es afirmativa en las preguntas anteriores. Lo que es un hecho es que si recuerdas así la historia, así la viviste tú.

En algunos casos un padre puede estar tan avergonzado de lo que hizo, que lo negará hasta el final. En otros, puede estar tan avergonzado que proyectará la responsabilidad en su hijo, asumiendo que exageró la reacción. Y en unos casos más, el padre se habrá disociado por la ira y después no recordará lo que hizo.

No importa el tipo de reacción de tus padres, el resultado será una falta total de empatía a tus sentimientos y ausencia de validación de lo que viviste. Si tus padres no están dispuestos a responsabilizarse de lo que hicieron, tú volverás a sentirte culpable por lo que viviste en la infancia. Te obligarás a sentir compasión por ellos y pensarás: "Pobre, no lo podía evitar, estaba enfermo", "No aprendió a hacerlo mejor, sus papás fueron iguales con ella". La compasión es válida, siempre y cuando no te obligue a sentirte responsable de las faltas que ellos cometieron, porque en la gran mayoría de los casos esta compasión es una justificación al abuso que ellos cometieron hacia ti.

Que tus padres no reconozcan el daño que hicieron, no los justifica. Que no se hayan dado cuenta del daño, no los exime de la responsabilidad.

La verdadera compasión es parte del perdón y el perdón no es una decisión, sino un proceso. Obligarte a ser compasivo con ellos sin validar la injusticia, sin sentir primero un auténtico y total enojo, es sólo una máscara más de la culpa y la vergüenza, y parte de la dinámica disfuncional que genera un padre tóxico.

Michael Swartz en su artículo "Estimating the prevalence of borderline personality disorder in the community"(2002), habla sobre la psicopatología de algunos padres que necesitan asumir la responsabilidad de lo que hicieron y dejaron de hacer por sus hijos:

> [...] necesitan responsabilizarse de lo que hicieron. No estoy diciendo que no sufrieron maltrato ellos mismos o que no es cierto que les hace falta salud en su personalidad. Sin embargo, todos tomamos decisiones para liberar tensión y necesitamos asumir las consecuencias de nuestras acciones. Los padres abusivos tienen una alta tendencia a justificar lo que los demás consideran un comportamiento inaceptable y lo racionalizan encontrando mil y un razones para hacerlo menos grave. Mientras un padre abusivo no se haga responsable de que lo que hizo está mal, no habrá ninguna posibilidad de cambio y buscará que sus hijos sean los que paguen por los "platos rotos".

Como niño-adulto, lo mejor que podríamos vivir es que nuestros padres validen los momentos de miedo, angustia, injusticia e impotencia que nos hicieron pasar. Si ellos lo reconocieran y ofrecieran una sincera disculpa, gran parte del resentimiento se disiparía, pues, como hijos, no esperamos que nuestros padres sean perfectos, pero lo que no perdonamos es la mentira y la injusticia.

Ahora bien, los padres que reconocen sus errores y que piden perdón por ellos no son tóxicos.

Partiendo de la idea que tus padres siguen vivos, no reconocerán jamás la magnitud del daño que te hicieron, negarán algunas experiencias de abuso y minimizarán y racionalizarán las demás. Tú necesitas tomar una decisión: o continúas esperando a que tus padres se responsabilicen de sus acciones y sentimientos —lo cual me parece desgastante e improductivo—, o aceptas su ineptitud para asumirla, y dejas de esperar que ellos cambien para enfocar tu energía en tu aquí y ahora, para tener una mejor calidad de vida y aprender a ser feliz. ¿Cómo? Tomando responsabilidad sobre tu propia existencia y asumiendo que ellos jamás aceptarán el daño cometido.

Cuando sufrimos, es fácil buscar a un culpable. Esto es normal y nos permite desprendernos de algo del dolor por medio del resentimiento. Sin embargo, cuando a la larga seguimos culpando a alguien de lo que sentimos, adoptamos el rol de víctima, lo cual implica darle gran parte de nuestra energía y responsabilidad a alguien más, en este caso, a nuestros padres. Depositamos nuestro bienestar en sus manos, algo imprudente si tomamos en cuenta la patología de la que son presas. El resentimiento hacia ellos es inevitable y es algo que necesitamos validar. No obstante, culparlos por nuestra infelicidad en la edad adulta es repetir el patrón de irresponsabilidad y de inmadurez emocional que aprendimos de ellos.

Lo verdaderamente útil en esta situación es enmarcar nuestro dolor desde una perspectiva justa. En *Self-esteem* (2000), Mckay habla sobre la necesidad que tiene un padre tóxico de proyectar la responsabilidad de sus fallas en sus hijos y negar la propia responsabilidad de sus errores para proteger su imagen y minimizar la vergüenza que siente hacia sí mismo por haber sido un mal padre.

Asimismo, analiza cómo los hijos necesitamos validar el abuso emocional y el sufrimiento que vivimos, sin ignorarlo o negarlo. Mckay explica que para poder vivir de forma sana, necesitamos dejar de esperar que lo que es evidente sea aceptado por los demás. Nosotros tenemos que reescribir la historia de manera justa: "Sí fui lastimado. Fui injustamente tratado. Fui abusado por mis padres. No fui protegido, no fui tratado con dignidad ni con amor; sin embargo hoy, a pesar de ellos, decido ser un hombre (o mujer) digno, valioso y exitoso". Así, en vez de seguir desgastándonos, buscando que nuestro sufrimiento sea reconocido, necesitamos validarlo nosotros mismos. "Merezco ser feliz y soy lo suficientemente bueno para rescatar a mi niño-adulto".

Sólo así podremos retomar la propia responsabilidad y lograr que ese niño-adulto, que ese niño perdido, encuentre el camino hacia la libertad y hacia la felicidad. No somos culpables de lo que vivimos de niños, pero sí somos responsables de lo que decidamos hacer con nuestra adultez.

"Yo crecí en una familia tóxica porque mi mamá es una mujer disfuncional. Mi papá y mi mamá trabajaban en la bolsa de valores, mi mamá era secretaria de mi tío, el hermano de mi papá. Mi papá estaba casado y tenía dos hijas, pero en ese momento estaba separado de su esposa. Ambos empezaron una relación amorosa y después de pocos meses se mudaron juntos. Su noviazgo duró dos años y, según mi mamá, fueron los dos más bonitos y plenos de su existencia.

Mi papá dejó a mi mamá cuando yo todavía no nacía. Nací prematura, de seis meses dos semanas, por lo que estuve en incubadora dos meses. Esto fue estresante para mi mamá; además de terminar su relación con mi papá, tuvo una hija que no pudo salir con ella del hospital, como hubiera deseado. Cuando salí del hospital, el doctor le comentó a mi mamá que me encontraba muy bien y que sólo hacía falta que creciera y engordara; mi mamá se tomó demasiado en serio sus recomendaciones.

Después de unos meses de nacida, mi papá se fue a vivir a Querétaro con mis dos medias hermanas y su esposa, y nosotras nos quedamos aquí. La historia de mis papás se había terminado, pero mi mamá no lo aceptó.

Crecí sola con mi mamá y mi papá venía de visita una vez al mes. Yo era la acompañante de mi mamá en todo, siempre me llevaba con ella. Desde el año de nacida comencé a ir a guarderías, porque mi mamá trabajaba todo el tiempo para que le alcanzara el dinero. Íbamos a fiestas juntas y yo me quedaba dormida mientras ella seguía; a veces, cuando tenía suerte, era en casas de sus amigas que tenían hijos de mi edad, entonces jugaba con ellos y ella tomaba y bailaba con sus amigas. Cuando no tenía suerte, despertaba en restaurantes o bares desconocidos, llenos de gente rara comportándose de manera extraña (ahora entiendo que estaban alcoholizados) y mi mamá parecía no recordar que tenía una hija de apenas cinco o seis años de edad. Desde entonces me convertí en una pequeña adultita rodeada de adultos. Vi y escuché cosas para las que no estaba preparada.

Mi mamá se tomó muy en serio eso de darme de comer. Desde que me acuerdo fui gordita. Era muy tímida, no me atrevía a jugar con nadie porque me daba pena. Mi mamá me trataba de manera incongruente: por un lado, me llevaba con ella en las noches, me desvelaba y me traía como su llaverito, sin respetar los horarios de una niña de esa edad; por el otro, me sobreprotegía haciendo todo por mí. Ahora me doy cuenta de que mi inseguridad se originó por ese motivo.

Llegó un punto durante la adolescencia en el que no podía hablar con extraños. Trabajé en la recepción del spa de mi tía y tenía que hablarle a las clientas para recordarles su cita del día siguiente. En cada llamada sudaba de los nervios. Hasta ese momento no había tenido ninguna responsabilidad y carecía de herramientas sociales adecuadas.

Definitivamente, era una chica con una vida diferente a las demás compañeras de mi edad. Nunca viví lo que una niña o una adolescente experimenta en familias funcionales. Mi mamá me impidió vivir mis etapas correctamente; no aprendí a defenderme ni a hacer amigas. Ante cualquier problema, le llamaba para que lo resolviera. Me convertí en una inútil.

En la secundaria empecé a salir con amigos, a tener novio y a pensar por primera vez por mí misma; quería hacer mis cosas, tomar mis propias decisiones, pero empezaron los problemas. Mi mamá se enojaba todo el tiempo porque ya no estaba con ella y no la acompañaba a sus planes, a su fiestas y con sus amigas, porque yo comenzaba a tener las mías.

Era enemiga número uno de mi primer novio por los celos que le tenía. Cuando yo tenía fiestas, ella quería que la acompañara a reuniones y cenas. Se enojaba y buscaba a toda costa echar a perder mis planes castigándome o inventando pretextos absurdos para no darme permiso.

A partir de entonces nuestra vida ha sido un pleito constante en el día a día. Para ella era difícil entender que ya no podía controlarme al cien por ciento; empezó a esculcar mis cosas, hasta que un día leyó mi diario después de una pelea que tuvimos. Leyó lo enojada y frustrada que me sentía por su culpa. Leyó mi intimidad. Cuando regresé de con mis amigos, la encontré borracha. Me pegó en la cara y nos gritamos. Desde ese momento mi sueño ha sido salirme de la casa.

Había temporadas que nos dejábamos de hablar por días, eran pleitos eternos, nos aplicábamos la ley del hielo. Ella quería seguir teniendo el control de mi vida, quería mantener la simbiosis que teníamos cuando yo era niña y adolescente. Después de semanas sin hablarme, un buen día amanecía de buenas y ya estaba todo resuelto. Esto ocasionó que todas las mañanas amaneciera con un sentimiento de incertidumbre, un hoyo en la panza; no sabía si mi mamá estaría alegre o enojada, de buenas o de malas, si seríamos amigas o enemigas. Si amanecía de malas, seguro encontraría la manera de generar un pleito conmigo.

Las peleas siguieron, hasta que en algún punto hablé con mi papá para que me ayudara a salirme de la casa. Mi mamá perdió el control, le llamó para reclamarle y ella me dejó de hablar. Al final, mi papá no quiso que fuera a vivir con él y no me pude ir de mi casa. Así viví por muchos años.

A pesar de todo, yo seguía con mi novio. Mi mamá se peleaba con él, era grosera, le dejaba de hablar. Yo me moría de la pena.

Empecé a engordar y mi mamá ponía una foto de cuando era delgada en el refrigerador, para 'motivarme'. Aunque yo la quitara, aparecía otra. Me torturaba con ese tema. Desde entonces, siempre pienso que estoy gorda, aunque no sea así. Pero cuando quería ponerme a dieta, ella quitaba la foto del refri y compraba comida para que se hicieran tacos, quesadillas, platos fritos y empanizados. Nunca entendí su comportamiento. Parecía que estaba dispuesta a echar a perder lo que yo quisiera lograr.

En mis relaciones sentimentales desarrollé la misma relación codependiente que tenía con mi mamá. Mi primer novio formal lo tuve cuando tenía 16 años. Duramos casi siete, y todo ese tiempo quise tener el control sobre él, saber en dónde estaba y con quién. Lo celaba en todo momento y buscaba que estuviera conmigo. No toleraba que fuera a un evento sin mí, y si esto ocurría, me ponía ansiosa y celosa. No aguantaba que tuviera tantos amigos ni que sus amigos estuvieran antes que yo. Ahora sé que desde entonces empecé a repetir patrones. Luego de mucho desgaste, terminó esa relación.

Mi segundo novio lo tuve a los 24. Duré ocho meses, pero fue muy cansado. Es alcohólico y yo me sentía su salvadora, quería rescatarlo de esta enfermedad. ¡Más codependiente no se puede! Como pasó con mi novio anterior, quería estar con él las veinticuatro horas para que se portara bien, o no tomara de más. Los celos seguían ahí, todos los días me acompañaban. Estoy estudiando la maestría en adicciones, por lo que empecé a observar todos los síntomas de mi ex novio en el diagnóstico de alcoholismo y, claramente, junto al adicto, hay un codependiente que lo quiere cuidar y ayudar, ésa era yo. A los ocho meses, después de tanto desgaste de fantasía absurda de control sobre de él, terminé mi relación.

Gracias a mi proceso terapéutico con Dado, pude darme cuenta de que estoy repitiendo el mismo patrón codependiente y tóxico de mi mamá en mis relaciones. No quiero ser mamá de todas mis parejas ni tener el 'control' sobre de ellas porque eso no es amor, sino sufrimiento y desesperación.

Hoy en día, estoy trabajando en el rencor y la culpa que siento hacia mi mamá. Ella se comporta como adolescente eterna y la 'madura' tengo que ser yo, cuidándola todo el tiempo ya que ella no lo hace.

Su pasatiempo favorito es quejarse de todas las enfermedades que tiene, pero no se cuida; yo me siento responsable y la cuido o le digo qué hacer para cuidarse.

Ella odia a mis novios mientras ando con ellos, pero al momento de cortar se vuelve su amiga y confidente, tiene contacto con ellos mientras yo trato de olvidarlos. He platicado con ella sobre el enojo que esto me causa pero no logra entender que lo que hace es desleal.

Gracias a este resentimiento sigo sin tener una relación más amable con ella. Ahora no puedo hablarle si no es de una manera golpeada o agresiva, lo cual aumenta mi culpa. Sé que estoy enojada con razón, pero puedo perdonarla. He querido hablar con ella sobre muchas cosas que tenemos guardadas pero sé que no tiene la capacidad para aceptar sus errores y menos para ofrecer disculpas. Sólo se enojaría.

El próximo año voy a realizar mi sueño de independizarme y cortar esta relación tóxica que tengo con ella. Es algo que me ayudará muchísimo en todos los aspectos de mi vida. Tengo la esperanza de que al irme de la casa mejore también mi relación con ella. Tal vez al principio no seremos muy cercanas pero con el tiempo estoy segura de que por lo menos seremos cordiales.

Llevo casi tres años en proceso terapéutico en donde he tocado todos estos temas y gracias a esto he logrado ser consciente de mis acciones y mi repetición de patrones. Quiero dejar de repetirlos hasta tener una vida sana, con relaciones sentimentales y en la que yo sea la única responsable de mi felicidad".

ANA MARÍA

EL TRAUMA
y su repercusión

"Pasé de ser una joven abierta, sociable, con muchos amigos, que estudiaba dos carreras en la universidad, que salía todos los fines de semana, a ser un pedacito de persona que no entendía nada de lo que pasaba a su alrededor y tenía que detenerse de las paredes para poder caminar de un salón a otro. En esta etapa me topé con verdaderos ángeles que poco a poco me ayudaron a salir adelante. Fueron días horribles, pero no me cabe la menor duda de que el ser humano es capaz de adaptarse a cualquier circunstancia, y ése fue mi caso. Aprendí a aprovechar al máximo el tiempo cuando estaba 'lúcida' (sin ataques) y lo usaba para convivir con mis amigos, mi familia, estudiar y disfrutar la vida. Cuando tenía ataques era paciente, esperaba a que se fueran y saludaba sonriente a las personas, aunque no estuviera nada segura de quiénes eran".

LISBETH, ADMINISTRADORA DE EMPRESAS, 24 AÑOS

Dos años consecutivos, el ejército de Estados Unidos ha perdido más soldados por suicidio que por combates en Irak y Afganistán. Los últimos datos, dados a conocer por el Pentágono, revelan un aumento alarmante de muertes por suicidio en 2010; entre el personal en servicio activo se registraron 434 suicidios, superando los 381 casos de 2009.

Los uniformados más afectados son los miembros que participaron en las campañas invasoras en Irak y Afganistán, quienes estuvieron expuestos al dolor humano, a la presencia del hambre, a la desesperación y a la muerte de otros.

¿Qué es lo que lleva a los soldados a acabar con sus vidas? Definitivamente, los traumas experimentados durante el combate. Un trauma es la secuela psicológica que sufre una persona después de cualquier tipo de experiencia violenta en la que sintió que su vida estaba en peligro, que no tenía poder para defenderse y que estaba sin control; por la que se sintió humillada y muy desprotegida. Bien dicen los que saben: *"En las guerras se vive, todos los días, el infierno de la miseria humana"*.

Normalmente, después del abuso de un padre, se presentan las secuelas del trauma. Cuando te permites sentir enojo, es inevitable que ciertas emociones y sensaciones físicas empiecen a aflorar conforme vas recordando lo que viviste. Estos sentimientos están asociados a tu historia de vida, desde tu infancia, y algunos de ellos estarán íntimamente ligados con el abuso que sufriste.

Un ejemplo claro de esto es el caso de Nora, una paciente de 34 años, a quien su neurólogo refirió conmigo, pues en los últimos dos años manifestó un dolor fuerte en el brazo y en la pierna del lado izquierdo, especialmente en las noches. Fue diagnosticada con fibromialgia y tratada con medicamentos contra el dolor sin éxito alguno; más tarde fue referida para tratamiento terapéutico, ya que su médico consideraba que había un componente emocional en su dolor. Este tipo de padecimientos se llaman psicosomáticos, pues tienen una manifestación física aun cuando el origen es emocional.

Durante nuestra tercera sesión, mediante un ejercicio de hipnosis, le pedí a Nora que se enfocara en el dolor crónico que había vivido durante los últimos años, que lo sintiera con toda intensidad y lo hiciera consciente; que lo experimentara sin calificarlo, sin criticarlo y sin juzgarlo. Le di la siguiente orden hipnótica: "Te pido que mientras vaya contando de cinco a cero vayas sintiendo intensamente el dolor en tu brazo y pierna izquierdos. Cuando llegue a cero, tu mente inconsciente te llevará a ese episodio de tu historia que se relaciona con este dolor... cinco... cuatro... tres... dos... uno... cero".

Al tiempo que ella permitió este ejercicio de hipnosis, la evidencia sensorial la hizo recordar espontáneamente una escena. A los 5 años, su padre, quien era guardia de seguridad, la golpeó violentamente con su bastón cuando la descubrió dibujando en la pared de su cuarto con unas crayolas.

A través del dolor Nora recordó cómo fue la golpiza y cómo se colocó en posición fetal sobre su cama, dejando el lado izquierdo de su cuerpo descubierto. Su padre no paraba de golpearla a pesar de que ella perdió la conciencia. Aún recuerdo su llanto incontrolable lleno de miedo, dolor y angustia diciendo entre lágrimas: "Ya, Papito, ya, por favor, ya, Papito, perdóname...".

Fue una escena conmovedora y terriblemente dolorosa. Lloró por muchos minutos, hecha bolita en el sillón de mi consultorio. Conforme fue pasando el recuerdo del trauma, Nora dejó de sentir ese dolor y logró relajarse por completo.

Curiosamente, el padre de Nora se fue con otra mujer, abandonándola a ella, a sus dos hermanos y a su madre, a quien también golpeaba con mucha frecuencia. Nora no volvió a saber de él en mucho tiempo, sin embargo, hace casi tres años lo buscó y volvieron a verse. Esto coincide más o menos con el comienzo de su dolor crónico. No existen coincidencias en la vida.

El cuerpo no puede olvidar lo que la mente logra evadir mediante la represión. La represión involucra negar lo que vivimos e implica que cuando algo nos hiere, ofende o estresa, no lo expresamos y lo guardamos en lo más profundo de nuestra mente, lo escondemos ahí para "tratar de olvidarlo" y que, de esa manera, no salga a la conciencia y nos lastime.

Así, siempre que pasamos por experiencias traumáticas este tipo de sensaciones se quedan guardadas en el cuerpo. Reprimirlas nos aleja de la salud emocional.

Si tuviste un padre abusivo, en ti se generaron toda una serie de sensaciones que se fueron reprimiendo y que necesitas dejar salir. Una buena manera es sentir tu cuerpo, reconocer lo que expresa cuando recuerdas tu infancia y los momentos difíciles, así es como el trauma empieza a salir a flote y puede comenzar la sanación. Entre más escuchas a tu cuerpo, más entiendes y recuerdas qué necesitas sanar para rescatar a ese niño-adulto que vive dentro de ti.

De igual manera, si recuerdas el abuso que viviste conscientemente, empezarán a surgir emociones asociadas a él y, gradualmente, empezarás a sentir el enojo, el dolor emocional y la tristeza que enterraste en tu mente inconsciente. Sólo a través del contacto emocional podemos sanar de raíz nuestro niño-perdido.

Desafortunadamente, cuando una persona ha estado expuesta a un trauma psicológico extremo, las defensas mentales no pueden asimilarlo; no sólo lo vive y lo guarda como un hecho desagradable, sino que puede desarrollar, a partir del acontecimiento, lo que se conoce como trastorno de estrés postraumático (TEPT): una severa reacción emocional que se desarrolla después de observar o experimentar un evento traumático que involucra una amenaza de lesión o muerte; se manifiesta como un trastorno de ansiedad, por momentos depresivo, al revivir, en los pensamientos o en los sueños (pesadillas), el trauma original.

El TEPT se puede presentar luego del trauma mayor, o se puede demorar más de seis meses. Cuando se presenta tras el evento traumático, por lo general mejora después de tres meses; sin embargo, si el trastorno aparece a seis meses del suceso, tiende a manifestar síntomas emocionales crónicos, y mucho más duraderos. Puede ocurrir a cualquier edad y suele aparecer después de acontecimientos como un desastre natural (inundación, tsunami, terremoto, incendio), una guerra, un encarcelamiento, un asalto, un maltrato familiar o una violación.

El cuerpo de la persona que sufre TEPT en respuesta a la tensión se modifica debido a que el trauma afecta a las hormonas relacionadas con el estrés y a los químicos que transmiten información entre ellas (neurotransmisores); esto provoca que el organismo crea que está en peligro, aunque el evento amenazante haya quedado atrás. Entonces, las personas con TEPT experimentan una y otra vez, y de varias maneras, el hecho que las traumatizó (reviviscencias), suelen presentar sueños recurrentes, recuerdos atemorizantes del acontecimiento o sensaciones perturbadoras y angustiantes durante los aniversarios del evento.

En el ámbito mundial, los hombres estamos más expuestos a traumas (eventos traumáticos), aunque las mujeres sufren más el trastorno posterior (las secuelas). Después de vivir un acontecimiento traumático, el 8 por ciento de las mujeres padecen TEPT, mientras que los hombres nos ubicamos en un 6 por ciento.

En este libro lo que nos ocupa sobre el tema del TEPT es que cuando un ser humano ha vivido dentro de una familia altamente disfuncional y abusiva, tiene secuelas significativas de experiencias traumáticas, que producen altos niveles de ansiedad que suelen terminar en cuadros depresivos, fobias, enfermedades psicosomáticas y/o la tendencia a aislarse para no volver a ser lastimado.

Quien sufre un episodio traumático ve afectada su capacidad de conectarse con la vida. Este choque emocional agudo, al ser irracional e incapaz de ser procesado por la mente consciente, se queda atrapado en la mente infantil, primaria, primitiva, la cual es egocéntrica. Es decir, no importa la edad que tenga la persona, el trauma del evento se queda atorado en la mente, y al no dar perspectiva a la realidad, ésta se percibe como responsable de todo lo que sucede a su alrededor. Por lo tanto, se siente "merecedora de un castigo", tal y como nos sucedía cuando éramos niños y nos sentíamos responsables de lo que pasaba a nuestro alrededor.

Por tal razón, un niño se siente responsable del alcoholismo de su padre, de la agresión de su madre o del divorcio de sus padres: porque no puede dar perspectiva a la realidad y entender que no todo lo que sucede tiene que ver con él. Así, el abuso en la infancia tiene secuelas de trauma y aunque seamos adultos, se queda guardada en esa "mente infantil", sintiéndonos responsables del evento, a pesar de que fuimos las víctimas y no los victimarios.

Otro problema serio que se presenta en una infancia traumática es el hecho de guardar y asociar emocionalmente varias creencias, siempre negativas, que logran que la autoestima se vea cada vez más mermada; esto repercute en todas las áreas de la vida, como en la capacidad de ser feliz y en la percepción de merecimiento de éxito, por ejemplo. Las creencias negativas más comunes, que quedan registradas después de un trauma, son: "No valgo", "Merezco sufrir", "No estoy en control", "Estoy en peligro", "Soy una mala persona".

¿Cómo podemos estar conectados con la vida y ser felices? Cuando tenemos tanto dolor causado por nuestra infancia, por nuestros traumas y por creencias negativas atrapadas en la mente, dándonos vueltas todo el tiempo, es imposible...

En el trabajo terapéutico, Nora ha identificado sus creencias negativas: "No valgo" y "Estoy en peligro". Era evidente que vivir con un padre alcohólico y violento, que en dos ocasiones disparó tiros al aire, le generó la sensación y la creencia de no estar en control de su propia seguridad. Estar atrapada en este estado de vulnerabilidad, de debilidad, de dolor constante, reprimido por tantos años, la condujo a una manifestación psicosomática significativa.

Aunque no todos los seres humanos respondemos igual ante determinadas circunstancias, las manifestaciones del trastorno de estrés postraumático son similares:

1. Reexperimentación: Implica la reviviscencia involuntaria, por medio de imágenes del suceso. Parece como si la persona estuviera viviendo en el presente y, en forma recurrente, lo sucedido en el pasado.

Nora no toleraba estar en la oscuridad. Incluso dormida tenía que tener una luz prendida porque sentía que estaba en peligro, sin saber por qué.

2. Evitación: Se rehúye el recuerdo de la situación, en vez de enfrentarlo. Cada vez que viene una imagen a la mente, la persona busca evitarla a toda costa, recurriendo al alcohol, las pastillas o cualquier recurso que evite que el dolor reviva. En este estado hay quienes tras sufrir una violación, no son capaces de tener una relación de pareja, o quienes no pueden volver a manejar después de un accidente.

Durante la terapia, hemos analizado por qué a pesar de ser una mujer atractiva, Nora no logra tener parejas duraderas y, sobre todo, por qué se siente incómoda y nerviosa con los hombres que representan figuras de autoridad. "No puedo mirar a mi jefe a los ojos... me da miedo", me confesó en alguna sesión. "Y, ¿con quién lo asocias?", le pregunté. Nora se quedó callada por unos momentos y después tuvo un "darse cuenta" importante. "¡Claro! Mi papá nos obligaba a bajar la mirada cuando nos regañaba para que no pudiéramos defendernos de sus golpes", respondió con plena conciencia.

3. Aumento de la activación fisiológica: insomnio, rabia, inestabilidad, ataques de ansiedad.

Se presenta hipervigilancia (estado exagerado de alerta por un sentimiento constante de amenaza), porque la persona se siente indefensa y vulnerable a vivir algo similar. Esta reacción no es paranoia, sino una búsqueda constante de signos de amenaza en el medio ambiente, basada en los estímulos que recuerdan el trauma. Un ejemplo claro de este síntoma es cuando alguien que ha sido asaltado en algún medio de transporte público, como el metro, y lo vuelve a utilizar siente la necesidad de bajarse del vagón, casi en cada estación, pues imagina que si sigue el trayecto completo será víctima de otro asalto.

Nora presentaba manifestaciones constantes de ansiedad, taquicardia, insomnio, sensación de mareo, y un dolor constante en el brazo y en la pierna que no la dejaban descansar ni relajarse.

4. Agresividad y rabia hacia los demás o hacia sí mismos: La persona tiende a estar a la defensiva, debido a su necesidad de protegerse, y lo manifiesta con agresión.

Mientras sufrió los dolores, la mamá de Nora no podía preguntarle cómo había dormido o cómo se sentía, ya que ella estaba tan agresiva y tan enojada que le pidió que no le dirigiera la palabra.

5. Culpa y vergüenza: Como ya se explicó, estos sentimientos aparecen cuando la persona piensa que, si hubiera actuado, el evento traumático no hubiera sucedido.

Durante el proceso terapéutico, Nora descubrió que no se perdonaba lo permisiva que fue respecto al abuso físico y emocional de varias parejas, y sobre todo, no negarse a ver a su padre cuando él la buscó. Nora le daba una y mil vueltas a lo que hubiera sucedido si su padre no hubiera aparecido o si ella hubiera evitado el reencuentro, como los demás miembros de su familia.

6. Problemas para relacionarse: Por su embotamiento emocional, a la persona le resulta difícil volver a confiar en los demás y sentir cercanía hacia otras personas, además de que tiende a aislarse por su necesidad de "defenderse". Este comportamiento puede dificultar su papel para aceptar y fluir en situaciones íntimas con sus parejas, familia o amigos; hacerlo implicaría "bajar la guardia", y sentirse, aún más, sin control y a merced de un mundo que percibe como hostil y propenso a cosas terribles.

Nora se fue aislando, dejó de salir con sus amigas, no quería ir al cine o a algún centro comercial, la idea de volver a relacionarse en pareja estaba descartada por completo. Para ella, los hombres eran fuente de dolor y problemas.

A lo largo de su vida, alrededor del 30 por ciento de las personas se ven expuestas a algún acontecimiento traumático; de ellas, entre 10 y 20 por ciento desarrollará este trastorno. El evento que causa más TEPT es la violación sexual.

¿El TEPT es una reacción natural de miedo? La respuesta es no. Cuando una persona vive un asalto, un desastre natural o cualquier otro evento traumático, pasará por un estado inevitable de miedo; sin embargo éste, como respuesta natural e innata, se desvanecerá cuando el peligro desaparezca. Pero si la persona sufre de TEPT, el miedo se vuelve una constante de la vida y se experimenta en niveles muy elevados, transformándose más bien, en terror. Básicamente el TEPT es vivir bajo el régimen del terror.

Es importante señalar que ningún fármaco cura la memoria traumática; hay que procesarla por medio del tratamiento psicoterapéutico, cuyo objetivo es desarticular la respuesta emocional condicionada después del trauma. Actualmente, existe una especialidad que trata este tipo de trastorno: psicotrauma, la cual utiliza una nueva herramienta terapéutica muy eficaz para trabajar con el TEPT llamada Eye Movement Desensitization and Reprocessing (EMDR, por sus siglas en inglés). Por medio de cierto movimiento ocular, el paciente va desarticulando de su vida cotidiana la emoción de terror y la creencia negativa que asoció al evento traumático. Esta terapia, enfocada en trabajar el trauma busca que el paciente entienda qué es TEPT, para darle perspectiva a la situación y que el choque emocional quede atrás, como un recuerdo desagradable y difícil pero que ya no define su vida presente.

En este trabajo tan profundo es necesario enseñar técnicas de relajación para que el paciente las ejecute cuando esté reviviendo el suceso traumático, y así pueda enfocarse en el presente, separando el recuerdo desagradable del "aquí y ahora". Asimismo, la terapia funciona para que el individuo no evite hablar del suceso y lo exprese hasta sanar la herida generada.

Recordar el trauma de una infancia abusiva tiene como objetivo rescatar al niño-perdido, al niño reprimido y al niño lleno de sentimientos y creencias negativas que no puede ser feliz.

Si no experimentas las emociones del trauma y del abuso volverás a reprimirlas y, por lo tanto, seguirás arrastrando ese legado tóxico que no tienes por qué cargar. Nora ha estado en terapia conmigo durante seis meses. Sería deshonesto decir que los dolores han desaparecido como yo quisiera, sin embargo ella asegura que han disminuido en un 70 por ciento. Ya puede dormir con la luz apagada y está empezando a salir con un compañero de trabajo que la cortejaba desde hace tiempo, también asegura que lo que más ha valido la pena es reconciliarse con su niña perdida que sufrió tanto dolor.

Hace dos meses, en la boda de su medio hermano (hijo de la segunda mujer de su padre), su papá alcoholizado la quiso obligar a bailar con él.

Nora se negó y él la jaloneó hasta la pista de baile. "Dado, me temblaban las piernas. Me di cuenta de que estaba ahí, en frente de todos, me sentía humillada y usada con un vestido de noche, en frente de mi padre con la mirada hacia abajo, muerta de miedo... pero ¿sabes? Me acordé de ti. Ya no tengo ni cinco, ni seis, ni doce... Tengo 34 años y me pude defender. Lo dejé parado ahí, mientras me gritaba y me salí de la boda. ¡Ya me puedo defender!", compartió conmigo muy orgullosa.

Nora decidió sacar de su vida a su padre por completo. No es sano para ella en este momento de vida.

"El martes 20 de octubre del 2009 estaba en mi clase de economía cuando empecé a sentirme extraña. Aunque escuchaba lo que el profesor decía y entendía el significado de las palabras, no lograba hilar el sentido de las oraciones. De regreso a mi casa, cuando iba manejando, la situación empeoró, los colores a mi alrededor se hicieron más brillantes; mis brazos y piernas dejaron de responderme y sentía que en cualquier momento perdería el conocimiento. Llegué a casa y todavía recuerdo la cara de pánico de mi mamá. No podía caminar bien y hablaba muy lento, sólo alcanzaba a decir 'maaa-maaa'.

A partir de este momento empezó una pesadilla que alteraría y cambiaría mi vida para siempre. Me tomaría muchas hojas escribir todos los doctores a los que visité, la cantidad de estudios que me realizaron (decenas de resonancias magnéticas, estudios de sangre, encefalogramas, electrocardiogramas, punciones lumbares, PET scans), el número de hospitales a los que fui, las noches que pasé internada, y el número de salas de urgencia que visitamos. En resumidas cuentas, visitamos todo: neurólogos en México, Estados Unidos, sacerdotes, brujas, médicos alternativos, médicos homeópatas, pero nadie parecía entender qué estaba pasando y qué teníamos que hacer para mejorar la situación.

Mis síntomas fueron cambiando y empeorando, hasta que tomaron la forma de 'ataques'. Pasaba períodos de horas o días en los que estaba perfecta, y luego, después de estar en contacto con ciertos estímulos, como luces brillantes, ruidos fuertes, multitudes, situaciones estresantes y situaciones que me alteraban, regresaban los 'ataques'; 'me iba' o me desconectaba del mundo, me confundía, me mareaba, me costaba trabajo hablar, hilar y entender el sentido de las palabras, tenía náuseas, me costaba trabajo caminar, me caía al piso, tenía movimientos involuntarios en el cuerpo... Los 'ataques' podían variar en intensidad y tiempo, pero llegaron a ser tan intensos que durante una temporada, no pude caminar y usaba una silla de ruedas.

Comencé a tener problemas para comer, nada me llamaba la atención y nunca tenía hambre, la idea de comer me provocaba náusea y asco. Si antes de comenzar a tener los 'ataques' era delgada, durante esta época mi aspecto era preocupante. Además, el pelo se me caía en mechones. Toda mi cara se llenó de granos, fueron tantos que incluso ahora (4 años después), todavía tengo horribles marcas en la cara.

Más adelante, me di cuenta de que comenzaba a tener problemas de memoria. Repetía la misma historia varias veces, me olvidaba de eventos y personas importantes en mi vida. Al principio me daba pánico salir de mi casa y que alguien desconocido para mí se acercara a saludarme con familiaridad.

Sobra decir que fue una experiencia terrible. Dejé de llevar la vida normal que una joven de 20 años tendría. Perdí ese semestre de la universidad y también el siguiente, dejé de salir con mis amigas, de convivir con gente de mi edad y me reservé a la comodidad y seguridad de mi casa.

Con mucho dolor recuerdo que uno de los múltiples doctores que visitamos, después de que mi mamá le preguntó si podría regresar a la universidad, le contesto: 'Mírela usted... ¿cree que esta niña puede estudiar algo?'. Supongo que creyó que yo estaba tan perdida que ni eso podría hacer.

A los ocho meses de mi primer ataque regresé a la universidad. Fue un verdadero infierno, pasé de ser uno de los mejores promedios de mi carrera, a ser una joven que no se acordaba de cómo llegar a sus salones, no identificaba casi a ninguno de mis amigos anteriores, en realidad era aterrorizante cada vez que alguien se acercaba a mí para saludarme. Mis amigos cercanos me ayudaban recogiéndome de un salón y llevándome al otro. Fue una época durísima. Iba a la escuela para no quedarme encerrada en casa lamentándome, porque nunca entendí ni una sola palabra de lo que decían los profesores. Al comenzar los 'ataques' yo había estado sedada, no sentía ni felicidad ni tristeza, pero fue cuando entendí las dimensiones y la gravedad del problema.

Pasé de ser una joven que estudiaba dos carreras en la universidad, abierta, sociable, que salía todos los fines de semana, a ser un pedacito de persona que no entendía nada de lo que pasaba a su alrededor, que tenía que detenerse de las paredes para poder caminar de un salón a otro. En esta etapa me topé con verdaderos ángeles que poco a poco me ayudaron a salir adelante. Fueron días horribles, pero no me cabe la menor duda de que el ser humano es capaz de adaptarse a cualquier circunstancia, y ése fue mi caso. Aprendí a aprovechar al máximo el tiempo cuando estaba 'lúcida' (sin ataques) y lo usaba para convivir con mis amigos y mi familia, para estudiar y disfrutar la vida. Y cuando se presentaban los ataques aprendí a esperar, a ser paciente a que se fueran y a saludar sonriente a las personas aunque no estuviera segura de quiénes eran.

Un año después de que regresé a la universidad, mi hermano me ayudó a entrar a un protocolo de investigación en un hospital de Boston. Antes de ir al protocolo, pasé todo el verano en esa lindísima ciudad. Fue increíble. Algunos días fui a Nueva York a visitar a amigas que vivían ahí, tomé clases para aprender a velear, jugué y cuidé a mi sobrina que adoro.

El tiempo entre mis 'ataques' comenzó a espaciarse. Logré durar dos semanas sin ningún problema, conocí a un americano del que me enamoré, compré una cámara y tomé fotos, pero lo más importante es que recobré la independencia que había perdido. Al final del verano, tuve mi primera cita para entrar al protocolo de investigación. Cuando el doctor me vio me dijo que no era candidata para el programa de investigación porque no tenía ningún problema neurológico específico. Me explicó que tenía un síndrome neurológico muy extraño que se curaba tomando un ansiolítico y llevando un estilo de vida muy sano. Y así, después de un año y nueve meses de infierno, un verano tranquilo y un ansiolítico, me curé de manera 'milagrosa'.

Regresé a México y comenzó una de las etapas más felices de mi vida. Después de casi dos años de muchas dificultades, contaba con varios amigos de verdad y una familia que me había brindado mucho apoyo. Apenas salí del doctor, me compré unos tenis y empecé a correr. El sentimiento de correr y no tener problemas para caminar me producía una alegría que es difícil explicar.

Regresar a la escuela, sintiéndome bien, también fue una experiencia muy gratificante. Era increíble ser una joven normal. Como me había atrasado hice nuevos amigos, con quienes comencé a realizar actividades mucho más sanas. Hice muchas cosas increíbles durante esta etapa, subí el Nevado de Toluca, el Iztla, corrí el maratón de Miami, tomé varios cursos de fotografía y continué con mi carrera. En enero del 2013 entré a trabajar a una empresa de E-commerce, mientras cursaba mi último semestre de la carrera. Fue una experiencia buena, el ambiente era muy relejado, informal y trabajaba con personas muy interesantes, de todo el mundo. Regresé a mi ritmo habitual, salí los fines de semana y fui una joven cien por ciento normal...

Ocho meses después decidí regresar a terapia, ya que por más que intentaba tener alguna relación profunda con un hombre no lo lograba; huía, me sentía incómoda y siempre encontraba alguna cosa mejor que hacer. Después dejé de hacer ejercicio, comencé a salir más, y mi trabajo se empezó a sentir estresante. No me sentía capaz de manejar las relaciones interpersonales y mi cerebro se bloqueaba. En septiembre, después de dos años y dos meses sin ningún ataque, recaí. Al principio pensé que sería un episodio de un duraría un día, pero lamentablemente no fue así. De nuevo tuve que abandonar mi trabajo, detener mi proceso de titulación y entré en pánico.

Estaba muy cansada. Por alguna razón dormía mucho, mi mamá lo interpretó como una crisis de agotamiento. Me llevaron a un spa para que descansara. El descanso ayudó, pero al regresar tuve que enfrentar una realidad más dura.

Mi hermano se comunicó con el médico que me había tratado en Boston y él le dijo que, sin lugar a dudas, yo estaba totalmente saludable desde el punto de vista neurológico. Sin embargo, mis males y 'ataques' tenían un origen psiquiátrico. Gracias a este diagnóstico comencé a hilar el complicado rompecabezas de mi vida.

Comencé a ir a terapia con Dado, para lidiar con todas las dificultades que tuve que enfrentar. En una de nuestras sesiones platicamos de Fernando, mi novio antes de que yo tuviera el primer ataque y quien cortó conmigo por teléfono a los 15 días de que los síntomas empezaron. Fue una experiencia devastadora, sin embargo, mi relación con él se caracterizó por ser terriblemente tormentosa. Yo le conté a Dado que en una fiesta, mientras estaba muy borracha, habíamos tenido relaciones sexuales, pero que no me acordaba de nada, ni siquiera de haber querido, y nunca volví a dejar que eso pasará. Dado me dijo que eso se llamaba violación, que yo tenía un trauma profundo relacionado con esa experiencia. Decidí no volver a tocar el tema en la terapia, pensar en esa etapa de mi vida me parecía de lo más doloroso. Además, había muchas cosas que me costaba trabajo entender: '¿Cómo era posible que él me hubiera violado? ¿Cómo era posible que yo no recordará el evento? ¿En qué clase de persona me convertía? Una mujer que violan y tiene una relación con el violador' Era demasiado para mí, así que decidí ignorar el tema.

Sin embargo, por más que nosotros intentemos bloquear y reprimir los recuerdos dolorosos, el cuerpo no olvida y el dolor tiene que expresarse de alguna manera. Decidí afrontar el tema de la violación con Dado en la terapia, y gracias a su ayuda, logré entender lo que me estaba sucediendo. No, no tenía un problema neurológico ni tampoco un trastorno de crisis conversivas. Lo que tenía —y tengo— es un trastorno de estrés postraumáti-co, generado por una experiencia traumática: una violación.

El TEPT (trastorno de estrés postraumático) es el conjunto de sínto-mas que presentan algunas personas después de experimentar un evento altamente traumático, durante el cual la mente humana se siente despro-tegida. Mediante un proceso de hipnosis, Dado me ayudó a reconstruir lo que me había sucedido esa noche.

Estábamos en un rancho, en la fiesta de un amigo en común. Fernando y yo habíamos cortado hacía algunos meses y yo no tenía ninguna intención de regresar; en realidad, la relación era tan tormentosa que me sentía mucho más ligera sin él. Yo estaba borrachísima y bailaba con otro hombre cuando Fernando me jaló y me dio un beso, yo se lo seguí, y luego me jaló hacia un bosque que había en el rancho. Me pegó contra un árbol y me quitó las dos camisas que llevaba, no me sentí cómoda, algo no estaba bien. Lo empujé y busqué en el piso mis camisas, sólo me dio tiempo de encontrar una y comencé a correr, no quería que me tocara. Corrí casi hasta el final del bosque cuando me atrapó por atrás, me volteó y así, parada, me bajó los pantalones y me violó. Todavía me despierto en las noches y escucho el sonido de su respiración. Recuerdo que entraba y salía de mi cuerpo, y que yo me quedé paralizada mientras veía la luz de un foco que me deslumbraba. La siguiente memoria que tengo es despertar sentada y recargada en un árbol mientras él me abrazaba. Gran hijo de puta, primero me violó y cuando perdí el conocimiento, me llevó a un árbol y me abrazó.

Al día siguiente, pasó por mí y me preguntó si recordaba algo, le dije que no y me contestó que habíamos tenido relaciones sexuales porque yo se lo había pedido. Me quedé perpleja. ¿Cómo era posible que yo hubiera dicho algo así?, y sobre todo, ¿cómo no me acordaba? Estaba en shock. Esos días no podía dejar de llorar. Una amiga me llevó por la 'pastilla del día siguiente' y me hizo una cita con un ginecólogo. Recuerdo mi perplejidad cuando el ginecólogo me confirmó que no era virgen, y mi asombro cuando insistió en darme anticonceptivos. Estaba decidida a no volver a pasar por algo así. Después de esto, regresamos y nuestra relación continúo por seis meses más, fue un período horrible en mi vida. Lloraba sin control y sin entender por qué, odiaba estar con él, sin embargo, la idea de cortar me parecía insostenible. No lograba concentrarme y la escuela me parecía imposible. Y si antes de esto tomaba alcohol de manera excesiva, durante este período tomaba hasta perderme. Mi autoestima estaba por los suelos, sentía que era demasiado estudiosa, demasiado conservadora, demasiado aburrida.

Seis meses después de la violación, pasamos un fin de semana en un rancho. Estábamos muy borrachos, me tiró al piso enfrente de los demás, yo me levanté y corrí a pedirle perdón; intentó abusar de mí una vez más. Los ataques empezaron después de este fin de semana.

Afrontar todas estas experiencias y realidades ha sido una de las experiencias más dolorosas de mi vida porque tuve que enfrentarme a mí misma, a la percepción que tenía de mí, a mis emociones y sentimientos reprimidos. Sin embargo, era la primera vez que tenía un diagnóstico claro, y que por más doloroso que fuera, entendía lo que me estaba pasando. El trastorno de estrés postraumático es un trastorno de ansiedad que se caracteriza por revivir el evento de manera involuntaria, tener pesadillas, evitar situaciones que te recuerden al hecho traumático, entumecimiento o bloqueo de emociones, entre otras cosas.

Yo presentaba casi todos los síntomas del síndrome. La parte problemática fue que mientras abusaban de mi, mi cuerpo entero entró en estado de pánico total y utilizó el último mecanismo de defensa que tienen los mamíferos antes de perder la vida: hacerse el muerto. Por esta razón, el evento no quedó registrado en mi sistema consciente, y por eso yo no recordaba nada. A esto se debe de sumar la confusión que genera ser abusado por una persona a la que quieres y en quien confías; para la mente humana es muy complicado entender esto, se requiere de mucho tiempo y esfuerzo para reconocer que SÍ existió una violación. Aunque mi mente no recordará lo que había pasado, mi cuerpo lo tenía muy claro, y mis 'ataques' fueron la manera en la que representé los flashbacks. Primero me mareaba, me confundía, y me 'iba', pues cuando sucedió el evento yo estaba borracha, después no podía caminar, y mientras huía de él por el estado de ebriedad en el que estaba, tampoco podía caminar bien, por último, me caía al piso como sucedió cuando 'me hice la muerta', y me desvanecí, como último recurso de defensa para defenderme de mi atacante.

Las personas con TEPT también evitan lugares o situaciones similares a las del evento traumático, porque éstas les generan recuerdos. El cerebro traumatizado no diferencia la realidad en la que vive del evento traumático, y ciertas cosas hacen que lo reviva una y otra vez.

En mi caso, esas cosas eran las luces brillantes (pues mientras era violada, puse la mirada en un foco) y los lugares con gente y ruidos fuertes (porque me sacó de una fiesta). Además, fue por esta razón por la que yo me curé después de pasar un verano en Boston, ya que ahí mi cerebro se sintió 'seguro' y había menos estresores que me hicieran revivir el evento traumático.

La pérdida de memoria, el acné en mi cara, la caída del pelo y mi rechazo a los hombres fueron mecanismos de defensa que mi inconsciente creó para evitar que volviera a ser atacada. Las náuseas y la falta de apetito fueron síntomas de la profunda ansiedad en la que vivía. Nadie se merece vivir así..."

LISBETH

EL DUELO
por la infancia perdida

"Viví un infierno del cual aún no me recupero. Ser hija de una madre border es vivir en la locura...
'Tú vas a ver la vida de color rosa muñequita, pero por desgracia, esta pinche vieja
que se dice tu madre, te la va a hacer negra. Vas a sufrir muchísimo y derramarás ríos
de lágrimas, pero llegará el momento en el que puedas decidir no verla nunca más.'
'Hoy crees que el amor de tu papá es incondicional y que no ve más allá de ti, chi-
quita, pero llegará el día en que te des cuenta de que eres el puñal con el que ataca
a tu enemiga, eres con la que se llena y se llenará de sangre siempre. Eres sólo la
herramienta para que ellos dos se agredan y se lastimen. Ella te odiará y te envidiará,
y él te manipulará diciéndote que aguanta todo por ti. Al final, chiquita, aprenderás
que el amor verdadero no manipula ni castiga ni destruye...'
Escribí esto en mi última tarea terapéutica ahora que estoy sanando los grandes
traumas que pasé mientras viví con mis padres".
ANA, ADMINISTRADORA DE EMPRESAS, 26 AÑOS

Un padre tóxico implica una infancia difícil. Implica renunciar a lo que le toca aprender a un niño en un proceso natural de desarollo: a jugar y a comprender que el mundo es un lugar hermoso y seguro para vivir. Sólo así puede fortalecer su autoestima y desarrollar la capacidad para confiar en sí mismo, y despúes en los demás.

Si viviste una infancia con un padre tóxico aprendiste lo contrario: que el mundo era un lugar peligroso y que no podías confiar en nadie. Cuando esto sucede, entierras a tu "niño interior" dentro de ti, haces caso omiso a tu "yo natural" y, por lo tanto, pierdes tu infancia y con ella tu inocencia, tu capacidad para ser libre y disfrutar de la vida. Perder una etapa de la vida no es asunto menor, ya que implica que, a una corta edad, tuviste que adquirir roles y responsabilidades para los cuales no estabas preparado ni física ni psicológicamente y, sobre todo, que dejaste de vivir lo que era necesario para desarrollar una personalidad sana.

Cualquier pérdida implica un duelo, un proceso de aceptación de la nueva realidad. En aquellos tiempos (cuando vivías el abuso constante de tus padres y estabas dentro del sistema disfuncional), no podías tener acceso a tu propio contacto emocional para vivir esa pérdida, porque estabas demasiado ocupado en sobrevivir en un ambiente familiar en el que lejos de ser cuidado, eras expuesto al peligro y tenías que compensar el trabajo que tus padres no realizaban de forma adecuada. La pérdida de esa infancia y la reconstrucción de esa personalidad lastimada necesitas manejarlas responsablemente ahora que eres adulto.

El resultado de una frecuente represión, de la ansiedad, el conflicto mal manejado dentro de tu sistema familiar y la utilización de los roles del niño-perdido que adoptaste en tu infancia, te llevaron a renunciar a lo que cualquier niño en una familia funcional hubiera hecho: ser el protegido y no el protector. De esta manera, tus emociones se aplanaron o se ignoraron. En la gran mayoría de los casos, sin saber lo que estabas experimentando, caíste en fases depresivas y ansiosas que dificultaron tu proceso de crecimiento y de desarrollo en plenitud y confianza dentro de este mundo.

Conforme recuerdas incidentes traumáticos de tu infancia, no sólo liberas las emociones reprimidas, sino que enfrentas con crudeza la pérdida de tu infancia.

Una familia tóxica y la vivencia de la infancia en plenitud son antagónicas, es imposible que ocurran al mismo tiempo. Conforme vas aceptando la pérdida de esa etapa cruzarás diferentes etapas de dolor muy similares a las que Elizabeth Kübler Ross describe en su libro *On death and dying* (1969). Estas cinco etapas son: **negación, enojo, negociación, depresión y aceptación**. Son necesarias en cualquier persona que está en un proceso de sanación del niño interior, y por lo tanto, en duelo de la infancia perdida.

Hace algunos meses, llegó a terapia Martín. Tengo que aceptar que cuando abrí la puerta de mi oficina, sentí miedo. Martín es un hombre en sus cincuentas, con un semblante duro, una cicatriz que le atraviesa la cara entera y la divide en dos, rasgos indígenas y una mirada profunda y penetrante. Iba acompañado de dos guaruras que lo escoltaron hasta la puerta del consultorio, y portaba una pistola del lado derecho de la cintura, dentro de una funda negra; después de sentarse, la descansó en la mesita de madera junto al sillón situado enfrente de mí. "¿Le importa? La he cargado todo el día", preguntó Martín con firmeza. "No, no, para nada... el objetivo es que te sientas cómodo. No es necesario que me hables de usted", respondí con recelo sin dejar de mirar el arma. Martín me provocaba miedo. Nunca había habido una arma dentro de mi consultorio.

El motivo de la consulta fue que Martín no podía dejar de golpear a "sus mujeres". "¿Te refieres a tu esposa y tus hijas?", pregunté con ingenuidad. "No, cabrón a mis hijas no las toco, sólo madreo a mi esposa y a mis otras dos viejas... No puedo evitarlo y quiero dejar de hacerlo, no está bien... La última vez, Jana, mi tercera mujer, se quedó cuatro días en el hospital. Le rompí la muñeca, la quijada y el húmero", contestó mirándome fijamente sin ninguna expresión facial.

Honestamente, en estos 18 años de ser terapeuta, nunca había atendido a un caso similar.

Esa sesión Martín habló de su adicción a la cocaína, a la marihuana y al alcohol. Habló de cómo, conforme consumía estas sustancias, su celotipia aumentaba a puntos que reconocía como irracionales, y cómo sentía la necesidad imperiosa de maltratar a alguna de sus "tres princesas". Martín llevaba más de 30 años de casado, pero tenía la costumbre de tener, por lo menos, tres relaciones amorosas al mismo tiempo. No era secreto, las tres sabían de la existencia de las otras dos, aunque ninguna podía mencionárselo. "Soy decente, nunca las mezclo", afirmó con seriedad.

Te confieso que durante esa sesión, Martín me generó sentimientos encontrados: por un lado, era un caso apasionante: un adicto, abusador físico que quería rehabilitarse; por el otro, un hombre que era capaz de matar (me lo dijo en la primera sesión), y que parecía desquiciado.

Martín trabaja en el gobierno del Estado de México. No entiendo bien su puesto, aunque sé que sus verdaderos negocios son resultado de prácticas corruptas del gobierno de ese estado.

A punto de terminar aquella primera sesión, le planteé a Martín que su proceso no sería fácil, pues había muchos temas que resolver, entre otros su adicción al alcohol, la cocaína y la marihuana, su falta de control de impulsos y su incapacidad para controlar su ira en contra de "sus mujeres". Martín accedió a regresar para una segunda sesión.

Regresó, y lo más curioso es que después de dejar su pistola en la mesa, se soltó a llorar sin control por cerca de siete minutos. "No me puedo controlar, soy una mierda", decía compulsivamente sin atreverse a mirarme.

Me paré del sillón enfrente al de él, tomé la silla giratoria del escritorio y me fui acercando poco a poco. Cuando Martín sintió mi presencia, buscó su arma en la cintura, sin embargo, le dije: "Tranquilo, tranquilo, sólo quiero acompañarte, no estás en peligro", y me acerqué a tocarlo en el hombro. No dejaba de llorar, abrió los brazos para que lo abrazara y lloró por varios minutos. "Soy un maricón, qué pena, pinche Dado", me decía tratando de separarme sin fuerza, del abrazo en el que yo buscaba contenerlo. Después de que en apariencia se tranquilizó por completo, me separé de él, tomé su mano derecha entre las mías, "Martín, ¿qué es lo que te duele tanto?" Martín me miró con firmeza. Unos ojos negros, duros, profundos, llenos de sufrimiento me miraron. "Dado, no puedo más, me quiero matar. Soy una mierda de cabrón. No puedo dejar de golpear a mis viejas. Ayer volví a tomar y le rompí la quijada a Nelly, mi segunda mujer", me confesó entre sentimientos mixtos de tristeza, enojo y remordimiento. "Me la volví a madrear porque le encontré un mensaje en su celular hablando con un amigo de la universidad, ella sabe que no puede escribirse con ningún hombre que no sea su papá y su hermano", aseguró como si fuera dueño de la verdad.

En efecto, el día anterior Martín había llegado a casa de Nelly, su "segunda mujer", y la había encontrado escribiendo un mensaje en el teléfono. Le ordenó que se lo entregara y ante su negativa le dio un golpe en la cara con la cacha de la pistola. Martín estaba alcoholizado y había consumido cocaína. Le fisuró la quijada. Ella se desvaneció y Martín, asustado, perdió el control y trató de "volverla en sí", golpeándola en la cara. No estaba consciente de la magnitud de la golpiza que le daba, pues nunca soltó el arma. Lo que empezó siendo una fisura en la quijada se convirtió en una serie de fracturas en la cara y en el cráneo. Al ver que Nelly no respondía, le pidió a sus escoltas que la llevaran al hospital. Estaba bañada en sangre. Cuando ella volvió en sí, después de una operación que duró cerca de seis horas, fue cuestionada por el Ministerio Público, ya que claramente no se trataba de un "accidente", como se dijo cuando ingresó al hospital.

Sin poder hablar, Nelly escribió: "Nadie me golpeó, me caí de la escalera de mi casa". Por más que fue cuestionada, Nelly no reveló la verdad. Nelly es codependiente y le teme a Martín, antes de confesar la golpiza que recibió, prefirió sostener la mentira aun enfrente de su madre.

Conforme Martín me contaba todo lo anterior, me iba llenando de sentimientos encontrados. Por un lado, estaba frente a un hombre enfermo, alcohólico y adicto, lleno de autodestrucción y, al mismo tiempo, estaba frente a un hombre que era capaz de golpear a una mujer hasta la muerte. "Dado, no paré de golpearla hasta que uno de los escoltas me cargó. Le puse la chinga de su vida. Traía al pinche diablo adentro", me explicó como si estuviera describiendo una película de terror.

No había duda. Martín tenía que tocar fondo en algún momento y darse cuenta de que no podía seguir con esa vida sin sentido y sin control. La enfermedad de la adicción se había apoderado de su existencia. Tenía que hacer algo al respecto, ya que si no lo hacía, con seguridad terminaría con la vida de alguien, o con la suya misma.

Le expliqué la adicción y la pérdida de control, y qué implican. Sin embargo, él no dejaba de preguntarme: "¿Por qué me he convertido en este monstruo?"

"Martín, creo que tú tienes la respuesta. ¿Qué te lleva a ser tan violento? ¿Por qué estás tan enojado? ¿Por qué desconfías de los que están cerca de ti y te han demostrado lealtad? ¿Por qué tanta necesidad de venganza?", pregunté directamente. Él me miró por primera vez durante esa sesión. "No tengo dudas. Soy infeliz desde que era niño"–, contestó con una mirada profundamente triste.

Ahí empezó el verdadero proceso terapéutico de Martín. El hombre armado, adicto y golpeador, se convirtió en un niño indefenso, con miedo, mostrando las carencias de su infancia.

"Éramos muy pobres. Vivíamos en Hidalgo, en un pueblo perdido. Mi padre tenía una ferretería dentro de la casa, y mi madre, mis dos hermanas y yo trabajábamos la tierra que nos había heredado mi abuelo. Un día, regresando de la escuela, cerca de las ocho de la noche, vi cómo mi padre entraba en la ferretería y tomaba un machete. Nunca lo volví a ver. Ese día mi madre no llegó a dormir. Yo tenía nueve años. Ese día mi padre asesinó al amante de mi madre mientras estaban juntos en casa de él, y luego se fue para Estados Unidos. Mi padre golpeó tan fuerte a mi madre, que ella perdió un ojo y le rompió la cadera a patadas. Nadie hizo nada. Todos en el pueblo sabían que era por puta. Desde entonces, me tuve que hacer cargo de mí y de mis hermanas, y de la hija de la chingada de la puta de mi madre".

Me quedé sin palabras. La infancia de Martín fue terrible. Desde los nueve años, junto a sus hermanas gemelas tan sólo un año menores, tuvieron que ver por ellos mismos. Por lo que entiendo, su madre quedó muy lastimada físicamente y no podía encargarse de nada. Su abuela materna los ayudaba cocinándoles y dándoles algo de comida pero lo tenía que hacer a escondidas ya que su esposo, el abuelo de Martín, ante la humillación pública, los "dio por muertos". "La debió matar a madrazos", Martín oyó decir a su abuelo varias veces al hablar de su hija.

Esa sesión ha sido una de las más interesantes y profundas que he tenido a lo largo de mi vida profesional. No quería que terminara. "¿Y de qué me sirve contarte todo esto, pinche Dado?", preguntó cuando el timbre del teléfono anunció que mi siguiente paciente estaba esperando y que la sesión había terminado. "De muchísimo Martín, creémelo. Hay todo un duelo que resolver por la infancia perdida, por la infancia que no tuviste", contesté. "¿Y qué es eso de un duelo?", preguntó Martín intrigado. "Te lo explicaré el jueves que regreses", le contesté y me despedí de él con un fuerte abrazo que ya no rechazó. Ese día me di cuenta de que la pistola que se fajaba en la cintura ya no me daba miedo.

Al igual que Martín, si tú fuiste víctima de abuso y sobre todo si viviste en un ambiente familiar disfuncional, perdiste tu infancia, esa etapa que para muchos es maravillosa y llena de seguridad, para Martín y para muchos otros se convirtió en un infierno. La pérdida de la seguridad cuando somos niños implica un duelo, como en cualquier otra pérdida.

Para la tanatología, pérdida es todo aquel suceso inexplicable, tal vez sorpresivo e ineludible, que nos despoja de aquello que sentimos que nos pertenece.

Hay un sinfín de razones por las cuales una persona se puede deprimir, pero una de las que más nos puede afectar es experimentar un duelo. Cada vez que vivimos una pérdida, tendemos a mostrarnos deprimidos: si perdemos el trabajo que tanto necesitamos, si perdemos nuestro coche porque nos lo robaron, si nos separamos de nuestra pareja. Pero hay de pérdidas a pérdidas. No es lo mismo perder el avión que nos iba a llevar de vacaciones, que perder a nuestro mejor amigo por una enfermedad terminal.

Quiero decir que existen *pérdidas*, con "p" minúscula, y Pérdidas, con "P" mayúscula. La intensidad de cada una de ellas sólo la experimenta el doliente, y sólo es a través de él que podemos medir su dolor. La pérdida de la infancia y lo traumático de ser abusado por un padre es una Pérdida con una "P" del tamaño de Perú.

Durante nuestra vida experimentamos todo tipo de pérdidas, desde que dejamos el vientre de nuestra madre, hasta que perdemos la salud y estamos cerca de morir; por lo tanto, en todas las etapas de nuestra existencia, vivimos duelos. Aunque cada pérdida implica un cambio que conlleva aprendizaje, existen pérdidas muy significativas que sacuden toda nuestra existencia. Puede haber pérdidas tangibles, como bienes materiales; y pérdidas intangibles, como la salud, la razón, la libertad. Asimismo, podemos perder a la gente que queremos porque decidió ya no estar a nuestro lado, porque se mudó de país, o porque murió; generalmente éstas son las pérdidas más dolorosas. Sentirnos desprotegidos, abandonados y solos ante la vida es una pérdida que nos marca para siempre.

Perder nuestra infancia por padres tóxicos y asumir roles que no nos correspondían significa una pérdida muy importante. A la larga se manifiesta con una marcada depresión.

Toda pérdida importante conlleva una reacción de dolor y angustia, y un proceso de recuperación, al que llamamos *duelo*. La depresión forma parte natural de esta reacción emocional que acompaña a una pérdida, con todo lo que ella implica. Entonces, como constantemente experimentamos pérdidas, es común que haya alguien deprimido a nuestro alrededor.

Los duelos influyen de forma importante en nuestro crecimiento personal pues debemos volver a armonizar nuestros procesos internos y externos frente a la nueva realidad que se nos presenta.

La pérdida de la infancia es un impacto emocional severo para una persona. Un evento de este tamaño genera una crisis en la estructura de la personalidad de los miembros de la familia disfuncional, ocasionando que la calidad de vida, tanto de la familia en conjunto, como de cada miembro del sistema familiar, se vea afectada. Crisis es igual a caos, caos es igual a perder la estructura personal y, en muchos casos, ésta puede ser igual a autodestrucción.

El duelo (*dolis*, dolor) conlleva un proceso de experiencia de dolor que se desarrolla en diferentes etapas con diferentes características: desde el impacto inicial de la experiencia de la pérdida y el trauma, sentimientos de desolación y desesperanza, hasta profundos síntomas depresivos. Es importante partir del principio de que el duelo se tiene que sufrir para elaborar la pérdida, para readaptarse a la nueva realidad y para regresar a la vida cotidiana. No hay elaboración de duelos sin tocar el dolor. No enfrentar el dolor no hace que éste desaparezca.

Esto es lo que le sucedió a Martín. Enterrar su historia de vida no significa que la haya resuelto. Su niño-adulto, su niño-perdido lleno de angustia, ha ido desquitándose de este sufrimiento (de todas las carencias físicas y emocionales de toda una vida), con cualquiera que se ha puesto en su camino. No haber resuelto la pérdida de esa infancia y no haber recuperado la frágil estructura de su "yo" después de aquel día atroz, lo llevó a generar adicciones, impulsividad y agresividad, relaciones codependientes y una celotipia irracional. Sin darse cuenta, Martín está repitiendo el patrón de conducta de su familia de origen: infidelidad, maltrato, violencia, venganza.

El duelo de aquella infancia, como cualquier otro, tiene relación con tres aspectos: aflicción, luto y pena:

Aflicción

Tiene que ver con la pérdida de la infancia, de ser hijo de familia y sobre todo, de jugar y reír. La aflicción es el sentimiento que provocan ciertos hechos objetivos que le recuerdan que su infancia fue dolorosa. Por ejemplo, cuando un hijo de padres tóxicos ve una película en la que los padres son amorosos con sus hijos, cuando ve a niños jugar y tener una vida sana junto a sus padres, o bien, cuando algún estímulo recuerda al niño-adulto el tipo de abuso que vivió.

Luto

Es el comportamiento social que asume el doliente y la comunidad después de una pérdida cercana, en especial una muerte. Es la ritualización de la pérdida en forma significativa.

El fin último del luto es simbolizar el adiós, dar el mensaje o noticia al entorno social y expresar la tristeza en público. Por medio de la realización de ritos y ceremonias se señala al doliente con el fin de ayudarlo a expresar su tristeza e incapacidad para retomar la vida cotidiana. Estos rituales están basados en símbolos y tradiciones milenarias que ayudan a expresar tristeza y que dan a los dolientes una esperanza de vida después de la muerte de su ser querido. El dolor que se guarda en el interior y se expresa en el exterior es el luto, el cual está ligado a las religiones ante la muerte. Por ejemplo, los judíos se rasgan la ropa, se sientan durante una semana a afligirse libremente, y los hombres cercanos rezan al difunto por 11 meses; los católicos celebran misas para acercar el alma del difunto a Dios y tienen dada la promesa de la vida eterna. En nuestra cultura sincrética, la mestiza, la mexicana, (mezcla de elementos propios del mestizaje hispano-indígena), existe el Día de Muertos, el 2 de noviembre, fecha en la que se recuerda y se homenajea a quienes se han ido.

Para la pérdida de la infancia, y como tarea terapéutica, le pedí a Martín que escribiera una carta a su niño interior. Ese niño que fue arrancado de esa etapa de vida tan importante. Le pedí una foto de niño. Sólo tenía la de su boleta de calificaciones de tercero de primaria que atesoraba, era su único documento oficial de cuando era niño. Cuando le expliqué a Martín acerca del duelo y la importancia del luto para elaborarlo, arrancó la fotografía de aquella boleta amarillenta y la colocó en su cartera. "Al ver esta foto todos los días, me recordaré de que para estar bien, tengo que aceptar que este chavo las vio bien negras y que está jodido por eso", me dijo con cierto orgullo.

"Bien Martín, pero eso es aflicción. Cada vez que veas la foto le dirás algo positivo a ese niño, ¿y qué harás como luto?", pregunté. Martín reflexionó un momento. "Durante un año usaré un listón negro en la muñeca que señale mi tristeza".

Desde entonces, en la muñeca derecha utiliza una pulsera de pelo de elefante, que le recuerda el luto de su infancia perdida.

Pena

Dolor, respuesta emocional de la persona afligida, desencadenado siempre por una pérdida significativa.

En una pena normal, después de la pérdida se presenta el dolor de manera intensa y va disminuyendo, gradualmente, conforme el doliente se va readaptando y logra reubicarse a la vida cotidiana. Ante una pérdida importante, un duelo normal debe durar cerca de dos años.

Esto es imposible en el duelo de la infancia perdida, ya que jamás existirá la recuperación de este período de vida, y lo que debimos fortalecer de nuestra autoestima de niños, lo tendremos que recupear de adultos; así que más que vivir intensamente la pérdida de su infancia, desde temprana edad un niño hijo de padres tóxicos asume grandes responsabilidades que lo mantendrán alejado del duelo y por lo tanto, lo alcanzará muchos años después.

Aquí es donde creo que te vas a sentir plenamente identificado: todos los hijos de padres tóxicos tenemos una pena no elaborada, que necesitamos expresar y sanar. Ése es el origen de gran parte de nuestros problemas en la adultez. Por eso es tan importante validar el trauma y la pérdida de la infancia. Es la única manera de expresar la pena de lo vivido.

La doctora Elizabeth Kübler-Ross, pionera de la tanatología, realizó innumerables observaciones y entrevistas con pacientes desahuciados y con sus familiares. De estas invaluables vivencias obtuvo importantes aprendizajes sobre la muerte, el desprendimiento de la vida y todo lo que esto significa. En su libro Death and Dying (1969), Kübler-Ross habla sobre el proceso doloroso de morir y de cómo lo experimenta, tanto el enfermo como sus familiares. Kübler-Ross explica que cuando una persona se enfrenta a la muerte —la propia o la de algún miembro significativo—, pasa por cinco etapas, que describiré más adelante.

Estas etapas aplican para cualquier pérdida, no sólo la muerte de un ser querido. Aunque no existen etapas universales de recuperación en el duelo, es decir, etapas por las que todas las personas deban pasar para elaborarlo, las etapas establecidas nos sirven como una guía. Estas fases se viven, en general, ante cualquier pérdida significativa —Pérdida con "P" mayúscula— y, por lo tanto, en el dolor de la pérdida de la infancia.

Asimismo, Kübler-Ross explica que estas etapas, ya sea que se presenten de manera simultánea o que se pase de una fase a otra, por lo general se presentan en el siguiente orden:

1. Negación o aislamiento: Implica reprimir los sentimientos generados por el abuso en la infancia y por la relación con ese padre tóxico. "No puede ser posible", "Mi padre no era tóxico, sólo que fue educado en otra época", "No fue abuso sexual, sólo me estaba mostrando afecto", "Mi madre no es alcohólica, sólo que a veces le cae mal la copa", "Mi familia no es disfuncional, sólo es una familia que expresa sin cariño lo que siente", "Yo no estoy repitiendo ningún patrón de abuso, sólo estoy educando a mis hijos con firmeza".

La negación es la no aceptación de la realidad. Es una defensa temporal contra el choque de la noticia de pérdida, que pronto será reemplazada por una aceptación parcial. Cuando el individuo se aferra a ella, no permite que su función sea servir como amortiguador después de experimentar una vivencia dolorosa no esperada. La fase de negación puede vivirse tanto en las primeras etapas del duelo, como más tarde, aun cuando se haya avanzado a otras etapas en el desarrollo del duelo. La fase de negación nos permite, por momentos, distraernos del dolor y seguir con nuestra vida.

Gracias a esta fase, los hijos de padres tóxicos hemos logrado construir, en la medida de nuestras capacidades, una vida que no esté nada más centrada en el dolor del abuso del cual fuimos víctimas.

2. Enojo: "¿Por qué a mí?", "No merezco vivir esto", "¿Por qué mi madre es alcohólica?", "¿Por qué mi padre no me quiso?", "No es justo que yo no haya vivido en plenitud una etapa de vida tan importante como es la infancia", "El culpable de todo lo que me está pasando en la edad adulta es mi papá, si no hubiera sido tan estricto, yo tendría la capacidad de ser feliz".

Cuando la etapa de negación no puede mantenerse, se reemplaza por sentimientos de envidia, coraje, resentimiento y mucho enojo. Por eso es importante validar el enojo en el proceso de sanación de un niño-adulto.

En esta etapa surgen todos los por qué y los resentimientos. Es una fase difícil de afrontar, tanto para los que la viven –el hijo de padres tóxicos–, como para las personas que lo rodean. Estos sentimientos son proyectados hacia todas direcciones incluso injustamente, es decir, el enojo por el duelo se traslada a los demás –incluso hacia Dios y la vida–, de manera que todos tenemos "la culpa" de lo que está viviendo el afectado. En esta etapa encaja perfectamente el dicho mexicano que dice: "No importa quién te la hizo, sino quién te la paga".

Los dolientes suelen quejarse de todo, todo les viene mal y todo es criticable; también pueden responder con dolor, lágrimas, culpa o vergüenza. No se debe tomar esta ira como algo personal y responder con más enojo, porque eso fomentará la conducta hostil del afligido. Es en esta fase en la que Martín se encontraba cuando llegó a mi consultorio.

3. Regateo o negociación: "Estoy dispuesto a hacer lo que sea, con tal de sentirme mejor", "Mi padre me golpeaba, pero yo era su consentida", "Tuve que ser padre de mis hermanos pero eso me forjó un carácter fuerte", "Tal vez es karma y me tocaba vivirlo", "Abusó de mí sexualmente, pero en lo demás nunca me faltó nada", "Acepto ir a terapia si eso me va a quitar esta depresión".

El regateo tiene como fin posponer lo inevitable y se presenta en intervalos pequeños de tiempo. Implica una "falsa aceptación de la pérdida", como mecanismo para intentar superar la traumática vivencia, ya que es una fase donde parecería que estamos pretendiendo burlar a la realidad. Por lo general, en las promesas hay sentimientos de culpa asociados y, por lo general, los "acuerdos" no se cumplen. Aunque el regateo proporcione a la persona cierto alivio, seguirán existiendo sentimientos negativos con respecto a la pérdida.

"Prometo que si Nelly sale del hospital sin lesiones cerebrales, dejaré de beber", afirmó Martín. Por fortuna, Nelly logró recuperarse con éxito, pero Martín siguió bebiendo y drogándose.

Tal vez leer este libro sea un indicador de que tu estás en esta fase. Tal vez identificarte con los casos que he señalado y saberte comprendido con la explicación teórica te ayuden a sentirte mejor, con la sensación de "no estar solo", de no ser el único con este problema. Esto sin duda te ayuda, pero no significa que el duelo de aquella infancia perdida esté resuelto. Necesitas terminar de atravesar por el dolor. Aun así, vamos por muy buen camino...

4. Depresión: "Ya todo está perdido, jamás seré feliz", "Así ya no tiene caso seguir viviendo", "Mi vida sólo estuvo llena de dolor", "No me interesa arreglar nada, ¿de qué me sirve entenderlo si pasaron tantos años?", "No existe el verdadero amor. Si mis padres fueron capaces de esto, el ser humano es una porquería", "Es triste que no haya una sola foto de mí sonriendo, cuando era niño", "Lo que viví de niño fue una herida de muerte".

Si tuviste un padre tóxico, es probable que sigas experimentado pérdidas significativas, y por lo mismo, te sientas o te hayas sentido deprimido; y créeme, no eres un extraterrestre por ello.

No está mal estar deprimido, no es un pecado ni un reflejo de debilidad. Es una reacción natural al duelo, es la reacción emocional que acompaña a una pérdida, en tu caso, la pérdida de tu infancia.

Al igual que los pacientes terminales eventualmente no pueden negar su enfermedad, debido a las múltiples intervenciones quirúrgicas, hospitalizaciones constantes, debilidad y pérdida de las actividades cotidianas y cuando las consecuencias de la pérdida de la salud son evidentes, cuando el hijo de padres tóxicos enfrenta su incapacidad para vivir una vida plena en la adultez reconoce su codependencia y tiene algunos síntomas de los que se han hablado en este libro, se alcanza esta fase depresiva. En este estado se manifiesta, ante todo, un profundo sentimiento de desesperanza y vacío.

La depresión es un arma de doble filo en la que se gestan sentimientos y conductas autodestructivas hasta llegar a la fantasía de la cesación de la vida, pero al mismo tiempo, por ser una etapa de reflexión y de poca energía, se puede lograr un verdadero proceso de sanación y recuperación emocional.

Esta fase se presenta casi en todos los pacientes que entran a un proceso terapéutico profundo y que deciden enfrentar su pasado. Esta etapa se vive en una profunda tristeza; normalmente, hay sentimientos de desolación y vacío. Es en este momento del duelo, donde están la gran mayoría de los pacientes que acuden a psicoterapia.

5. Aceptación: "Estoy listo para vivir en plenitud", "No recuperaré mi infancia, pero sí mi calidad de vida y el amor verdadero", "Estoy orgulloso de mi historia y ahora más que nunca sé qué es lo que no quiero repetir", "Ahora que entiendo todo, estoy listo para una nueva relación después de mi divorcio".

Esta fase se presenta cuando el paciente ha tenido el tiempo necesario para elaborar su pérdida. En el caso de la infancia perdida, la persona ya no está deprimida, acepta su destino sin enojo y espera el momento para transformar su vida sin culpar a su pasado y a sus padres, tomando plena responsabilidad de la propia vida y eligiendo buscar la felicidad. Hay esperanza y conciencia del sentido que tiene el sufrimiento de aquel niño-adulto.

En esta etapa es importante no confundir el estado de ánimo de tranquilidad con un sentimiento de felicidad. Muchas veces, al sanar el pasado y limpiar las heridas, el paciente se encuentra casi vacío de sentimientos; experimenta momentos de gran aplanamiento afectivo; parece que el dolor se ha ido y que la lucha ha terminado, pero se siente tranquilo. Eso no significa que el duelo no esté procesado, significa más bien que implicó la inversión de mucha energía y que se requiere de descanso físico y psicológico para volver a sentir alegría, motivación o ilusión.

Para ser honesto, después de casi tres años de mi separación, siento que estoy en esta etapa con respecto a la relación con Araceli. Ya no me siento enojado, ya no busco estrategias para volver con la que hasta ahora ha sido la mujer de mi vida, ya no me siento deprimido y angustiado como meses atrás. Ya no me da pena decir: "Sí, me divorcié."

Estoy en paz con la decisión que tomamos. No me siento enojado con ella por tener una nueva pareja. No la pienso todas las noches. No me siento angustiado al llegar en la noche a mi departamento. Ahora sé estar conmigo mismo. No me siento ilusionado por encontrar otra pareja ni la estoy buscando, y por el momento creo que decidiré quedarme así. Me siento pleno con mi vida, con mi profesión, con mi nueva vida de soltero, con mi departamento de 70 metros cuadrados que decoré a mi gusto y que está lleno de luz y plantas, con la compañía de mi leal y siempre amable perrita Jaira, que recogí de la calle cuando aún estaba casado. Hoy puedo decir que estoy en paz.

Desde el punto de vista de un hijo de padres tóxicos, esta fase se puede reconocer cuando la persona puede pensar en la pérdida de la infancia, con nostalgia, pero sin melancolía. La diferencia entre ambas es que en la nostalgia, aunque existe cierto dejo de tristeza al recordar la pérdida, se puede disfrutar el aquí y ahora; en cambio, en la melancolía, el dolor es tan grande, que no se puede reconocer nada agradable en el presente, y la persona se estanca en los recuerdos y resentimientos. La aceptación auténtica implica, necesariamente, dejar atrás la melancolía.

Si estás viviendo un duelo en este momento, posiblemente estarás pasando por una profunda depresión; será quizá en esta fase cuando creas que tu vida no tiene solución. Pero tengo la esperanza de que, a esta altura del libro, ya logres abrirte a la comprensión de lo que te sucede, de lo que estás experimentando, pues estoy convencido, y así lo he comprobado con mis pacientes y conmigo mismo, de que nada desgarra tanto como lo que carece de sentido, lo que no podemos entender. Y si poco a poco has logrado hacer conciencia de lo que te está pasando y vas transformando tu visión, seguro estarás más preparado para elaborar por completo tu dolor y repararte interiormente para vivir en plenitud la siguente etapa en tu vida.

Por muy dolorosa que haya sido tu infancia y lo que estás viviendo como consecuencia, recuerda esto: al final todo pasa y siempre llega la paz. "No hay dolor que dure cien años." Tiempo y autoayuda a nuestro duelo son las únicas cosas que se requieren, y todo lo demás se acomodará por sí solo. Para Kübler-Ross, el verdadero reto es aprender a entender a la pérdida como parte indispensable de la vida, y a visualizarla como el nacimiento a otro tipo de existencia.

La muerte, para Kübler-Ross, en realidad no existe: "La muerte, de la que los científicos quieren convencernos, no existe en realidad. La muerte no es más que el abandono del cuerpo físico, de la misma manera que la mariposa deja su capullo de seda. La muerte es el paso a un nuevo estado de conciencia en el que se continúa experimentando, viendo, oyendo, comprendiendo, riendo, y en el que se tiene la posibilidad de continuar creciendo."

Por lo mismo, estoy convencido de que tu niño interior no ha muerto. Lo que hay que enterrar con dignidad y respeto, con todo el luto que requiere, es la infancia que perdiste. A ese niño-adulto, al niño-perdido sólo hay que permitirle expresarse con voz genuina y clara.

El trabajo terapéutico con Martín ha sido muy satisfactorio. Él ha vivido el duelo de esa infancia perdida, reconociendo lo dura que ha sido su vida, desde dejar la escuela para empezar a encargarse de la ferretería, hasta mudarse a Toluca con un primo de su padre para trabajar jornadas de más de 14 horas diarias en la central de abastos y mandar dinero a sus hermanas. A los 17 años, al abrir un contenedor de aguacates mal acomodado, se cayó la carga encima de él y quedó sepultado entre aguacates. Estuvo inconsciente cerca de tres días. Una varilla le cortó la cara en dos, de ahí la cicatriz que cruza su cara.

También sus hermanas la pasaron mal. Una de ellas se embarazó a los 14 años del "rico del pueblo", un hombre de 49 años que se la llevó a vivir a Estados Unidos, donde la dejó al cuidado de su esposa, que vivía ahí. Así es. Llevó a vivir a su amante y a su nuevo hijo con su esposa. Su otra hermana trabajó duro en la ferretería, decidió nunca casarse ni tener hijos y ahora es dueña de una cadena de ferreterías en Hidalgo. La madre de los tres vive con ella y con Martín, se encargan de ella.

Martín ha trabajado desde que tiene cuatro años. Primero, la tierra, después, en la ferretería, luego, en la central de abastos de Toluca (donde logró conseguir, a los 23 años, tres puestos de aguacate y guayaba), más tarde, a la edad de 24 años, decidió terminar la primaria, secundaria y preparatoria para adultos, y a la edad de 26 años, cuando ya era dueño de otros cuatro locales de venta de fruta y verdura en la central de abastos y dos ferreterías en Toluca, estudió la carrera de derecho. Se tituló con honores de la Universidad Autónoma del Estado de México y desde entonces entró a trabajar al gobierno del Estado.

Revisamos su vida en cerca de seis sesiones, buscamos ser compasivos con su niño interior, validar que a los 13 años era responsable de mantenerse a sí mismo y a su familia. Martín entendió que empezó su vida sexual demasiado joven y que no tenía la madurez emocional para vivirla con responsabilidad. Tuvo a su primera hija a los 16 años y lleva casado 36, aunque ha tenido siempre relaciones con otras mujeres.

Martín aceptó que había todo un duelo que elaborar por su infancia perdida, empezando por aceptar los síntomas que estaba viviendo. En ocasiones, los síntomas se convierten también en problemas, y éste era su caso. Además de toda una historia de vida que sanar, había que enfrentar su problema de adicción, su tendencia a relaciones codependientes y su problema del manejo de la ira y de los celos.

Tristemente, lo que sucede con el tiempo es que un síntoma termina siendo otro problema a resolver con nuevos síntomas que lastiman nuestra vida. Martín tiene un puesto importante en el gobierno del Estado de México, sin embargo, a pesar de ello, aceptó su enfermedad y decidió ingresar a una clínica para rehabilitación de adicciones. Es tan intensa su adicción a la cocaína, a la marihuana, a los somníferos y al alcohol, que la estancia sugerida dentro de la clínica es de 16 semanas.

Los miércoles tiene derecho a hacer una llamada por teléfono. Uno de esos miércoles lo usó para compartir conmigo que desde hacía más de 20 años, no estaba sobrio y que sentía que sólo así podría retomar las riendas de su vida, empezando por su niño interior.

Fue un excelente día para mí...

"Realmente mi historia triste empieza desde pequeña; yo era una muñequita llena de luz y deslumbraba a cualquiera que llegara. Eso me decía mi papá. 'Eres la luz de mi vida, mi primera hija, lo mejor que me ha pasado'. Ahora comprendo que desde mi nacimiento, al ver esto, mi mamá me tuvo celos y envidia.

'Anita, mi niña preciosa, entiende que eres una niña llena de luz, eres una muñequita y esa luz ni tu propia madre, que será tu peor enemiga toda tu vida, te la va a quitar'. Me digo ahora en este proceso de sanación.

'Tú vas a ver la vida de color rosa, muñequita, pero desgraciadamente esta pinche vieja que se dice tu madre, te la va a hacer negra. Vas a sufrir muchísimo

y derramarás ríos de lágrimas, pero llegará el momento en el que puedas decidir no volver a verla nunca más. Hoy crees que el amor de tu papá es incondicional y que no ve más allá de ti, chiquita, pero llegará el día en que te des cuenta de que eres el puñal con el que apuñala a tu enemiga, eres la que se llena y se llenará de sangre siempre. Eres la herramienta para que ellos dos se agredan y se lastimen. Ella te odiará y te envidiará, y él te manipulará diciéndote que aguanta todo por ti. Al final, chiquita, aprenderás que el amor verdadero no manipula ni castiga ni destruye...' Ésta fue mi última tarea terapéutica con mi niña interior. Estoy escribiéndole a esa niña que se perdió muchos años atrás.

Mi madre es, sin duda, la persona más maquiavélica, destructiva, rencorosa y poco amorosa que he conocido en mi vida. Me siento traumatizada por ella.

¿Pero por qué esta pinche vieja es así?

Desde pequeña tuvo una vida difícil, su padre era alcohólico, pero ella no sufrió lo que sus hermanos mayores, a quienes su padre maltrataba. Mi mamá tuvo una vida más light dentro de esta familia, fue la única que estudió carrera universitaria y la más guapa de la familia. Ella era la 'bonita de la casa' y literalmente decía que no había nacido mujer más bonita que ella. Pecado mortal fue nacer agraciada físicamente. Dicen que desde que yo era pequeña había un rictus en su cara cada vez que alguien decía que 'su hija era la bebé más bonita que habían visto'.

Ella siempre era la protagonista en todos lados, pero sobre todo en su familia. Siempre hablaba mal de sus hermanos, pero sobre todo de sus hermanas porque ella era la culta, la bonita, la de buen gusto, la inteligente, la que resaltaba y la que tenía la razón.

'¿Sabes qué, chiquita? Cuanto tenías 11 años, tu pinche madre tuvo un accidente en coche y le diagnosticaron epilepsia, una enfermedad que utilizaba para manipular aún más a toda la familia, en especial al Pocos Huevos de tu papá, y entonces, tenías que ser tú quien la cuidara. Sí, así fue tu adolescencia. Curiosamente se sentía mal de la epilepsia los viernes en las tardes, los sábados en las noches y los domingos por la mañana, cada vez que tenías algún plan con tus amigas. Tu papá te pedía que la cuidaras 'por amor hacia él', porque te necesitaba. Pero, curiosamente, llegaba el lunes, la rutina y a menos que la necesitaras para algo, no se volvía a sentir mal hasta el siguiente plan especial que hubiera. Sí, tuviste que privarte de fiestas de quince años, de fines de semana con tus amigas, de graduaciones y de decenas de planes con tus amigas adolescentes. ¿Sabes qué es lo peor? Nunca te lo agradeció y siempre te dijo que eras un monstruo de hija que ella no se merecía'.

Entonces, desde que tengo uso de memoria, mi vida se empezó a llenar de miedo, de tristeza, de angustia y mis sueños empezaron a posponerse. Me acostumbré a callarme, a fingir que no me dolían sus injusticias y, sobre todo, a darle gusto a los demás, para evitar que me insultaran y me maltrataran. Así que me olvidé de la persona que soy en realidad y de lo que yo quería y necesitaba.

Todo comienza en un departamento. Ése es mi primer recuerdo en la vida, en el que tenía como juguete, un caballito de resortes. Pasaba horas jugando con él porque a mi mamá no le gustaba salir de ese lugar. Desde entonces aprendí a amar a los caballos, es mi animal favorito, y ahora me doy el tiempo para montar dos veces por semana. En ese departamento tenía una casa de muñecas y jugaba por horas con mi hermana menor. ¡Uf!, qué lejos se ve esa cercanía. A lo largo de los años, mi madre y la poca decisión de mi padre generaron entre nosotras una gran rivalidad, justo como la que tiene mi madre con sus hermanas, hoy en día somos dos perfectas desconocidas. Esa envidia, ese odio que mi madre tenía hacia mí, se lo fue transmitiendo día a día, momento tras momento a mi hermana, hasta envenenarla como se envenena con saña y odio cualquier corazón. Hoy en día no tengo relación con mi hermana.

En ese departamento mi mamá nos encerraba por horas. No accedía a que hiciéramos ejercicio, a que viéramos amigas o a que tomáramos clases extraescolares de nada. 'Las clases salen muy caras'. Así que pasábamos tardes enteras viendo estúpidas telenovelas y mirando la ventana, como si fuéramos presas en una cárcel, con la esperanza de que quizás algún día pudiéramos salir a jugar, ir por una paleta o visitar a alguien. ¡No! Estábamos encerradas enfrente de ese televisor, obligadas a ver dramas televisivos para los cuales no estábamos preparadas.

Lo que yo hacía, era comer, comer, y comer...

Este encierro me causó muchísimos conflictos de grande; subí mucho de peso, sufrí muchas faltas de respeto de mi madre, que me decía 'gorda, asquerosa de porquería', y sin poder hacer ejercicio, caí en conductas bulímicas y después, en principios de anorexia nervosa. Desde muy pequeña tengo conflictos con mi cuerpo y a la fecha cuido siempre mi alimentación. Recuerdo como pesadilla ese departamento donde pasé los primeros años de vida...

Desde pequeña era carismática y me daba a querer. Mi madre, al no tolerar el cariño que me mostraban los demás (aun su propia familia), por envidia me fue alejando de todo aquel que me buscara. Así iba terminando con las relaciones. Me hizo alejarme desde mis abuelos paternos, mis tíos, mis primos, hasta de por lo menos diez amigas, pues sus 'familias no eran convenientes para mí'. Desgraciadamente del único que no me pudo alejar fue de mi padre, que siempre me decía 'Tranquila, mi amor, tu mamá está enferma, en alguien tiene que caber la prudencia, tenle paciencia por todo lo que yo te quiero a ti'. Así, mi vida estuvo llena de espinas. Ser la consentida de mi padre trajo desgracia e injusticia a mi vida.

Cuando tenía 9 años, creí que había terminado lo peor. Nos cambiamos a una casa en construcción, porque era una 'buena inversión' (idea estúpida de mi mamá quien aparte de loca, egoísta, envidiosa, es tonta como pocos...). A veces pienso que lo hizo a propósito, como hizo todo para castigarme. Pasaron los años y quienes vendieron la casa la dejaron así, a la mitad. Era la época en la que yo empezaba a salir con niños, y mi mayor debilidad era vivir en una casa en obra gris, sin vecinos, sin acabados, fría e insegura. Me sentía humillada cada vez que alguien tenía que pasar por mí a casa. Mi madre nunca aceptó que nos mudáramos a un lugar digno pues tenía paranoia de que alguien la habitaría y que no los podríamos sacar.

A raíz de lo anterior me castigué por muchos años, poniéndome límites estúpidos, como dietas, anorexia, estudio excesivo, trabajo compulsivo, correr en ese terreno baldío donde vivíamos por horas.

Ya me cansé de lastimarme, me quiero querer, quiero valorar las cosas buenas que tengo y explotarlas al máximo, quiero estar bien.

Mi vida siguió adelante hasta que al terminar la carrera caí en una depresión terrible. Aunque ya no vivíamos en esa casa espantosa sino en un departamento bonito, mi madre seguía insultándome, maltratándome y manipulándome.

El colmo fue cuando empezó a robarme. Con mi esfuerzo me compraba ropa y bolsas bonitas para ir a trabajar, que de repente desaparecían de mi clóset. Mi madre tiene llave en su clóset, así que aunque yo sabía que ella tenía mis cosas, no se lo podía comprobar. Yo le pedía ayuda a mi padre, pero el que seguía diciéndome: 'Anita, está mal, en alguien tiene que caber la prudencia'.

Con esa depresión llegué con Dado. No tardamos mucho en descubrir que soy hija de una madre con trastorno border de personalidad y de un padre abusador pasivo que nunca hizo nada ni por él ni por nosotras.

Cuando confronté a mi padre, con todo lo que aprendí en terapia, trató de convencerme para que dejara de ir a terapia, me dijo: 'Dado quiere destruir a la familia, por amor tienes que dejarlo de ver'. Ya no... Cuando abres los ojos y te das cuenta de que no estás dispuesta a seguir viviendo abuso ya no aceptas manipulaciones baratas.

Me fui de ese infierno. Desde hace tres meses tengo mi propio espacio. No ha sido fácil, tengo muchas secuelas todavía, sin embargo, estoy convencida de que voy a salir adelante.

Papá:

Estoy muy enojada contigo. A pesar del amor que me decías tener, permitiste que me destruyeran de esa forma. Tú fuiste testigo silencioso de ese maltrato, incluso participaste pasivamente varias veces de él. Pudo más tu falta de huevos que tu amor hacia mí, por eso estoy enojada contigo, por eso me pesa verte, me duele y me da ansiedad, por eso voy a evitarte por un rato, porque tu presencia me incomoda, y me incomoda bastante, y por primera vez en mi vida voy a pensar en mí.

Basta de tus manipulaciones, de tus agresiones pasivas, de tu falta de responsabilidad. Basta, no quiero ser de tu equipo para que no te sientas solo. Tú escogiste ese pinche infierno que tuve que vivir durante 26 años y del cual sigo padeciendo secuelas de un maltrato CONSTANTE (físico y emocional) que duró 26 años de vida. ¿Te lastima no verme?, ¿no saber de mí?, ¿no saber dónde estoy? ¿no saber si estoy bien? Durante estos años fuiste testigo de cómo mi madre hizo pedazos mi vida y destrozó mi autoestima. Jamás tendrás la dirección de donde estoy pues no confío en ustedes, estoy mejor y finalmente estoy a salvo. A pesar de que me viste caer en principios de anorexia y que te hablaron de la escuela, nunca fuiste más a fondo, nunca me quisiste mandar a terapia para ver qué pasaba por mi cabeza; preferiste siempre solucionar los problemas de manera superficial regalándome una bolsita de papas fritas para que me las comiera, o pidiéndome prudencia ante el abuso de mi madre. Fuiste testigo de cómo mi vida estuvo llena de castigos injustos y locuras por parte de ella. Nunca hiciste nada. Eso se llama abuso pasivo. Ya me cansé, es hora de pensar en esta pobre Anita, en esta pobre niña que lo único que hizo fue ser víctima de una mamá loca y un papá cobarde.

Me siento muy triste porque ingenuamente pensé que saliéndome de ese infierno todo se iba a arreglar, pero me equivoqué. Sigo teniendo secuelas y espinas que son las más dolorosas y difíciles de quitar de mi corazón. ¡Estoy desesperada! Quiero ser feliz, quiero darme la oportunidad de vivir plena y tranquila, y por desgracia no lo puedo lograr todavía. Sigo soñando con ella, sigo sintiendo que me escucha en el teléfono, que me sigue en el coche, imagino que entra en la oficina y arma un escándalo. Salgo a la calle con miedo de verla...

Necesito un bastón. Por el momento, ése es Dado (aunque mis padres crean que ya no lo visito), sé que me puedo agarrar de él, pero tengo miedo. A veces me siento perdida por completo, sin rumbo. Fueron muchos años de abuso, de maltrato y, ahora entiendo, de trauma. Vivo con miedo a que me rechacen, me lastimen y me hagan daño. No dejo que ningún hombre se me acerque. Ya no quiero sufrir.

Te necesito a ti Dios, a ti que me acompañaste durante todo este camino tan amargo y pesado, tú que me diste una segunda oportunidad llevándome de las las manos a mi terapia. Por favor, sé que tengo que se-guir luchando y atravesar las secuelas del trauma, superar ese abuso, pero déjame vivir la vida, ya no quiero seguir con estas espinas en mi corazón, quiero dejar salir toda la luz.

'Chiquita, muñeca, estamos juntas, soy tú misma, la de 26 años que está comprometida a rescatarte y a cuidarte, y ya no me importa lo que tenga que hacer...'"

ANA

HONRARÁS
a tu padre y a tu madre...

Después de validar el trauma de tu infancia, el enojo hacia tus padres y pasar el duelo por la pérdida de tu infancia, te preguntarás si el siguiente paso en este proceso de sanación es trabajar en el perdón hacia tus padres. Mi respuesta definitiva es **NO**.

Sé que esto puede asustarte, impresionarte o incomodarte. De nuevo te digo: **no es necesario perdonar a tus padres para sentirte mejor y para poder darle un giro diferente a tu existencia.** Hemos aprendido que tenemos que perdonar lo imperdonable para sanar, y es algo que no le podemos exigir a tu niño-perdido.

Hay actos que desde mi punto de vista, literalmente, "no tienen perdón". Ni Jorge, el estilista, cuya madre quemó sus manos; ni Paola, la doctora en ciencias políticas, cuyo padre abusó sexualmente de ella y después se suicidó inculpándola en su carta póstuma; ni Ana, la mercadóloga, cuya madre tiene trastorno *border* de personalidad y cuyo padre nunca la defendió del terrible abuso que vivía en casa; ni Emilio, el piloto con problemas de alcoholismo que fue abusado sexualmente por su padre en Chihuahua, han logrado perdonar a sus padres. Lo que sus padres hicieron fue tan abusivo que su patrón de maltrato y de daño a lo largo de los años marcaron dolorosa y profundamente a sus hijos; no sé si en realidad experimenten el perdón hacia ellos.

¿Es necesario llegar al perdón hacia el padre tóxico para sanar al niño interior? No, no es necesario perdonarlos para sanar. Necesitamos entender que el abuso está en nuestro pasado, pero que el niño herido está lastimado en nuestro presente, aún en nuestra adultez, y debemos asumir la responsabilidad de nuestra propia vida para poder modificar nuestra tendencia a lastimarnos y a lastimar a los demás; a tratarnos con desprecio y humillación, a ser compasivos y amorosos con nosotros mismos y con los que están cerca de nosotros. Eso depende de nosotros. Para ello, **no** estamos obligados a perdonar a quien nos hizo daño.

Desde muy pequeños aprendemos que para ser buenos seres humanos tenemos que "honrar" a quienes nos dieron la vida. Eso es lo que nos han introyectado de generación a generación, y es la principal razón por la cual rara vez nos atrevemos a cuestionar lo que vivimos de niños, a señalar el abuso de nuestros padres y, lo que es aún peor, a cuestionarnos lo que estamos haciendo con nuestros hijos.

En Éxodo 20 del Antiguo Testamento, se describen los 10 mandamientos que Dios le dio al pueblo de Israel. El quinto habla sobre los padres: "Honra a tu padre y a tu madre, para que tus días se alarguen en la tierra que Jehová tu Dios te da" (Éxodo 20:12).

Así, según lo que se dice en la Biblia, Dios le ordenó al pueblo de Israel que honrara a su padre y a su madre para vivir en armonía con la divinidad. Esto fue a través de Moisés. ¿Qué significa "honrar a los padres"?

John Gill (1746-1748), en su escrito *Exposition of the entire Bible*, explica lo que significa esta obligación que Dios, a través de Moisés, le entregó a su pueblo: "El honrar a los padres involucra alta estima, reverencia y ayuda. Significa estar al pendiente de ellos, cuidarlos. En comparación con los otros mandamientos, donde no se adjunta directamente alguna promesa específica, Dios, al dar este mandamiento también agregó una promesa determinada. Dijo: 'honra a tu padre y a tu madre, para que tus días se alarguen en la tierra que Jehová tu Dios te da'".

Pero la obligación no terminó ahí. El Deuteronomio (5:16) habla del mismo mandamiento, pero con una amenaza adicional adjunta: "Honra a tu padre y a tu madre, como Jehová tu Dios te ha mandado, para que sean prolongados tus días y para que te vaya bien sobre la tierra que Jehová tu Dios te da, sino es así, vivirás el enojo de Dios".

Si analizamos lo que se explica en el Deuteronomio, hay una clara amenaza ante la idea de no honrar a nuestros padres. ¿Qué más atemorizante que una amenaza directa por parte de Dios?

De igual manera, Gill cuenta lo que Dios indicó como consecuencia si no honramos a nuestros padres. En el Nuevo Testamento, Jesús habla acerca de lo que le sucederá a alguien que vaya en contra del quinto mandamiento. Esto lo hace a través del evangelista Marcos: "Porque Moisés dijo: Honra a tu padre y a tu madre; y el que maldiga al padre o a la madre, que muera irremisiblemente" (Marcos 7:10).

El verbo maldecir proviene del griego *kakologeo*, que significa "hablar maldad". Cualquiera que hablara maldad en contra de su padre o su madre iba a morir sin remedio. Hemos aprendido a crecer con miedo a Dios, y es raro que nos permitamos cuestionar si el trato que tuvieron nuestros padres hacia nosotros fue sano, digno, responsable o, en su contra, patológico.

En la Biblia se habla de la obligación de obedecer a los padres. La palabra griega *hypakouo* significa obedecer, escuchar o prestar atención. Para un hijo, obedecer a sus padres va de la mano con honrarlos. Desde la Biblia se indica que el rol más importante de un ser humano es el de hijo, y no el de padre o el de pareja. Por lo mismo, ser un buen hijo implica aceptar todo lo que venga de ellos ya sea escucharlos, prestarles atención o someterse a su autoridad.

Ahora bien, en el Antiguo Testamento se dice que después de que los hijos maduran, la obediencia que aprendieron de niños les servirá para honrar a las autoridades tales como el gobierno, la policía y a sus jefes.

Con los ejemplos anteriores busco explicar el peso que llevamos los que hemos crecido bajo el culto judeocristiano. Si nos apegamos a lo que nos indicó Dios, a través de Moisés, y después a través de Jesús, tendríamos que asumir como obligación aceptar y tolerar el maltrato y el abuso de nuestros padres sin cuestionarlo, ya que esto es parte de la obediencia incondicional que "debemos tener hacia ellos eternamente", para no ser condenados por Dios. El introyecto es claro: "Aguanta el abuso y hónralo, si es necesario".

Esto para mí, un hombre del siglo xxi, suena irracional.

No pretendo entrar en un debate religioso. No pretendo cuestionar la fe de nadie. Sólo difiero con la generalización que se ha hecho con respecto a este introyecto (obligación que aprendimos a cumplir a rajatabla con respecto a honrar a nuestros padres). Creo que hay conductas de ciertos padres que merecen ser reconocidas, admiradas y, por lo tanto, honradas. En cambio, hay comportamientos de otros que, por la magnitud del abuso, del daño y del maltrato generado, merecen ser repudiados.

"Honor, a quien honor merece", dicho popular mexicano.

Hoy más que nunca, estoy convencido de que hay que honrar a quien lo merece y señalar a quien ha sido abusivo. Ser honorable es algo que se debe ganar, no heredar por el simple hecho de engendrar a un hijo. Si no es así, seguiremos justificando los errores que cometemos y perpetuando el abuso generacional. Por medio de la responsabilidad y la honestidad podemos sanar nuestro pasado y evitar repetir con las nuevas generaciones el dolor que vivimos en la infancia.

Si aceptáramos honrar (obedecer, es decir, aceptar sin cuestionar) la conducta de nuestros padres, esperaríamos que nuestros hijos hicieran lo mismo y que, en consecuencia, toleren nuestras conductas abusivas porque **es su obligación**. Así como nosotros toleramos el abuso de nuestros padres, nuestros hijos **deben** soportar cualquier abuso que venga de nuestra parte.

Como psicoterapeuta y especialista en psicotrauma, no puedo estar a favor de lo anterior. Romper el patrón de abuso es la única manera de no perpetuar una dinámica generacional de violencia intrafamiliar y social.

Ahora más que nunca, necesitamos ser justos y honestos con lo que vivimos, aplaudir lo sano que aprendimos de nuestros padres. Pero también necesitamos recuperar nuestro derecho a repudiar aquello destructivo que aprendimos de ellos. Necesitamos **elegir con responsabilidad** lo que queremos repetir y desechar, lo que no nos sirve porque es tóxico para nosotros y para quienes nos rodean. Desde mi punto de vista, la conciencia, la honestidad y la responsabilidad son los únicos caminos para sanar, poco a poco, la dinámica patológica de nuestras relaciones interpersonales, cuyo origen está en nuestra infancia.

Gracias a lo que he experimentado con pacientes que vivieron en familias disfuncionales y con padres tóxicos, sé que la fase del enojo es necesaria en cualquier proceso de sanación ante el abuso; pero frente al introyecto de "honrar a los padres" se detiene, no se experimenta a plenitud y, a la larga, se convierte en culpa, postergando las creencias negativas con respecto a nuestra valía y a nuestro derecho a ser felices.

El abuso de un padre **no** es honorable. Un padre tóxico que lastimó a su hijo con conciencia no tiene por qué ser honrado. Estoy convencido de que para sanar a nuestro niño interior no estamos obligados a honrar o a perdonar a quien nos hizo tanto daño. Perdonar no es algo sencillo. No es algo que podamos lograr por el simple hecho de proponérnoslo.

Según la Real Academia de la Lengua, la definición de *perdón* es: "Acción por la que una persona, el perdonante, que estima haber sufrido una ofensa, **decide**, bien a petición del ofensor o bien espontáneamente, no sentir resentimiento hacia el ofensor, o hacer cesar su ira o indignación contra éste, renunciando a vengarse o a reclamarle".

Culturalmente nos han enseñado que si no existe un perdón verdadero, no hay sanación. Nos han enseñado que el perdón es una decisión. "Perdona a tu hermano como Dios te perdona a ti". La realidad es que el perdón **nunca** es una decisión, es todo un proceso. Es un camino, como lo es el duelo ante una pérdida, que requiere de tiempo, de trabajo personal, de voluntad y de paciencia. Asumir que el perdón es una decisión definitivamente es un error. Por lo mismo, pedirle a un paciente que ha sido lastimado por sus padres que "los perdone para sanar", es obligarlo a hacer algo para lo cual tal vez no esté preparado.

Si bien perdonar implica una gran liberación para quien está resentido no es necesario para sanar. Si fuera así, el hijo de padres tóxicos tendría que ser el prudente, el maduro y en el que recayera todo el peso de una relación llena de abuso. Una vez más, por lo menos en este libro, te libero de tener que perdonar al padre que te hizo daño. No es obligatorio y no es indispensable para sanar tu historia de vida.

Lo que estoy diciendo de seguro va en contra de todo lo que hemos aprendido de los valores y principios judeocristianos, budistas y mahometanos. Estoy seguro de que muchos profesionales diferirán de esta postura, pues parten de la idea de que el perdón es el único camino para dejar atrás el dolor. Sin embargo, en mi experiencia me ha ayudado a entender que el ser humano siente resentimiento y no puede eliminarlo por el simple hecho de decidirlo. El perdón **no** es una decisión, es un proceso y parte de este proceso es validar profundamente el enojo y el resentimiento. Lo único de lo que puede ser responsable el hijo de padres tóxicos es del compromiso de sanar su propia historia de vida; parte de ello es aceptar con honestidad el enojo y el resentimiento hacia los padres.

Durante el sinfín de procesos terapéuticos que he tomado, he escuchado que perdonar a mis padres es un paso indispensable para sanar. De igual manera, he motivado a cientos de pacientes a que perdonen a sus agresores: abusadores sexuales, secuestradores, asesinos de familiares cercanos, quienes han robado su patrimonio, y a padres tóxicos que los trataron con crueldad y con desprecio desde la infancia y, en algunos casos, hasta la edad adulta. **Me he equivocado.** He presionado a una persona lastimada y herida a dar un paso para el cual no está preparada.

Por lo mismo, a lo largo de mi carrera profesional he observado que este enfoque genera ansiedad al doliente, a la persona traumatizada, al hijo de padres tóxicos pues lo que siente es furia y rencor, no compasión o necesidad de perdón. Pretender que alguien perdone a corto plazo a su agresor es irracional. El ser humano necesita atravesar por muchos sentimientos antes de llegar a él. Por lo mismo, pedirle a un niño-adulto que perdone al padre que lo lastimó de manera tan brutal, sin ningún tipo de proceso emocional, es exigirle lo imposible.

Como terapeuta, me tomó muchos años entender que lejos de avanzar en el proceso de sanación emocional, buscar a toda costa el perdón hacia los abusadores de la propia historia detenía e impedía el proceso de sanación de mis pacientes. Ahora trabajo el abuso desde otra perspectiva: es humano y justo sentir resentimiento hacia quien hizo tanto daño, hacia quien lo hizo además, de manera consciente y repetida.

A partir de este hecho mi teoría del perdón cambió. No necesitamos perdonar para recuperar nuestra paz y nuestro derecho a ser felices. No estamos obligados a hacer algo extraordinario ni a perdonar una gran ofensa para recuperar nuestra paz y nuestro equilibrio emocional. No necesitamos ser extraordinarios para vivir tranquilos. Una persona común se ofende a raíz de una ofensa. Eso es lo natural y esa es la respuesta esperada en una personalidad normal. Es esto lo que empiezo por explicar a mis pacientes.

Tenemos derecho a sentir indignación y rencor en contra de quien nos robó la infancia o la adolescencia. Por lo mismo, ahora entiendo que necesitamos dejar de lado el perdón como único **camino** hacia la sanación para poder seguir adelante en el proceso de recuperar nuestra libertad. Así, el perdón es algo deseable mas no indispensable para sanar la herida de un hijo de padres tóxicos.

A mis pacientes les explico que he separado el perdón en cinco procesos diferentes y que es necesario atravesar los primeros tres para poder recuperar el control de nuestra propia vida. Dichos procesos de perdón son:

1. Aceptar el abuso.
2. Buscar venganza como un impulso natural, sin llevarla a cabo.
3. Dejar de culpar a los abusadores de nuestro pasado, de nuestra vida actual. Tomar plena responsabilidad de nuestro aquí y ahora, y dejar de proyectar nuestra falta de plenitud en nuestros padres.
4. Entender compasivamente sin justificar las acciones de nuestros abusadores.
5. Dejar de sentir resentimiento hacia el ofensor.

Por eso partimos de la idea de que para sanar la herida emocional que viviste en la infancia es de suma importancia empezar por aceptar el abuso que experimentaste, con toda la magnitud que ha tenido en tu vida. Como ya dijimos: "No puedes resolver un problema hasta que no lo hayas entendido cabalmente".

Cuando hemos aceptado que fuimos víctimas de un daño significativo, es inevitable sentir el impulso de vengarnos de quien nos lastimó. La venganza es un sentimiento natural y normal dentro del ser humano, sin embargo es una motivación que genera sentimientos negativos ya que implica invertir nuestro tiempo y energía en fantasías agresivas y violentas que nos dan satisfacción inmediata pero que, a la larga, nos generan gran frustración e infelicidad, ya que estos pensamientos obsesivos provocan sentimientos que nos envenenan cada vez más. Estos pensamientos no generan bienestar, sino que laceran más nuestras heridas.

"La aceptación es una puerta mágica que cierra los problemas y se abre a las oportunidades".
RAFAEL HERNAMPÉREZ

El deseo de venganza nace del rencor que genera un acto que nos lastimó y que en el presente nos motiva a herir de igual manera o peor a quien lo realizó. Esto no es algo contemporáneo que se desató por la sarta de telenovelas y películas que inundan las pantallas de televisión y las salas de cine. La venganza nació con la civilización misma y se ha ido aplicando a lo largo de los años como una forma de compensar o castigar un crimen. Por ello, en su concepción está muy arraigado el concepto de lo justo. La venganza estaba aceptada en las sociedades como una manera de impartir justicia, si alguien lastimaba a otro, sus familias tenían el derecho a vengarse. Como ocurre, por ejemplo, con la *vendetta* italiana o el *katakiuchi* japonés. La misma Ley del Talión lo sostenía: "Ojo por ojo, diente por diente". Y si en la actualidad el castigo puede ser menos violento, pues su objetivo es la reeducación y la reinserción social del criminal, el delincuente debe pagar sus deudas con la sociedad.

¿Cuándo surge el deseo de venganza? Cuando deseas desquitarte de algo que una persona ocasionó y que te hizo daño. Cuando existe mucho enojo, cuando nos han mentido, nos han traicionado o nos han humillado, es natural pensar en vengarnos.

El odio nubla la razón y el deseo de cobrar revancha engendra en nosotros una motivación intensa y peligrosa. ¿Sabes cómo se describe el odio? El odio no es más que amor más resentimiento.

La **venganza** consiste en la fantasía de desquitarse contra una persona o grupo en respuesta a una mala acción percibida. Aunque muchos aspectos de la venganza se asemejan al concepto de justicia, la venganza en general persigue un objetivo más injurioso que reparador. El deseo de venganza consiste en forzar a quien haya hecho algo malo a sufrir el mismo dolor que él infligió, asegurar que esa persona o grupo no volverá a cometer dichos daños. La venganza es un acto que, en la mayoría de los casos, causa placer a quien la efectúa, debido al sentimiento de rencor que ocasiona la falta cometida.

Cuando pensamos en venganza, es inevitable que venga a nuestra mente el proverbio: "La venganza es un plato que se sirve frío y se come despacio". Sabiduría pura, porque como deja ver el refrán, si actuáramos "en caliente", sin pensarlo dos veces, llegaríamos a cometer crímenes o daños irreparables en contra de quien nos ha hecho daño, que sólo nos metería en más problemas y nos provocaría más sentimientos negativos.

En cuanto a las características psicológicas, en 2004 Mckee, psicólogo social de la Universidad de Adelaida en Australia, publicó un artículo donde afirmaba que: "la gente más vengativa es aquella que se siente motivada por el poder, la autoridad y el estatus. Tienen una personalidad menos tolerante y menos compasiva" lo que nos da a entender una predisposición hacia la sed de venganza.

¿Qué pasa entonces en el cerebro cuando se lleva a cabo la venganza? En un artículo publicado por la revista *Personalidad y Psicología Social* en 2008, Carlsmith habla de cómo existe una creciente actividad neuronal en las zonas del cerebro asociadas a las recompensas del placer (confirmación fisiológica que fue publicada en *de Science* por Mckee [2004]); y también se demostró que neurológicamente, la venganza, como todo, tiene doble cara.

En este mismo estudio, los investigadores se plantearon qué sucedía días y semanas posteriores a esta acción. Los resultados mostraron que la venganza a menudo parece ser insaciable porque tras ejecutarla se empieza un creciente ciclo de represalias. Si vamos más allá del estudio, la paradoja reside en pensar que cuando uno se vengue se sentirá mejor, pero los estudios más significativos han demostrado que esto es una creencia errónea y que cuando se ha llevado a cabo un mal vengativo, los castigadores se sienten peor y con más vacío que quienes no desquitaron un rencor.

Los múltiples estudios al respecto concluyen que no tiene sentido cometer el acto vengativo en sí. La realidad es que, al igual que un plato frío, una vez cometida, la venganza no ha de caernos bien.

Pero si la venganza no nos hace sentir mejor, ¿por qué la buscamos? En palabras de Carlsmith (2008), estamos dispuestos a sacrificar nuestro bienestar para castigar a alguien que se ha portado mal. Ese sacrificio, al final del día, jamás será placentero.

En el mismo sentido, Gollwitzer (2006) afirma que la venganza tiene una baja probabilidad de éxito para el vengador, pero al mismo tiempo concluye que aunque la mayoría de la gente no se siente bien después de la venganza, hay una ligera y pasajera sensación de equidad y justicia. Este investigador propone dos teorías interesantes. A una la llama **sufrimiento comparativo**, en la que postula que ver al delincuente pagar un mal, se debería restaurar en la víctima el equilibrio emocional; sin embargo, esto no sucede del todo. El sufrimiento del ofensor no elimina el sufrimiento de la víctima.

La segunda teoría, llamada **hipótesis de la compensación**, sostiene que el sufrimiento del delincuente no es suficiente para que sea satisfactorio, ya que en la gran mayoría de los casos, el castigado no es empático con el sufrimiento de la víctima, es decir, no le da el peso que tuvo su falta en la vida del otro y, por lo tanto, no entiende los motivos por los que hay represalias. Esto genera más soledad y vacío en la víctima. Las fantasías de "darle una lección moral" a quien hizo daño se convierten en humo y el sufrimiento del otro, en sí, no genera bienestar.

No importa cuán dulce puede parecer la venganza, el conflicto entre la víctima y el abusador permanece activo y presente. La energía entre ambos sigue presente y fortalece el vínculo caótico entre ambos. El precio de atorarnos en la búsqueda de la venganza es muy alto, ya que invertimos incorrectamente tiempo y energía.

"No hay incendio como la pasión; no hay ningún mal como la venganza".
BUDA

En conclusión, dejar de lado la búsqueda de venganza es un gran paso hacia la sanación. No es fácil e implica un gran esfuerzo, pero es un paso sólido hacia la salud mental.

Después de asumir que no buscaremos venganza en pro de sanar a nuestro niño-adulto, ya que no funcionará, necesitamos aceptar que el abuso del cual fuimos víctimas está en el pasado, y aunque tiene secuelas importantes en nuestra vida presente, debemos ser los responsables de transformarlo.

Reconocer el abuso, validarlo y sentir el merecido resentimiento hacia nuestros padres, no es suficiente. Sufrimos por ellos, cierto; nos hicieron mucho daño, cierto; nos enseñaron a tener autoestima de termita, cierto; pero mientras los sigamos culpando de nuestra propia infelicidad, seguiremos vinculándonos con ellos (aunque hayan muerto o aunque ya no los veamos), desde el dolor y desde el abuso, y la única manera de salirnos de esa relación es asumir la responsabilidad de nuestra vida de aquí en adelante.

En una personalidad así hay actitudes infantiles y de manipulación, una tendencia hacia el aislamiento social y hacia la fantasía (imaginar que nuestra vida se solucionará por arte de magia), ya que el enfrentamiento de situaciones frustrantes en la realidad provoca profunda ansiedad. Por lo mismo, como lo vimos en el capítulo "El trauma y su repercusión", Lisbeth (la chica que desarrolló TEPT) buscaba evitar esta ansiedad por medio de la enfermedad, ya que así obtenía tolerancia de los demás y de sí misma. Esto se conoce como **proyección.**

Aquel que no asume las riendas de su vida tiende a explicar sus problemas mediante situaciones externas y de las conductas de otros, pero sin establecer una adecuada relación causa-efecto en sus propios conflictos. Por lo mismo, no desarrolla una verdadera capacidad de cuidar la propia vida y sigue culpando a los demás de lo que vive en el presente.

Una persona proyectiva busca que el ambiente externo cambie, y no asume su propia responsabilidad en los conflictos, por esta razón, hay una reducción en la capacidad de *insight* (darse cuenta), y por lo tanto, la posibilidad de cambio verdadero es muy pobre.

Culpar a nuestros padres puede ser catártico, pero no resuelve nuestras dinámicas de relación interpersonales. Reconocer que aprendimos de ellos a relacionarnos de manera disfuncional no significa que nuestra manera de relacionarnos se sane. Quien proyecta la propia responsabilidad en el pasado, como justificación de la insatisfacción en el presente, tiende a repetir los patrones de conducta que aprendió y mantiene una comunicación abierta pero muy superficial con el medio ambiente, ya que no puede profundizar en el contacto emocional con el otro.

Nuestros padres fueron responsables de no brindarnos las herramientas que necesitábamos para vivir una infancia sana. Sin embargo, culparlos de nuestra infelicidad aun en la adultez refleja falta de salud y una tendencia a repetir su patrón neurótico de conducta; estamos imposibilitados para responsabilizarnos de nuestra vida y para confrontar el conflicto interpersonal.

Al tomar responsabilidad de nuestra propia vida y liberarnos de los padres que nos hicieron tanto daño, tras aceptar, validar y expresar su abuso y nuestro enojo, necesitamos dejar ir la obligación de perdonarlos y de honrar a quienes nos lastimaron.

Ya que decidimos ser responsables de nuestro presente y de nuestro futuro, y dejamos de proyectar en nuestros padres la responsabilidad de nuestra felicidad, aquí y ahora, necesitamos dar un paso más profundo y firme: **la compasión.**

La palabra compasión proviene del latín *cumpassio*, que significa *acompañar*. Esto quiere decir que la compasión marca una diferencia con los otros sentimientos; quien siente compasión no sufre igual que quien no la siente, pero al ver a otro en una situación de dolor, angustia, temor o desesperanza, generamos empatía y entendemos el origen de este sufrimiento. La compasión es lo que le permite al ser humano dejar de pensar, al menos por un instante, en sí mismo para pensar en el otro, incluso cuando el sufrimiento corresponde a aquella persona que siente compasión.

Compasión no es igual a perdón. La compasión es entender de manera empática de dónde proviene el sufrimiento y la conducta enferma del otro. De modo simple y concreto, la compasión hacia un padre tóxico implica entender que éste a su vez fue hijo de otro padre tóxico que abusó de él. Un abuelo tóxico no justifica que nuestros padres hayan abusado de nosotros, sin embargo, es útil entenderlo para sanar nuestra propia herida, para entender que, en la mayoría de los casos, el abuso que genera un padre sobre un hijo no proviene desde la maldad, sino desde una carencia emocional.

Así, entender la historia de nuestros padres nos puede ayudar a percibir de dónde proviene el maltrato hacia nosotros. Nuestra compasión hacia ellos es un regalo para nosotros, ya que permite reafirmarnos que nosotros no somos responsables de sus carencias emocionales.

La compasión es un modo de acercarse al otro y entender lo terrible de su sufrimiento y cómo repercute en otros.

"La gente lastimada, lastima a más gente".

La mayoría de las doctrinas espirituales recalcan la importancia de la búsqueda de la compasión en el ser humano; mediante ella se pueden romper los patrones de abuso, injusticia, maltrato y desigualdad porque es el sentimiento que vuelve al hombre bondadoso, solidario, justo y noble.

Para las religiones monoteístas, la compasión no está presente sólo en el ser humano, sino en la divinidad, que es compasiva y bondadosa con el ser humano para que él pueda imitar a viva imagen ese mensaje. Más allá de cuestiones religiosas, la compasión es una virtud que todos los seres humanos podemos desarrollar a lo largo de la vida ante diferentes situaciones adversas. Nadie está imposibilitado para ello; quienes han pasado por algún tipo de trauma o dolor grande y constante necesitan trabajar con mayor conciencia para generar compasión, porque el resentimiento y la tendencia a negar los sentimientos endurecen nuestro corazón.

> *"Si usted quiere que los demás sean felices, practique la compasión.*
> *Si quiere ser feliz, practique la compasión".*
> **DALAI LAMA**

Leo Babauta, en su libro *El poder de lo simple* (2012), habla de cómo el Dalai Lama practica la "regla de oro", el principio básico de la práctica budista. La regla de oro es el principio moral general que sostiene: "Trata a tus congéneres igual que quisieras ser tratado". Un elemento clave de la regla de oro es que una persona que intenta vivir en congruencia con esta filosofía de vida trata a los demás, incluyendo a sus ofensores y no sólo a miembros de su grupo cercano, con consideración. La compasión no es fácil de desarrollar, sin embargo, está considerada la base esencial en el fundamento moderno de los derechos humanos.

Babauta explica que en su práctica hacia la búsqueda de la compasión parte de cinco principios básicos para solidificar el ejercicio de la compasión. A mí me han servido para ser más compasivo con mis pacientes, con mis amigos y, en particular, con los padres que tanto daño me hicieron a lo largo de mi vida. Él sugiere que los repitamos pensando en aquella persona que tanto nos ha dañado.

a) "Al igual que yo, esta persona está buscando la felicidad en su vida."
b) "Al igual que yo, esta persona está tratando de evitar el sufrimiento en su vida."
c) "Al igual que yo, esta persona ha conocido la tristeza, la soledad y la desesperación."
d) "Al igual que yo, esta persona está tratando de llenar su/sus necesidad/es."
e) "Al igual que yo, esta persona está aprendiendo sobre la vida."

La práctica de la compasión nos aligera el camino. Nos ayuda a entender y a sobrellevar el dolor del abuso que vivimos, al comprender las carencias de nuestros padres.

Una vez más, ser compasivos con nuestros padres no es un regalo para ellos, sino un regalo para nosotros mismos, pues nos libera de la responsabilidad del abuso del que fuimos víctimas.

Compasión no es perdón

El perdón no es necesario para sanar la herida de haber sido abusado por un padre tóxico; sin embargo, es el paso final para liberarnos energéticamente de quien nos hizo daño en el pasado. El perdón no es necesario para sanar, pero creo que vale la pena atravesar todo el proceso hasta conseguirlo. No es algo que podamos conseguir con voluntad ni con disciplina, y tampoco es algo que debamos resistir.

La palabra perdón está compuesta de los vocablos latinos, *per*, paso o dejar pasar, y *don*, regalo. Implica dejar de lado una ofensa, renunciar al castigo material o moral (indemnización, odio, rencor, deseos de venganza) que podría peticionarse o sentirse como resarcimiento, ya sea a pedido del ofensor o por propia decisión del agraviado.

El perdón no significa el abandono de la búsqueda de la justicia ni dejar de defender los propios derechos, sólo implica no seguir buscando un desahogo emocional que implique que la búsqueda de la justicia se convierta en el centro de nuestras acciones ni que dificulte nuestro avance en otras áreas de la vida, otros objetivos y proyectos de desarrollo personal.

En su libro *Curso terapéutico de aceptación* (2007), el doctor José Antonio García Higuera hace un profundo análisis acerca del perdón. Explica que perdonar es un elemento nuevo en la terapia, que comienza a introducirse de forma tímida en los años setenta, pero no es hasta la década de 1990 cuando se empieza a considerar una herramienta terapéutica a tener en cuenta, aunque sus efectos positivos en el paciente son importantes.

García Higuera sostiene que perdonar además de cesar las conductas destructivas dirigidas contra el ofensor, incluye la realización de conductas positivas hacia él, como lo es comprometerse por interés propio con el pensamiento de querer lo mejor para esa persona, aunque sea para que recapacite, y desear de corazón que no vuelva a hacerle daño a nadie y que le vaya bien en la vida.

El perdón no es un acto único que se hace en un momento dado, es un proceso continuo que se puede profundizar y completar a lo largo del tiempo. El perdón, sin duda, es lo que nos libera en la totalidad de aquel padre tóxico que nos hizo daño.

El perdón no incluye obligatoriamente la reconciliación. Perdonar o pedir perdón son opciones personales que no necesitan de la colaboración de la otra persona. Sin embargo, la reconciliación es un proceso de dos. Por ejemplo, el perdón no supondrá nunca restaurar la relación con alguien que, con mucha probabilidad, vuelva a dañarnos. Por eso es importante tener claro que aunque podemos llegar a perdonar totalmente a aquel padre abusivo que nos hizo daño, necesitamos entender que su nivel de toxicidad seguirá existiendo y será necesario mantener la justa distancia con él (o ellos) para protegernos de posibles ofensas.

El perdón tampoco implica olvidar lo que ha pasado. El olvido es un proceso involuntario que se irá dando, o no, con el tiempo. El perdón implica transformar conductas destructivas en positivas, tal y como lo hemos ido desglosando en este apartado.

Hay ideas erróneas asociadas con el perdón, como que si se perdona no se debe recordar o sentirse enfadado por lo ocurrido. Recordar algo es un proceso automático que responde a estímulos, que se pueden encontrar en cualquier parte, y los sentimientos que se tienen no se pueden modificar de manera voluntaria. Nosotros controlamos las respuestas, las conductas que tenemos ante esos sentimientos, cuando recordamos la ofensa de la que fuimos víctimas.

El perdón nunca supone justificar la ofensa que se ha recibido ni minimizarla. La valoración del hecho siempre será negativa e injustificable, aunque no se busque justicia o se desee venganza.

El perdón sano del que hablo no supone levantar la pena al ofensor y que no sufra las consecuencias de sus actos. Para que se dé la reconciliación, es preciso que el ofensor realice una restitución del daño que ha causado, si es posible, o cumpla la pena que la sociedad le imponga.

El perdón hacia un padre tóxico consiste en que el que perdona deje de buscar de forma activa que se haga justicia y, sobre todo, que no intente obtener una descarga emocional cuando ésta llegue.

En conclusión, sanar la herida del niño-perdido, del niño-adulto, implica un proceso profundo de trabajo personal. "¿Qué quiero hacer con esa maleta de dolor que mis padres me hicieron cargar durante tantos años?", me pregunté hace tiempo en mi proceso terapéutico. "Definitivamente soltarla y seguir adelante ligero y abierto a la vida", me contesté.

Éste es el camino que encontré para mí. Ojalá te pueda servir en tu camino hacia la libertad.

"Ser vencido y perdonar es vencer dos veces".
PEDRO CALDERÓN DE LA BARCA

Retomando el control de tu propia vida

A lo largo de la vida los hijos de padres tóxicos arrastramos tanto la necesidad del reconocimiento que es difícil vivir nuestra propia vida. Ante la pregunta: "¿Quisieras vivir tu propia historia de vida?", la aplastante mayoría de mis pacientes, hijos de padres tóxicos, responden: "Claro, quiero ser feliz". El problema es que, aunque lo hayan decidido, no saben cómo llevarlo a cabo.

La única manera para alcanzar la felicidad es retomar el control de la propia vida, lo cual implica identificar nuestros pensamientos, sentimientos y acciones, dejando atrás cualquier expectativa de los padres.

Lo que mantiene viva la toxicidad del pasado es el aprendizaje y los patrones repetidos, y aquella lealtad inconsciente hacia nuestra familia de origen. Dejar atrás físicamente a nuestros padres no significa dejarlos atrás emocionalmente. Éste es el verdadero reto a vencer.

En las familias tóxicas hay una lealtad hacia la enfermedad familiar muy sólida. Así se manifestó el amor en nuestra familia de origen y, por lo tanto, de manera inconsciente buscamos mantenerlo. De modo que los hijos de padres tóxicos seguimos respondiendo a chantajes, mentiras, abusos, insultos, desprecios y expectativas que aprendimos en nuestro pasado. A ese comportamiento, los terapeutas le llamamos "seguir enganchados".

En suma, el hijo de padres tóxicos sigue enganchando con sus padres en la edad adulta de dos maneras:

1. Sigue poniendo sentimientos, necesidades y opiniones de los padres antes que las propias, para evitar que se molesten y que exista más rechazo emocional. En muchas ocasiones, estas expectativas implican ir en contra de nosotros mismos pero con tal de aplacar la furia de aquellos dioses griegos, seguimos sometidos a ellos aunque seamos adultos; muchas veces, aun cuando ya no siguen vivos.

2. Hace lo opuesto: trata mal, grita, amenaza, chantajea a los padres o sigue culpándolos del presente. Aunque no lo parezca, incluso en este caso, los padres siguen teniendo total control sobre cómo siente y actúa el niño-adulto. Como lo revisamos en el capítulo pasado, el objetivo al sanar al niño-adulto no puede ser propiciar el rol de víctima convirtiéndonos ahora en victimarios.

De modo que el objetivo final de la sanación de un hijo de padres tóxicos es desengancharse de su toxicidad por completo. Para lograr esto, necesitamos trabajar en tres áreas básicas:

Falsas creencias. Las creencias autodestructivas nos pueden llevar a sentimientos dolorosos.

La realidad es que la gran mayoría de nuestros sentimientos no son respuesta de las experiencias que estamos viviendo. Paradójicamente, el placer más grande, el miedo más profundo, el sufrimiento más puro proviene de algún tipo de creencia aprendida en la infancia. De una creencia negativa surge un sentimiento negativo y una conducta autodestructiva.

En este libro has leído muchos testimonios de personas que fueron de alguna manera abusadas: emocional, sexual, física o verbalmente, y en todos estos casos, se generó una creencia negativa que disparaba sentimientos dolorosos que preservan conductas de autocastigo.

- "Soy gorda, no valgo."
- "Soy tonta, no puedo tener éxito."
- "No me puedo relajar, soy flojo."
- "No tolero que me toquen, odio a las mujeres."
- "Soy la culpable de esto, merezco castigo."
- "No puedo soportarlo, no puedo cuidarme, mejor me desconecto."
- "No merezco ser feliz, no puedo conseguir lo que quiero."
- "Tengo que estar hipervigilante, no me puedo relajar."

Cualquiera de estas creencias (que además son falsas, pues se trata de generalizaciones), y cualquier otra negativa que descubras en ti, generan sentimientos dolorosos hacia ti mismo (angustia, enojo, tristeza, venganza, culpa, miedo, vergüenza, desesperanza, depresión) y, por lo mismo, una conducta que irá en contra de tu integridad, física y emocional.

Entender la relación estrecha que hay entre nuestras creencias, nuestros sentimientos y cómo respondemos ante ellos, es un paso indispensable para poner un alto en nuestro comportamiento autodestructivo.

Identificar los sentimientos y también la negación de ellos. Todos tenemos reacciones emocionales importantes con respecto a nuestros padres. Algunos estamos en contacto con lo que sentimos, pero otros se protegen de lo que sienten por medio del mecanismo de defensa de la negación. Entierran sus sentimientos en el "cementerio de las emociones olvidadas".

Cuando en la infancia recibiste el mensaje de que sentir era peligroso, para sobrevivir arrojaste los sentimientos a este "cementerio" (que está dentro de tu mente inconsciente).

Ahora como adulto, aunque no sientas lo que se señaló en el inciso anterior, sigue existiendo una relación estrecha entre el cómo te comportas y tus sentimientos, a pesar de que no los puedas identificar.

Tal vez te describas a ti mismo como "frío" o "racional" para justificar que lo que viviste en el pasado está superado. Dolor no vivido, dolor no superado... Simplemente está enterrado.

Evadir los sentimientos no sana las heridas de la infancia. Necesitamos contactar con ellos para entender el impacto que tienen en nuestra vida y en nuestra actual relación con el mundo.

Muchos pacientes no pueden tener acceso a sus sentimientos, por ello acuden a terapia psicológica para entender el origen de este bloqueo. Si éste es tu caso, es importante entender que tus sentimientos no están perdidos, que no has perdido esta capacidad. Tus sentimientos están enterrados y, en muchos casos, es necesario acudir a un especialista para darles salida.

Es importante entender que sin un verdadero contacto emocional no puede existir sanación del pasado tóxico. Atravesar el proceso sin sentimientos es un "como si" se estuviera sanando. Y en realidad sólo se racionaliza y se intelectualiza el pasado. El dolor seguirá ahí, enterrado en tu inconsciente y se manifestará (quizás con otros síntomas diferentes a los que ahora tienes), sin que logres sanar tus relaciones intra e interpersonales.

Es importante recalcar que como cualquier cosa que ha estado enterrada por mucho tiempo, estos sentimientos "no olerán bien", es decir, no serán agradables, y tal vez en un principio, la terapia parezca contraproducente. "Es que me siento peor que antes de venir", es una frase común que me dicen varios pacientes cuando comienzan su proceso terapéutico. "Sanar lo que está lastimado siempre implica un proceso que duele, pero vale la pena sacar la pus del alma", les respondo usando una analogía con cualquier infección.

Ésta es la razón por la cual el bienestar de un proceso terapéutico se alcanza a mediano plazo y no a corto.

La psicoterapia limpia una herida emocional para después sanarla. Limpiar una herida duele, y el dolor y ardor pueden tardar un poco en irse. Eso no significa que no estén limpiándose.

> *"El dolor emocional siempre es un indicador de que*
> *el verdadero proceso de sanación emocional ha empezado."*

Por ello es importante que empieces a identificar tus emociones (lo que sientes corporalmente en tu día a día) y las hagas conscientes para identificar tus sentimientos, sobre todo, el enojo, la tristeza, el miedo y la vergüenza, que son los sentimientos que más se arraigan en la infancia al lado de un padre tóxico. La diferencia entre una emoción y un sentimiento es la conciencia. Tienes sentimientos aunque no te des cuenta de ellos.

Hacer conciencia de lo que estás haciendo. Las creencias negativas y los sentimientos dolorosos nos llevan a castigarnos. Si quieres transformar tu vida, necesitas transformar tu comportamiento.

No es congruente una vida tranquila y equilibrada, ni comportarnos de manera agresiva con los demás. No podemos retomar el control de nuestra vida y seguir quejándonos de lo que vivimos en el pasado.

Si lees con detalle los testimonios, verás que cada uno de ellos se encuentra en fases diferentes de su proceso de sanación. Hay quienes están empezándolo y, por lo tanto, siguen comportándose de manera tóxica; mientras que otros han logrado sanar su manera de relacionarse consigo mismos y con los demás.

Los patrones de conducta no se rompen de la noche a la mañana. Para empezar a modificar tu comportamiento autodestructivo, necesitas identificar tu relación contigo mismo desde los cuatro sentimientos básicos que genera el abuso: enojo, tristeza, miedo y vergüenza. Estos sentimientos son malos consejeros para tu comportamiento. Por eso, a partir de ahora debes dejar de lado el castigo, tanto para ti mismo como para los demás.

"Ya no hay culpables a quienes castigar... hay una vida que retomar."

Hay tiempo para ir integrando pensamientos sanos, sentimientos nutritivos, que nos lleven a comportamientos congruentes con la salud emocional. Necesitas entender que, como cualquier proceso, esto llevará cierto tiempo, pero asumir que es tiempo a tu favor es un paso importante.

"Deja de pensar en la vida y resuélvete a vivirla."
PAULO COELHO

Es importante recalcar que para encontrar la independencia emocional —de la que tanto hablamos— no implica sacar a tus padres de tu vida. El reto verdadero es aceptar tu propia individualidad. Esto significa que seas auténtico y que permitas que tus padres lo sean. Tú no vas a cambiar, ellos tampoco. Eso es el amor: aceptación de la esencia del otro.

En este proceso de sanación, necesitas aprender a autodefinirte y esto significa respetar lo que genuinamente piensas, sientes y conscientemente actúas.

El que tus padres no estén de acuerdo es su responsabilidad. Tú no estás obligado a cambiar para darles gusto, sólo tienes que aceptarlo y asumir que las opiniones diferentes están bien.

Necesitas aprender a tolerar el conflicto y aceptarlo. Ni tú ni tus padres ven de igual manera la vida, eso no significa que tengas que romper relaciones con ellos. Lo importante en este punto es que no importa si tus padres están de acuerdo o no con lo que esencialmente eres. Respetarás tus propias decisiones sin importar si satisfacen o no las expectativas de los demás.

Hay casos en los cuales se puede tener una nueva relación con los padres, cuando ellos deciden aceptar la libertad de su hijo y la sana distancia que necesita. En otras ocasiones, cuando los padres no pueden más que seguir lastimando y abusando de sus hijos, lo mejor será poner tierra de por medio, tanto en lo físico como en lo emocional.

Ser libres implica una gran responsabilidad. No hay libertad sin responsabilidad o responsabilidad sin libertad. Ser genuinos y auténticos no significa tener derecho de pasar por encima de los demás. Ser víctimas de padres tóxicos no nos da derecho de tratar a los demás (incluidos nuestros padres) con humillación o desprecio. Es mejor estar lejos de ellos, que tratarlos con violencia o desdén.

Ser libre y respetuoso con nuestros sentimientos no nos exime de la obligación de ser respetuosos con los sentimientos de los demás. El reto en esta etapa de la vida, en este proceso de sanación, es encontrar el punto medio entre ser uno mismo y ser empático y justo con los sentimientos de los otros.

Esto me recuerda cuando estaba estudiando la maestría en psicoterapia y conocí la oración de Gestalt, de Fritz Perls, creador de esta corriente terapéutica.

La oración de Gestalt

Yo soy yo y tú eres tú.
Yo no estoy en este mundo para cumplir tus expectativas y,
tú no estás en este mundo para cumplir las mías.
Tú eres tú y yo soy yo.
Si en algún momento o en algún punto nos encontramos,
y coincidimos, será hermoso.
Si no, pocas cosas tenemos que hacer juntos.
Tú eres tú y yo soy yo.
FRITZ PERLS

La realidad es que ninguno de nosotros, por sanos que seamos, podemos estar autodefinidos 100 por ciento del tiempo. Vivimos en sociedad. Necesitamos ajustarnos a ciertas normas para vivir en armonía. Ninguno es totalmente libre de hacer lo que le venga en gana y ninguno es totalmente independiente de los demás. Todos necesitamos de los otros, es parte de nuestra naturaleza. El arte de la sana relación interpersonal es ser auténticos y respetuosos con lo que sentimos y con lo que elegimos; y a la vez, ser armoniosos con los demás. Esto se llama interdependencia. Por eso, la autodefinición necesita ser flexible.

Ceder es sano, es indicador de respeto y responsabilidad con los demás. Sin embargo, el que cede todo el tiempo buscando aprobación, termina sometido a los deseos de los demás, y es cuando el ceder se convierte en algo patológico.

Si vamos a comer juntos y te pregunto: "¿En dónde se te antoja comer hoy?", y tu eliges qué y dónde comeremos, no soy sometido. Implica que elegí ceder en esta ocasión. El problema es cuando tú sientes el derecho de elegir siempre por mí.

La interdependencia implica siempre un sano dar y recibir.

Quiero compartirte algo que he visto en muchos pacientes. Cuando conocen el término autodefinición, buscan con todo derecho respetarse a sí mismos y tomar decisiones con base en sus necesidades. Esto es lo maravilloso de un proceso terapéutico; sin embargo, cuando no hay equilibrio, es fácil justificar el egoísmo y la falta de empatía con una **falsa autoestima**. Tener alta autoestima implica respetarnos a nosotros mismos mientras respetamos los derechos de los demás. Éste es el verdadero reto y el arte del crecimiento personal.

Ser responsable de nuestra vida implica ser proactivo, tomar las riendas de nuestra carreta y tomar decisiones que nos acerquen a nuestro bienestar. Ser proactivo incluye elegir.

Como en el pasado ser independientes era un crimen, como hijos de padres tóxicos aprendimos a ser reactivos, lo contrario a proactivos. Ser reactivos es actuar con base en lo que sentimos y en lo que los demás hacen o dejan de hacer. Nos sentimos débiles. Buscamos aprobación familiar y social y no somos responsables de nuestras acciones.

Ser proactivo, por otro lado, implica dejar de actuar impulsivamente y que los sentimientos y pensamientos de los demás no tengan un impacto importante en nuestra autodefinición. Esto se logra con un verdadero proceso de autoconocimiento y sanación de las heridas de nuestro pasado. Así, la percepción de la realidad ya no está matizada con sentimientos inconscientes sin sanar y carencias de la infancia.

Ser reactivos significa actuar desde la inconciencia y desde el rol de víctima. Ser proactivos implica actuar con conciencia, responsabilidad y respeto hacia nosotros y hacia los demás, pero, sobre todo, ser los "arquitectos de nuestro destino" y dejar de culpar a los demás por nuestra infelicidad.

Lo satisfactorio al ser proactivo es que, además de tomar las decisiones de la propia vida y ser el responsable de la propia felicidad, tenemos relaciones interdependientes y sanas con los demás. Sólo satisfacer al otro es ser codependiente. Ser egoístas implica ser independientes. Establecer una sana relación con el medio ambiente es aprender a ser interdependientes. Un sano dar y recibir.

Ser autodefinido implicará, a su vez, ir en contra de lo que nuestros padres esperaban de nosotros, en especial, si ellos son tóxicos. Aunque dije que no hay que sacarlos de nuestro sistema actual para sanar, en ciertas ocasiones es indispensable. En el caso de Jorge (el hijo de la madre que le quemó las manos), Ana (la hija de madre *border*), de Kira (hija del padre inapropiado sexualmente y la madre que la devalúa comparándola con su hermana), o en el caso de Julia (la actriz cuya madre la ha manipulado toda la vida), es imposible tenerlos cerca y vivir en armonía.

Pero en ciertas ocasiones, por salud mental y por autorrespeto, hay que poner una distancia total con un padre tóxico. Cuando eres proactivo en tu vida y te relaciones interdependientemente y ese padre o esa madre tóxicos no lo permiten y buscan sabotear tu felicidad y tu autodefinición, lo mejor es que pongas distancia. Aún estás muy vulnerable y será fácil que vuelvas a caer en patrones autodestructivos si mantienes esa relación.

Eres un adulto cuyo principal compromiso es consigo mismo. Si el otro no tiene la capacidad de respetar tu individualidad, necesitarás ser proactivo y sacarlo de tu sistema interpersonal. Ya tendrá la oportunidad de aceptar tu autodefinición y tener una relación contigo desde esta nueva realidad. Sólo así se puede reconstruir una relación sana con un padre, que hasta ahora ha sido destructivo para ti.

Sanar una relación con un padre tóxico es un proceso que necesita tiempo. La verdadera motivación para sanarla es responsabilizar del pasado a quien dañó en el ayer, y asumir la responsabilidad de la propia vida en el aquí y ahora. Este cambio es esencial porque si no acomodas y aclaras lo que le toca a cada uno, seguirás culpándote por el sufrimiento de tu infancia; seguirás castigándote en tu vida adulta y serás terriblemente irresponsable con tu vida presente.

Uno de los mensajes claves de este libro es claro: **necesitas soltar la responsabilidad del dolor de los eventos traumáticos de tu infancia y regresársela a quien le corresponde.**

En su libro, *Toxic Parents* (1989), Susan Forward refuerza la importancia de dejar de cargar con la responsabilidad de la incompetencia de nuestros padres, y así, asumir que el sufrimiento que nos infligieron en nuestra infancia provino de sus carencias, no de nuestra falta de valía o de capacidad.

Así, Forward afirma lo siguiente:

"Recuerda que tú no eres responsable de tus padres ni mucho menos de:

- Cómo fueron negligentes o cómo te ignoraron.
- Cómo te hicieron sentir poco amado y poco amable.
- Su falta de tacto y su cruel manera de molestarte.
- Los insultos con los que te llamaban.
- Su infelicidad.
- Sus problemas.
- Su elección de no hacer nada para resolverlos.
- Su manera de beber.
- Lo que hacían mientras bebían o se drogaban.
- Los golpes que te daban.
- Su abuso sexual".

Es importante enfatizar en este punto porque es difícil devolverles la responsabilidad del abuso a nuestros padres, en especial, cuando estaban enfermos, cuando eran infantiles, cuando estaban llenos de problemas, o cuando aparentaban tener buenas intenciones. Sin embargo, que hayan tenido una buena intención no los exime del daño que nos hicieron y el hecho de que no cumplieron con éxito su papel como padres.

"De buenas intenciones está lleno el infierno."
DICHO POPULAR MEXICANO

Tomar las riendas de nuestra vida es dejar de cargar lo que no nos corresponde y regresarlo hacia nuestros padres; esto no nos convierte en jueces implacables o en villanos de cuento, sólo nos permite darle perspectiva a nuestra realidad y vaciar el costal que hemos ido cargando desde la infancia.

Para cualquier adulto que fue maltratado, es difícil devolver la responsabilidad a quien le corresponde, pero es fundamental para seguir en el camino hacia la sanación. Romper el mito de los dioses griegos y la familia perfecta no es fácil, pero es indispensable para recuperar nuestra libertad. Una vez que entendemos y devolvemos la responsabilidad a quien le corresponde, necesitamos hacer lo propio con la nuestra.

Cada vez que fallamos en hacernos responsables de nuestra felicidad en la adultez, tenemos una sensación familiar de pérdida de control y desesperanza. En la infancia fuimos víctimas del abuso de nuestros padres, no obstante, seguir instalados en ese rol implica un juego triste y lleno de insatisfacción.

Asumir que todo lo que carecemos hoy en día es culpa de nuestros padres es anular nuestra fuerza interior y nuestro aprendizaje de vida. Es un autogol. Asumir la propia responsabilidad no significa sentirnos culpables de nuestros patrones erróneos de pensamiento y de conducta. Es entender de dónde vienen y hacer algo para cambiarlos.

Ser responsables de la propia vida es asumir el papel que nos toca a cada uno de nosotros: ser el capitán del propio barco y tomar las decisiones de cómo navegar en la vida.

Nadie tiene el poder de "obligarnos a hacer algo que no queremos", o bien de "hacernos sentir" tristes, frustrados o enojados, aunque a veces parezca lo contrario. Para bien o para mal, cada uno de nosotros es responsable de la percepción de la realidad y de decidir cómo reaccionar ante ella.

Si piensas en ti mismo, y aún consideras que estás gobernado por una fuerza extraña a ti, como tu pasado, regresas a jugar el rol de víctima, y por lo tanto, te conviertes en el verdugo de tu propia historia.

Un primer paso para tomar responsabilidad es pedir lo que de verdad queremos y necesitamos de manera directa y clara. Esto nos llevará a ser honestos. Esto se llama asertividad.

Los hijos de padres tóxicos tendemos a ser poco asertivos y manipulamos, porque fue lo que aprendimos en casa. En vez de confrontar nuestros conflictos, aprendimos a "darles la vuelta" y engañarnos; damos por hecho que el otro entiende nuestros mensajes sutiles y poco claros, o sólo deseamos en silencio que el otro se dé cuenta de lo que deseamos y esperamos recibir. Así, nos enojamos porque no adivinaron lo que en el fondo queríamos, o no nos leyeron el pensamiento. Es entonces cuando volvemos a sentirnos rechazados y sin poder.

La asertividad es la capacidad de tomar decisiones con base en nuestras propias necesidades, respetándonos y respetando a los demás, siendo claros y directos, cuidando nuestra forma para no herir a los demás. Implica hablar de frente y entender que así como el otro no está en este mundo para satisfacer nuestras necesidades, no somos responsables de las suyas.

Aprender a ser directos y claros no es fácil. Al comienzo puedes experimentar el miedo de que los demás te rechacen o que te digan que no. Puedes sentirte "pedinche", demandante o exigente. La realidad es que tienes el derecho a pedir lo que necesitas, así como el otro tiene el derecho a negarlo. En el segundo caso, no te está rechazando a ti, sino a tu petición; sin embargo, aún en este ejemplo, el resultado es mejor ya que sigue sentando las bases de una relación sana: honestidad y respeto.

Cuando pides algo que deseas, es mejor hacer pequeñas peticiones que sean concretas para no sentirte amenazado. ¡Es más fácil aprender a ser asertivos, pidiendo a una amiga que nos acompañe a una boda, que pidiéndole matrimonio! ¿A poco no? Al ser asertivo tomas responsabilidad de ti mismo y de lo que deseas en tu vida.

Conforme el hijo de padres tóxicos toma la responsabilidad de su propia vida, reconocerá que siempre habrá una opción ante un problema. Ya no tienes que pensar como una víctima y esperar a ser rescatado. Si no te gusta tu situación actual de vida y quieres cambiarla, puedes hacerlo.

Lo importante y valioso de tomar las riendas de la propia vida, es que así serás libre de cambiar su rumbo, es decir, navegar tu barco hacia donde tú elijas.

DECLARACIÓN
de independencia

El mundo está de luto. Mientras me disponía a comenzar este capítulo, me enteré de que murió Nelson Mandela y recordé cómo me impactó conocer parte de su historia cuando cursaba preparatoria. ¡Cómo pasa el tiempo! En aquella época yo tenía 18 años y él acababa de salir de la cárcel, tras haber pasado 27 años preso injustamente. Era 1990. Cuando cursaba la licenciatura en 1994, llegó a ser el primer presidente legítimo en Sudáfrica, y recuerdo con profunda admiración cómo pasaban en las noticias multitudes de gente gritándole "Madiba", mientras él agradecía los votos que había recibido.

En 1993 ganó el premio Nobel de la Paz.

Uno de los grandes padres de la humanidad se ha ido, dejando un legado muy rico para aquellos que valoramos su aprendizaje sobre equidad e igualdad. Un gran modelo a seguir. Una existencia que logró trascender al transformar con amor la vida.

Estamos llegando al final del libro, lo cual significa que has atravesado por muchas etapas a lo largo de tu lectura: desde conocer y aceptar que fuiste abusado de niño, hasta regresar a tus padres la responsabilidad que les toca acerca de lo que viviste en tu infancia y aprender a ser responsable de tu vida, en el aquí y en el ahora.

Tanto tu autodefinición como recuperar el derecho a ser tú mismo te permitirán poco a poco dejar de buscar la aprobación de los demás, y dejar de cuestionarte si lo que opinan acerca de ti es la brújula certera para tomar decisiones.

La vida no es justa. Entender que la vida no es perfecta, y que por lo mismo tampoco tú lo eres, poco a poco te permitirá perder el miedo a cometer errores y a dejar de ser tan rígido contigo y con los demás.

Tú eres la persona que eres gracias a todo lo que has vivido. Eso implica la irresponsabilidad por parte de tus padres y la injusticia de no haber crecido en una familia funcional. La vida no es justa. Aceptarlo y asumirlo te liberará del deseo de venganza o de instalarte en el rol de víctima. Esto es lo que te tocó vivir y aunque sea injusto, necesitas asumir que a la realidad le importa muy poco tu opinión.

Hay un último paso necesario para lograr tu "Declaración de independencia": la confrontación con tus padres. Este paso es el que genera más ansiedad pero, al mismo tiempo, es el que más fuerza interna te devolverá. El proceso es muy simple, aunque nada fácil.

Cuando estés listo, habla con tus padres con templanza, pero con mucha firmeza, acerca de su abuso y de cómo su comportamiento negativo te lastimó en la infancia. Necesitas recordarles aquellos eventos que más te marcaron. Explícales cómo estos sucesos han tenido una repercusión negativa en tu vida adulta, cómo han sido dañinos y nocivos para ti.

Lo más importante es que pongas nuevas reglas y límites en tu relación con ellos. Si no hay un nuevo esquema y respeto absoluto para ti y tus decisiones, no podrás seguir adelante con esa relación. Esta vez, mediante la "declaración de tu libertad", elegirás los puntos indispensables para que pueda existir una relación cercana entre ustedes. Ahora tú serás quien elija la cercanía o lejanía de la relación.

Es importante tener claro que el objetivo de esta confrontación no es castigarlos, humillarlos o agredirlos. Esta confrontación tiene como objetivo hablar con la verdad, sobreponerte al miedo que les tienes para establecer una relación de adultos y, sobre todo, determinar el tipo de relación que puedes y quieres tener con ellos a partir de ahora.

Los padres con cierta salud emocional lo entenderán, no justificarán su comportamiento abusivo, ofrecerán una disculpa y buscarán reparar el daño generado.

Los padres más tóxicos no ofrecerán disculpas, no entenderán la magnitud de lo que hicieron, lo negarán, afirmarán que todo "está en el pasado y que ya lo olvidaron", o reafirmarán que lo que hicieron estuvo bien hecho, y que era cuestión de ponerte límites. Aún en este caso, aunque el resultado no sea el que esperas, sigo creyendo que vale la pena hacerlo. La confrontación es parte de tu liberación, no se trata de ellos, esta vez se trata de ti.

En mi proceso personal, aunque la respuesta de mis padres no fue la que yo hubiera querido, confrontarlos fue un gran alivio para mí. Fue una validación de lo que viví y sufrí de niño y adolescente, me liberé de la carga al regresarles su responsabilidad de lo que no me tocaba cargar. Tal vez no la asumieron como a mí me hubiera gustado, pero lo importante fue que me atreví a ser escuchado.

El indicador de que fue un éxito no fue su respuesta, sino mi tranquilidad y la satisfacción de hablar con ellos desde mi adultez y desde un punto que no sólo fuera el miedo y el resentimiento.

Por esto, en la gran mayoría de los casos, cuando trabajo con hijos de padres tóxicos les aconsejo que lo hagan, teniendo claro que el éxito de la confrontación se debe medir en lo que se puede expresar y la carga que se dejará atrás, y no en la calidad de su respuesta. La confrontación para mí es exitosa desde el momento en que un hijo se atreve a llevarla a cabo. Confrontar al abusador de tu historia es muy valiente, aunque no sea fácil.

La confrontación con los padres tóxicos en realidad puede sentar las bases de una nueva etapa de vida y de una verdadera independencia emocional. Mirar a un padre a los ojos y, con profunda honestidad, hablarle desde el corazón, significa enfrentar uno de los miedos más grandes que ha cargado cualquier hijo de padres disfuncionales: rechazo al no cumplir con sus expectativas.

La principal razón por lo cual creo que vale la pena confrontar a nuestros padres es para ser proactivos en una relación en la cual sólo fuimos reactivos. Si hablamos de responsabilidad y de libertad, necesitamos empezar por asumir nuestra adultez y entender que en el aquí y ahora ya no pueden abusar de nosotros sin nuestro consentimiento.

Si no te atreves a enfrentar al abusador de tu historia, tus miedos, tus culpas y tu enojo serán proyectados en alguien más —puede ser en tus hijos—, perpetuando el patrón de maltrato de generación a generación. No fue justo que vivieras abuso de tus padres, tampoco será justo que abuses de tus hijos. Mereces liberarte de este patrón de conducta tan doloroso.

A lo largo de mi práctica como terapeuta, he observado que para lograr la confrontación es importante que te tomes tu tiempo e identifiques lo que necesitas y lo que quieres compartir con tus padres.

Hay cinco puntos clave que necesitas resolver antes de la confrontación para que se cumpla el objetivo principal:

a) Escribir los puntos clave que no puedes olvidar decir, para que te expreses correctamente sin importar lo nervioso que estés o el miedo que tengas.

b) Sentirte muy sólido para manejar la reacción emocional de tus padres, que podrá ser de enojo, tristeza, negación o rechazo. Aunque te parezca reiterativo, debes tener claro que no lo haces por ellos, sino para liberarte a ti. Necesitas prepararte emocionalmente para ello.

c) Necesitas planearlo de tal manera que puedas darte el tiempo para preparar la confrontación, y después para procesar la experiencia. No tienes que esperar un acuerdo mutuo; el objetivo es claro: ser escuchado por ellos y ofrecer una nueva relación.

d) Tener con quién compartir lo que vas a vivir con ellos, y lo que pase después de la confrontación. Es ideal que tengas a un terapeuta que te guíe y te contenga emocionalmente.

e) Entender que no fuiste responsable de ninguno de los abusos que viviste, de manera que cuando confrontes a tus padres, no lo hagas con culpa o remordimiento.

Este último punto es de suma importancia, ya que no puedes devolver una responsabilidad si aún la sientes tuya. No es hasta que te quitas una chamarra que la puedes devolver a su dueño. Lo mismo sucede con la culpa y la responsabilidad. Si sigues sintiéndote responsable del abuso que viviste, te sugiero que pospongas la confrontación.

¿Qué decir en una confrontación? Es muy importante que seas claro, concreto y firme. Cuando escribas los puntos en los que sustentarás tu confrontación, debes incluir la información de la siguiente manera:

1) Señalar los hechos que ellos hicieron, lo más concretamente posible.
2) Explicarles cómo te sentiste al respecto en ese momento de tu vida.
3) Cómo afectaron estos hechos en tu vida adulta.
4) Cuál es la consecuencia de que hayan hecho eso y qué es lo que esperas hoy en día de ellos.

Te quiero compartir algunas partes de la carta que le escribió Jorge, el joven estilista, a Gloria, su madre, como tarea terapéutica para llevar a cabo su confrontación.

"Regresaste borracha y al ver el desmadre que habíamos hecho en la cocina el Gus y yo, te transformaste. Comenzaste a gritar y a decir que éramos un par de 'pendejos'. Parecía que estabas poseída. Yo tenía mucho miedo. Fue entonces cuando prendiste la hornilla de la estufa y nos dijiste que aprenderíamos a no jugar con fuego. Tomaste las manos de Gus y se las pusiste al fuego. Yo veía cómo mi hermano lloraba de dolor. No emitió sonido. Después

de un buen rato, me tocó a mí. Hiciste lo mismo. No puedo explicarte el dolor que sentí. Pensé que las manos se me caerían y me quedaría manco. Gloria: ¡me quemaste las manos! La cocina olía a carne quemada y yo estaba lastimado por dentro y por fuera.

A partir de ese momento, con tan sólo ocho años de vida, me di cuenta de que no contaba contigo, te empecé a odiar. ¡Mi propia madre me había lastimado como nunca nadie!

Toda mi vida he tenido problemas para confiar en los demás. Siempre creo que me van a lastimar o que me van a dejar. No me siento valioso y creo que soy torpe y que digo tonterías. A la fecha, no me sé relajar. Me hubiera gustado estudiar una carrera profesional, pero tuve que trabajar desde muy chavo porque el dinero te lo gastaste en alcohol, en cigarros y en juego. Siempre estoy tenso. En especial cuando regreso de trabajar y abro la puerta esperando enterarme de la tontería que hiciste ese día. Vivir contigo ha sido una pesadilla.

Ya no quiero vivir así. Quiero una vida diferente. Quiero ser libre y disfrutar que aún soy joven y tengo apenas 30 años. No quiero ahorrar dinero para internarte en otra clínica o para pagar tus doctores. Me queda claro que no te quieres curar y que seguirás bebiendo. Es tu decisión y tu voluntad. Yo no seguiré tras de ti.

Si quieres que siga teniendo una relación contigo, será con responsabilidad de tu parte. Aunque Gus y Sara sigan tratándote como una niña chiquita, yo no seguiré en lo mismo. Merezco ser libre y ser feliz. Quiero decirte que ya no te dejaré quitarme la paz. No te voy a permitir ni una chingadera más. Si decides seguir haciéndote daño, será con tu dinero, no con el mío. No te faltará nada siempre y cuando no nos metas en problemas.

Quisiera quererte. No puedo, pero a partir de ahora te ofrezco y te pido respeto. Es lo que me interesa darte y lo que espero recibir.

Siento que hayas vivido así. Siento que hayas decidido ser tan infeliz. Yo no viviré como tú."

JORGE

En mi experiencia como terapeuta, identificar lo que sientes y lo que necesitas decir, hablar desde tus emociones y, sobre todo, señalar la consecuencia de lo que sucedió, es liberador. Esta estructura de comunicación te permitirá decir todo lo que necesitas y tener una confrontación efectiva. Si la realizas con esta estructura, creo que será la culminación de tu proceso de liberación.

Jorge, al igual que yo y muchos otros, planeó la confrontación hacia su madre tóxica y dejó claro lo que en realidad sentía y lo que necesitaba expresar para plantear un nuevo esquema de relación. A este proceso lo llamo "Declaración de independencia", sólo por esto, porque implica tener el valor y la fortaleza para aclarar todo el abuso que quedó en el tintero y que nuestro silencio aceptó. Mediante la confrontación recuperas tu derecho de expresar el repudio al maltrato del que fuiste víctima.

Escribir cartas de confrontación siempre es desgastante y remueve mucho el dolor que parecía haber quedado atrás. Hay algunos terapeutas que están en contra de hacerlo. Creen que es mejor no mirar atrás y no remover lo que ya está enterrado.

Yo opino diferente.

Creo que la confrontación es el cierre del ciclo de sanación de una herida tan profunda como ser lastimado por un padre tóxico; además ofrece el único camino posible para una futura relación saludable con él. Sí, escribir una carta de confrontación es duro y en momentos doloroso, sin embargo, puedo asegurarte que vale la pena. Ser escuchado es un derecho que mereces hacer valer.

¿Cómo llevar a cabo la confrontación? En esencia existen dos maneras: pulir la carta hasta que sientas que refleja profundamente lo que sientes y mandarla... o bien, hacerlo cara a cara.

Cómo llevarlo a cabo dependerá mucho de ti, de tu caso, de la salud emocional de tus padres y de la fortaleza que sientes para hacerlo. No es que un método sea mejor que el otro, o que se necesite más valor para hablar con tus padres que para mandarles una carta.

Por ejemplo, en mi caso, hablar cara a cara con mi madre no hubiera funcionado. Ella es una mujer que tiende a justificarse y a negar por completo su responsabilidad, y no sabe escuchar. Sé que yo no hubiera terminado de hablar antes de que me interrumpiera y acabáramos peleados. Elegí mandarle una carta, diciéndole todo lo que me habían dolido sus humillaciones y ofensas con respecto a mi cuerpo, a la separación que propició en la familia obligándome a tomar partidos innecesarios y enterándome de información para la cual no estaba preparado cuando era niño. En la misma carta le ofrecí hablar cara a cara, siempre y cuando partiéramos de una total honestidad.

A pesar de que su respuesta no fue la que yo hubiera querido, quedó clara mi postura y mi necesidad de independencia emocional.

Aunque confrontar a mi padre era mucho más amenazante para mí, elegí hacerlo cara a cara, pues sabía que me escucharía y que me dejaría terminar. Así fue. No fue agradable, no es un momento que quisiera repetir, pero funcionó. Dejé claro por qué necesitaba distancia con él y por qué después de toda una vida de mentiras, no me sentía capacitado para volver a confiar en él. En el momento en que la plática comenzó a tornarse agresiva y a salirse del objetivo principal (que era confrontarlo y no que me tratara de convencer de nuevo que lo que yo sentía estaba mal), decidí terminarla, dejando claro cuál había sido el objetivo al citarlo para platicar. Esta vez se trataba de mí y no de él.

Te comparto lo anterior porque no importa la manera en que lo hagas, lo significativo es que seas escuchado y que logres establecer la distancia emocional que necesitas. Te recomiendo que si decides confrontar a tus padres cara a cara, lo hagas en un lugar que consideres seguro para ti y que lo sientas tu territorio. ¿La única condición? Que no haya alcohol de por medio.

Lo importante es tener claro los tres objetivos principales al confrontar a tus padres:

· Recuperar tu independencia.
· Cerrar el ciclo de abuso que viviste con ellos.
· Comunicarles la sana distancia que tú necesitas mantener con ellos.

Una vez que expongas tu "Declaración de independencia", y sin que la reacción de tus padres sea determinante, necesitas elegir qué tipo de relación puedes y quieres mantener con ellos en un futuro. En algunos casos, como el de Loló (la psicóloga, hija de madre alcohólica, que ahora está esperando una bebé), de Fernando (el politólogo que creció con un padre perfeccionista), de Xavier (el doctor en sociología, cuyo padre es narcisista), o el de Fátima (la diseñadora gráfica, cuyo rol en la familia fue el de "la bebé") han logrado establecer una sana distancia con sus padres y han puesto límites tan claros que hoy en día pueden tener una relación cercana con ellos.

En el caso de Kira (la internacionalista, cuya madre siempre la comparó con su hermana), de Verónica (la abogada, cuya madre fue controladora y, por lo tanto, sentía que no podía elegir nada en su vida), de Emilio (el piloto que fue abusado sexualmente por su padre en Chihuahua), o en mi propio caso, ha sido tan difícil establecer una sana distancia con los padres tóxicos que la relación es casi nula.

En algunas ocasiones, mantener en total distancia a un padre tóxico es la mejor decisión. Todo depende de los límites que puedas ponerle y de que ambas partes respeten una nueva relación sin agresión ni humillación, en la que se permita tener individualidad.

Si tus padres no lo permiten, necesitas alejarte. No hay otra opción. Nunca más sus necesidades serán más importantes que las tuyas. Hay padres que, aun después de la confrontación, buscarán hacer menos a sus hijos y seguir controlando su existencia. En estos casos, un adiós definitivo es la única medida sana que puedes tomar.

Ahora bien, si alguno de tus padres ha muerto y necesitas confrontarlo, puedes hacerlo de manera exitosa. Si es tu caso, te sugiero que escribas la carta de confrontación y la leas en voz alta, en el lugar donde descansan sus restos imaginando que se la estás leyendo a él.

Créeme que el proceso de sanación será el mismo. Cerrarás el ciclo del abuso y estarás haciendo tu "Declaración de independencia". Lo estás haciendo para ti, no para ellos.

¿Recuerdas el caso de Paola, la doctora en ciencias políticas, cuyo padre se suicidó? Su "Declaración de independencia" fue así. Leyó lo que necesitaba enfrente de la tumba donde está enterrado. Para ella fue un cierre liberador.

¿Cuando eres hijo de padres tóxicos toda la infancia es mala? La respuesta es **NO**. El que hayas tenido una infancia dura y el tus padres se hayan comportado de manera antinatural, no significa que no haya nada que rescatar.

En mi caso, tuve un padre que a pesar de ser violento, exigente y narcisista, era un excelente conversador y una fuente insaciable de cultura. Gracias a él tuve la oportunidad de conocer Europa muy joven; él me enseñó a viajar, a comer todo tipo de comida y a ser generoso. A pesar de poner muchas trabas en mi desarrollo profesional —me obligó a estudiar simultáneamente Administración (lo que él quería) y Psicología (lo que yo quería)—, siempre me apoyó económicamente en mis estudios. No es un monstruo. Simplemente es un hombre muy inmaduro que no estaba preparado para ser padre.

Me pesa que no haya podido tener una relación sana conmigo, ya que quienes están cerca de él, en una relación no familiar, disfrutan mucho de su compañía. Lamento no tener un papá en quien apoyarme y en quien confiar, sin embargo, aprendí mucho del mío y mi inquietud por el conocimiento proviene de él.

No era necesario que fuera tan duro y tan cruel conmigo. Sin embargo, desde hace muchos años, al demostrarle que podía ser un psicólogo exitoso, me demostré a mí mismo que podía ser un hombre autosuficiente y hacer mis sueños realidad. Lo digo con orgullo: soy quien soy gracias y a pesar de él.

Mi madre era muy divertida. De ella aprendí a tener un excelente sentido del humor. Me lastimó mucho con su abuso verbal, sobre todo, desde muy temprana edad cuando me habló de todos los problemas que tenía con mi padre y sus infidelidades, pero a pesar de todo me reía con ella.

Siempre estuvo ahí para nosotros y aunque era rígida, exigente e intransigente por momentos, y dura con respecto a mi peso, era muy divertido estar con ella. Lamento mucho que haya elegido no cuidarse a ella misma y se haya convertido en una abusadora pasiva con sus hijos. Lamento que haya decidido no tener un proyecto de vida personal y que ahora tenga tan pocos intereses vitales. Es su decisión y la respeto.

Lo más doloroso en la relación con mis padres fue ser testigo de cómo fueron transformando su relación en un verdadero infierno. Ambos mostraron su gran toxicidad y nivel de destrucción. Eran una pareja que nunca debió estar junta. Sacaban con el otro su lado más oscuro.

Claro que me hubiera encantado tener una familia funcional, una relación cercana con mi padre, que creyera en mí y que me apoyara en mis momentos difíciles. Me gustaría tener una madre maternal que me hubiera ayudado a consolidar una autoestima sólida.

No fue así, y hoy mi felicidad depende de mí.

En su momento, me hubiera gustado tener claridad con respecto a la repetición de patrones tóxicos que tuve en mi matrimonio, y que ambos hubiéramos tenido la tenacidad, la voluntad y las herramientas emocionales para rescatar nuestro matrimonio. Lo lamento mucho. Araceli es una gran mujer y hasta ahora ha sido el profundo amor de mi vida. Hubiera querido que lo hiciéramos funcionar. No fue así, y elijo no seguir reprochándome por ello.

He aprendido que si el amor no nutre a ambas personas, no sirve de mucho y termina por no ser amor. A pesar de enamorarme profundamente de Ara, y de lamentar mi divorcio, he aprendido mucho acerca de mí y he sanado en gran medida mi forma de relacionarme con los demás. Hoy tengo un amor más sano.

Tengo 41 años, soy un hombre más maduro, más sensible, más responsable y con más capacidad de ser empático y compasivo. Esto definitivamente tiene que ver con mi historia de vida y con lo que he decidido hacer con ella. Hoy tengo la capacidad de responsabilizarme en plenitud de mi felicidad y de poner límites de manera asertiva. Hoy sin duda, después de sanar muchas heridas de mi niño-adulto, puedo disfrutar más de la vida, aceptar mis errores y los de los demás. No, ya no tengo que demostrarle nada a nadie. Busco ser íntegro aceptando que soy totalmente falible.

Quiero cerrar este libro compartiendo un gran aprendizaje que recibí de Tita, la abuela de Araceli. Hoy en día, Tita tiene casi 96 años. Curiosamente nació en el mismo año que "Madiba", en 1918.

Yo prácticamente conocí a una de mis abuelas, pues la otra murió cuando yo era muy pequeño. Aunque la quise mucho, desde que quedo viuda decidió esperar a que llegara su muerte; decidió "vestirse de negro" por dentro. Era una mujer deprimida que vivió muchos más años de los que ella hubiera querido.

En este contexto conocí a Tita. Una mujer con una actitud de vida admirable y ejemplar. Tuvo siete hijos, y desde que yo la conocí hace 17 años, siempre ha estado rodeada de gente que la quiere y que la cuida. Su filosofía de vida es ser generosa y feliz.

Recuerdo que una Navidad, hace quizás 8 ó 9 años, nos tocó pasarla con la familia de Ara y fuimos a cenar en Nochebuena a su casa. Éramos muchos y nos sentaron en diferentes mesas, sin embargo, en un momento de la noche, la vi sentada solita y me acerqué a darle un beso. Realmente nos teníamos mucho cariño. Me senté junto a ella, la tomé de la mano, se la besé y le pregunté: *"¿Tita, fuiste feliz en tu vida?"*; me miró fijamente a los ojos y contestó con aplomo: *"Mucho mijito, fui muy feliz... y, ¿sabes por qué? Porque así lo decidí... La felicidad no es una bendición, es una elección de vida".*

Mientras escribo esta anécdota las lágrimas recorren mi cara. Ha sido uno de los grandes aprendizajes de vida que he tenido. Me quedé sorprendido y no supe qué contestar. En ese momento, alguien llegó para tomarle las típicas fotos familiares. Nunca olvidaré ese momento. Me marcó de por vida.

Así es que honrando a Tita, te comparto que elijo esta filosofía de vida. He aprendido que el arte de la felicidad es sentirme satisfecho con lo que tengo, con lo que "hay", dejando de posponer la plenitud hasta que la vida salga como yo espero.

Me siento orgulloso de mi profesión, estoy comprometido con ella, realmente disfruto ser psicólogo y ejercer como terapeuta. Disfruto mi día a día; tengo una fiel compañera que está conmigo casi todo el día y que se ha convertido en mi co-terapeuta en el consultorio. Es una perra increíble, aquella perrita que recogimos de la calle hace casi seis años cuando aún seguía casado y que solo me da amor y compañía. Se llama Jaira.

Tengo tres hermanos maravillosos: dos de ellos son muy amigos míos, (la "Güera" y el "Enano"); tengo cinco sobrinas (Fernanda, Bibiana, Lucila, Marina y Daniela) y tres sobrinos (Iñaki, Andrés y Galo) a los que adoro profundamente y con los que no hago otra cosa más que reír; tengo buenos amigos, tengo salud, un trabajo que me apasiona y el compromiso de seguir creciendo personalmente para ser un mejor ser humano.

De todo corazón espero que este libro te ayude a ti, como me ayudó a mí al escribirlo, a sanar esa herida tan profunda de la infancia y que no me permitía suspirar con armonía...

*"Hoy decido ser feliz con lo que tengo, con lo que hay.
Con Jairita mi fiel compañera y quien me acompañó
en todo proceso mientras escribia este libro".*

¡Mil gracias!

ANEXO
Trastornos

Trastorno esquizotípico de personalidad (TEP)

Es un padecimiento de salud mental, en el cual una persona tiene dificultad con las relaciones interpersonales y alteraciones en los patrones de pensamiento, apariencia y comportamiento. El trastorno esquizotípico de la personalidad no se debe confundir con la esquizofrenia. Las personas con trastorno esquizotípico de la personalidad pueden tener creencias y comportamientos raros, pero, a diferencia de las personas con esquizofrenia, no están desconectados de la realidad y por lo general no tienen alucinaciones ni delirios. Las personas con trastorno esquizotípico de la personalidad pueden estar muy perturbadas. Por ejemplo, pueden tener preocupaciones o miedos inusuales, como el miedo a ser vigiladas por las agencias gubernamentales o a ser asediados por fantasmas. Las personas con este trastorno se comportan de forma extraña y tienen creencias inusuales (creer en extraterrestres o ángeles con los cuales se comunican). Se aferran tanto a estas creencias que tienen dificultad para establecer y mantener relaciones cercanas.

Síntomas:
- Incomodidad en situaciones sociales.
- Manifestación inapropiada de sentimientos.
- Ausencia de amigos cercanos.
- Comportamiento o apariencia extraños.
- Creencias, fantasías o preocupaciones extrañas.
- Discurso extraño.

Trastorno esquizoide de personalidad (TEP)

Es una afección de salud mental por la cual una persona tiene un patrón vitalicio de indiferencia hacia los demás y de aislamiento social. No le interesa el contacto social.

- Parece distante y desconectada.
- Evita las actividades sociales que involucren intimidad emocional con otras personas.
- No desea ni disfruta de relaciones estrechas, ni siquiera con miembros de la familia.

Trastorno límite de la personalidad (TLP)

Es una afección de salud mental por la cual una persona tiene patrones prolongados de emociones turbulentas o inestables. Estas experiencias interiores a menudo los llevan a tener acciones impulsivas y relaciones caóticas con otras personas. Este trastorno de la personalidad tiende a ocurrir más en las mujeres y entre pacientes psiquiátricos hospitalizados.

Síntomas:

Las personas con este trastorno presentan incertidumbre acerca de su identidad; como resultado, sus intereses, valores y puntos de vista cambian rápidamente. Tienden a ver las cosas en términos extremos, o todo es bueno o todo es malo. Una persona que luce admiradora un día puede lucir despreciativa al siguiente día. Estos sentimientos súbitamente cambiantes, llevan a relaciones intensas e inestables.

Otros síntomas de este trastorno abarcan:

- Miedo intenso de ser abandonado.
- Intolerancia a la soledad.
- Sentimientos frecuentes de vacío y aburrimiento.
- Manifestaciones frecuentes de ira inapropiada.
- Impulsividad en el consumo de sustancias o en relaciones conflictivas.
- Crisis repetitivas y actos de lesionarse a sí mismo, como hacerse cortes en las muñecas o tomar sobredosis.

Trastorno obsesivo compulsivo (TOC)

Es una afección de salud mental por la cual una persona se preocupa por las reglas, el orden y el control. Esta enfermedad puede afectar tanto a hombres como a mujeres pero se presenta con más frecuencia en los hombres.

Síntomas:

Las personas con trastorno obsesivo-compulsivo tienen pensamientos indeseables, irracionales, incómodos, incontrolables e irracionales. Pueden molestarse si otras personas interfieren con sus rígidas rutinas.

Una persona con trastorno obsesivo-compulsivo tiene síntomas de perfeccionismo que comienzan a principios de la edad adulta. Dicho perfeccionismo puede interferir con la capacidad de la persona para completar tareas, debido a que sus estándares son rígidos. Se pueden aislar emocionalmente cuando no son capaces de controlar una situación. Esto puede interferir con su capacidad para resolver problemas y formar relaciones interpersonales estrechas.

Otros signos del trastorno obsesivo-compulsivo son:

- Excesiva devoción por el trabajo.
- Incapacidad para deshacerse de cosas, incluso si el objeto carece de valor.
- Inflexibilidad.
- Falta de generosidad.
- Negativa a permitir que otras personas hagan las cosas.
- Falta de deseo por mostrar afecto.
- Preocupación por detalles, reglas y listas.

Trastorno de ansiedad generalizada (TAG)

Como su nombre lo indica, se refiere a la situación en la que el individuo experimenta una ansiedad constante y a largo plazo, sin saber su causa. Las personas que lo padecen experimentan miedo de algo pero son incapaces de explicar de qué se trata. Debido a su ansiedad, no pueden desempeñarse de forma normal. No pueden concentrarse, no pueden apartar sus temores y sus vidas empiezan a girar en torno a la ansiedad.

Esta forma de ansiedad puede producir problemas fisiológicos y malestares como dolores de cabeza, mareos, palpitaciones cardiacas o insomnio.

BIBLIOGRAFÍA

Aisenson Koga, Aída. Resolución de conflictos: un enfoque psicosociológico, Fondo de Cultura Económica, México D.F., 1994

Andrews, Gavin. "Comorbidity and the general neurotic syndrome", British Journal of Psychiatry, 168 (Sup. 30), 76-84, 1996

APA. Manual Diagnóstico y Estadístico de los Trastornos Mentales (DSM-IV), Masson, Barcelona, 1995

Babauta, Leo. El poder de lo simple, Planeta, México, 2012

Belloch Fuster, Amparo y Fernández-Álvarez, Héctor. Tratado de trastornos de la personalidad, Síntesis, Madrid, 2010

Berrios, G. E. "European views on personality disorders: a conceptual history", Comprehensive Psychiatry 34 (1), 14–30 , 1996

Bhagwan Shree Rajneesh. Tao "los tres tesoros". Sirio, Málaga, 1988

Blais, M.A., Smallwood, P., Groves, J.E., Rivas-Vázquez, R.A. "Personality and personality disorders", en Stern TA, Rosenbaum JF, Fava M, Biederman J, Rauch SL, eds., Massachusetts General Hospital Comprehensive Clinical Psychiatry, Philadelphia, 2008

Bradshaw, John. Healing the shame that binds you, Health Communications, Florida, 1988

Brown, J.A.C. La Psicología social en la industria, Fondo de Cultura Económica. México D.F., 1990

Bycer Russell, Alene y Mohr Trainor, Cynthia. Trends in Child Abuse and Neglect: A National Perspective, American Humane Association, Denver, 1984

Carlsmith, Kevin. "The paradoxical consequences of revenge", Journal of Personality and Social Psychology, Washington, 2008

Clark, Lee Anna, Watson, David y Mineka, Susan. "Temperament, personality, and the mood and anxiety disorders", Journal of Abnormal Psychology, 103(1), 103-116, 1994

D'Athayde, Tristán. El existencialismo: filosofía de nuestro tiempo, Emecé Editores, Buenos Aires, 1985

Dan F. Sober but Stuck, Hazalden, Minnesota, 1991

Delfgaauw, Bernard. Qué es el existencialismo, Carlos Lohlé, Buenos Aires, 1967

E.H. Russell, Diana. The secret trauma: Incest in thee Lives of Girls and Women, Basic Books, 1986

Fadiman, James y Frager, Robert. Teorías de la personalidad, Harla, México D.F., 1994

Fernández, Vicente. "La ciencia de la venganza", Quo, junio 2011

Finkelhor, David. Sexually victimized children, Free Press, Nueva York, 1979

Forward, Susan. Toxic Parents, Bantam Books, Nueva York, 1989

García Bacca, J.D. Existencialismo, Universidad Veracruzana, Veracruz, 1962

García Higuera, José Antonio. Curso Terapéutico de Aceptación, Autor-Editor, Madrid, 2007

Gill, John. Exposition of the entire Bible, Reino Unido, 1746-8

Goleman, Daniel. Emotional Intelligence, Bantam Books, Nueva York, 1995

Güell, Manel. ¿Tengo Inteligencia Emocional?, Paidós, España, 2013

Heredia Zubieta, Jorge Fernando. La filosofía dialógica de Martin Buber, Tesis de Licenciatura en Filosofía, Universidad Iberoamericana, México D.F., 1979

Hunter, Mic. Abused Boys: the neglected victims of sexual abuse, Ballantine Books, Nueva York, 1991

Jaffe, Eric. "The complicated psychology of revenge", Association for Psychology Science, Australia, 2010

Kübler-Ross, Elisabeth. La muerte un amanecer, Ed. Luciérnaga México (1995)

Kübler-Ross, Elisabeth. On death and dying, Simon and Schuster, Nueva York, 1969

Lepp, Ignace. Psicoanálisis de la muerte, Lohlé, Argentina, 1967

Lowen, Alexander. Bioenergética, Diana, México D.F., 1994

Marín, Juan. Lao-Tsze o el universo mágico, Colección Austral, Buenos Aires, 1952

Masterson, James. The narcissistic and Borderline Disorders: an integrated developmental approach, The Free Press, Nueva York, 1981

McKay, Matthew y Fanning, Patrick. Self-Esteem, St. Martin's, Nueva York, 1989

Millon, Theodore. Disorders of Personality: DSM-IV and Beyond. John Wiley & Sons, Inc., Nueva York, 1996

Moreau, André. Ejercicios y técnicas creativas de Gestalterapia, Sirio, Barcelona, 1987

Morrison, Andrew P. Essential Papers on Narcissism, New York University Press, Nueva York, 1996

Muller, Wayne. Legacy of the heart: The spiritual advantages of a painful childhood, Simon and Schuster, Nueva York, 1992

Oraison, Marc. Psicología de nuestros conflictos con los demás, Mensajero. Bilbao, 1971

Paris, Joel. Borderline personality disorders, American Psychiatric Press, Washington, 1994

Pérez Urdániz, Antonio. Psiquiatría para no psiquiatras, Tesitex, Salamanca, 1995

Pérez Urdániz, Antonio, et. Al. "Consideraciones sobre el estado actual de la evaluación de los trastornos de la personalidad", Boletín de la Asociación Castellano-Leonesa de Salud Mental, 37-41, enero 1994

Pérez Urdániz, Antonio y Rubio Larrosa, Vicente. Trastornos de la personalidad en Salud Mental, Elsevier, Madrid, 1994

Perls, Fritz. Dentro y fuera del tarro de la basura, Cuatro vientos, Santiago, 1993

Price, Michael. "Revenge and the people who seek it", American Psychological Association, Washington, 2009

Quinett, Paul. Suicide: The forever decision, Crossroad, Nueva York, 1992

Riso, Walter. Amar o depender, Norma, México, 2003

Salama, Héctor. El enfoque gestalt. Una psicoterapia humanista, Manual Moderno, México D.F., 1992

Silk, Kenneth R. Biology of personality disorders, American Psychiatric Press, Washington, 1998

Silva Nyssen, Leonor Adriana. El amor, lucha y misterio, Tesis de Licenciatura en Filosofía, Universidad Iberoamericana, México D.F., 1977

Swartz, Michael. "Estimating the prevalence of borderline personality disorder in the community", Journal of Personality Disorders, 4 (3), 257-271, 2002

Walters, David R. Physical and Sexual abuse of Children: Causes and treatment, Bloomington, Nueva York, 1975

Watzlawick, Paul, et. Al. Teoría de la comunicación humana, Herder, Barcelona, 1993

Weber, Max. The theory of social and economic organization, The Free Press, Nueva York, 1947

Ziegler, Jean. Los vivos y los muertos, Siglo XXI, México D.F., 1976